ISTRIEN
KVARNER BUCHT

Mit Piran, Izola und Koper

Matthias Jacob

TRESCHER VERLAG

2., erweiterte und aktualisierte Auflage 2018

Trescher Verlag
Reinhardtstr. 9
10117 Berlin
www.trescher-verlag.de

ISBN 978-3-89794-398-8

Herausgegeben von Bernd Schwenkros und Detlev von Oppeln

Reihenentwurf und Gesamtgestaltung:
Bernd Chill

Lektorat: Corinna Grulich
Stadtpläne und Karten: Johann Maria Just, Martin Kapp, Bernd Chill, Ulla Nickl

Gedruckt auf chlorfrei gebleichtem Papier

Printed in Germany

Alle Angaben in diesem Reiseführer wurden sorgfältig recherchiert und überprüft. Dennoch können aktuelle Entwicklungen vor Ort dazu führen, dass einzelne Informationen unvollständig oder nicht mehr korrekt sind. Gerne nehmen wir dazu Ihre Hinweise und Anregungen entgegen. Bitte schreiben Sie an: **post@trescher-verlag.de**.

Titel: Hafen von Fažana (→ S. 163)
Umschlagklappe vorne: Renaissance-loggia in Grožnjan (→ S. 107)
Umschlagklappe hinten: Blick auf Oprtalj (→ S. 205)

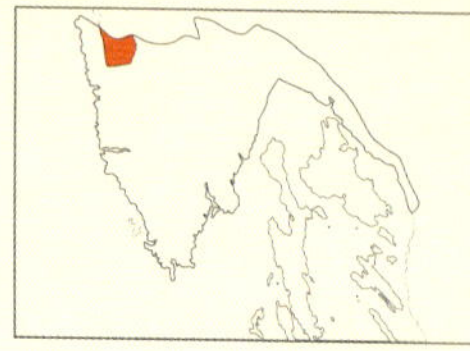

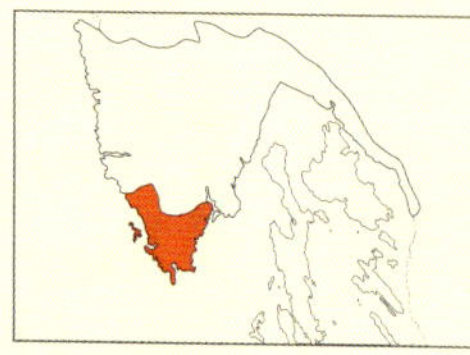

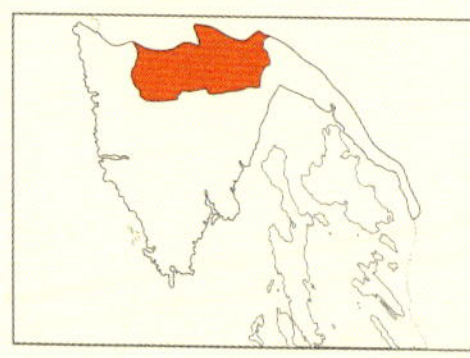

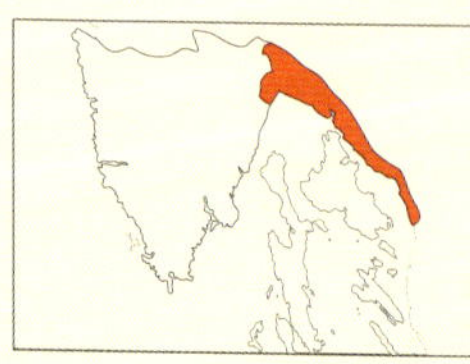

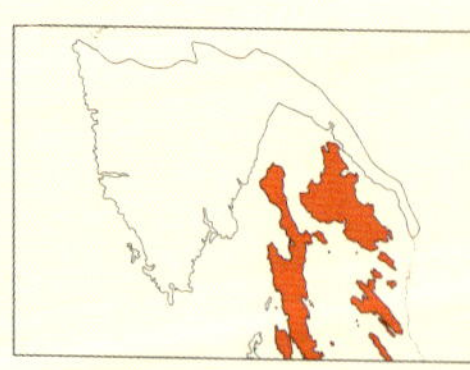

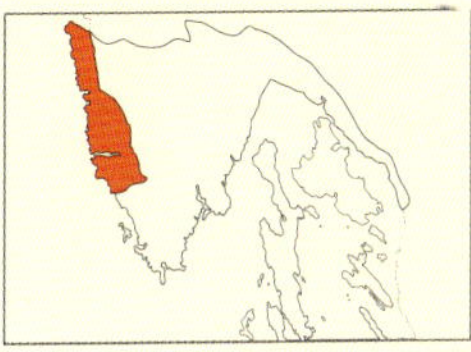

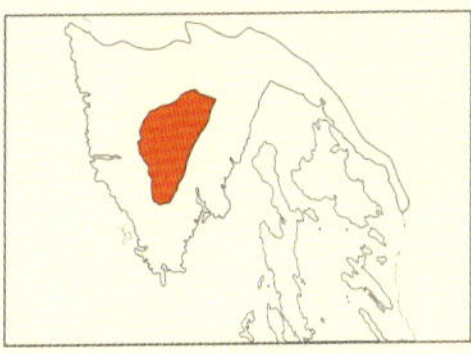

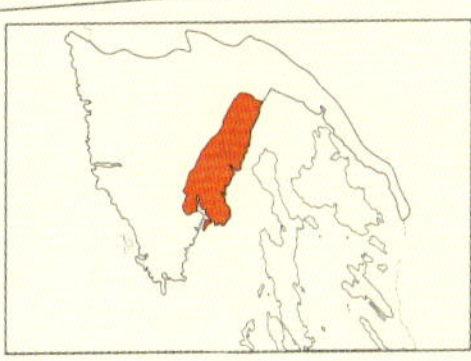

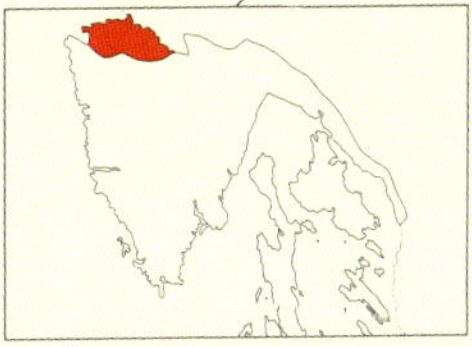

EXTRA

Blick auf Beli auf der Insel Cres

Vorwort

Terra magica: Ob tatsächlich schon die Römer Istrien den Beinamen ›Zauberland‹ verliehen haben, ist unbekannt. Seit jeher ranken sich Mythen und wunderbare Geschichten um diesen westlichsten Teil Kroatiens wie auch um die Inseln der sich südlich anschließenden Kvarner Bucht. Zauberhaft ist die größte Halbinsel der Adria allemal: Magie umgibt ihre Bergdörfer, wenn sie morgens aus dem Nebel tauchen. Zauberhaft sind die Strände an der Ost- und Westküste Istriens und die Küsten der Inseln, die das glasklare, türkisfarbene Wasser der Adria umspült.

Istrien verfügt über bezaubernde Naturschönheiten wie den Archipel der Brijuni-Inseln im Westen, das Učka-Gebirge im Nordosten, die hügeligen Landschaften Zentralistriens und den Naturpark Kap Kamenjak an seiner Südspitze. Zahlreiche Sehenswürdigkeiten zeugen von der reichen Kultur und bewegten Geschichte Istriens und der Kvarner Bucht: Reste prähistorischer Wallburgen, römische Tempel und Theater, byzantinische Mosaiken und mittelalterliche Fresken, Burgen, Paläste und Kirchen aus Romanik, Gotik, Renaissance und Barock. Historistische Hotels verbreiten den mondänen Charme der k.u.k. Monarchie, und Stadthäuser aus Jugendstil und Moderne ziehen die Aufmerksamkeit auf sich. Zahlreiche pittoreske Städtchen und Bergdörfer laden dazu ein, durch verwinkelte Gassen zu spazieren.

Kulturinteressierte kommen hier genauso auf ihre Kosten wie Sonnenanbeter und Wasserratten, die an den zauberhaften Stränden Istriens oder an den Küsten der Inseln Erholung suchen. Freunde des Aktivurlaubs können im Učka-Gebirge, in den bewaldeten Hügeln Zentralistriens und den wilden Landschaften der Inseln wandern oder dem Free-Climbing nachgehen. Daneben gibt es in der Urlaubsregion Tauchbasen, Aquaparks, Surfcenter, Golf- und Tennisplätze, Reiterhöfe und etwa 60 markierte Radwege.

Auch kulinarisch haben Istrien und die Kvarner Bucht Wunderbares zu bieten wie den istrischen Pršut (Rohschinken), Schafs- und Ziegenkäse, die Maneštra (ein leckerer Eintopf) sowie die typischen Nudelgerichte (Fuži, Pljukanci oder Šurle), die mit Gulasch oder Trüffelsauce besondere Delikatessen sind. Weitere Köstlichkeiten der Region sind wilder Spargel, Olivenöl und eine ganze Reihe hervorragender Weine.

Ich freue mich, wenn ich Sie anregen kann, dieses ›magische Land‹ für sich zu entdecken.

Matthias Jacob

Herausragende Sehenswürdigkeiten

UNESCO-Weltkulturerbe

Euphrasius-Basilika in Poreč ▸
Das Meisterwerk spätantiker und frühbyzantinischer Baukunst beeindruckt mit Mosaikfußböden, Stukkaturen und Inkrustationen. Eine Augenweide sind die vielfarbigen Mosaiken, denen tausende Edelsteine, Halbedelsteine, Perlmutt und Gold Glanz verleihen (→ S. 124).

Kultur

Römisches Pula ▾
Mit dem gut erhaltenen Amphitheater, dem Jupitertempel und zahlreichen weiteren Zeugnissen antiker Baukunst versetzt Pula seine Besucher in die Römerzeit (→ S. 152).

Totentanzfresken
Die Friedhofskirche Sv. Marija na Škriljinah bei Beram birgt über 500 Jahre alte Darstellungen des Totentanzes, die zu den imposantesten gotischen Fresken Istriens zählen (→ S. 41,180).

Städte

Rovinj
Seiner romantischen Lage auf einer Halbinsel verdankt Rovinj den Beinamen ›Blaue Perle der Adria‹. In der idyllischen Altstadt führen Treppengassen an Künstlerateliers vorbei hinauf zur barocken Kathedrale Sv. Eufemija, von der man einen herrlichen Blick auf vorgelagerte Inseln hat (→ S. 136).

Motovun
Das mittelalterliche Motovun liegt malerisch auf einem Hügel hoch über den Eichenwäldern des Mirnatals, in denen die berühmten istrischen Weißtrüffeln wachsen (→ S. 201).

Opatija ▾
Mit einer über zwölf Kilometer langen Uferpromenade, gepflegten Parks, historistischen und sezessionistischen Villen und Hotels verbreitet Opatija auch heute noch den Charme eines mondänen Seebads der Habsburger Monarchie (→ S. 224).

Rijeka
In der Hafen- und Industriestadt Rijeka pulsiert das Leben nicht nur in der Fußgängerzone Korzo, der beliebten Einkaufsstraße mit Gebäuden aus Historismus, Jugendstil und Moderne. Theater, Kinos und eine vielfältige Musikszene prägen die Stadt, deren Geschichte in die Römerzeit zurückreicht (→ S. 230).

Natur

Nationalpark Brijuni ▼

Üppige mediterrane und tropische Vegetation und ein Tierpark machen aus der Insel Veliki Brijun, dem einstigem Sommerdomizil Titos, eine paradiesisch anmutende Landschaft, durch deren Alleen, Gärten und Parks wunderschöne Spazierwege führen (→ S. 163).

Tropfsteinhöhle Baredine

Eine faszinierende unterirdische Zauberwelt tut sich in der mit bizarren Tropfsteinformationen geschmückten Höhle auf, die Lebensraum des seltenen Grottenolms ist (→ S. 132).

Učka-Gebirge

Wanderer, Mountainbiker und Kletterer kommen im Učka-Gebirge auf ihre Kosten. Von seinem höchsten Gipfel bietet sich ein atemberaubend schöner Blick auf Istrien und die Kvarner Bucht (→ S. 225).

Nördlicher Velebit

Ursprüngliche Wildnis, schroffe Karstformationen und eine artenreiche Tier- und Pflanzenwelt warten im Nationalpark auf Wanderer und Kletterer (→ S. 259).

Inseln

Krk ▶

Auf der Insel Krk wechseln karge Karstlandgegenden mit Wäldern, Weingärten und Olivenhainen. Mittelalterliche Städtchen laden zum Bummeln ein. Neben belebten Stränden gibt es auch einsame Buchten, die nur mit dem Boot zu erreichen sind (→ S. 264).

Cres

In den wilden kargen Karstlandschaften der Insel Cres lagern die Bergdörfer auf steil über dem Meer aufragenden Felsen wie Nester wilder Vögel. Tatsächlich sind die Klippen der Insel auch Refugium der seltenen weißköpfigen Gänsegeier. (→ S. 290)

Lošinj

Die Sonneninsel Lošinj hat eine üppige grüne Vegetation mit Kiefernwäldern und wild wachsenden Heilpflanzen und von kristallklarem Wasser umspülte Strände. In den Gewässern des Eilands tummeln sich zahlreiche Delphine (→ S. 299).

Insel Rab

Auf einem Felssporn ragt die Inselhauptstadt Rab ins offene Meer. Mit ihren vier Glockentürmen gleicht sie einem Segelschiff mit hohen Masten. Ihre Kirchen und Paläste aus Romanik, Gotik und Renaissance begeistern Kunstliebhaber. Erholung und Badespaß versprechen die herrlichen Feinkiesel- und Sandstrände der Insel (→ S. 307).

Freizeit

Parenzana

Auf der einstigen Bahnstrecke Parenzana fährt man mit dem Rad durch Tunnel und über Viadukte in der herrlichen Hügellandschaft Inneristriens, wo kleine Bergdörfer wie Grožnjan zum Verweilen einladen (→ S. 106).

Das Wichtigste in Kürze

Das Kapitel **Land und Leute** (→ S. 18) widmet sich der Geographie, dem Klima und der Flora und Fauna Istriens und der Kvarner Bucht. Geschichte, Kultur, Bräuche und die Küche werden ausführlich vorgestellt.

Im **Reiseteil** (→ S. 98), aufgeteilt in geographisch sinnvolle Abschnitte, werden Städte und Regionen dargestellt. Wichtige Informationen zu Unterkünften, Gastronomie und Freizeitgestaltung stehen in den Infokästen am Ende des jeweiligen Kapitels. Die Preisangaben der Hotels beziehen sich auf ein Doppelzimmer in der Hauptsaison bei Belegung mit zwei Personen und dienen als Anhaltspunkte für das Preisniveau (Abkürzungen: DZ=Doppelzimmer, HP=Halbpension), in der Nebensaison sind die Preise deutlich niedriger, oft wird nur noch die Hälfte der Hochsaisonpreise verlangt. Die Preise sind in Euro angegeben, vor Ort wird aber in der Regel in Kuna bezahlt. Die Angaben zu den **Taktzeiten der Fähren** beziehen sich ebenfalls auf die Hauptsaison, im restlichen Jahr muss mit eingeschränkten Frequenzen gerechnet werden.

In den **Reisetipps von A bis Z** (→ S. 366) sind alle Informationen aufgeführt, die für einen Aufenthalt in Kroatien wichtig oder interessant sind. Im Anhang gibt ein **Sprachführer** (→ S. 380) einen kleinen Einblick in die kroatische Sprache und vermittelt einige Wörter für den touristischen Alltag.

Auf den Zusatz ›ulica‹ wird bei den Straßennennungen weitgehend verzichtet, so wie es auch in Kroatien weitgehend üblich ist. Soweit nicht anders vermerkt (kr.), sind die angegebenen Websites außer auf Kroatisch auch auf Englisch verfügbar, viele auch in deutscher Version.

Wichtige Telefonnummern

Internationale Vorwahl:+385 (00385).

Wassersportler an der Adriaküste

Allgemeiner Notruf: 112.
Feuerwehr: 93.
Pannenhilfe: 1987, mit dem ausländischen Handy +385/1/4693700.
Such- und Seenotrettungsdienst: +385/51/9155.
ADAC-Auslandsnotruf: +49/89/222222.
Kroatischer Automobilclub (HAK): +385/1/1987, mobil +385/1/4640800.
Zentrale Nummern zum Sperren von EC-Karten etc.: +49/116116, +49/30/40504050.

Ärztliche Versorgung

Dichtes Netz von Krankenhäusern, Ambulanzen und Ärzten, hoher Standard an medizinischer Hilfe. Meist sprechen die Ärzte Englisch oder sogar Deutsch.

Einreise

Deutsche, Österreicher und Schweizer: Reisepass oder Personalausweis. Kinder benötigen ein eigenes Reisedokument (Kinderausweis oder -reisepass mit Bild).

Anreise

Auto: Pflicht sind Führerschein und Fahrzeugschein. Ein internationaler Führerschein ist für Autovermietungen ratsam. Die Tankstellendichte ist ausreichend, auf den Inseln aber geringer.
Bus: Über 15 Zielorte in Istrien und der Kvarner Bucht, www.deutsche-touring.com; www.eurolines.de, www.eurolines.at; www.gruberreisen.at, www.eurolines24.ch.
Bahn: Mit dem Eurocity München-Ljubljana, von dort mit Schnellzug nach Rijeka (9–10 Std.). Autoreisezug von Hamburg oder Düsseldorf bis Villach.
Flugzeug: Flughäfen in Rijeka (Insel Krk) und Pula. Billigflieger: TUIfly, www.tuifly.com, Germanwings, www.germanwings.com, Ryanair, www.ryanair.com. Die einheimische Fluglinie ist Croatia Airlines, www.croatiaairlines.com.

Reisen im Land

Auto: Gurtpflicht, Kinder unter 12 Jahren müssen im Kindersitz hinten sitzen. Warnwesten für alle Mitfahrende, Ersatzlampenset (nicht bei Xenon- oder LED-Leuchten). Lichtpflicht von Ende Oktober bis Ende März.
Bus: Expressbusse zwischen allen großen Städten und Touristenorten. Verbindungen unter www.autotrans.hr/de-de/home, www.autobusni-kolodvor.com (engl.).
Bahn: Keine direkte Verbindung zwischen den Küstenstädten.
Fähren: Autofähren (Trajekt), Schnellboote (Brzi brodovi) und Personenfähren. Dominierendes Unternehmen ist die Reederei ›Jadrolinija‹, www.jadrolonija.hr.

Geld

Wechselkurs: 1 Euro = 7,42 Kuna (HRK, Stand September 2017).
Abhebungen: an Bankautomaten mit der EC-Maestro-Card (V Pay nur an Geldautomaten mit VISA-Zeichen) oder mit Kreditkarte.
Kartenzahlung: in vielen Geschäften und allen Tankstellen.

Unterkunft

Hotels: Die meisten Hotels bieten mittleren Standard, Doppelzimmer kosten 70 bis 120 Euro; häufig Pauschal- oder All-inclusive-Angebote.
Privatunterkünfte: An den blauen Schildern ›Sobe‹ oder ›Apartman‹ zu erkennen; mittlerer Standard 20 bis 40 Euro, Studio bis zu 60, Apartments bis zu 120 Euro.
Campingplätze: Fast an allen Küsten zu finden, aber auch im Landesinneren gibt es Plätze. Croatian Camping Union, www.camping.hr. Wildes Zelten ist streng verboten.

Ausführliche Informationen in den Reisetipps ab Seite 366.

Urlaub mit Kindern

Kroatien ist ein überwiegend kinderfreundliches Land, auch wegen der sauberen Strände sind Istrien und die Kvarner Bucht für einen Familienurlaub geeignet. Hier einige Tipps für einen Urlaub mit Kindern:

Strände

Umag: Strände Polynesia, Kanegra und Katoro (→ S. 116).

Pula: Kiesstrand Pješčana uvala (→ S. 152).

Kap Kamenjak: Safari-Bar auf Kap Kamenjak mit Kinderspielplatz (→ S. 170).

Medulin: Sand- bzw. Kiesstrände Bijeca (S. 173).

Novi Vinodolski: Strand Lišanj (→ S. 253).

Insel Krk: Stadtstrand Šilo (→ S. 275), Stadtstrand Punat (→ S. 281),

Insel Cres: Strand Meli (→ S. 298).

Insel Rab: Paradiesstrand San Marino (→ S. 320), Strände Mirine, Ravnice, Polovine (→ S. 320).

Schnorcheln in glasklarem Wasser

Safari-Bar auf Kap Kamenjak

Schwimmbäder

Aquapark Istralandia (→ S. 121), Aquapark Aquacolors (→ S. 132), Istarske Toplice (→ S. 205).

Aquarien

Umag (→ S. 116), Poreč (→ S. 131), Rovinj (→ S. 145), Pula (→ S. 161), Krk (→ S. 281), Baška auf Krk (→ S. 286).

Höhlen

Mramornica bei Brtonigla (→ S. 105); Baredine (→ S. 132); Romualdo-Höhle an der Lim-Bucht (S. 135); Paziner Höhle (→ S. 177); Feštinsko kraljevstvo bei Žminj (→ S. 187); Biserujka auf Krk (→ S. 275), Škocjanske jame (→ S. 336).

Sport

Klettern: Bucht von Lim (→ S. 135); Rovinj, Kletterfelsen Zlatni rt (→ S. 139); Dvigrad (S. 146); Vintijan (→ S. 173); bei Pazin (→ S. 179); Raspadalica bei

Buzet (→ S. 200); Rabac (→ S. 215); Mošćenička draga (→ S. 220); Vela draga (Vranjska draga, beim Učka-Tunnel, → S. 227); Crikvenica, Kletterareal Adrenalinpark (→ S. 248), Sportplätze Jeličić (→ S. 248). → auch Freeclimbing, S. 370.

Windsurfen: Kap Kamenjak (S. 170).

Hochseilgärten: Zip Lines in Pazin (→ S. 179); Crikvenica (→ S. 248) und Glavani (→ S. 215).

Tennis: Tennisakademie Umag (→ S. 116).

Sportzentrum Aminess Laguna, Novigrad (→ S. 121).

Radfahren

Parenzana-Radweg (→ S. 105, 106); Radfahren im Waldpark auf Kap Zlatni rt/Rovinj (S. 139); kindertauglicher Radweg (10 km) von Rovinj Richtung Limski-Kanal (→ S. 146).

Bauernhöfe, Tierparks und Gehege

Eichhörnchenpark Umag (→ S. 116); Boškarin-Farm in Višnjan (→ S. 129) und bei Hrastovlje (→ S. 335), Vogelpark Palud südwestlich von Rovinj (→ S. 140) Schmetterlingsgarten bei Bale (→ S. 149); Safaripark auf Brijuni (→ S. 164); Bauernhof Drijade bei Labin (→ S. 215); Bärenrefugium bei Kuterevo (→ S. 259).

Reiten

Reiterhöfe: Umag (→ S. 116); Moncerlongo (bei Rovinj, → S. 146); Manjadvorci (→ S. 170); Medulin (→ S. 173); Žminj (→ S. 187); Tribalj (→ S. 248); im Vinodol (→ S. 253), Njivice (→ S. 268).

Sonstige Erlebnisse

Dinosaurierpark Funtana (→ S. 126).

Sternwarte Višnjan (→ S. 131).

Go-Kart-Motodrom (→ S. 132).

Fahrt mit dem Batana-Boot und Essen im ›Spacio‹ in Rovinj, Glockenturm von Rovinj erklimmen (→ S. 144).

Bootsfahrt in die Lim-Bucht (→ S. 144).

Freizeitparks: Vergnügungspark Luna-Park in Medulin (→ S. 170).

Schlammbad in Soline (→ S. 275).

Radeln und Baden auf dem Zlatni rt in Rovinj

Die istrische Welt ist fürwahr eine Welt, in der noch die Magie lebt und wirkt, die sonst von der vordringenden städtischen Kultur schon zerstört wurde. In den Dörfern tief im Landesinneren leben die Menschen noch immer nach den Rhythmen jahrtausendealter Lebensweisheit.

Marjan Tomšič, Istrien 1983

Momjan im Nordwesten Istriens

LAND UND LEUTE

Istrien und die Kvarner Bucht

Istrien und die Kvarner Bucht liegen am Schnittpunkt des italienischen, kroatischen und slowenischen Kultur- und Sprachraums. Zugleich begegnen, überlagern und mischen sich hier mediterrane und mitteleuropäische Einflüsse. Mit rund 3476 Quadratkilometern ist Istrien die größte Halbinsel der nördlichen Adria, ihr größter Teil (2813 Quadratkilometer) gehört heute zu Kroatien, kleinere Bereiche zu Italien und Slowenien. Der kroatische Teil Istriens umfasst etwa fünf Prozent der Fläche des heutigen Kroatien. Die Schönheit Istriens rühmte schon 1879 der englische Forschungsreisende Sir Richard Francis Burton: »Oft habe ich…das Land durchstreift und die Küsten vom Meer aus bewundert. Und ich muß sagen, daß ich nur wenige Landschaften kenne, die diese Schönheit und diesen Zauber besitzen.«

Von den etwa 208 000 Einwohnern der kroatischen ›Gespanschaft Istrien‹ (Istarska Županija) sind über 68 Prozent Kroaten. Etwa sechs Prozent der Bevölkerung sind Italiener, die vorwiegend an der Westküste leben.

Vor allem in den gebirgigen Gegenden der Ćićarija im Nordosten Istriens gibt es noch eine kleine istrorumänische Bevölkerungsgruppe, die sich ihre eigene Sprache bewahrt hat und die von den Kroaten Ćiribirci oder Ćići genannt wird. Am höchsten ist die Bevölkerungsdichte in den Küstengebieten, wo sich die größten Touristenzentren befinden. Wesentlich weniger Menschen leben im Landesinneren, das wegen fehlender Arbeitsplätze mit massiver Abwanderung zu kämpfen hat, so dass manche Orte regelrecht entvölkert sind. Die größte Stadt Istriens ist Pula (58 495 Einwohner), aber das Verwaltungszentrum ist das viel kleinere Pazin (9227 Einwohner) in Zentralistrien. Die kleinste Stadt ist mit etwa 20 Einwohnern Hum,das sich stolz ›kleinste Stadt der Welt‹ nennt. Kroatisch und Italienisch sind im kroatischen Teil Istriens gleichberechtigte Amtssprachen. Die Mehrheit der Bevölkerung Istriens ist römisch-katholisch.

Am Sergierbogen in Pula

Die Region Kvarner unterteilt man in die Kvarner Riviera an der istrischen Halbinsel, das Küstenland (Primorje), die Inselgruppe Cres-Lošinj, die Insel Krk, die Insel Rab sowie den Gorski Kotar im gebirgigen Hinterland. Kulturgeschichtlich gehören die Kvarner Riviera und die Inselgruppe Cres-Lošinj zu Istrien, die Insel Rab zählte zu Dalmatien, und Krk war mal mehr mit Istrien, mal mehr mit Dalmatien verbunden. Verwaltungsmäßig gehören heute Krk, Cres und Lošinj zu den Gespanschaften Primorje-Gorski Kotar und Lika-Senj.

Verwaltungszentrum und zugleich wirtschaftlicher und kultureller Mittelpunkt der Kvarner Bucht ist Rijeka mit 130 000 Einwohnern. Größere Städte Istriens und der Region Kvarner mit mehr als 10 000 Einwohnern sind Poreč, Rovinj, Umag, Opatija, Labin und Crikvenica. Die Bevölkerungsdichte liegt im kroatischen Teil Istriens bei 73 Menschen pro Quadratkilometer, auf den Inseln ist sie wesentlich niedriger – auf der Insel Krk kommen auf einen Quadratkilometer lediglich 44, auf Cres sogar nur 8 Einwohner.

Geographie und Geologie

Wie ein dreieckiger Keil ragt Istrien mit seiner Südspitze Kap Kamenjak in die Adria hinein. Im Nordwesten grenzt die Halbinsel an den Golf von Triest, im Norden an die Karstplateaus Sloweniens und im Osten reicht sie bis Rijeka. Die Küstenlänge Istriens beträgt 537 Kilometer. An der reich gegliederten, aber flachen und sandigen 242,5 Kilometer langen Westküste mit ihren vielen venezianisch geprägten Städten liegen die wichtigsten Zentren des Tourismus, der Landwirtschaft und des Weinbaus. Die 202,6 Kilometer lange Küste im Osten ist felsig, hier fällt das bis zu 1401 Meter hohe Učka-Gebirge steil zur Kvarner Bucht ab. Von Triest nach Südosten erstrecken sich die spärlich bewachsenen Karstgebiete des Ćićarija-Plateaus und des Učka-Gebirges. Hier finden sich auch typische Karstformationen wie Dolinen und Poljen, Höhlen, Fojben, Felsnadeln und unterirdische Flüsse. Wegen ihres hellen Kalksteins nennt man man die Region ›Weißes Istrien‹. Drei breite Täler führen von der Hochebene Ćićarija zum Meer.

Die bis zu 400 Meter hoch liegenden, hügeligen Landschaften Mittelistriens und im Norden heißen wegen ihrer Lehmböden ›Graues Istrien‹. Daran schließt sich im Westen ein Kalksteinplateau an, das bis zur Küste leicht abfällt und wegen seiner fruchtbaren Terra Rossa Böden ›Rotes Istrien‹ genannt wird.

Zahlreiche Flüsse und Wasserläufe haben das Landschaftsbild der Küsten geprägt: Vom Süden nach Norden fließt die 28 Kilometer lange Dragonja, die an der Küste ein schönes breites Tal bildet und in den Golf von Piran (Slowenien) mündet. Die 53 Kilometer lange Mirna entspringt bei Hum in Inneristrien und mündet bei Novigrad an der Westküste. Ebenfalls nach Westen fließt das Karstflüsschen Pazinčica, das auf seinem Weg von Pazin an die Küste in Jahrmillionen das 35 Kilometer lange Tal der Limska Draga und den zehn Kilometer langen Lim-Fjord gegraben hat. Ein bis zu 300 Meter tief eingeschnittenes Tal bildet die 30 Kilometer lange Raša, die den Verlauf der Ostküste südlich von Labin mit einem imposanten, zwölf Kilometer langen Fjord unterbricht. Nicht weit davon entfernt beeindruckt unterhalb von Plomin der 3,5 Kilometer lange, smaragdgrüne Meeresarm des Plominski zaljev, der sich 80 Meter tief in das Gelände eingeschnitten hat.

An der südwestlichen Küste sind die 14 Brijuni-Inseln vorgelagert, südöstlich liegen die Inseln der Kvarner Bucht: die größeren – Krk, Cres, Lošinj und Rab – und kleinere wie Plavnik, Prvić, Goli, Unije, Susak und Ilovik. Die etwa 40 Eilande, die bis zu 650 Meter aus dem Meer ragen, sind eigentlich die Gipfel eines Gebirges, das mit dem Abschmelzen der Gletscher nach der letzten Eiszeit vor etwa 10 000 Jahren im Meer versank.

Der Karst

EXTRA

Dolinen, Poljen, Höhlen, Fojben, Felsnadeln und unterirdische Flüsse sind typische geologische Erscheinungsformen des Karsts, die durch Lösungsverwitterung in Kalk- und Gipsgesteinen entstanden. Die chemischen Prozesse wurden erstmals im Hinterland von Triest, in den italienischen Monti del Carso, beobachtet und nach dieser Landschaft benannt. Das größte Karstgebiet Europas ist der dinarische Karst, der sich vom Fuß des Triglav in Slowenien bis nach Mazedonien über 1100 Kilometer hinzieht und bis zu 200 Kilometer breit ist.

Karst bezeichnet alle Landschafts- und Gesteinsformen, die durch Einwirkung leicht säurehaltigen Wassers auf gips- oder kalkhaltiges Gestein entstehen. Wenn Wasser die Bestandteile des Kalkgesteins auflöst, werden Klüfte und Schichtfugen im Gestein erweitert, das Regenwasser versickert und bildet feine Rillen, sogenannte Karren. Die Oberfläche wird zu einer wasserarmen Steinwüste. Sind die Karren tief genug, zerlegen sie das Gestein regelrecht, es entsteht Scherbenkarst. Dann fließt das Wasser durch immer breitere Spalten in den Untergrund, wo es Höhlensysteme bildet und erst wieder an die Oberfläche gelangt, wo unzerstörbares Gestein auftritt, dann aber oft in großen Mengen. Dies sind die Vaucluse-Quellen, so benannt nach einer südfranzösischen Quelle. Fojben sind steile, vertikal abfallende Schachthöhlen. Ihr Name leitet sich aus dem Italienischen (*foiba*), bzw. Lateinischen (*fovea* =Fallgrube) ab. Andere geologische Begriffe für Karstphänomene stammen aus dem Südslawischen: Ein Wasserlauf, der aus einem nichtlöslichen Gestein auf Kalk trifft, wird ›verschluckt‹, solche Schlucklöcher oder Ponore (Abgründe) sind in den Dinarischen Gebirgen weit verbreitet. Oft sackt das oberflächliche Gestein über kleineren und größeren unterirdischen Räumen nach, es entstehen trichterförmige Vertiefungen in der Erdoberfläche, sogenannte Dolinen (Mulden) oder große wannen- oder kesselartige Becken mit ebenem Boden, die man Poljen (Felder) nennt, weil sie in der Regel fruchtbare Täler bilden. Die Dolinen sind für das Weidevieh sehr gefährlich, denn es kann sein, dass in ihrer Mitte ein Schacht gähnt; daher sind sie oft umzäunt. Poljen werden oft von Flüssen durchströmt, die genauso plötzlich enden, wie sie beginnen: von Karstflüssen, die nur zwischen Karstquelle und Ponor zu sehen sind.

Fojbe bei Monkodonja

Charakteristisch für die Karstgebiete sind auch meist waldlose Kalkhochflächen. Das Karstland Kroatiens erstreckt sich entlang der gesamten Küste und im Hinterland. In Istrien verlaufen von Nordwesten nach Südosten die ausgedehnten Karstgebirge der Ćićarija und des Učka-Massivs, das besonders an seiner Westflanke steilwandige Kuppen, Kegel und Türme bildet.

Auch ›Privatstrände‹ lassen sich finden

Klima

Wie in ganz Kroatien treffen auch in Istrien und der Kvarner Bucht mediterrane und kontinentale Klimaeinflüsse zusammen. Da Istrien von drei Seiten von Meer umgeben ist, hat es trotz seiner nördlichen Lage ein eher mildes Klima. Der Frühling setzt früh ein, die Sommer sind mit durchschnittlich 28,1 Grad im Juli angenehm warm, aber selten heiß. Dafür ist der Herbst lang und der Winter mild, aber regenreich: Die durchschnittlichen Lufttemperaturen liegen im Winter bei 5 bis 10 Grad.

Die Badesaison beginnt in Istrien und in der Kvarner Bucht Ende Mai und reicht bis in den September. Die durchschnittliche Wassertemperatur beträgt im Februar und März 9 Grad, erreicht Anfang Juni 17 Grad, und im August erwärmt sich das Meer manchmal bis auf 26 Grad. Im September beträgt die durchschnittliche Wassertemperatur immerhin noch 22 Grad.

In den sonnenreichsten Monaten Juli und August erwärmt sich die Luft am Tag auf durchschnittlich 24 bis 30 Grad, manchmal erreichen die Temperaturen aber auch weit mehr als 30 Grad. Für das Klima in Istrien sind die über das ganze Jahr gleichmäßig verteilten Niederschläge typisch, am häufigsten kommen sie im Mai, Juni und September vor. Im Hochsommer sind die Regenschauer seltener, dafür aber heftiger! Generell sind wegen der Nähe zum Meer die Temperaturen an den Küsten höher als in den höher gelegenen Bergregionen: Die Gebirgslandschaften Ćićarija und Učka im Norden und Osten prägt ein durch die Nähe zum Meer mildes, subalpines Klima. Daher sind in den Bergregionen die Sommer kühler und die Winter länger, und da sich an den Gipfeln die Regenwolken verfangen, regnet es hier auch häufiger. Während an der Ostküste um Opatija submediterranes Klima herrscht, findet man an der West- und Südküste und auf den Inseln das typisch mediterrane, regenarme Wetter. Gemäßigt kontinentales Klima prägt das Landesinnere Istriens. Hier sind die Sommer warm und die Winter mäßig kalt.

Winde

Das Wetter in Istrien und der Kvarner Bucht wird von drei Windarten bestimmt: Vom Meer her aus dem Nordwesten weht der Mistral (Maestral), der meist mäßig beginnt und sich über mehrere Tage langsam aufbaut. Er bringt schönes Wetter an die Küsten und wenig Wellen. Gegen Abend flaut er ab.

Aus dem Süden oder Südosten weht der Scirocco, der in Kroatien Jugo (›Südlicher‹) heißt. Er bringt feuchtwarme Luft mit sich und damit starke Bewölkung und Niederschläge. Bisweilen löst er starken Seegang aus. Dieser trockene, warme Wind saugt über dem Mittelmeer viel Feuchtigkeit auf, die dann in den Küstengebieten und auf den Inseln oft als ›salziger‹ Regen (*posolica*) niedergeht. Blumenliebhaber und Gärtner fürchten den Jugo, weil sein Salzregen empfindliche Pflanzen regelrecht verätzt.

Die ablandig wehende Bura (deutsch: Bora) weht aus dem Osten und Nordosten. Dieser starke, kalte, im Sommer trockene Fallwind zählt zu den stärksten Winden weltweit! Die Bura bringt Abkühlung, und nach ihr herrscht meist schönes, klares Wetter. Allerdings können ihre Böen Windgeschwindigkeiten bis zu 200 Kilometern erreichen, weshalb sie bei Seglern gefürchtet ist. Die Bura verursacht heftigen Seegang und kann selbst Kleinlaster umwerfen. Deshalb werden bei starker Bura die Küstenstraße und die Brücke zur Insel Krk für den Verkehr gesperrt. Am häufigsten weht sie im Winter, bringt eisige Luft aus dem Landesinneren und kann die Wellen zu bizarren Eisgebilden auftürmen. Zwar gibt es die Bura auch in Dalmatien, an der Nordwestküste Kroatiens kommt sie aber heftiger vor, weshalb man in Istrien sagt: ›Die Bura kommt in Senj auf die Welt, herrscht in Rijeka und stirbt in Triest.‹

Daneben gibt es in Istrien spezielle Formen der Bura: die Levantera (Levant oder Levanat), die aus Richtung Osten kommt und bei bewölktem Wetter auftritt, den aus Norden und Nordosten kommenden Burin, der den Maestral in der Nacht ablöst und bis frühmorgens weht, sowie die Tramuntana, einen starken Nordwind.

Im Hochsommer kann es voll werden: Strand auf Krk

Reisezeit

Die beste Reisezeit für Istrien und die Region Kvarner sind generell die Monate von Mai bis Oktober – dann sind auch abends die Temperaturen noch angenehm warm. Im Juli und August, wenn die Wassertemperatur bis zu 24 Grad und die Lufttemperatur tagsüber bis zu 30 Grad erreicht, ist die Hauptsaison für Sonnenanbeter und Badeurlauber. Surfer und Segler kommen im Sommer wegen der leichten Winde gerne auf die Halbinsel und in die Kvarner Bucht. Allerdings sind in dieser Zeit die Nächte bisweilen drückend schwül und die Strände und kleinen Küstenorte oft so überfüllt, dass man kaum Parkplätze findet. Manche Hotels, Pensionen und Restaurants verlangen dann auch höhere Preise.

Etwas ruhiger ist es im späten Frühjahr, das überhaupt eine besonders schöne Reisezeit ist, weil dann die vielen mediterranen Blumen und Kräuter blühen und die Bäume noch frisches Grün zeigen. Da es in dieser Zeit tagsüber mit durchschnittlich 21 Grad noch nicht ganz so heiß wird, ist das Frühjahr die ideale Reisezeit für Liebhaber von Kultur und Natur sowie für Wanderer und Radfahrer.

Gemäßigte Temperaturen herrschen auch im Herbst, wenn sich die Blätter der vielen Essigbäume Istriens röten und sich die Wälder der Halbinsel und an den Hängen rund um die Kvarner Bucht in ein Farbenmeer verwandeln. September und Oktober eignen sich bestens für Aktivurlaub, Besichtigungs- und Gourmettouren, weil jetzt die Zeit der Weinlese und Olivenernte beginnt und viele Veranstaltungen rund um die weißen Trüffeln stattfinden. Auch im Oktober kann es noch bis zu 20 Grad haben, allerdings kann es in dieser Jahreszeit auch zu plötzlichen Abkühlungen und heftigen Regenschauern kommen.

Die Winter in Istrien und in der Kvarner Bucht können sonnig und trocken sein, aber auch sehr kalt und regnerisch. Im Januar ist auch Schneefall möglich. Nur eine Autostunde von Rijeka entfernt liegen die Skigebiete des Gorski Kotar (1534 Meter). Mittlerweile gibt es einige ganzjährig geöffnete Campingplätze, aber in vielen kleineren Küstenstädtchen sind die meisten Hotels, Restaurants und Cafés vom Spätherbst bis zum Frühjahr geschlossen. Ein besseres Angebot findet man in größeren Orten (Pula, Poreč, Rovinj, Opatija). Wer im Winter eine private Ferienwohnung mieten möchte, sollte auf jeden Fall nachfragen, ob sie ausreichend beheizbar ist.

Tierwelt

In Istrien und am Kvarner finden sich Tiere mitteleuropäischer Provenienz wie auch typisch mediterrane Arten. Manche sind endemisch, das heißt, sie kommen nur in dieser Gegend vor. In den abgelegenen bewaldeten Bergregionen im Nordosten Istriens haben sich seltene Wildtiere zurückgezogen. Allerdings leben dort nur wenige Bären, Luchse und Wölfe. Dagegen werden im Nationalpark Risnjak östlich von Rijeka immerhin rund 150 Braunbären, 30 Wölfe und 35 Luchse gezählt. Bisweilen schwimmen Braunbären auf der Suche nach neuen Lebensraum vom Festland über den Velebit-Kanal auf die Insel Krk.

Istriens Wappentier ist die Ziege

Wer durch die Wälder und Karstberge Istriens, des Velebits oder der Inseln der Kvarner Bucht wandert, kann durchaus europäische Wildkatzen, Füchse, Marder, Hasen, Rehe oder Hirsche zu Gesicht bekommen. In dichten Wäldern leben auch ganze Rudel von Wildschweinen, die sich vielerorts rasant vermehren. Da sie Jagd auf Schafe und Lämmer machen, sind sie mittlerweile zum Problem geworden.

Die Schaf- und Ziegenhaltung in der Region geht bis in vorgeschichtliche Zeiten zurück. Das Wappentier Istriens ist eine Ziege – Ziegen und die istrischen Schafe gehören noch heute zu den wichtigen Nutztieren, deren Milch zu Käse verarbeitet wird. Lammfleisch ist Bestandteil vieler Gerichte der Halbinsel wie auch der Kvarner Inseln. Besondere Tradition hat die Schafzucht auf den Inseln Cres und Lošinj, wo sich die ›Creska pramenka‹, eine autochthone (aus dem Gebiet stammende), kleinwüchsige und zähe Schafrasse, über die Jahrhunderte an das dortige Klima angepasst hat.

Autochthone Tierarten

Eine autochthone Tierart Istriens ist auch der Boškarin, ein Nachfahre des Auerochsen, der vor 5000 Jahren an der östlichen Adria heimisch geworden ist. Diese hellgraue Rinderrasse mit großen leierförmigen Hörnern wurde in Istrien und auf der Insel Krk jahrhundertelang als Zugtier verwendet. Weil das Tier vom Aussterben bedroht ist und es in den 90er Jahren des vergangenen Jahrhunderts nur noch 100 Exemplare gab, setzt sich seit gut 20 Jahren ein Züchterverband in Višnjan für den Erhalt der seltenen Rinder ein. Mittlerweile ist der Bestand auf 2500 Tiere gestiegen.

Als autochthones Tier Istriens gilt auch die Istrische Rauhhaarbracke. Tatsächlich ist die Herkunft dieses kurzhaarigen Hunds von mittlerer Größe (etwa 50 Zentimeter) mit weißem Fell und gelb-organgenen Abzeichen auf dem Kopf nicht bekannt. Immerhin zeigt aber ein Wandgemälde der Kirche Sv. Marija na Škriljinah in Beram (1474), dass diese Hunderasse schon über 500 Jahre in Istrien beheimatet ist.

Vögel

Istrien ist ein wahres Vogelparadies. Wie die Kvarner Inseln dient auch Istrien zahlreichen mittel- und nordeuropäischen Zugvögeln als Rastplatz. Manche Arten überwintern auch hier. Allein im Vogelschutzreservat Palud wurden über 219 Vogelarten gezählt. Im zehn Kilometer südöstlich von Rovinj gelegenen Feuchtgebiet kann man mit ein bisschen Glück neben Spieß- und Schnatterenten

Zu ihren Vorfahren zählen die Auerochsen: Boškarin-Rinder

auch Zwerg- und Alpenstrandläufer, Eisvögel, Sandregenpfeifer, Grünschenkel und Pfuhlschnepfen beobachten.

Am Himmel ziehen Greifvögel wie der Fischadler ihre Kreise, und in den Wäldern sind Eichelhäher nicht selten. In den karstigen Bergen des Učka-Massivs und der Ćićarija gibt es noch Steinadler, und im Hinterland von Plomin wurden Wanderfalken gesichtet. In den bewaldeten Flusstälern Istriens stolzieren Störche, Birkhühner, Schnepfen und Fasane. Am Meer und in den Küstenorten hört man die lauten Schreie von Krähenscharben, Lachmöwen und Mittelmeermöwen. Hier sieht man auch oft Flussseeschwalben. In den steilen Klippen der Inseln Cres, Krk, der unbewohnten Insel Plavnik und in den Felsen an den Hängen des nördlichen Velebitgebirges nisten Gänsegeier.

Reptilien und Amphibien

Unter den zwölf Schlangenarten Istriens und der Kvarner Region befindet sich als einzige Giftschlange die Europäische Hornotter, weitaus häufiger sind jedoch die Balkan-Zornnatter, die Gelbgrüne Zornnatter und die Äskulapnatter. Nur auf der Insel Cres gibt es keine Hornottern – was der Volksglaube damit erklärt, dass der heilige Gaudentius Giftschlangen von der Insel verbannt habe. Aber auch sonst ist die Gefahr, von einer Hornotter gebissen zu werden, gering, da Schlangen scheu sind und flüchten, sobald sie herannahende Wanderer wahrnehmen. Trotzdem ist es ratsam, beim Wandern in unwegsamem Gelände feste und hochschließende Schuhe und lange Kleidung zu tragen.

Die Ruineneidechse ist mittlerweile mit Ausnahme der Insel Krk und Rab im gesamten beschriebenen Gebiet weit verbreitet. Diese große, grüne oder olivbraune Mauereidechse hat ein netzartiges schwarzes Fleckenmuster und ein dunkles Längsband auf dem Rücken. Istrien und Cres sind Lebensraum der grün-blau

Smaragdeidechse

schillernden Smaragdeidechse. Auf Krk, Rab und Pag lebt die schwarz gesprenkelte Riesensmaragdeidechse. In Istrien kann man auch auf den Scheltopusik treffen, der wie eine Schlange aussieht, aber eine Echsenart ist. Im Archipel von Cres und Lošinj sind auch Haus- und Mauergeckos beheimatet. Vereinzelt kommen in der Region auch Dalmatinische beziehungsweise Griechische Landschildkröten vor.

In den vielen Karstgrotten und Höhlen Istriens leben verschiedene Fledermausarten, und auch der Grottenolm (Proteus anguinis) kommt hier vor, ein fast durchsichtiger, blinder Schwanzlurch, der zu den seltensten Tieren der Welt gehört. Wenn man Glück hat, bekommt man in dem kleinen See der Höhle Baredine bei Poreč ein Exemplar dieses skurrilen Tierchens zu Gesicht.

Insekten und Spinnentiere

Zu den häufiger vorkommenden Insekten der Region Istrien und Kvarner Bucht gehören Hirschkäfer, Nashornkäfer, Heuschrecken, Gottesanbeterin und die Kreuzspinne. Zur Artenvielfalt gehört auch die seltenere Schwarze Witwe. Besonders im Landesinneren der Halbinsel, aber auch an den Küsten des Kvarner und auf seinen Inseln kommen kleine schwarze Skorpione vor, die sich gerne zwischen Steinen aufhalten, aber auch in Häusern vorkommen. Ihre Stiche sind denen von Wespen oder Bienen vergleichbar und nur für Allergiker gefährlich.

Mehr als 400 Schmetterlingsarten sollen allein in Istrien beheimatet sein, darunter der Schwalbenschwanz. Im Naturpark Učka finden sich noch Baumweißlinge, Scheckenfalter und verschiedene Bläulings- und Nachtfalterarten.

Fische und Meerestiere

In den Flüssen und Bächen Istriens schwimmen Forellen, Karpfen und Hechte. In der Mirna tummeln sich Aale, und sogar die in ihrem Bestand gefährdete Süßwassermuschel kommt hier noch vor.

Das Meer rund um die Halbinsel ist immer noch Lebensraum vieler Fische wie Goldbrassen und Seebarsch. In den Brackwassern der Buchten Limski zalijev und Raški zalijev werden Austern und Miesmuscheln gezüchtet. Auch wenn die Adria vielerorts überfischt ist, gibt es in den nördlichen Ge-

Wespenspinne

wässern vor Istrien und in der Kvarner Bucht noch Tintenfische, Brassen, Dorsche, Doraden, Makrelen, Wolfsbarsche, Heringe und Großfische wie Thunfische, Schwert- und Speerfische. Berühmt sind die Kvarner-Scampi, die eine hellrote Farbe und einen dünneren Panzer haben.

An den Küsten Istriens und der Insel Cres wurden unlängst wieder Mittelmeer-Mönchsrobben gesichtet, die an der Adria bereits als ausgestorben galten. In der Nähe der Kvarner Inseln, vor allem in den Gewässern vor den Inseln Cres und Lošinj, gibt es noch etwa 220 Delphine. Die Tiere, die zu der Art der Tümmler gehören, halten sich das ganze Jahr über nahe der Küste auf, meist weniger als fünf Kilometer vom Land entfernt. Da ihr Bestand durch Wasserverschmutzung, Überfischung und rigide Fangmethoden bedroht ist, kümmert sich das Adriatic Dolphin Project in Veli Lošinj um ihren Schutz.

Fische im klaren Wasser der Kvarner Bucht

Pflanzenwelt

Aufgrund der relativ häufigen Niederschläge ist Istrien eine sehr grüne, üppig bewachsene Region. 35 Prozent der Fläche der Halbinsel sind mit Wald bestanden. Gegenden, die von den heftigen Buraböen kahl gefegt wurden, gleichen allerdings Mondlandschaften. Steinige Karstlandschaften finden sich auf der Halbinsel Koromačno im Südosten Istriens und meist an den Nord- und Ostküsten der Kvarner Inseln.

Insgesamt gibt es in der Region aber eine sehr artenreiche Vegetation: Entlang der Küsten Istriens und der Inseln wachsen vorwiegend Kiefern- und Pinienwälder und immergrüne Pflanzen wie Oleander und Pechsamensträucher. Auf macchia-ähnlichen Flächen gedeihen der Erdbeerbaum, eine immergrüne Pflanze mit leuchtend roten Früchten, und dornige Büsche wie Christusdorn, Stechwinde und Dornige Bibernelle. Zwischen den Hecken und auf Lichtungen sieht man immer wieder wilden Spargel. Auf den verkarsteten Flächen des Hinterlands gibt es Wiesen und Buschwald aus Lorbeer, Stechwacholder und Kiefern, auf Felsen Steinimmortelle und Dorniges Kronenkraut, dessen Sternblüten im Frühjahr hellviolett blühen. Auf Trockenrasen und Felsfluren gedeihen die blau blühenden Kugeldisteln. In den höheren Lagen wachsen Flaumeichen, Hainbuchen und Ahornbäume. Man findet sie in den Mischwäldern im Nordosten Istriens, besonders in den Gebirgsregionen Učka und Ćićarija und auf

Lanzettblättriger Zylinderputzer

den Bergen der Kvarner Inseln. Selbst in Höhen von 900 Metern trifft man noch auf Wiesen mit Primeln, Narzissen und Affodill, aber auch auf unzählige Orchideen und geschützte Pflanzen wie Krainer Lilien, Gelben Enzian, Trollblume, Alpen-Mannstreu, Kroatische Berberitze und die Zweiblättrige Kuckucksblume. Noch in Höhenlagen bis 1410 Meter gedeiht auf den Kalksteinfelsen des Učka-Gebirges die endemische Učka-Glockenblume.

Geschützt von dem gewaltigen Bergmassiv wachsen rund um Lovran an der Ostküste Istriens Kastanien, und die Riviera von Opatija säumen Eschen, Feldahorn, Lorbeerbüsche und Steineichen, auf denen oft Mistelsträucher wachsen, die wiederum der wichtigste Bestandteil des istrischen Schnapses ›Biska‹ sind. Mächtige, uralte Steineichen wachsen auch im Motovuner Wald, im Forst Dundo auf der Insel Rab und bei Glavotok auf der Insel Krk. Fast überall in Istrien findet man den Zürgelbaum. In vielen Orten Inneristriens steht dieser bis zu 25 Meter hohe Baum aus der Familie der Ulmen auf dem Hauptplatz. Unter seiner mächtig ausladenden Krone fanden einst die Beratungen der Dorfältesten statt. Weil er in der Sommerhitze reichlich Schatten spendet, geht sein istrischer Name ›Ladonja‹ auf ›hlad‹ (Schatten) zurück.

In den Wäldern an der Westküste Istriens, besonders über dem Lim-Fjord, findet man Flaumeichen, Orientalische Hainbuchen, Manna-Eschen, Feldahorn, Zerreichen, Zedern-Wacholder und Gemeinen Wacholder. Die hügeligen Landschaften zwischen Rovinj im Süden und Novigrad im Norden prägen aber auch Wiesen, Olivenhaine, Weinberge und Obstgärten. Vielerorts gedeihen auch Feigenbäume.

Eine ausgeprägte mediterrane Vegetation findet sich auf dem Archipel der Brijuni-Inseln, wo über 680 verschiedene Pflanzenarten gedeihen, darunter Myrten, Stechpalmen, Erdbeerbäume, Manna-Eschen, Oleander und Dornakazien. Zu den importierten Pflanzen gehören Mammutbäume, Zedern, Palmen und Kakteen. Das Kap Kamenjak im Süden Istriens beeindruckt mit einer Fülle duftender Kräuter wie Rosmarin, Salbei und Lavendel. Die typischen Baumarten der Kvarner Inseln sind Stein- und Flaumeichen sowie Europäische Hopfenbuche oder Orientalische Hainbuche.

Olivenöl

Schon seit der Antike wird auf Istrien Olivenöl produziert. Istrisches Olivenöl galt sogar als das beste Öl überhaupt: Der römische Dichter Marcus Valerius Martial (40–103) pries es in seinen Epigrammen. Reste römischer Ölmühlen und Amphoren zum Transport von Olivenöl hat man an der gesamten Westküste Istriens gefunden, auf Brijuni, in Barbariga, Poreč und Červar-Porat. Auf Veli Brijun wächst ein 1600 Jahre alter Olivenbaum, der immer noch Früchte trägt. Der italienische Olivenölführer ›Flos Olei‹ 2017 bewertet Istrien als beste Olivenöl-Region der Welt. Hier ist das Olivenöl von besonderer Qualität, weil die Olivenplantagen klein sind und die Beeren noch schonend von Hand geerntet werden. Zudem erfolgt die Verarbeitung der Oliven innerhalb von 24 Stunden.

Heute gibt es auf der Halbinsel zwölf autochthone und ebensoviel importierte Olivensorten. Zu den wichtigsten einheimischen Ölen gehört das goldfarbene, kräftig schmeckende Istarska bjelica, das für Pilzgerichte geeignet ist, aber sogar zu Vanille- oder Schokoladeneis passt! Verbreitet ist auch das hellgrüne, fruchtige Buža, das gern für Thunfischgerichte und Risotto mit Gemüse oder mit Meeresfrüchten verwendet wird. Das goldgrüne, leicht bittere Risnjola nimmt man gern zu Hühner- oder Putenfleisch, aber auch zu Pilzsuppe und Teigwaren. Eine alte autochthone Sorte ist Črnica (oder Karbonaca), ein dickflüssiges Öl mit pfeffrig-süßem Geschmack, das gut zu einfachen Fischgerichten, Calamari, Tintenfisch und Thunfischsalat passt.

Daneben werden auch die italienischen Olivensorten angepflanzt: Das hellgrüne, leicht bittere Frantoio verfeinert Steaks, Trüffel- und Wildgerichte. Das weltweit am meisten verbreitete dunkelgrüne Leccino, ein leichtes, mäßig bitteres Öl mit starkem Olivengeschmack, eignet sich zum Zubereiten von Salaten und zum Würzen von rohen oder gegrillten Fischgerichten und Meeresfrüchten. Das grüne, bitter-fruchtige Pendolino passt zu Creme- und Gemüsesuppen, das goldgrüne, leicht scharfe Ascolana Tenera verwendet man beim Kochen von Rotem Fleisch und Nudelgerichten.

Die Internetseite www.istria-gourmet.com des Touristenbüros der Region Istrien informiert ausführlich über die istrischen Olivenstraßen und die besten Olivenölproduzenten der Halbinsel.

Olivenbäume

Umweltschutz und Nationalparks

Kroatien ist reich an erneuerbaren Energieträgern. Da ein Drittel des Energieverbrauchs für die Stromerzeugung sich auf Wasserkraft stützt, waren erneuerbare Energieträger schon 2012 mit knapp 36 Prozent am Stromverbrauch beteiligt. Aber obwohl in den küstennahen Gebieten die Sonne im Jahr fast viermal so lange scheint wie in Deutschland und im Hinterland der Adriaküste sehr günstige Verhältnisse für Windkraftwerke herrschen, werden Solarenergie und Windkraft in Kroatien kaum genutzt.

Leider steht es auch mit dem Umweltschutz und der Klimapolitik bei der aktuellen kroatischen Regierung nicht zum Besten. Kroatien läuft Gefahr, die von der Europäischen Union gestellten Ziele zu verfehlen und riskiert empfindliche Strafen. Viele so genannte strategische Investitionsprojekte widersprechen nationalen beziehungsweise europäischen Umweltschutz- und Klimazielen. Greenpeace Kroatien demonstrierte im Juli 2014 gegen den weiteren Ausbau des Steinkohlekraftwerks Plomin in der Gespanschaft Istrien: Die Verfeuerung von Importkohle verursache schon jetzt eine beträchtliche Luftverschmutzung. Im März 2015 stimmten bei einem Referendum in der Gemeinde Labin 94 Prozent der Wähler gegen den Ausbau des Werks. Das Projekt konnte im Sommer 2016 einstweilen gestoppt werden.Immerhin hat die Gespanschaft Istrien bereits im Mai 2012 den Auftrag vergeben, ein Strategiepapier ›Grüner Plan Istriens‹ zu erstellen, mit dem Ziel, die Halbinsel bis 2030 zu einer CO_2-neutralen Region zu machen. 2014 nahm in Barban bei Labin die erste Photovoltaikanlage Kroatiens den Betrieb auf. Mit dem Solarkraftwerk möchte man die Emission von rund 150 Tonnen Kohlendioxid pro Jahr einsparen.

Größere Industrieanlagen sind in der Region die Ölraffinerien in Kostrena und in der Bucht von Bakar bei Rijeka sowie der Erdölhafen bei Omišalj auf der Insel Krk, wo nun auch ein Flüssiggas-Terminal geplant ist. Einstweilen sind die Pläne für eine Erdölförderung in der kroatischen Adria gestoppt. Istrische Umweltschützer kämpfen aber weiter gegen die Luftverschmutzung durch die Mineralwollefabrik in Pićan.

Wasserqualität

Dass die Wasserqualität an den meisten Küstenabschnitten der Kvarner Bucht immer noch hervorragend ist, liegt vor allem an der Meeresströmung von Süden nach Norden. Weniger gut sieht es bei den Gewässern rund um die Großstadt Rijeka aus, ebenso an der Westküste Istriens, da diese den Mündungen der verschmutzten Flüsse der Poebene gegenüberliegt und sich im Strömungsbereich des Golfs von Venedig befindet.

Zudem gibt es auch in Istrien immer noch kein komplett ausgebautes Kanalisationssystem: Etwa 44 Prozent der Bevölkerung im nördlichen adriatischen Raum Kroatiens nutzen durchlässige Gruben für Abwässer, die dann ungeklärt in die Umwelt gelangen. Auch viele Städte leiten organische Stoffe ins Meer. Zwar wurden in den vergangenen Jahrzehnten mehrere Reinigungsanlagen gebaut, diese reichen aber nicht aus, da die Bevölkerungsdichte gerade in den Küstengebieten am höchsten ist und die Belastung saisonal durch den Tourismus stark

Kleine Badebucht an der Adriaküste

ansteigt. Im November 2012 starteten daher viele Städte und Gemeinden Istriens, unterstützt durch Mittel der Gespanschaften und EU-Fördergelder, Projekte zum Ausbau des Kanalisationssystems sowie zum Bau von Abwassersammelbecken und Kläranlagen.

Tourismus

Ein Problem für die Umwelt ist nach wie vor die massive Überbauung der Küstenstreifen. Besonders an der Westküste Istriens wurden ganze Abschnitte mit großen Hotelkomplexen bebaut, deren Architektur der Landschaft nicht entspricht und deren Größe die Aufnahmefähigkeit der Natur übersteigt. Ökologisch bedenklich sind auch die Pläne für Golf-Resorts und die Zerstörung der Küsten durch Aufschüttung und Betonierung.

Das kroatische Ministerium für Umweltschutz vergibt das Ökozeichen ›Freunde der Umwelt‹ und versucht, Hotels und Campinganlagen zur Einhaltung hoher ökologischer Standards zu ermuntern. Mit finanzieller Unterstützung durch die Europäische Union wurden in Istrien und an der Kvarner Bucht in den vergangenen Jahren mehrere Projekte für einen nachhaltigen Tourismus vorangetrieben. Besonders in Inneristrien gibt es immer mehr Anbieter für einen ökologisch verträglichen Öko- und Agrartourismus. Zahlreiche Restaurants verwenden vorwiegend lokale Produkte aus biologischem Anbau.

Abfall und Recycling

Kroatiens Abfallmengen sind im Vergleich zu andern europäischen Ländern im Durchschnitt pro Kopf niedrig, übersteigen aber in den Sommermonaten in den Touristenzentren an der Adria die europäischen Durchschnittsmengen erheblich. Allerdings wird Mülltrennung in Kroatien noch überwiegend kleingeschrieben. Im Jahr 2015 wurden im Landesdurchschnitt gerade mal rund 16 Prozent der

Hotelanlagen auf Krk

Siedlungsabfälle getrennt eingesammelt. Die Recyclingrate liegt noch unter vier Prozent. Sie soll bis 2020 auf 50 Prozent ansteigen, was als sehr ehrgeiziges Ziel gelten kann. Bei weniger als fünf Prozent liegen die Anteile vor allem noch in einigen nordöstlichen Gespanschaften sowie in der nordadriatischen Region Lika-Senj (0,3 Prozent) mit ihrem weitgehend entvölkerten Hinterland.

Außerdem ist das Umweltbewusstsein der Bevölkerung leider eher schwach ausgeprägt: 2013 wurden in der Gespanschaft Istrien 266 illegale Müllkippen registriert. Auch in küstennahen Gebieten verschandeln oft noch nichtadäquate oder wilde Müllkippen die Landschaft. Leider lässt auch die Erfüllung der EU-Vorgaben trotz finanzieller Unterstützung aus Brüssel auf sich warten.

Im Vergleich zu den anderen Regionen Kroatiens werden aber in Istrien, wo es nach wie vor das größte Touristenaufkommen gibt, die meisten Investitionen zum Schutz der Umwelt unternommen. Die Touristikwirtschaft hat großes Interesse daran, dass abfallwirtschaftliche Projekte schneller vorangebracht werden als anderswo: Bis 2018 sollen die Deponien saniert und auf EU-Standard gebracht werden. Statt wie bisher sieben kleinerer regionaler Abfallwirtschaftszentren sind weniger, aber größere Anlagen vorgesehen. Außerdem sind regionale Umschlagstationen mit Sortieranlagen geplant. Die deponierte Menge der biologisch abbaubaren Abfälle im Haushaltsmüll soll bis 2020 von 75 Prozent (2013) auf 35 Prozent gesenkt werden. 2012 wurden in Kroatien nur 2,4 Prozent der eingesammelten Bioabfälle kompostiert!

Seit Ende Juli 2014 müssen kroatische Städte und Gemeinden die getrennte Einsammlung von Papier, Metall, Glas, Kunststoff, Textilien und Sperrmüll ermöglichen. Für kommunale Projekte zur Abfallvermeidung und Wiederverwendung stellt der Kohäsionsfonds der Europäischen Union Kroatien bis 2020 rund 50 Millionen Euro zur Verfügung. In mehr als 230 Kommunen Kroatiens gibt es noch keine Möglichkeit zur Abfalltrennung – auch Zagreb ist Nachzügler. Vorbildlich sind die Städte Krk und Crikvenica, die bereits 2015 eine Recyclingquote von 50 Prozent erfüllten.

Nachdem es seit Jahren bereits ein Flaschenpfand auf Glasflaschen gibt, wurde 2006 auch ein Pfand auf Plastikflaschen eingeführt. Die Flaschen sollen von Geschäften mit mehr als 200 Quadratmetern Verkaufsfläche zurückgenommen werden. Leider ist dies aber noch nicht flächendeckend der Fall, oder es wird nur eine bestimmte Menge angenommen. Dennoch sorgt das Pfandsystem für einen fast vollständigen Rücklauf. Ähnlich effektiv ist das Einsammeln von Getränkedosen. Pro Flasche werden 50 Lipa (60 bis 70 Cent) Pfand gezahlt. Weil dies mehr ist als die Erzeugungskosten, soll es Missbrauchsfälle mit importierten neuen Flaschen gegeben haben, die in Kroatien eingelöst wurden. Das Pfandsystem hat zu einer Anhäufung von Schulden von über 56 Millionen Euro geführt. Im Inland werden PET-Flaschen bisher noch kaum recycelt.

Naturschutz

Seit 1996 propagiert die Nichtregierungsorganisation ›Natura Histrica‹ (www.natura-histrica.hr) die Ausweisung von Naturschutzgebieten und die Vernetzung von Biotopen. Der Verein ›Grifon‹ (http://supovi.de) unterhielt von 1993 bis 2013 in Beli auf der Insel Cres und ab 2013 in Crnika bei Sveti Juraj am Fuße des Velebit eine Schutz-und Auffangstation für Gänsegeier. Wegen mangelnder finanzieller Unterstützung durch das kroatische Umweltministerium musste die Station Ende 2016 schließen. Der Verein sucht derzeit nach Möglichkeiten, seine Arbeit fortzusetzen. Dem Schutz der Umwelt, der Tradition der Schafzucht und dem kulturellen Erbe widmen sich auf der Insel Cres die Projekte Gerbin (http://muzejovcarstva.org) und Ruta Cres (http://ruta-cres.hr). Die Initiative ›Blue World‹ (www.blue-world.org) auf der Insel Lošinj setzt sich für den Erhalt der Delphinpopulationen in den Gewässern der Kvarner Bucht ein.

Umweltschützer kritisierten die Probebohrungen und seismischen Untersuchungen, mit denen die norwegische Firma ›Spectrum‹ seit September 2013 Öl- und Gasvorkommen an der kroatischen Adria erkundet hat. Die dabei eingesetzten Schallkanonen beeinträchtigten die Meeresfauna. Erdgasförderanla-

Im Vogelschutzzentrum bei Sveti Juraj

Üppige Vegetation im Nationalpark Brijuni

gen und Ölplattformen könnten Natur und Tourismus massiv schädigen. Wegen sinkender Ölpreise wurde das Projekt Mitte 2015 einstweilen gestoppt. Weil es auch in den Gewässern Italiens und Montenegros Öl- und Erdgasvorkommen gibt, warnen Umweltorganisationen (Eko Jadran, Naš Jadran, S.O.S. za Jadran) weiter vor dem Bau von Ölplattformen in der Adria.

Naturschutzgebiete

In der Gespanschaft Istrien gibt es 33 Naturschutzgebiete. Mit einer Gesamtfläche von etwa 22080 Hektar sind somit 7,82 Prozent des Landesteils gesetzlich unter Schutz gestellt. Dazu gehört der Nationalpark Brijuni und der Naturpark Učka. Als spezielle Reservate stehen auch der Motovuner Wald und der Kontija-Forst bei Vrsar unter Schutz sowie der Lim-Fjord, das Sumpfgebiet Palud südlich von Rovinj (ornithologisches Reservat) und Datule-Barbariga (paläontologisches Reservat).

Daneben gibt es Waldparks wie das ›Goldene Kap‹ (Zlatni rt) bei Rovinj, Škaraba, Kašteja und den Berg Soline bei Vinkura. Geschützte Landschaften sind die Umgebung von Istarske Toplice (bei Buzet), der Lim-Fjord, die Karstschlucht von Pazin, die Archipele bei Rovinj und bei Medulin sowie Teile des Kap Kamenjak im Süden der Halbinsel.

Als Naturdenkmäler geschützt sind zum Beispiel vier Pinien in Karojba, eine Zypresse in Kaščerga, die Höhle Baredine, die Schlucht Vela Draga unter dem Učka-Gebirge und der Steinbruch Fantazija bei Rovinj. Die Pappelallee auf dem Friedhof von Rovinj und ein Park in Nedešćina sind als Denkmäler der Parkarchitektur gesetzlich geschützt.

Laut Rotem Buch der vaskulären Flora Kroatiens (2005) gibt es auf dem Gebiet Istriens 85 seltene und bedrohte Pflanzenarten. Das Rote Buch der bedrohten Vögel (2003) verzeichnet 16 Arten. Gegenwärtig stehen in der Gespanschaft Istrien 236 Tierarten unter Naturschutz: vier Schmetterlingsarten, zwölf Spezies von Amphibien, 14 Arten von Reptilien, 167 Vogelarten und 39 verschiedene Säugetierarten.

Geschichte Istriens

Die Halbinsel Istrien gehört zu den ältesten menschlichen Lebensräumen Europas. In der Romualdo-Höhle am Limski-Kanal konnte eine altsteinzeitliche Siedlung nachgewiesen werden. Steinzeitliche Höhlen gab es am Nordhang des Učka-Massivs. In der Höhle Šandalja bei Pula fand man Überreste eines Homo erectus, die über 800 000 Jahre alt sein dürften, und Holzkohlestuckchen, die als älteste Feuerspuren Europas gelten. Aus der jüngeren Steinzeit stammen Keramikfunde von den Inseln Cres, Lošinj und Krk. Die Wohnstätten der vermutlich vorderasiatisch beeinflussten Zuwanderer waren Höhlen und Felsüberhänge.

Bronzezeitliche Ansiedlungen gab es im Süden der Halbinsel rund um Premantura und auf dem Kap Kamenjak. Nicht weit von Rovinj befinden sich die Reste der frühbronzezeitlichen Höhensiedlung Monkodonja aus dem 18. bis 13. Jahrhundert vor Christus. Ihre dicken Mauern erinnern an die mykenischen Burgen Griechenlands.

Illyrer, Griechen, Kelten

Um 1100 vor Christus besiedelt der illyrische Stamm der Histrier den Westteil der Halbinsel, auf sie geht der Name ›Istrien‹ zurück. Im Norden lebten Japoden und im Nordosten an der liburnischen Küste von Plomin bis zum Fluss Rječina die illyrischen Liburner. Funde von Bernsteinschmuck belegen, dass Istrien an der ›Bernsteinstraße‹ lag, die vom Baltikum über das heutige Tschechien und Slowenien nach Norditalien und Rom führte.

Noch älter dürften die prähistorischen Steinkreise auf den Hügeln Picugi und Mordele im Hinterland von Poreč zwischen Valkarin, Dračevac und Fuškulin sein. Von den Histriern stammen rund 500 eisenzeitliche Kastelle (*gradine, kašteljeri*), deren Wälle meist noch heute erkennbar sind. Aus diesen Wallburgen auf den Hügeln gingen auch viele inneristrische Städte und Festungen hervor. Das um 1200 vor Christus von den Histriern östlich von Pula gegründete Nesactium (Nezakcij) wurde zu ihrer Metropole. Wie Funde griechischer Keramik belegen, unterhielten die Histrier intensive Handelsbeziehungen zu den Griechen, die um 400 vor Christus zur nördlichen Adriaküste vorrückten und Handelsstützpunkte anlegten. Pula (Polai), Koper (Aegida), Novigrad (Emonia) und Osor (Apsoros) auf der Insel Cres (Crepsa) dürften auf griechische Gründungen zurückgehen. Zur gleichen Zeit fielen auch die Kelten von Norden her nach Istrien ein und drängten die Histrier an die Küstengebiete im Südwesten.

Römische Antike

Um der Seeräuberei der illyrischen Stämme Herr zu werden, unternahmen die Römer 221 vor Christus einen ersten Feldzug gegen die Histrier unter ihrem König Aepulo, den Titus Livius als ›wilden harten Kämpfer‹ beschrieb. Erst im zweiten, heftigen ›histrischen Krieg‹ konnte Rom um 177 vor Christus die Histrier besiegen. König Aepulo und viele seiner Gefolgsleute begingen Selbstmord. Ihre Hauptstadt Nesactium wurde dem Erdboden gleichgemacht. Istrien gehör-

In der Arena des Amphitheaters in Pula

te nun bis zur Herrschaft Caesars zum römischen Illyricum und bildete unter Augustus und Tiberius mit Venetien die 10. Region ›Venetia et Histria‹. Rom siedelte auf Istrien 15 000 Legionäre an, entwickelte Handel, Infrastruktur und Straßennetz. Manche histrische Wallburg wurde zum römischen Castrum ausgebaut, und Pula wurde 33 vor Christus unter Kaiser Augustus römische Kolonie.

Mit der Verlegung der Grenze zwischen dem Römischen Reich und dem Kolonialgebiet von Koper nach Südosten an den Fluss Raša gehörte ab 16 vor Christus der größte Teil Istriens zur 10. Italischen Region. Nach und nach unterwarf Rom auch die Liburner, die als Piraten mit wendigen Ruderschiffen (Liburnen) die Gewässer unsicher gemacht hatten. 20 nach Christus wurde die Kolonie Parentium (Poreč) gegründet, später entstanden weitere Städte. Die Römer kultivierten das Land, trieben die Urbanisierung voran, bauten Aquädukte und Straßen wie die Via flavia, die von Aquileia über Pula und Rijeka nach Dalmatien führte. Auf istrischen Staatsgütern (villae rusticae) lebten pensionierte Soldaten, aber auch Mitglieder der kaiserlichen Familie. In der zweiten Hälfte des 1. Jahrhunderts wurde unter Kaiser Vespasian das Amphitheater in Pula fertiggestellt. Vielleicht war Istrien schon damals, zumindest für die begüterten Römer, ein magisches Land (terra magica), der römische Schriftsteller Marcus Valerius Martial jedenfalls schwärmte im 1. Jahrhundert nach Christus von dem ›vollkommenen‹ istrischen Olivenöl, und noch 537 schrieb der Historiker Cassiodor, in Istrien lebten die Patrizier ›wie die Götter.‹

Spätantike

Bereits im 3. Jahrhundert nach Christus gab es in einigen Küstenstädten Istriens erste christliche Gemeinden. Unter Kaiser Numerian erlitt in Pula der heilige Germanus im Jahre 284 das Martyrium. 380 nach Christus wurden in Poreč und Pula die ersten Bistümer gegründet. Nach der Zerstörung Aquileias (452)

Grabkapelle der Basilika Sv. Marija Formoza in Pula

durch die Hunnen kamen von dort auch viele Flüchtlinge an die Westküste Istriens, deren Orte daraufhin zunächst prosperierten. Nach dem Ende des Römischen Reichs setzte aber ein allgemeiner Niedergang ein. Viele Städte wurden um 490 nach Christus bei der Eroberung Istriens durch die Ostgoten zerstört.

Wenige Jahrzehnte später wurden die Ostgoten von den Byzantinern besiegt, die dann bis 788 nach Christus über Istrien herrschten. Sitz ihres Militärstatthalters wurde Pula. Spuren byzantinischer Kultur sind in Poreč die Euphrasiusbasilika mit ihren herrlichen Mosaiken sowie die Basilika Sv. Marija Formoza in Pula, die an das Mausoleum der Galla Placidia in Ravenna erinnert.

Mittelalter

Während der Völkerwanderung in den Jahren 599 bis 611 verwüsteten Langobarden, Awaren und Slawen immer wieder das Land, das im selben Zeitraum mehrfach von Pestepidemien heimgesucht wurde. Die vom ›Schwarzen Tod‹ teilweise entvölkerten Landstriche Zentralistriens und im Osten (Ćićarija) wurden von Kroaten und Slowenen besiedelt.

Weil der istrische Klerus mit den Franken sympathisierte, von denen er sich Unterstützung versprach, kam es zum Bürgerkrieg zwischen dem an Byzanz orientierten Volk und den Bischöfen. Pippin, Sohn Karls des Großen, unterwarf Istrien 789 und gliederte es 809 der fränkischen Mark Friaul ein. 827 übernahm Aquileia die kirchliche Herrschaft über Istrien, das zu einer der vier Grafschaften der Mark Aquileia wurde. Viele istrische Städte wurden bischöflicher Besitz, die Gemeinden abgabepflichtig und die Handwerker und Bauern zu Leibeigenen. Auch nach dem Zerfall des Frankenreichs 888 nach Christus blieb die lokale Macht bei den Bischöfen und ihren gräflichen Vögten. Im 10. Jahrhundert plünderten Kroaten und seeräuberische Neretvaner mehrfach die Küstenstädte, die sich deshalb mit Venedig verbündeten. Heinrich III. machte Istrien 1040 zu einer eigenen Markgrafschaft des Heiligen Römischen Reiches Deutscher Nation.

In den kommenden Jahrhunderten kam es zum Machtkampf zwischen dem Patriarchen, Venedig und den Grafen von Pazin. 1145 mussten die Küstenstädte Pula, Koper und Izola und später auch Poreč, Umag, Novigrad, Piran und Rovinj mit Venedig Bündnisverträge eingehen. Zwar wurden die Patriarchen von Aquileja ab 1209 von Kaiser Otto IV. auch mit der weltlichen Macht über West-Istrien belehnt, aber ab der zweiten Hälfte des 13. Jahrhunderts festigte die Serenissima in den Küstenstädten ihre Herrschaft, die sie in Westistrien auch in den kommenden 500 Jahren ausübte. Pest und Malaria entvölkerten wieder viele Städte nahezu gänzlich, in die kroatische und slowenische Flüchtlinge einzogen. Nachdem die Grafschaft Istrien 1374 an Leopold III. von Habsburg gekommen war, prägten Istrien 250 Jahre lang kriegerische Auseinandersetzungen zwischen Habsburg und Venedig. Schon bald kamen weitere Verwüstungen über die Küstenstädte: 1378 erfasste der genuesisch-venezianische Krieg auch die Halbinsel. Die Genuesen zerstörten nach einer Seeschlacht Pula und besetzten Rovinj, Poreč und Umag. Ende des 14. Jahrhunderts bot Istrien ein trauriges Bild: Wieder hatten Pestepidemien und Kriege Teile des Landes zu zwei Dritteln entvölkert, die Wirtschaft lag am Boden. In den wenigen friedlichen Jahren siedelten die Venezianer in ihren Gebieten vor den Türken geflohene Slawen, Albaner und Rumänen an. Als 1420 Labin, Plomin und Buzet vom Patriarchen abfielen und die Venezianer bis Roč vorstießen, war der Einfluss von Aquileia beendet. Istrien zerfiel in einen südwestlichen venezianischen und einen kleineren, zentral-östlichen habsburgischen Teil. In den Küstenstädten überwog die romanische Bevölkerung. In Zentralistrien lebten vorwiegend Kroaten. Unter der venezianischen Herrschaft prosperierte die Kultur Istriens. Andererseits war die Serenissima nicht zimper-

Der Markuslöwe, Symbol der Serenissima, ist noch in vielen istrischen Städten zu finden

›Totentanz‹ in der Kirche Sv. Marija na Škriljinah

lich und schaffte Kunstgegenstände oder die Bausteine ganzer Gebäude wie von der Arena und der Basilika Sv. Marija Formoza in Pula in die Lagunenstadt und übte Raubbau an den Wäldern Istriens, wovon die vegetationsarmen Karstlandschaften Istriens noch heute zeugen.

Wieder kam es zu schlimmen Pestepidemien. Die vielen nach dem Pestheiligen Rochus benannten Kirchen Istriens haben hierin ihren Ursprung. Zwischen 1469 und 1512 fielen sogar osmanische Truppen in Istrien ein und eroberten 1508 Triest. Mitten in dieser von Kriegen und Krankheiten geprägten Zeit malten 1474 Vinzenz von Kastav in der Kirche Sv. Marija na Škriljinah bei Beram und Ivan von Kastav 1490 in der Kirche Sv. Trojica in Hrastovlje ihre berühmten ›Totentänze‹.

In ihrem Kampf gegen die Venezianer verbündeten sich die Österreicher zeitweise sogar mit den Türken. Das Land war geplündert, zersplittert in kleine städtische, halbautonome Republiken, die wirtschaftlich von Venedig abhängig waren. Und dennoch wurde auch in Istrien die neue protestantische Lehre zunächst mit großem Interesse aufgenommen. Von der Halbinsel stammte Matija Vlačić Ilirik, der als Theologe in Wittenberg und Straßburg lehrte und zum Weggefährten Luthers wurde.

18. und 19. Jahrhundert

Erst im 18. Jahrhundert kam es zum Niedergang der Vorherrschaft Venedigs in Istrien: 1719 erklärte Kaiser Karl VI. Triest und Rijeka zu Freihäfen, was einen entscheidenden wirtschaftspolitischen Angriff auf die Serenissima darstellte. Jetzt konnte Venedig die Geschicke der Adriaküste nicht mehr alleine lenken. Nach der Besetzung Istriens durch österreichische Truppen 1797 kam Istrien nach dem Frieden von Campo Formio auch formell zu Österreich. 1805 bis

Denkmal für die Gefallenen des Ersten Weltkriegs in Punat

1809 fiel der ehemals venezianische Teil Istriens an das italienische Königreich Napoleons und gehörte zu seinen Illyrischen Provinzen. Aber schon 1813 wurde Istrien wieder Teil der Habsbuger Monarchie und bildete mit Friaul und Triest das ›österreichische Küstenland‹.

1849 erhielt der italienische Teil der Bevölkerung durch die Reichsverfassung eigene Rechte. Daraufhin spitzten sich die nationalen Spannungen zwischen der vorwiegend in Zentralistrien lebenden ungebildeten kroatischen Landbevölkerung und den Italienern der Küstenstädte weiter zu. Nationalstolz und Selbstbewusstsein der Kroaten wurde auch dadurch befördert, dass 1857 der bei Tinjan geborene Juraj Dobrila zum Bischof von Poreč und Pula ernannt wurde. Dobrila unterstützte die Bewegung der kroatischen Wiedergeburt (Preporod), setzte sich für die Einführung der kroatischen Sprache in Schulen und im öffentlichen Leben ein und ermutigte die Bauern, sich gegenüber der italienischen Herrschaft zu behaupten. 1861 wurde der istrianische Landtag (Sabor) in Poreč gegründet.

Zur selben Zeit fand die italienische Bewegung des ›Irredentismus‹ immer mehr Zulauf: Die Italiener Istriens ersehnten sich den Anschluss ihrer ›unerlösten Gebiete‹ (terre irredente) an ihr Mutterland Italien. 1882 kulminierte der italienische Nationalismus in einem Anschlag des Irredentisten Guglielmo Oberdan auf den österreichischen Kaiser. Nach der Hinrichtung des Attentäters fand der italienische Nationalismus noch mehr Zuspruch.

Ende des 19. Jahrhunderts wurde Pula Hauptmilitärhafen der Habsburger Monarchie. Zur selben Zeit wurden in Opatija und Lovran die ersten Hotels gebaut.

Erster und Zweiter Weltkrieg

Der Londoner Vertrag (1915) hatte Italien die Halbinsel bereits zugesprochen und das Land damit zum Kriegseintritt auf Seiten der Alliierten bewegt. Nun wurde auch die istrische Bevölkerung zum Kriegsdienst eingezogen und viele Italiener aus westistrischen Städten in Lagern in Österreich inhaftiert.

Nach dem Ersten Weltkrieg und dem Zerfall der Monarchie 1918 kam Istrien formell zum Königreich der Serben, Kroaten und Slowenen (SHS), wurde aber laut Vertrag von London unverzüglich von Italien besetzt. 1920 fiel die Halbinsel durch den Vertrag von Rapallo auch rechtlich an das Königreich Italien. Wieder kam es zu heftigen ethnischen Konflikten und Unruhen. In Labin wurde 1921 eine Räterepublik ausgerufen. In Pula erhoben sich die Bauern. Die Aufstände wurden niedergeschlagen, und nach der Machtübernahme der Faschisten in Italien 1922 betrieben sie eine systematische Italienisierung Istriens. Italiener wurden angesiedelt, und alles Kroatische wurde unterdrückt: Kroatische Schulen mussten schließen, und der Gebrauch der kroatischen Sprache im öffentlichen Leben war verboten. Gegen antifaschistische Gruppen ging das Mussolini-Regime mit zahlreichen Todesurteilen vor. Tausende Kroaten verließen damals das Land.

1942 wurde die erste Partisaneneinheit Istriens gegen die Faschisten ins Leben gerufen. Schon während des Krieges kam es zu Racheakten an italienischen Zivilisten. Nach der Kapitulation Italiens im September 1943 wurde Istrien mit dem faschistischen Unabhängigen Staat Kroatien (NDH) vereinigt. Titos Volksbefreiungsarmee gelang es zeitweise, den größten Teil Istriens zu erobern. Ende

1943 und Anfang 1944 wurden die Partisanen aber wieder von der deutschen Wehrmacht und der Armee des ›Unabhängigen Staats Kroatiens‹ vertrieben. Die Halbinsel stand als ›Operationszone Adriatisches Küstenland‹ bis Frühjahr 1945 unter deutscher Besatzung. Wieder kam es zu Vergeltungsmaßnahmen der Partisanen an der italienischen Bevölkerung. Mehrere tausend Zivilisten und Soldaten wurden in Karstlöcher (Fojben) geworfen und starben einen grausamen Tod.

Nach 1945

Nach dem Sieg der kommunistischen Tito-Partisanen wurden viele Italiener zur Auswanderung gezwungen, Istrien wurde in die Zone A (Triest und Pula unter angloamerikanischer Militärverwaltung) und in die Zone B (unter jugoslawischer Militärverwaltung) geteilt. Mit dem Vertrag von Pazin wurde die Halbinsel 1947 jugoslawischer Verwaltung unterstellt. Die Frage von Triest blieb zunächst offen. In der Folge verließen zwischen 250 000 und 300 000 istrische Italiener das Land oder wurden vertrieben. Der Exodus von nahezu 90 Prozent der italienischen Bevölkerung Istriens hatte weitreichende Folgen für die Region: Viele Städte wie Grožnjan in Inneristrien waren fast gänzlich entvölkert.

1954 wurde Triest endgültig Italien zugesprochen, Istrien selbst blieb jugoslawisch. Zwar wurde der riesige Schriftzug ›Tito‹ an einem Hügel nahe Barban bereits mehrfach beschädigt, dennoch genießt Tito bei vielen Kroaten Istriens auch heute noch Ansehen. Denn letztlich verdanken sie ihm und seinen Partisanen, dass 1991 mit der Erklärung der Unabhängigkeit Kroatiens auch der größte Teil der Halbinsel Bestandteil der selbständigen Republik Kroatien wurde.

Mit dem angrenzenden Slowenien gab es immer wieder Grenzstreitigkeiten oder Auseinandersetzungen wegen der Fischereihoheitsrechte. In Istrien gibt es auch heute noch ein starkes Regionalbewusstsein – die linksliberale istrische Unabhängigkeitspartei IDS (Istarski Demokratski Sabor/Istrische Demokratische Versammlung) errang 2013 gemeinsam mit Liberaldemokraten und Grünen bei den Wahlen zum Parlament der Gespanschaft Istrien fast 44 Prozent der Stimmen, ihr Spitzenkandidat Valter Flego sogar 55 Prozent. Ganz gegen den Trend im übrigen Land hat die überwiegende Mehrheit der Bevölkerung (79 Prozent) der Gespanschaft Istrien bei der Präsidentschaftswahl im Frühjahr 2015 für den Sozialdemokraten Ivo Josipović gestimmt, während die konservative Kolinda Grabar-Kitarović hier lediglich 20,5 Prozent errang.

Tito-Büste in Pula

Die italienische Minderheit

Vor dem Zweiten Weltkrieg lebten auf dem Gebiet des heutigen Kroatien mehr als 300 000 Menschen, deren Muttersprache Italienisch war. Heute sind es noch etwa 20 000. Die anderen verließen Tito-Jugoslawien bereits 1946/47. Diejenigen, die zurückblieben, besaßen in Jugoslawien die Rechte aller anderen Bürger des Landes, aber keine besonderen Minderheitenrechte: es gab keine Schulbildung in ihrer Sprache, keine besondere Kulturpolitik für die italienische Minderheit. Dennoch blieb das Italienische im einstmals zweisprachigen Gebiet Kvarner und auf Istrien sogar unter der Bevölkerung kroatischer Muttersprache lebendig. Viele Begriffe lokaler kroatischer Dialekte wurden dem Italienischen entlehnt: die Gemeinschaftsweide wird ›komunada‹ genannt (ital. *comune* – gemeinsam, Gemeinde); zu Weihnachten gibt es das Gebäck ›fritule‹ (ital. dial. *frittole* – im Öl Gebackenes), die Wollstrümpfe der Männer heißen ›kalcete‹ (ital. *calze* – Strümpfe).

Nach 1991 erhoffte sich die italienische Minderheit, die sich auf die Nordwestküste Istriens und Rijeka konzentriert, mehr Rechte und besonders italienischsprachigen Unterricht. Aber erst 2000 wurde von der kroatischen Regierung ein neues Minderheitengesetz erlassen. Darin wird vorgesehen, dass Minderheiten mit mehr als 8 Prozent der Gesamtbevölkerung proportional im Parlament vertreten sind – was für die etwa 12 Prozent Serben relevant wäre, nicht aber für die 0,4 Prozent Italiener! Eine Verbesserung ihrer Lage ist aber schon der Gebrauch von Minderheitensprachen in Ämtern und Behörden und die Bildung von Klassen in Minderheitensprachen ab einer bestimmten Mindestanzahl von Schülern. Mittlerweile sind sieben Städte der Istarska Županija offiziell zweisprachig: Buje (Buie); Novigrad (Cittanova), Poreč (Parenzo), Pula (Pola), Rovinj (Rovigno), Umag (Umago) und Vodnjan (Dignano). Daneben gibt es elf zweisprachige Gemeinden. In den offiziell zweisprachigen Gebieten sind Ortstafeln auf Kroatisch und Italienisch aufgestellt, bisweilen gibt es auch zweisprachige Straßenschilder. Auch die Internetauftritte istrischer Städte erfolgen heute oft bilingual. In manchen Städten (Buje) existiert ein zweisprachiges Schulsystem, in manchen auch eine italienische Schule. In vielen Orten haben sich die italienischstämmigen Einwohner in Italienische Gemeinschaften (Communità degli Italiani) zusammengeschlossen. Ihre politische Vertetung ist der IDS (Istarski demokratski sabor). In Rijeka gibt das Verlagshaus EDIT (Edizioni italiane) Werke italienischsprachiger Autoren Kroatiens und Sloweniens sowie die Zeitung ›La Voce del popolo‹ heraus.

Flaggen in Istrien: EU, Kroatien, Italien, Istrien

EXTRA

Politik, Gesellschaft und Wirtschaft

Die in diesem Buch beschriebenen Regionen Kroatiens gehören zu den Gespanschaften (Provinzen) Istrien, Primorje/Gorski kotar und Lika-Senj – das sind 3 der 21 Gespanschaften Kroatiens. Die Zentren dieser drei regionalen Selbstverwaltungseinheiten sind Pazin, Rijeka und Gospić.

Die Staatsform der Republik Kroatien ist die parlamentarische Demokratie, wobei dem vom Volk direkt gewählten Präsidenten weitreichende Befugnisse zukommen. Am 11. Januar 2015 wurde die 1968 in Rijeka geborene Kandidatin der konservativen Kroatischen Demokratischen Gemeinschaft (HDZ) Kolinda Grabar-Kitarović zur ersten kroatischen Präsidentin gewählt.

Die im Einkammerparlament (Hrvatski Sabor) vertretenen Parteien wählen die Regierung, die vom Ministerpräsidenten geleitet wird. Nach der Wahl vom 11. September 2016 wurde der Konservative Andrej Plenković Premier einer Mitte-Rechts-Regierung aus Kroatischer Demokratischer Gemeinschaft und der Reformpartei MOST (Brücke). Die wichtigsten Parteien der Opposition sind die Sozialdemokraten (SDP), die Volkspartei (HNS), Bauernpartei (HSS) und Rentnerpartei (HSU).

Gesellschaft und Religion

Seit der Unabhängigkeit Kroatiens 1995 macht die junge Republik tiefgreifende Veränderungen in Politik, Wirtschaft und Gesellschaft durch. Die Last der Vergangenheit ist groß: Über 1000 Jahre wurde das kleine Land von fremden Mächten beherrscht. Seine Bewohner kämpften unter großen Opfern für die Bewahrung der eigenen Identität und Kultur. Benachteiligung und Entbehrung haben

Treffpunkt Café

im Bewusstsein der Kroaten tiefe Spuren hinterlassen und entluden sich leider auch in fremdenfeindlichen und nationalistischen Exzessen. Die Aufarbeitung der Rolle Kroatiens unter dem faschistischen Ustascha-Regime spaltet bis heute die Nation. Aber auch über die Frage, ob der Begründer der selbständigen Republik Kroatien Franjo Tuđman ein großer Staatsmann und ›Vater der Nation‹ oder ein reaktionärer Autokrat war, gehen die Meinungen genauso auseinander wie über den künftigen Weg, den der junge Staat einschlagen soll. Solche und andere Kontroversen werden gern sehr leidenschaftlich ausgetragen, und oft bewahrheitet sich der alte Ausspruch: ›Zwei Kroaten = drei Parteien‹.

Viele kritisieren, der Prozess der Liberalisierung und Demokratisierung habe sich in den vergangenen Jahren in Kroatien spürbar verlangsamt. Tatsächlich ist es um die Unabhängigkeit der Medien und der Justiz schlecht bestellt. Minderheiten genießen oft keinen ausreichenden Schutz. Zwar wurden beim Schutz der Rechte von Menschen mit Behinderungen Fortschritte erzielt, jedoch dürfen Menschen mit bestimmten Formen von Behinderung immer noch nicht über ihr eigenes Leben entscheiden. Mehr als 8200 Menschen mit geistigen und psychosozialen Behinderungen in Kroatien leben nach wie vor isoliert in Einrichtungen und psychiatrischen Kliniken. Zu einer Polarisierung der Gesellschaft führten Dispute über die schulische Sexualerziehung, die im Mai 2013 vom Verfassungsgericht untersagt wurde, sowie Versuche einer Einführung der gleichgeschlechtlichen Ehe. Diskriminierung wegen sexueller Orientierung am Arbeitsplatz ist in Kroatien allerdings bereits seit 2002 offiziell verboten. Nach einem am 1. Dezember 2013 auf Betreiben kirchlicher Organisationen und der konservativen Oppositionspartei HDZ durchgeführten Referendum wurde das Verbot der gleichgeschlechtlichen Ehe in die Verfassung aufgenommen. Daraufhin führte die sozialdemokratische Regierung am 15. Juli 2014 per Gesetz die Eingetragene Partnerschaft ein.

Die katholische Kirche

Zwar wird die Zahl der ›praktizierenden Gläubigen‹ in Kroatien auf lediglich 15 bis 20 Prozent geschätzt, aber laut Umfragen bezeichnen sich 86,28 Prozent aller Kroaten als Katholiken. Während der über 1300 Jahre langen Herrschaft fremder Mächte wurde die katholische Kirche zum Garant für die Bewahrung kroatischer Sprache, Kunst und Kultur. Seit dem 7. Jahrhundert diente der Katholizismus stets als Merkmal der Zusammengehörigkeit und damit der Abgrenzung von Serben und Bosniaken, die mehrheitlich orthodox oder muslimisch sind. Unter dem faschistischen Ustascha-Regime 1941 bis 1945 kollaborierte ein Teil des Klerus mit den Machthabern. Nach dem zweiten Weltkrieg widersetzte sich Kardinal Alojzije Stepinac dem Druck der Kommunisten, die eine regimetreue und von Rom unabhängige kroatisch-katholische Kirche etablieren wollten. So wurde die katholische Kirche in Kroatien während der jugoslawischen Zeit für Antikommunisten, Patrioten und Nationalisten eine quasi oppositionelle Institution, und die Katholiken sahen sich mitunter massiver Unterdrückung und antikirchlicher Propaganda von Seiten des kommunistischen Regimes ausgesetzt. Das religiöse Leben sollte aus der Öffentlichkeit verbannt werden, prägte aber weiterhin wesentlich das private Leben.

Pfarrkirche Sv. Martin in Vrsar

Der Katholizismus ist bis heute Bestandteil der nationalen und kulturellen Identität vieler Kroaten. Aus der Verbindung von Brauchtum und Religiosität resultiert eine besonders in ländlichen Regionen verbreitete Volksfrömmigkeit. Nach dem Ende des Kommunismus konnte Franjo Tuđman während des Unabhängigkeitskriegs auf die katholische Kirche als patriotische und nationale Kraft setzen. Allerdings kritisierten Bischöfe seine Politik, die auf eine Aufteilung Bosnien-Herzegowinas zielte und verurteilten seine Militärführung wegen der Gewaltanwendung gegen die serbische Zivilbevölkerung. Die staatstragende Rolle der Kirche wird in der kroatischen Öffentlichkeit und in den Medien vermehrt kritisch gesehen. Viele beklagen, die Kirche habe zu viel Einfluss auf das soziale und politische Leben. Ein Großteil kroatischer Intellektueller versteht sich allerdings als Agnostiker oder Atheisten, und viele Politiker und Vertreter von Kultur, Wissenschaft und Medien sind kirchenfern oder antiklerikal eingestellt. So kommt es immer wieder zu Konflikten zwischen den säkularen, liberalen Gruppen und den Vertretern eines eher kirchentreuen, patriarchalisch geprägten Lagers.

Die orthodoxe Kirche

Mit dem Zerfall Jugoslawiens wurde ein nicht geringer Teil der serbisch-orthodoxen Gläubigen zu einer religiösen und ethnischen Minderheit in dem souverän gewordenen Staat Kroatien. Die serbisch-orthodoxen Gemeinden in Kroatien werden vom Patriarchat in Belgrad betreut. Nach der Volkszählung von 2011 bekennen sich in der Gespanschaft Istrien nur 3,47 Prozent (7220 Einwohner) zum orthodoxen Glauben. 5,4 Prozent der Einwohner Pulas gehören zur serbisch-orthodoxen Gemeinde, deren Kirche Sv. Nikola im 16. Jahrhundert von griechisch-orthodoxen Einwanderern aus Zypern und Nauplion genutzt wurde. Im 17. Jahrhundert ließen sich in Peroj (in der Nähe von Pula) orthodoxe Siedler aus Montenegro und Albanien nieder. Immerhin 8930 Orthodoxe leben in Rijeka, deren barocke Kirche Sv. Nikola 1790 von serbischen Händlern gestiftet wurde.

Eine historische Rarität ist die russisch-orthodoxe Kirche Sv. Nikola in Crikvenica: Russische Emigranten, die vor der Oktoberrevolution geflüchtet waren, ließen das Gotteshaus 1924 erbauen, dessen Türen seit Jahrzehnten geschlossen sind.

Eine der zwei orthodoxen Kirchen Istriens: Sv. Spiridon in Peroj

Wirtschaftliche Entwicklung

Nach Jahren anhaltender Rezession in der Wirtschaftskrise ab 2008 verzeichnet das Bruttoinlandsprodukt Kroatiens seit 2015 wieder steigende Zahlen. Im Jahr 2017 wächst es (geschätzt) um 2,9 Prozent gegenüber dem Vorjahr und dürfte damit sogar über dem EU-Durchschnitt liegen. Das Haushaltsdefizit liegt unter der in der EU erlaubten Grenze von drei Prozent (Mai 2017). Die Arbeitslosenquote ist mit 10,6 Prozent (Juni 2017) immer noch sehr hoch. Besonders für Frauen ist es schwer, eine Anstellung zu bekommen. Auch die hohe Jugendarbeitslosigkeit von 25,9 Prozent (Juni 2017) ist besorgniserregend. Während in den vergangenen Jahren die Lebenshaltungskosten drastisch stiegen, sanken Löhne und Gehälter. Das Durchschnittseinkommen liegt bei 794 Euro netto (2017). Einstweilen ist die kroatische Währung noch wertstabil. Die Mitte-Rechts-Regierung sieht sich vor der Aufgabe, den Arbeitsmarkt zu liberalisieren und gleichzeitig die Schwarzarbeit zu unterbinden, die Büro-kratie abzubauen, die Verwaltung effizienter zu gestalten und insgesamt die Wettbewerbsfähigkeit zu verbessern. Bisher ist es nicht gelungen, die notwendigen Reformen durchzuführen, um das Wirtschaftswachstum anzukurbeln. Die strukturellen Probleme der kroatischen Wirtschaft bleiben Vetternwirtschaft und Korruption sowie eine aufgeblähte Verwaltung, deren Lohnsumme fast 25 Prozent des Bruttoinlandsprodukts verschlingt. 2016 haben mindestens 80 000 Menschen das Land verlassen, 46,7 Prozent von ihnen waren im Alter von 20 bis 39 Jahren.

Besser als im restlichen Kroatien stellt sich die Wirtschaftslage in der Gespanschaft Istrien dar, wo die Arbeitslosenquote niedriger und das Durchschnittseinkommen am größten ist. Immerhin 9 der 25 am meisten entwickelten Städte und Gemeinden Kroatiens liegen in Istrien, und ein Drittel aller Einnahmen aus dem Tourismus (2016: 7,9 Milliarden Euro!) stammt von der Halbinsel.

Tourismus

Rund 23 Prozent des kroatischen Bruttoinlandprodukts werden durch Fremdenverkehr erwirtschaftet: 2016 besuchten 16,3 Millionen Touristen Kroatien. Am meisten Übernachtungen wurden dabei wieder in den Gespanschaften Istrien und Primorje-Gorski Kotar verzeichnet. Bis 2020 will Kroatien 1,6 Milliarden Euro in die touristische Infrastruktur investieren, mit dem Neubau und der Modernisierung von Hotels sollen 20 000 weitere Betten bereitgestellt werden, bei Privatunterkünften zusätzliche 50 000. Mit der Anlage von Golfplätzen, Abenteuer-, Sport- und Aquaparks bemüht man sich um eine Verlängerung der Saison.

Die touristische Erschließung Kroatiens begann, als die Habsburgermonarchie die Adriaküste als ›österreichische Riviera‹ entdeckte. Mit der Anbindung Opatijas an die Südbahn von Wien nach Triest (1878) und dem Bau des ersten großen Nobelhotels (1883) kamen immer mehr Urlauber an die Kvarner Bucht. 1878 bekam auch Novi Vinodolski bereits ein Strandbad. 1889 wurde Opatija offiziell zum Kurort erklärt und im selben Jahr die Insel Rab, wenig später auch Mali Lošinj und Crikvenica, das vorwiegend ungarische Urlauber aufsuchten. Vor dem Ersten Weltkrieg wurde die Insel Veli Brijun zu einem mondänen Urlaubsort von Adligen, Unternehmern, Bürgerlichen und Künstlern. In den 30er Jahren kam der Tourismus im italienischen Teil Kroatiens fast zum Erliegen und entwickelte sich nur im damals jugoslawischen Teil mäßig weiter. Vor allem tschechische Urlauber kamen nun nach Istrien und nach Baška auf die Insel Krk. Im kommunistischen Jugoslawien erlebte der Adriatourismus von 1960 bis in die 1980er Jahre einen Höhepunkt mit billigem Massen- und Badetourismus.

Der Tourismus spielt eine wichtige wirtschaftliche Rolle

Historische Postkarte von den Brijuni-Inseln

Ein billiges Reiseland ist Kroatien längst nicht mehr. Laut ADAC sind die Urlaubsnebenkosten in Kroatien wesentlich höher als in Spanien, Griechenland oder in der Türkei. Nach der Erhöhung der Mineralölsteuer im Juni 2015 ist Benzin nicht mehr viel günstiger als in Deutschland. Der Restaurantbesuch und die Übernachtung in Privatunterkünften sind immer noch relativ preiswert. Die Preise für Zimmer in Hotels und größeren Apartmentanlagen sind aber deutlich gestiegen und in der Hauptsaison bisweilen unangemessen hoch. Seit Jahren möchte Kroatien weg vom Image des Billigtourismus und sich als Lifestyle-Destination und Öko-Region profilieren. Davon ist das Land noch weit entfernt: Noch immer übernachten Dreiviertel der Urlauber auf Campingplätzen oder privat und nur 20 Prozent in Hotels.

Besonders Istrien setzt mittlerweile auch auf hochwertige Urlaubsangebote wie Wellness-, Sport-, Gesundheits- oder Gourmetourismus in exklusiven Unterkünften wie den traditionellen Landhotels (Stancija). So entstanden in den vergangenen Jahren mit dem Land- beziehungsweise Agrotourismus (Seoski turizam, Agroturizam) Unterkünfte und Freizeitangebote im dörflich-ländlichen Umfeld. Vermehrt wird dabei auf Umweltverträglichkeit Wert gelegt. Mehrere Landgasthöfe werben mit Produkten aus ökologischem Anbau.

Generell ist Kroatien wegen seiner sauberen Strände und zahlreichen Angebote für Kinder immer noch ein Land für Familientourismus.

Medien

Laut einer Studie (2016) ist seit 2012 das Internet das wichtigste Massenmedium in Kroatien. Durchschnittlich verbringen Kroaten täglich fast sieben Stunden im Internet und ›nur‹ 4 Stunden am Fernsehgerät. Neben der staatlich kontrollierten Rundfunkgesellschaft HRT, die mit drei Programmen Marktführer ist, gibt es

Nesactium, die Hauptstadt der Histrier

eine Reihe privater Sender wie RTL und Nova TV, deren Besitzverhältnisse oft schwierig zu durchschauen sind. Daneben gibt es eine Reihe lokaler Fernsehsender.

Um die Printmedien in Kroatien ist es schlecht bestellt: In den vergangenen Jahren musste eine Reihe von Zeitungen und Zeitschriften ihr Erscheinen einstellen. Selbst staatliche Presseorgane konnten dem Wettbewerb und der Wirtschaftskrise nicht standhalten. Geich zwei Medienhäuser befanden sich 2014 in Konkursausgleichsverfahren. Das liegt auch an den finanziellen Machenschaften mancher Zeitungsinhaber, die zugleich Wirtschaftstycoons sind: Die älteste regionale kroatischsprachige Tageszeitung ›Novi list‹ (Neues Blatt) ist trotz Gewinnen vom Konkurs bedroht. Die als linksorientiert geltende Zeitung wurde 1900 von dem Politiker und Journalisten Frano Supilo (1870–1917) in Rijeka gegründet. Vor dem Ersten Weltkrieg war sie das wichtigste Organ aller, die in der Vereinigung der Südslawen die Chance zur Durchsetzung kroatischer nationaler Interessen sahen. Während der Regierungszeit Tuđmans war ›Novi list‹ eine der wenigen unabhängigen Medien.

In Rijeka erscheint auch die italienischsprachige Tageszeitung ›La Voce del popolo‹, die 1885 gegründet wurde. Die größte Tageszeitung Istriens ist ›Glas Istre‹ (Stimme Istriens) aus Pula. Daneben gibt es lokale Internetportale wie ›Rijeka danas‹ (Rijeka heute).

Amerikanische und europäische Medienkonzerne wie die deutsche WAZ-Gruppe und die österreichische Styria Media Group AG betreiben eine Reihe kroatischer Tageszeitungen und Zeitschriften. Kleinere unabhängige Medien haben praktisch keine Chance mehr. So beschleunigt sich auch in Kroatien der globale Trend zur Monopolisierung und Kommerzialisierung der Medienlandschaft und zur Tabloidisierung (zunehmende Vereinfachung der Darstellungsweisen und Inhalte).

Pressefreiheit ist in Kroatien nur eingeschränkt gegeben: Medienbosse und die Politik üben Druck auf kroatische Medien aus. Auf der Rangliste von ›Reporter ohne Grenzen‹ 2017 befindet sich die Pressefreiheit in Kroatien nach Hongkong auf dem 74. Platz. Manch kritischer Journalist musste mit massiven Bedrohungen, Angriffen oder Verhaftung rechnen. Zwar wurde das Gesetz, das die Strafverfolgung wegen Verleumdung regelt, inzwischen revidiert, dennoch stellt ›üble Nachrede‹ im Falle der Gefährdung des Ansehens einer Institution immer noch eine strafbare Handlung dar. Viele Medieneigentümer und Vorstände großer Printmedien sind bei anderen Unternehmen und Geldgeschäften beteiligt und somit von Politik und Wirtschaft abhängig. Zudem zwingen fehlende Arbeitsverträge und Redaktionsstatuten sowie Einschüchterungen Journalisten mitunter indirekt zur Selbstzensur. Über die Vergabe von Lizenzen kann der Staat auch direkt Einfluss nehmen.

Kultur

Aufgrund ihrer wechselhaften Geschichte und zahlreicher Kriege konnte sich die Kultur der Region Istrien und der Kvarner Bucht nur gegen Widerstände entfalten. Dennoch brachte gerade die Lage als Durchzugsgebiet im Schnittpunkt des italienisch-romanischen und kroatischen beziehungsweise slowenischen Sprachraums eine einzigartig vielseitige Kultur mit beeindruckenden Werken der Architektur, Kunst, Literatur, Philosophie und Musik hervor, deren einheimische und ausländische Künstler außerhalb des Landes allerdings nur selten einen größeren Bekanntheitsgrad erreichten.

Architektur

Die ältesten Spuren menschlicher Zivilisation in Istrien stammen aus der Altsteinzeit und sind 1 000 000 bis 700 000 Jahre alt. Im Laufe der Geschichte wurde die Region von verschiedenen Völkern und Kulturen geprägt. Mehr als 400 bronzezeitliche Hügelsiedlungen gab es in Istrien: Unweit von Rovinj beeindrucken die Fundamente und Umfassungsmauern von Monkodonja aus dem 18. bis 13. Jahrhundert vor Christus. Auch die Wallburg Nesactium (Vizače) wurde in der Bronzezeit gegründet. Der Ort des illyrischen Stamms der Histrier, der zwischen 1000 und 800 vor Christus ein bedeutendes Zentrum eisenzeitlicher Kultur war, wurde 177 vor Christus von den Römern zerstört und später neu besiedelt.

Römische Antike

Deutlichere Spuren hat die römische Eroberung der östlichen Adria hinterlassen: Prähistorische Siedlungen erhielten römisches Gepräge und wurden miteinander mit Straßen verbunden. Die römischen Städte bekamen meist eine quadratische

Alte Wohnhäuser in Bale

Augustustempel in Pula

Grundform, ihre Stadtviertel wurden durch zwei Hauptachsen gegliedert, die man vielerorts noch erahnen kann: In Poreč, Pula und Rab sind der von Norden nach Süden führende einstige Cardo maximus und der von Osten nach Westen verlaufende Decumanus maximus noch gut zu erkennen.

Am besten sind in Istrien die römischen Bauten in Pula erhalten: Neben dem rustikal wirkenden Herkulestor und dem aufwendigeren Doppeltor sticht der Triumphbogen der Sergier vom Beginn des 1. Jahrhunderts hervor. Aus der gleichen Zeit stammt der sehr gut erhaltene Augustustempel auf dem ehemaligen Forum. Vom Amphitheater (›Arena‹) von Pula, dem größten römischen Bauwerk Istriens, haben die mächtigen Außenmauern dem Zahn der Zeit widerstanden, während vom Kleinen Theater nur Sitzreihen und Fundamente zeugen.

Auch von dem Komplex römischer Villen und Tempel in der Verige-Bucht auf Veli Brijun und dem Marstempel von Poreč sind nur Grundmauern zu sehen.

Byzantinische Zeit

Anfang des 6. Jahrhunderts wurden zum Schutz der ostadriatischen Seewege eine Reihe von frühbyzantinischen Burgen errichtet, darunter das imposante Castrum auf Veli Brijun und die Festung auf dem Berg Sv. Damijan bei Barbat auf der Insel Rab.

Von der Präsenz des Christentums in Istrien und der Region Kvarner zeugen frühchristliche Bauwerke aus dem 4. und 5. Jahrhundert. Während der Regentschaft Kaiser Justinians (527–565) entstehen einige Basiliken, die sich am ravennatischem Stil orientieren, wie die sehr gut erhaltene Euphrasius-Kathedrale in Poreč, die überhaupt die erste dreiapsidiale Basilika im westlichen Raum ist. Von der großen Basilika Sv. Marija Formoza, die der ravennatische Bischof Maximilian Mitte des 6. Jahrhunderts in Pula errichten ließ, ist nur eines der zwei Oratorien (Seitenkapellen) erhalten.

Vorromanik

Während der Vorromanik kam es auf der istrischen Halbinsel zu einer Vermischung der alteingesessenen romanischen Bevölkerung mit den eingewanderten Völkern (Goten, Langobarden, Slawen), die mit dem Christentum auch antike Kultur und teilweise die lateinische Sprache und Schrift übernahmen. Die Mischung von byzantinischem und westlichem Stil prägt auch die altkroatische Architektur und Skulptur der Flechtbandornamentik. Viele vorromanische Kirchen in Istrien orientieren sich an dem Vorbild norisch-istrischer frühchristlicher Basiliken. Meist sind sie einschiffig und haben flach abschließende Fassaden und drei eingeschriebene Apsiden. Meist sind ihre Mauern nicht wie in Dalmatien aus glatt behauenen Steinen, sondern aus verputztem Bruchstein. Die dreischiffige Kirche Sv. Marija Velika bei Bale vom Ende des 8. Jahrhunderts hat nach karolinigischem Vorbild im Norden drei ausgewölbte Apsiden. Oft wurden istrische frühchristliche oder frühmittelalterliche Kirchen in der Romanik erneuert und erweitert. So reicht der Bau der Kirche Sv. Martin in Sv. Lovreč Pazenatički, die im 11. und 12. Jahrhundert umgebaut wurde, in das 8. Jahrhundert zurück. Vorromanischen Stil weist auch die Kirche Sv. Pelagij in Novigrad auf, deren dreischiffige Krypta Ende des 8. Jahrhunderts entstand.

Die Kirche Sv. Krševan auf Krk entstand um 1100

Möglicherweise bereits im 9. Jahrhundert wurde mit dem Bau der kreuzförmigen altkroatischen Kirche Sv. Dunat bei Punat (Insel Krk) begonnen. Nur wenig jünger ist die Kirche Sv. Krševan bei Glavotok (Insel Krk), deren Bau ins frühe 11. bis 12. Jahrhundert zurückgeht. Die Kirche hat einen kleeblattförmigen Grundriss und drei Apsiden. Die Unregelmäßigkeiten in der altkroatischen Architektur erklären manche Forscher damit, dass diese Kirchen mit geschickt positionierten Fensteröffnungen zugleich Uhren und Kalender waren.

Romanik

Zu den ältesten romanischen Bauten Istriens gehören die Reste des Benediktinerklosters Sv. Mihovil am Lim-Kanal. Seine einschiffige Kirche mit halbkreisförmiger Apsis entstand im 11. Jahrhundert. Zu dieser Zeit bauten Benediktiner auf der Insel Rab auch schon dreischiffige Basiliken wie die Kirche Sv. Petar mit halbkreisförmigen Apsiden in Supetarska draga und die Kirche Sv. Ivan Evanđelist in Rab, von der außer ihrem Campanile nur Mauerreste erhalten sind. Auf einen frühromanischen Vorgängerbau geht auch die Raber Kathedrale zurück, deren Fassade im 12. Jahrhundert nach toskanischem Muster ausgestaltet wurde. Ihr Campanile aus dem späten 12. Jahrhundert folgt mit den nach oben zahlreicher werdenden Fensteröffnungen dem lombardischen Stil, wie er bei der Abteikirche von Pomposa (um 1060) vorgeprägt war. Aus dem 12. Jahrhundert stammen auch einige gut erhaltene kleinere Gotteshäuser Zentralistriens, die wie die Kirche Sv. Elizej in Draguč mit Fresken ausgemalt sind, das kleine Bapisterium der Dreifaltigkeit in Rovinj sowie die Ruinen der einst mächtigen Kirche der heiligen Sophia in Dvigrad.

Die meisten romanischen Häuser Istriens und der Kvarner Bucht, die im späten 12. oder 13. Jahrhundert entstanden, sind zwei- bis dreistöckig und haben oft einen einfachen quadratischen Grundriss und eine schlichte Fassade mit Rundbögen über Fenstern und Eingängen. Manchmal findet man – wie bei dem ›Kanonikerhaus‹ in Poreč von 1251 – repräsentativ gestaltete Biforien, Fenster mit zwei Öffnungen, die eine Säule trennt. Häuser von Geschäftsleuten und Handwerkern erkennt man an den Bögen im Erdgeschoss, die Tür und Schaufenster miteinander verbinden. Wie auch in der Gotik und der Renaissance sind an den Fassaden romanischer Häuser oft oben rechts und links der Fenster Steinkonsolen mit Ösen eingelassen. Wahrscheinlich wurden an ihnen Stangen mit Stoffbahnen angebracht, die als Sichtschutz und – feucht aufgehängt – als mittelalterliche Klimaanlage fungierten!

Die Basilika Sv. Petar auf Rab

Gotik

Typische gotische Gotteshäuser Istriens und der Kvarner Inseln sind über 50 kleine einschiffige Dorfkirchen, die meist zur Barockzeit eine Vorhalle (Lopica) erhielten. Eines der schönsten größeren Sakralbauwerke im frühgotischen Stil der Halbinsel ist die Franziskanerkirche in Pula, die um 1300 als schlichte einschiffige Predigerkirche errichtet wurde. Als einfaches, kleines rechteckiges Gebäude wurde 1381 die Kirche Sv. Antun opat in Žminj erbaut.

In der Spätgotik entstanden auf der Halbinsel und im nördlichen Adriaraum Kirchen, die sich am spätgotischen Baustil der Alpenregion und Mitteleuropas orientierten wie die Kirche Sv. Marija in Gračišće (1425) und die Kirche Sv. Nikolaj in Pazin mit polygonaler Apsis und einem Chor (1441) mit Kreuzrippengewölbe sowie die 1526 entstandene dreischiffige Kirche Sv. Juraj in Oprtalj mit Netzgewölben.

Die Pfarrkirche Sv. Juraj in Oprtalj

Viele istrische Städte wie Buzet, Labin und Motovun gingen aus befestigten Bergsiedlungen hervor, die im Mittelalter zu Festungen ausgebaut wurden. Daneben wurden in der Gotik Burgen errichtet, die in der Renaissance umgestaltet wurden, wie das Kastell Grimani aus dem 15. und 16. Jahrhundert in Svetvinčenat. Die größte gotische Burg Istriens befindet sich in Pazin, sie wurde 1540 durch den Architekten Martino aus Lugano erweitert. Weniger gut erhalten, aber immer noch beeindruckend sind die Reste

Das Kastell Grimani in Svetvinčenat

der mittelalterlichen Festungen von Kršan, Pietropelosa, Boljun und Momjan.

Gotische Wohnhäuser in Istrien und der Region Kvarner sind meist dreistöckig. Viele Palazzi im Stil der venezianischen Blumengotik findet man in Poreč, einige auch in Vodnjan, Rab und Cres. Sie sind oft mit aufwendig verzierten mehrteiligen Fenstern geschmückt wie der gotische Palast (1473) in der ulica Decumanus 5 in Poreč, bei dem es auch schöne Triforien gibt. Wegen der langen Bauzeit mischen sich an diesen Gebäuden oft verschiedene Architekturstile: Der ursprünglich romanische Fürstenpalast in Rab wurde Ende des 15. und Anfang des 16. Jahrhunderts um- und ausgebaut und weist daher auch Charakteristika der Gotik und Renaissance auf.

Renaissance

Der Stil der Renaissance verbreitete sich in Istrien und in der Region Kvarner zuerst in Städten, die unter venezianischer Herrschaft standen, zum Beispiel an der Westküste der Halbinsel und auf den Inseln. Damals wurden auch Befestigungen im Sinne neuester Fortifikationskunst erneuert oder ausgebaut, wovon der Runde Turm (1474) in Poreč oder die Bastion (1549) in Motovun zeugen.

Im Burgenbau folgt die Renaissancearchitektur Kroatiens vielerorst traditionellen Mustern: Die viereckige Festung Nehaj in Senj, ein wichtiger Stützpunkt der Habsburger Militärgrenze, wurde 1558 nach dem Vorbild süditalienischer Stauferburgen errichtet. Die früheste Kirche mit ›Kleeblattfassade‹ im ostadriatischen Bereich ist die Kathedrale Sv. Marija (1463–1498) in Osor auf der Insel Cres. Sie orientierte sich an der Šibeniker Kathedrale des berühmten Renaissancearchitekten Juraj Dalmatinac, und ihr aufwendig gestaltetes Portal stand selbst Pate für die Pfarrkirche der Stadt Cres (1488).

Etwas jünger ist die vor 1555 vollendete Kirche Sv. Marija von Svetvinčenat. Sie ist die einzige Kirche Istriens mit einer Kleeblattfassade und auf der Halbinsel das am besten erhaltene sakrale Gebäude der Renaissance. Mit dem dortigen Kastell, der Loggia und einigen Palästen bildet sie ein einzigartig geschlossenes Ensemble dieses Stils.

Hungersnöte und Pestepidemien minderten auch die ökonomischen Mittel der Adligen. Daher fallen die Renaissancepaläste Istriens und auf den Inseln der Kvarner Bucht eher bescheiden aus. Die Herrschaftshäuser in Poreč, Pula, Roč und Oprtalj haben oft nur einfache Rundbogenfenster, manchmal auch prächtig verzierte Biforien wie in Labin und Buje. Der zweistöckige Palast Salamon in Gračišće wurde im 15. Jahrhundert im Mischstil aus Gotik und Renaissance errichtet.

Barock und Klassizismus

Im 17. Jahrhundert erlebte die kirchliche Architektur Istriens und des Primorje eine Blütezeit. Wie viele andere ältere Kirchen wurde auch die Kirche Sv. Marija Velika in Pula umgestaltet und erhielt eine Fassade im aufwendigen Barockstil. Barocke Neubauten folgten meist venezianischen Vorbildern, die ihrerseits vom Klassizismus Andrea Palladios geprägt waren. Dies gilt für die Pfarrkirche Sv. Stjepan in Motovun (1614) wie auch für die von Bernardino Maccaruzzi (1728–1800) entworfene Kirche Sv. Blaž (1761) in Vodnjan. Zu den repräsentativen Barockbauten Istriens gehören die von dem venezianischen Architekten Giovanni Dozzi geplante Kirche Sv. Eufemija (1736) in Rovinj, deren Kirchturm eine Kopie des Campanile des Markusdoms in Venedig ist.

In der zweiten Hälfte des 18. Jahrhunderts wurden in Istrien insbesondere einschiffige Kirchen mit Seitenkapellen gebaut, deren Typus der italienische Architekt Palladio geprägt hat. Zu ihnen gehören die Pfarrkiche in Umag (1730), die Kirche Sv. Marija Uznesenje (nach 1779) in Buzet und die Kirche Sv. Servolo (1784) in Buje. Wie bei der Kirche Sv. Kvirin (1629) in Sv. Kirin bei Vodnjan wurden in der Barockzeit oft vor kleinere Kirchen die für Istrien und die Region Kvarner Bucht typische Vorhalle (Lopica) gebaut.

Kleeblattfassade der Kirche Sv. Marija in Svetvinčenat

Barockhaus im slowenischen Piran

Eher einer mittelalterlichen Burg ähnelt das 1650 von Petar Zrinski in Kraljevica erbaute Neue Schloss. Barocke Paläste und Villen entstanden an der kroatischen Adria nach dem Modell venezianischer Herrenhäuser. In Labin erbaute sich Ende des 17. Jahrhunderts die Familie Battiala-Lazarini einen repräsentativen Palast mit reich gegliedertem Portal und Fenstern mit Balustraden. In Poreč steht der Anfang des 18. Jahrhunderts errichtete Palast Sinčić (heute Heimatmuseum) mit leicht profilierten Fensterrahmen und eleganten Balkonen.

Ende des 18. bis Anfang des 19. Jahrhunderts entstanden in Istrien Landsitze und Villen im Stil des Spätbarock und des Klassizismus wie die Stancija der Familie Grisoni in Dajla bei Novigrad und die Villa der Familie Polesini in Sveti Ivan od Šterne bei Baderna. Das einstige Verwaltungsgebäude der Zuckerfabrik in Rijeka (1786) vereinigt barocke und klassizistische Stilmerkmale. Grabkapellen und Mausoleen wurden oft im klassizistischen Stil errichtet, wobei für diese Gebäude die Anregungen in der Regel aus Italien kamen. In Majorija an der Straße, die von Senj zum Pass Vratnik führt, steht die Kapelle Sv. Mihovil, ein klassizistischer Zentralbau, der 1837 vom Architekten der Jozefina-Straße, Kajetan Knežić (1786–1848), gestiftet wurde. Hinter der Kirche befindet sich sein Grab und davor die ›Kaiserquelle‹ (Carsko vrilo), ein schöner klassizistischer Brunnen. Klassizistisch ist auch das große Tor von Senj, das an einen Triumphbogen erinnert.

Wie ein griechischer Tempel wirkt das repräsentative klassizistische Mausoleum, das sich der englische Graf Laval Nugent in der Burg von Trsat (oberhalb von Rijeka) nach 1828 errichten ließ.

Die klassizistischen Deckengemälde in der Pfarrkirche Sv. Stjepan in Motovun stammen von Giuseppe Bernardino Bisson (1762–1844), der als der letzte Vertreter venezianischer Vedutenmalerei gilt.

Historismus

Ende des 19. Jahrhunderts als Istrien zum ›österreichischen Küstenland‹ gehörte, entwickelte sich die Architektur in Istrien, an der Riviera von Opatija und Rijeka nach den in Wien und Triest entwickelten Mustern historistischer Bauweise. Eine reich geschmückte Fassade im Stil der Neorenaissance und barock anmutendes Interieur hat das von den Wiener Architekten Herrmann Helmer und Ferdinand Fellner erbaute Nationaltheater in Rijeka (1885).

Um die Jahrhundertwende entwarfen andere Wiener Architekten wie Carl Seidl (1858–1936), Alfred Wildhack (1869–1939), und Hugo Ritter von Wiedenfeld (1852–1925) historistische Hotels und Villen in Opatija, Lovran, Mali Lošinj, Rab, Crikvenica und Novi Vinodolski.

In Rijeka, das von 1868 bis 1918 direkt zu Ungarn gehörte, wirkten auch ungarische Architekten wie der Budapester Alojs Hauszmann (1847–1929), der 1893 bis 1897 den repräsentativen einstigen Gouverneurspalast (heute Historisches Museum) im Stil der Neorenaissance erbaute, sowie Ferenc Pfaff (1851–1913), der den Hauptbahnhof (1890) entwarf.

Die neoromanisch-neobyzantinische Marinekirche (Mornarička crkva) in Pula entstand 1891 nach Plänen von Natale Tommasi (1853–1923) und Friedrich von Schmidt (1825–1891), dem Erbauer des Wiener Rathauses. In Pula entstanden um die Jahrhundertwende historistische Verwaltungsgebäude, Kasernen und Offiziersvillen. Das neoklassizistische Marinecasino (1910–1913) stammt vom österreichischen Architekten Ludwig Baumann (1853–1936), einem Schüler Gottfried Sempers.

Jugendstil

Um die Jahrhundertwende mischten sich auch in Istrien vermehrt historistische und sezessionistische Stilemente wie bei der glasüberdachten Pulaer Stadtmarkthalle (1903). Der Einfluss der Wiener Sezession ist bei zahlreichen Hotelbauten an der Riviera von Opatija erkennbar.
In Rijeka macht sich auch der Einfluss des Budapester Art Nouveau bemerkbar, wie bei der geometrischen und florealen Dekoration des einstigen Hotels Emigranti (1905) des ungarischen Architekten Szilárd Zielinsky (1860–1924). Mehrere sezessionistische Häuser wie das Haus Rauschel/Hotel Royal (1906)

Ehemaliges Marinecasino in Pula

auf dem Korzo Nr. 9 und das Hotel Bristol (1908) in der Krešimirova ulica 12 entwarf der von der Wiener Schule Otto Wagners geprägte Architekt Emilio Ambrosini (1850–1912).

In Orten an der Westküste Istriens verband sich die Wiener Sezession oft mit dem floralen Stil des ›Liberty‹, der italienischen Variante des Jugendstils, wie 1907 bei dem monumentalen Gebäude des einstigen Pulaer Mädchen-Lyzeums (heute Philosophische Fakultät) in der Ulica Ivana Matetića Ronjgova 1.

Moderne

Ab 1910 und in den 20er Jahren wurden in Pula und Rijeka Industriebauten in Stahl-Glaskonstruktion errichtet, die deutlich vom deutschen Architekten Peter Behrens (1868–1940) beeinflusst sind. Gleichzeitig entstanden Hotels, Villen und Pensionen im funktionalistischen Stil.

Nach dem ersten Weltkrieg traten italienische Architekten wie Aurelio Brussi mit frühmodernen Projekten in Erscheinung. Besonders in den 30er Jahren tauchen vermehrt futuristische und konstruktivistische Elemente auf wie beim Pulaer Postamt (1933) von Angiolo Mazzoni del Grande (1894–1979), oder den von Mussolini in Auftrag gegebenen Bergarbeitersiedlungen Raša (1936–1937) von Gustavo Pulitzer-Finali (1887–1967) und Podlabin (1932–1935) von Eugenio Montuori (1907–1982).

Während der Herrschaft der italienischen Faschisten baute in Pula der Architekt Vincenzo Munari den einstigen Palazzo della Banca d'Italia (1939) im Stil des italienischen Rationalismus. Auch in Rijeka gibt es Gebäude aus dieser Zeit: In der

Die Kirche Sv. Nikola Putnik in Schiffsform

Das Hotel Lone bei Rovinj

Tizianova ulica steht die funktionale, aber elegante Markthalle Belveder (1934) des Architekten Enea Perugini (1903–1976) und am westlichen Ende der Fußgängerzone Korzo der 53 Meter hohe Wohnturm Arbori (1939–1942), den Umberto Nordio (1891–1971) und Vittorio Frandoli (1902–1978) entwarfen.

Postmoderne

Nach dem zweiten Weltkrieg vertreten viele Architekten Istriens die Prinzipien des Rationalismus und Funktionalismus, die auch bei Hotelbauten wie dem in Poreč 1968 errichteten Hotel Neptun (heute Valamar) von Julije de Luca (1929–2005) und dem von Ivo Bartolić (1912–2013) entworfenen Hotel Eden (1972) in Rovinj zu erkennen sind.

Ende der 60er Jahre erfolgt eine Abkehr von der Nüchternheit modernen Bauens: Die Apartmentanlage Polari/Villas Rubin (1969–1979) bei Rovinj gestaltete Architekt Andrija Čičin Šain (1920–2009) als kleine mediterrane Stadt mit verspielten bunten Fassaden und knüpfte damit an überlieferte istrische Bauformen an. Elemente traditioneller mediterraner Architektur zitiert auch der von Igor Emili (1927–1987) entworfene Hotelkomplex Uvala Scott (1969) bei Kraljevica. Den großen Hotelkomplex Haludovo (1971) bei Malinska auf der Insel Krk ergänzte Architekt Boris Magaš (geb. 1930) mit einem ›Fischerdorf‹, das die traditionelle Architektur der Kvarner Bucht zitierte. Von nun an haben viele Neubauten postmoderne Stilmerkmale, so auch die Gebäude des aus Pula stammenden Architekten Berislav Iskra (geb. 1948). Istrische Elemente greift der 1949 bei Poreč geborene Eligio Legović auf: Der Kirche Sv. Nikola Putnik (2001) in der Feriensiedlung Pješčana uvala bei Pula gab er die Form eines weißen Schiffs.

Gegenwart

Auch die Gegenwartsarchitektur in Istrien und an der Kvarner Bucht hat beachtenswerte Bauwerke. Moderne Formgebung und historische Bauweise verbindet die 2006 in Bale errichtete Sporthalle des Zagreber Architekturbüros

3LHD: Ihre Fassade orientiert sich an den traditionellen Trockensteinmauern Istriens. An eine Comiczeichnung erinnert der skulpturale Baukörper des ›Lumenart House‹ (2006) in der Nähe der Uferpromenade (Veruda 60B) von Pula. Das Bürogebäude mit der strahlend weißen Fassade entwarf der Zagreber Architekt Andrija Rusan (geb. 1954).

Das Architektenduo Saša Randić und Idis Turato hat die Backsteine der Fassade des pastoralen Zentrums der Wallfahrtskirche auf dem Trsat (Rijeka, 2008) so angeordnet, dass wie bei der Op-Art Flimmereffekte entstehen. Auf dem Monte Mulini bei Rovinj steht das von dem Zagreber Architekturbüro 3LHD 2011 erbaute elegante Designhotel Lone, dessen extravagante Fassaden an Schiffdecks erinnern.

Bildhauerei und Malerei

Prähistorie

In der histrischen Wallburg Nesactium wurden Fragmente von Steinskulpturen aus dem 5. und 6. Jahrhundert vor Christus gefunden. Die Kunstwerke, die eine enge Verbindung mit dem griechischen und etruskischen Kulturkreis belegen, sind im Archäologischen Museum Istriens in Pula ausgestellt.

Griechische Kunst

Die meisten griechischen Gegenstände sind auf Umwegen nach Istrien gelangt. Als Handelsware aus dem etruskischen Spina kam zum Beispiel ein mit schwarzen Figuren bemalter Weinkrug (Oinochoe) vom Beginn des 5. Jahrhunderts vor Christus nach Nesactium, der im archäologischen Museum in Pula aufbewahrt wird. Auf solche Keramikgefäße mit kleeblattförmiger Öffnung geht auch die typische istrische Weinkanne ›Bukaleta‹ (von ital. Boccale) zurück.

1996 wurde im Meer bei Mali Lošinj die Bronzestatue eines Apoxyomenos gefunden. Die Figur eines griechischen Athleten stammt aus dem 2. oder 1. Jahrhundert vor Christus und ist eine hellenistische Kopie eines verlorengegangenen Originals aus dem Umkreis von Lysippos.

Römische Antike

Auch im nordadriatischen Raum sind viele Kaiserportraits erhalten, die aus römischen Werkstätten stammten und von dort in alle Teile des Reichs exportiert wurden. Qualitativ besonders wertvoll ist das Haupt Oktavians aus den Jahren 30 bis 20 vor Christus, das im Städtischen Museum Osor aufbewahrt wird.

In Istrien und auf den Inseln der Kvarner Bucht gab es auch repräsentative Gebäude, die aufwendig ausgestattet waren: Reste eines Mosaiks aus dem 1. Jahrhundert zeigen in der Stadt Krk (Ribarska ulica 7) den Gott Triton mit Delphinen. In Pula wurde bei Bauarbeiten ein Bodenmosaik mit der Darstellung der ›Bestrafung der Dirke‹ aus dem 3. Jahrhundert nach Christus entdeckt.

Christentum und Spätantike

Aus einem frühchristlichen Gebetsraum in Poreč stammt ein Mosaikfragment aus dem frühen 4. Jahrhundert, auf dem als Symbol für Christus ein Fisch dargestellt ist.

Meisterwerke der frühbyzantinischen Reliefkunst sind Korbkapitelle und Teile der Altarschranken in der Euphrasiusbasilika in Poreč, deren herrliche Mosaiken ebenfalls aus dem 6. Jahrhundert stammen. Byzantinischen Ursprungs sind auch die Kapitelle im Hauptschiff und am Ziborium der Kathedrale von Rab.

Vorromanik und Romanik

Wie in Dalmatien kamen in der Vorromanik in Istrien und in der Kvarner Bucht zahlreiche Flachreliefs mit stilisierten Mustern und altchristlichen Symbolen auf. Seit dem 9. Jahrhundert findet sich vermehrt wieder die Flechtbandornamentik, wie sie in Kroatien bereits in der antiken, frühchristlichen und byzantinischen Kunst verbreitet war. Älteste Beispiele hierfür sind die Fragmente des Ziboriums der Taufkapelle in Novigrad (Ende 8. Jahrhundert) mit antikem Dekor (Zahnfries, Eierstab) und Flechtbandornament.

Die Kapitelle romanischer Säulen wurden oft von antiken oder frühchristlichen Gebäuden übernommen und heidnische Motive bisweilen christlich umgedeutet. Fresken aus vorromanischer Zeit sind in Istrien nur in Fragmenten erhalten. Die Darstellung eines Bischofs in der ehemaligen Benediktinerkirche Sv. Mihovil am Lim-Kanal orientiert sich an der ottonischen Malerei, die ihrerseits byzantinischen Einflüssen folgte. Romanische Fresken dagegen sind in Istrien gut erhalten, da die Kirchen hier oft an sehr abgelegenen Orten stehen und kaum umgebaut oder erweitert wurden. Noch aus dem 11. Jahrhundert stammen die Fresken in den Kirchen Sv. Agata bei Kanfanar, Sv. Foška bei Peroj und Sv. Martin in Sv. Lovreč Pazenatički.

Nur fragmentarisch erhalten sind die im 12. bis 13. Jahrhundert entstandenen Wandbilder in der Kirche Sv. Jeronim in Hum, deren meisterhafte Ausführung noch byzantinischen Einfluss verraten. Wesentlich rustikaler wirken die Fresken der Friedhofskirche Sv. Elizej von Draguč aus dem 13. oder frühen 14. Jahrhundert. Leider nur in Teilen erhalten ist der einst größte Freskenzyklus der Halbinsel, den Meister Ognobenus Trivisanus Ende des 13. Jahrhundets in adriabyzantinischer Manier für die Friedhofskirche Sv. Vincent in Svetvinčenat schuf.

Gotik

Gotische Freskomalerei aus dem 14. und 15. Jahrhundert findet sich in vielen Kirchen Istriens wie in Rakotule, Žminj, Pazin, Oprtalj und Barban. Besonders eindrucksvoll sind die Wandbilder der Kirche Marija na Škriljinah bei Beram, wo 1474 Meister Vincent aus Kastav und andere Maler im Stil internationaler Spätgotik Szenen aus dem Leben Jesu und den berühmten ›Totentanz‹ malten.

In der Mitte des 15. Jahrhunderts wirkte auf der Halbinsel Meister Albert aus Konstanz am Bodensee, der in der Kirche Sv. Vid in Paz bei Boljun und in der Kirche Sv. Juraj in Plomin sehenswerte Fresken hinterlassen hat. Von seinem Zeitgenossen Clériginus aus Koper, der 1471 mit Gehilfen die Bruderschaftskirche Sv. Marija bei Oprtalj ausmalte, stammen Bilder, die bereits Charakteristika der italienischen Renaissance aufweisen.

Gotische Formensprache und byzantinische Ikonographie vereinen sich in dem Polyptychon der heiligen Lucia von Paolo Veneziano (um 1300–1362), das im bischöflichen Ordinariat in Krk aufbewahrt wird.

Fresko der stillenden Muttergottes in der Kirche Sv. Juraj in Plomin

Istrische Fresken

Schon seit Ende des 8. Jahrhunderts wurden in istrischen Kirchen Bilder an die Wand gemalt, die als ›biblia pauperum‹ dem leseunkundigen Volk Szenen und Geschichten aus der heiligen Schrift veranschaulichen sollten. Den Höhepunkt der istrischen Freskomalerei verzeichnet man vom 11. bis 16. Jahrhundert. Stilistisch umfassen sie damit Frühromanik, Gotik und Renaissance. Insgesamt an über 140 Orten der Halbinsel wurden Fresken entdeckt. Aber nur wenige Freskomaler sind namentlich bekannt: Vincent aus Kastav, Antun aus Padova (Kaščerga) Albert aus Konstanz und drei miteinander verwandte Maler, die mit ›Cleriginus aus Koper‹ signierten.

Frühromanische Freskenzyklen haben sich in vielen istrischen Kirchen zumindest in Resten erhalten. Meist haben sie byzantinischen Charakter. Aus dem 11. Jahrhundert stammen die Fresken in den Kirchen Sv. Agata bei Kanfanar, Sv. Foška bei Peroj und Sv. Martin in Sveti Lovreč (Sutlovreč Pazenatički).

Auch die Ende des 12. Jahrhunderts entstandenen Fresken der Friedhofskirche Sv. Jeronim von Hum oder die Wandgemälde aus dem späten 13. Jahrhundert in der Kirche Sv. Elizej in Draguč orientieren sich noch an byzantinischen Vorbildern. Adriabyzantinsche Manier prägt auch noch die spätromanischen Freskenzyklen, die der norditalienische Meister Ognobenus Trivisanus in der Kirche Sv. Vincent von Svetvinčenat malte.

Ab 1400 macht sich bei istrischen Fresken die dekorative Tendenz der italienischen Malerei bemerkbar: Hierzu gehören die Wandgemälde in den Kirchen in Barban, Oprtalj, Žminj und Draguč. An italienischen Mustern orientieren sich auch die Fresken in der Kirche Sv. Vid in Paz (1461) von Albert aus Konstanz, der seine Architekturdarstellungen mit Elementen der Blumengotik versah. Nähe zur italienischen Renaissancemalerei bewies Meister Cleriginus aus Koper mit seinen Fresken (1471) in der Kirche Sv. Marija Malena in Oprtalj: Architektur wird hier illusionistisch aufgefasst und vor dem Hintergrund offener Landschaften dargestellt.

Die Fresken in Pazin, Beram, Pićan, Božje polje (bei Vižinada) und Lovran dagegen sind eher der Malerei der mitteleuropäischen Tradition verpflichtet. Ziemlich sicher stammen die Wandgemälde in der Kirche Sv. Nikola in Pazin von einem Meister aus Südtirol (Brixen). Vincent von Kastav verband in seinen Darstellungen auf den Fresken in der Kirche Sv. Marija na Škriljinah bei Beram Elemente der nordeuropäischen Spätgotik mit typisch italienischen Merkmalen. Wahrscheinlich verwendete er Musterzeichnungen aus den Niederlanden und Deutschland.

Auch in den Fresken des anonymen ›Bunten Meisters‹, der in Dvigrad, Oprtalj und Lovran wirkte, finden sich Charakteristika der mitteleuropäischen und der italienischen Malerei. Auf seinen farbenfrohen Wandbildern verweisen Gewänder mit strengen, vertikalen Falten auf italienische Muster, andere – mit fließenden Falten – auf Vorbilder der mitteleuropäischen Spätgotik.

Da viele Kirchen außerhalb der Ortschaften stehen und oft geschlossen sind, sollte man für eine Besichtigung etwas mehr Zeit einplanen. Die Schlüssel sind meist im Pfarramt oder im Touristenbüro erhältlich. Ausführliche Informationen zum Thema ›Istrische Fresken‹ findet man unter www.istra.hr.

Renaissance

Erste Kunstwerke der Renaissance wurden in Istrien und der Region Kvarner zunächst direkt aus Venedig bezogen, darunter das Polyptychon ›Muttergottes mit Kind und Heiligen‹ (1448), das Antonio Vivarini (1420–1484) für die Euphrasiusbasilika in Poreč malte. Von ihm und seinem Bruder Bartolomeo stammt auch das Polyptychon ›Muttergottes mit Kind und Heiligen‹ (1458) in der Kirche des Franziskanerklosters Kampor auf der Insel Rab. Bartolomeo Vivarini (1432–1499) schuf das schöne Altarblatt ›Muttergottes mit Heiligen‹ (1475) in der Pfarrkirche in Veli Lošinj. Ein Schüler Gentile Bellinis war der venezianische Renaissancemaler Girolamo da Santacroce (um 1480–1556), dessen Werke in den Franziskanerkirchen in Pazin (Inneristrien) sowie in Porat und Košljun auf der Insel Krk zu sehen sind.

In Kroatien sind Schnitzaltäre aus der Renaissance gerade in Istrien und im Primorje gut erhalten: In der Franziskanerkirche in Pula steht das beeindruckendste spätgotische Polyptychon Kroatiens. Der vergoldete Schnitzaltar wurde um 1480 vermutlich in der Werkstatt Andrea da Muranos (1463–1512) hergestellt. Andere bemalte und vergoldete Polyptychen gibt es in Bale und Sveti Lovreč. Die 1497 und 1499 entstandenen Altäre in den Kirchen Sv. Marija Milosrdnica und Sv. Servul in Buje stammen aus der Werkstatt des venezianischen Holzschnitzers Paolo Campsa de Boboti. Er schuf auch das Triptychon in der Kirche Sv. Marija od Vrata in Motovun, ein Polyptychon in Medulin, die prächtigen farbig gefassten Schnitzaltäre in der Kirche Sv. Mihovil (1514) in Baška auf der Insel Krk sowie in der Kirche Sv. Marija Magdalena im ostristrischen Mutvoran (1520).

›Muttergottes mit Kind und Heiligen‹ im Franziskanerklosters Kampor

Ein Import aus Venedig waren auch qualitätvolle Steinskulpturen wie der Grabstein für Bischof Quirinius (1476) in der Euphrasiuskathedrale in Poreč. Die Schatzkammer der Krker Kathedrale birgt einen vergoldeten Silberaltar, den ein Meister Paolo Koler 1477 mit Flachreliefs im Stil der Blumengotik verziert hat. Im Stil der venezianischen Blumengotik wurde auch das Chorgestühl der Kathedrale von Rab ausgestaltet. Die Skulptur der Verkündigung Mariens (um 1490) im Archäologischen Museum Istriens in Pula ist ein Werk des venezianischen Bildhauers Giovanni Buora (1450–1513).

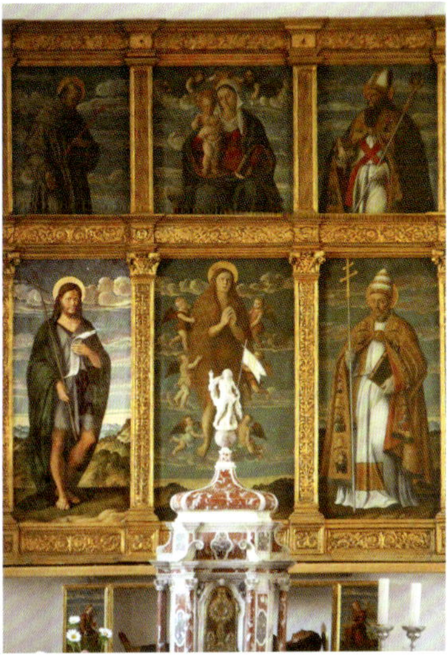

Renaissance-Polyptychon in der Kirche Sv. Marija Magdalena in Porat auf Krk

In der Renaissance entstanden auch die zahlreichen steinernen Wappen adliger Familien und Reliefs des venezianischen Löwens in Städten Istriens und der Region Kvarner. Im österreichischen Teil Istriens kamen die Einflüsse für die Steinmetzarbeit der Renaissance aus dem Norden: Der steinerne Tabernakel und der Grabstein für Aleksij Moscon in der Paziner Pfarrkirche entstanden 1540 im Umkreis der Bildhauerwerkstatt des slowenischen Meisters Oswalt Kittel. Die silberne Muttergottesstatue in der Wallfahrtskirche Sv. Majka Božja auf dem Trsat (bei Rijeka) wurde in der späten Renaissance in einer süddeutschen Werkstatt hergestellt.

Der aus Florenz stammende Steinmetz Gregorio di Lorenzo (1436–1504) hat in der Pfarrkirche in Bribir bei Novi Vinodolski das Marmorrelief ›Madonna mit dem Kind‹ im Stil der Spätrenaissance hinterlassen. Einer der wichtigsten Bildhauer der kroatischen Renaissance war Andrija Aleši (um 1420–um 1505) aus Albanien. Von 1453 bis 1462 schuf er in der Stadt Rab mehrere Steinmetzarbeiten wie das Grabmal für Petrus de Zaro (1456) in der Kathedrale und das Portal des Palazzo Nemira (1460).

Neue Wandgemälde entstanden in Istrien im 16. Jahrhundert selten, da das Land wiederholt von Pestepidemien und Missernten heimgesucht wurde. Bei einigen einheimischen Freskenmalern sind die Einflüsse der italienischen Renaissance nicht zu übersehen: In der Votivkirche Sv. Rok von Draguč schuf Antun aus Padova zwischen 1529 und 1537 einen Freskenzyklus, der trotz seines noch gotisch-rustikalen Stils schon Elemente der venezianischen Renaissancemalerei aufzeigt. Von ihm stammt auch das Altartriptychon für die Kirche Sv. Jeronim in Hum (1533), das in der Sammlung für Kirchenkunst in der Euphrasiusbasilika von Poreč zu sehen ist. Nähe zur italienischen Renaissancemalerei beweisen auch die Fresken, die Meister Clerigínus aus Koper 1471 für die Kirche Sv. Marija in Oprtalj malte.

Barock

Manieristische Elemente finden sich schon auf dem Altarbild ›Muttergottes der unbefleckten Empfängnis‹, das Jacopo Palma il Giovane (1544–1628) Anfang des 17. Jahrhunderts für die Kirche Sv. Navještenje Bl. Djevice Marije im istrischen Svetvinčenat malte. Dem Spätmanierismus verpflichtet sind auch die Gemälde, die der Malermönch Serafin Schön für das Franziskanerkloster Trsat bei Rijeka schuf. Sein Altarblatt ›Muttergottes vom Karmel‹ hängt in der Pfarrkirche Uznesenje Marijino in Vrbnik auf der Insel Krk.

Von der venezianischen Spätrenaissance ließ sich der in Zadar geborene Maler Giorgio (Juraj, Zorzi) Ventura (um 1570–1610) beeinflussen, der um 1600 in Koper wirkte und in Žminj, Galižana, Vižinada, Višnjan und Fažana Gemälde hinterließ, deren manieristische Züge an sein Vorbild Veronese erinnern. Wie andere Maler seiner Zeit, die unter strenger Aufsicht der Bischöfe arbeiten mussten, verwendete Ventura für seine Bilder graphische Mustervorlagen. Dies spürt man auch bei Antonio Moreschi, der aus der Werkstatt Domenico Tintorettos stammt und in Labin Mitglied einer venezianischen Malerbruderschaft war. Bis zu seinem Tode 1633 schuf Moreschi Altarbilder für zahlreiche istrische Kirchen. Der venezianischen Tradition war auch der aus Frankreich stammende Barockmaler Janez Valentin Metzinger (1699–1759) verpflichtet, der für die Franziskanerkirche auf dem Trsat bei Rijeka sechs Altarblätter im manieristischen Stil gemalt hat. Weitere Werke von ihm finden sich in Bakar, Novi Vinodolski und Pićan. Auf dem Trsat befindet sich auch der prächtige Barockaltar des heiligen Nepomuk (1727), ein Werk des Tiroler Schnitzers Dionizije Hoffer. Biedermeierlich-idealisierenden Einschlag haben die realistischen Gemälde, die Venerio Trevisan (1797–1871) von 1826 bis 1860 in Vodnjan malte.

Die geschnitzten Chorgestühle und die Kanzel der Krker Kathedrale entstanden zwischen 1696 und 1706. Sie orientieren sich noch an manieristischen Mustern und stammen aus der Werkstatt von Meister Mihovil Zierer. Antonio Michelazzi (1707–1772) aus dem Friaul betrieb in Rijeka eine Werkstatt, in der über 40 Jahre lang barockes Kircheninventar geschaffen wurde wie die Marmoraltäre und die Kanzel in der Kirche Sv. Vid in Rijeka. Von dem venezianischen Bildhauer Alvise Tagliapietra und seinen Söhnen Ambrogio und Giuseppe stammen die Figuren auf dem Hauptaltar (1741) der Kathedrale von Rovinj. Die Schweizer Stukkateure Giacomo und Clemente Somazzi schufen in Rab 1799 die barocken Decken der Kathedrale und der Kirche Sv. Križ sowie 1807 den Hauptaltar und die Stukkaturen in der Pfarrkirche Sv. Filip i Jakob in Novi Vinodolski.

19. Jahrhundert

Mit der Romantik vollzog sich auch in der bildenden Kunst Istriens und der Region Kvarner eine Individualisierung, Subjektivierung und allmähliche Säkularisierung. Statt religiöser Themen malten die Künstler vermehrt Portraits, Genre- und Landschaftsbilder wie Ivan Simonetti (1817–1880), der in Rijeka vom Geist des Klassizismus, der Romantik und des Biedermeier geprägte Gemälde bedeutender Persönlichkeiten des öffentlichen Lebens schuf. Neobarocke Elemente hat die bronzene Figur des ›Drachen von Trsat‹ (1863/64), ein Werk des Wiener Bildhauers Anton Dominik Fernkorn (1813–1878).

Moderne

An der Schwelle zum 20. Jahrhundert öffnete sich auch die Kunstszene Istriens und der Region Kvarner den modernistischen Strömungen der europäischen Metropolen Wien, München und Paris. Etwas verspätet griff Josip Moretti-Zajc (1882–1933) aus Bakar bei seinen Darstellungen maritimer Themen, Veduten und Landschaften den Impressionismus auf.

Die Formensprache der Wiener Sezession verband Ivan Meštrović (1883 1962) mit einer ganz eigenen Expressivität. Zwar stammte dieser berühmteste kroatische Bildhauer des 20. Jahrhunderts nicht aus der beschriebenen Region, Kopien einiger seiner Skulpturen sind aber in Osor auf der Insel Lošinj zu sehen.

Andere bedeutende kroatische Künstler des 20. Jahrhunderts stammen aus Istrien und der Kvarner Bucht oder lebten hier lange Zeit: Der Maler Antun Motika (1902–1992) aus Pula entwickelte in Collagen, Frottagen, Arbeiten in Cellophan und Glas sowie in Skizzen für Keramik und Gouachen seinen Stil eines ›archaischen Surrealismus‹. Der Bildhauer und Maler Romolo Venucci (1903–1976) aus Rijeka schuf in den 30er Jahren Plastiken, deren expressiv-pathetischer Stil bei einer Ausstellung unlängst heftige Kritik auslöste. Seine Gemälde basieren auf der Tradition des Kubismus-Konstruktivismus und des Futurismus.

Nach 1945

Nach dem Zweiten Weltkrieg dominierte in der antifaschistischen Denkmalplastik Istriens und des Primorje die Formensprache des Sozialistischen Realismus, wie bei dem Denkmal für die Gefallenen des Volksbefreiungskriegs (1953) in Buje von Vanja Radauš (1906–1956) und dem Denkmal für die Matrosen der Boka Kotorska in Pula (1953) von Pavao Perić (1907–1978). Im Laufe der 50er Jahre wandten sich aber die meisten Künstler von dieser Doktrin ab. Noch ganz der Ästhetik des sozialistischen Realismus verpflichtet ist das Denkmal für die Befreiung Rijekas (1955) von Vinko Matković (1911–1973). Der in Rijeka geborene Bildhauer schuf aber später die unpolitische Brunnenskulptur der zwei Delphine (1960) in Mali Lošinj.

Das Mädchen mit der Möwe von Zvonko Car in Opatija

Die Galerie Rukavina in Brtonigla

Das Pathos des Widerstands prägte auch das Denkmal für die Gefallenen des Volksbefreiungskriegs (1951) von Želimir Janeš (1916–1996) in Novi Vinodolski, der von 1978 bis 1984 die Skulpturen für die Glagoliter-Allee zwischen Roč und Hum in Istrien meißelte. Antifaschistische Denkmalplastik schuf auch der in Crikvenica geborene Bildhauer Zvonko Car (1913–1982), dessen ›Mädchen mit der Möwe‹ (1956) zu einem Wahrzeichen Opatijas wurde. In Crikvenica und in anderen Orten der Kvarner Bucht erinnern viele seiner expressiven und dramatischen Denkmäler an Politiker, Schriftsteller und Künstler.

Antun Motika (1902–1992) aus Pula tendierte früh zur Abstraktion. In den 50er Jahren entwickelte er seinen postimpressionistischen Stil weiter zu einem ›archaischen Surrealismus‹. Neben experimentellen Collagen und Gouachen entstanden Gemälde, deren flächenhafte Farbgebung an Matisse erinnert.

Der aus Rijeka stammende Maler Oton Gliha (1914–1999) ließ sich bei seinen Aufenthalten in Omišalj von den Trockenmauern der Insel Krk und des Primorje zu dynamischen und arabeskenartigen Gemälden inspirieren. Einige seiner Mosaike schmücken Banken, Hotels und die Empfangshalle des Flughafengebäudes von Rijeka.

Als Edo Murtić (1921–2005) Vrsar zum zweiten Wohnsitz wählte, hatte er längst den figural-realistischen Stil seiner frühen Werke überwunden und malte abstrakte Bilder, die sich durch Expressivität, Farbigkeit und Lyrismus auszeichnen.

Der in der Nähe von Rijeka geborene Bildhauer Belizar Bahorić (1920–2002) fertigte figurale Skulpturen wie das in den 80er Jahren entstandene Denkmal für den Komponisten Ivan Zajc vor dem Nationaltheater in Rijeka und abstrakte wie ›Die Welle‹ (2002) vor der Stadtbibliothek.

Der Maler Ivo Kalina (1925–1995) aus Opatija gestaltete in bunten Pastell-Zeichnungen und Ölbildern abstrakte Kompositionen, in denen mediterrane Motive erkennbar sind. Anfang der 60er Jahre wandte sich auch der Maler und Bildhauer Aleksandar Rukavina (1934–1985) vom Sozialistischen Realismus ab und zog sich von Zagreb nach Istrien zurück. 1960 gründete er die Künstlerkolonie in Grožnjan und lebte von 1962 bis 1969 in Buje, ab 1971 in Brtonigla. Seine Bildhauerwerke (Reliefs, Büsten, Denkmäler) befinden sich in zahlreichen Orten Istriens, unter anderem in Oprtalj, Buje und Novigrad.

Der Bildhauer Dušan Džamonja (1928–2009) aus Mazedonien richtete sich 1970 in Vrsar ein Atelier und einen Skulpturenpark ein. Mit seinen ungewöhnlichen abstrakten Plastiken aus Bronze, Eisen, Stahl oder Aluminium wurde er zu einem der angesehensten Künstler des ehemaligen Jugoslawien. Severino Karlo Majkus (geb. 1931) aus der Gemeinde Poreč verbindet in seinen Gemälden zu istrischen Motiven expressionistische und impressionistische Tendenzen.

Eine ähnliche Stilmischung findet sich bei dem Maler und Schriftsteller Claudio Ugussi (geb. 1932 in Pula), dessen Gemälde zu istrischen Themen auch eine Tendenz zu einer geometrischen Abstraktion zeigen. Mediterrane Themen finden sich in den farbenfrohen, teils impressionistisch angehauchten Gemälden von Mate Solis (geb. 1935), der in Cres lebt.

Der 1937 in Sveti Lovreč bei Labin geborene Bildhauer Josip Diminić ist einer der Begründer des mediterranen Steinmetzsymposiums in Dubrova bei Labin. Ein häufiges Motiv seiner Kunst sind wie bei der Skulptur ›Turteltauben‹ (1987) in Kanfanar Vögel oder Vogelmenschen als Symbol der Freiheit. Besondere Beispiele seiner zahlreichen Denkmäler in Istrien und an der Riviera von Rijeka sind der ›Istrische Ochse‹ in Poreč (1976/77), das Denkmal für die Gefallenen des kroatischen Unabhängigkeitskriegs in Rijeka (1992/93) und die Skulptur des heiligen Nikolaus in Kraljevica (2008).

Gegenwart

Auch in den 90er Jahren folgen die bildenden Künstler Istriens ganz unterschiedlichen Stilrichtungen. Größere Bedeutung gewinnen der Neokonzeptualismus und die Verwendung unterschiedlichster Medien (Fotografie, Video, Installation, Performance, Computer). In Brseč lebt und arbeitet der 1948 in Rijeka geborene

Der Maler Paolo Lacota in seinem Atelier in Brtonigla

Ljubo de Karina, dessen Plastiken mit ihren Zitaten aus der Architektur und Kunst Istriens postmoderner Ästhetik verpflichtet sind. Von ihm stammen Großplastiken wie die 20 Skulpturen des ›Öko-Weges‹ Tramuntana I (1996–1998) in Beli (Insel Cres) und vier der steinernen Buchstaben des Glagoliterweges (2006–2008) bei Baška (Insel Krk).

Aus Labin stammt Orlando Mohorović (geb. 1950), der an der Kunstakademie Düsseldorf bei Joseph Beuys Malerei und Bildhauerei studierte und mit Gemälden im Stil des Neuen Realismus und der Konzeptkunst sowie Installationen und Performances hervortrat.

Fulvio Juričić (geb. 1952 in Pula) experimentiert mit verschiedenen Techniken und Stilen, seine abstrakte Malerei und Graphik hat expressionistische wie subtile Nuancen. Mirko Zrinšćak wurde 1953 in Volosko bei Opatija geboren und hat sich in die Einsamkeit des Učka-Gebirges zurückgezogen. Aus den Materialien, die er in der Natur findet (Holz, Glas, Wachs, Bitumen, Nägel) schafft er dreidimensionale Gebilde.

Auch die aktuelle Kunstszene der Halbinsel ist sehr bunt und lebendig. Allein der offizielle Künstlerverband Istriens (HDLU Istre) zählt über 170 Mitglieder. Einige haben es zu internationaler Bekanntheit gebracht, ihre Werke sind bei den wichtigsten Ausstellungen weltweit zu sehen. Aber auch lokale Galerien Istriens haben sich einen Namen gemacht: Stadtgalerie Labin, Galerie Luka i Anex (Pula), die Galerie des Heimatmuseums in Rovinj, die Kleine Galerie und die Galerie Zucatto (Poreč), die Galerie Rigo (Novigrad) und die Galerie Dante Marino Cettina (Umag). Seit 1995 lebt der in Banja Luka geborene Künstler Josip Granić (1941) in Poreč. Seine ornamentalen, farbenfrohen Pastellbilder sind von den Landschaften Bosniens und Istriens inspiriert.

Bojan Šumonja (geb. 1960 in Pula) gestaltet in seinen Bildern seelische Welten, in denen sich Profanes und Mythisches verbindet und in denen neben Alltagsmenschen bizarre Gestalten, Phantasiewesen, Comicfiguren und Tiere auftauchen.

Die kupferfarbene, braune oder rote Erde Istriens ist häufiges Motiv der Gemälde von Hari Ivančić (geb. 1967) aus Pazin, die dem abstrakten Expressionismus nahestehen.

Abstraktion und realistisch-figurale Tendenzen finden sich in den Bildern und Skulpturen des 1980 in Pula geborenen Musikers, Malers und Bildhauers Vedran Šilipetar, der auch mit Comiczeichnungen hervorgetreten ist.

Brauchtum und Tradition

Auch in Istrien und der Region Kvarner sind mit den Einflüssen moderner Lebensart wie zunehmender Mobilität, Landflucht und Verstädterung Brauchtum und Folklore auf dem Rückzug. Trachten werden nur selten getragen, echte Volksmusik hört man oft nur bei Konzerten oder touristischen Veranstaltungen. Das Brauchtum wird aber in Vereinen und bei Folklorefesten gepflegt.

Insgesamt ähneln kroatische Trachten denen aus Polen, Ungarn, Tschechien und der Slowakei. Neben der Alltags- und Arbeitskleidung hatten die Bauern Trachten für Festtage. Aber die Mannigfaltigkeit der traditionellen Bekleidung erklärt sich auch aus der unterschiedlichen Natur der Landschaften: Im kontinen-

Trachten von der Insel Krk

talen Teil Istriens schützte man sich mit wärmeren und dickeren Stoffen (Wolle, Pelze) gegen Wind und Wetter und trug meist Mäntel, Westen oder wärmere Jacken. Leintücher wurden als Strümpfe um die Füße gewickelt. Die Jacken und Westen der Frauen sind oft mit bunten Tier- und Pflanzenmustern geschmückt. In gebirgsnahen Küstenregionen, wo Schafzucht betrieben wurde, fertigte man Trachten vorwiegend aus Wolle. Die Kopfbedeckung der Frauen und Männer zierte ein rotes Band oder eine Pfauenfeder. An den Küsten Istriens und vieler Inseln trugen die Bewohner leichtere Stoffe. Die Tracht der Männer bestand aus einer langen weißen Hose, einem Hemd und einer blauen oder braunen Weste; einem goldenen oder roten Band sowie einem roten Käppchen. Die Frauen trugen meist einen braunen gewebten Rock aus Schafwolle und weiße Leinenhemden mit breiten Ärmeln. An den Wollrock wurden Ärmel genäht, die man hinten am Rücken in den Gürtel steckte und nur bei Kälte anzog. Eine Besonderheit ist die traditionelle Kopfbedeckung der Frauen auf der Insel Krk: Ein schmaler Stoffstreifen wurde auf unterschiedliche Weise um den Kopf gewickelt. Männer trugen schwarze gestrickte Zipfelmützen, auf der Insel Rab kleine rote Kappen. Für Europa einmalig ist die Tracht auf der Insel Susak, wo die Frauen kurze, aber bauschige Röcke mit mehreren Unterröcken tragen. Beliebtes Accessoire war filigran gefertigter Schmuck aus Edelmetall.

Der traditionelle Volkstanz Istriens ist der Balun (*balon*), bei dem mehrere Paare im Kreis tanzen. Instrumental begleiten ihn istrische Blasinstrumente wie der Dudelsack oder die Roženica und die Sopila, die einer Oboe ähneln, manchmal auch ein kleines Orchester. Andere Paartänze wie den ›Siebenschritt‹ (*šete paši*), die Spitzpolka, die Polka, die Masurka und den Walzer tanzt man in Begleitung eines Orchesters oder kleiner Ensembles von Volksinstrumenten wie der Roženica, Doppelflöten (*Šurla* oder *dvojnica*) und dem istrischen Dudelsack (*mih*). Manche Bräuche Istriens und der Kvarner

Im Volkskunstmuseum von Omišalj

Bucht sind heidnischen Ursprungs, verschmolzen aber mit christlichen Traditionen wie das vielerorts verbreitete ›Koledanje‹ (Dreikönigssingen) zwischen Weihnachten und Dreikönig.

Venezianisch-österreichische Elemente und slawische Mythologie mischen sich bei den Faschingsbräuchen in der Umgebung von Opatija und der Riviera von Rijeka: Auf eine fast 400 Jahre alte Tradition geht der Karneval von Rijeka zurück, dessen Umzug dem rheinischen Narrentreiben gleicht und mittlerweile einer der größten Europas ist. Auf heidnische Bräuche verweisen die Schellenmänner (*zvončari*) in Matulj und Kastav im Hinterland von Rijeka: mit Schaffellen und Tiermasken verkleidete Männer vertreiben mit ihren Glocken böse Geister. In Novi Vinodolski, Dramalj und Senj und den Hochburgen des istrischen Karnevals (Buzet, Pula und Labin) wird als Höhepunkt und Ende der Faschingszeit eine Strohpuppe (Mesopust) verbrannt.

Film

Zur jugoslawischen Zeit war ›Jadran Film‹ in Zagreb die größte und bekannteste Produktionsfirma Südosteuropas. Bis Anfang der 1990er Jahre wurden hier 145 Koproduktionen und 124 jugoslawische Filme gedreht. Seit ihrer Privatisierung 1991 konnte die Firma nicht mehr an diese glanzvollen Zeiten anknüpfen. Legendär wurde Jadran-Film als Kooperationspartner der Winnetou-Filme, die in den 1960er Jahren überwiegend in den Karstgebieten Nord- und Mitteldalmatiens und bei den Plitvicer-Seen gedreht wurden. Einige Szenen für Filme wie ›Der Schatz im Silbersee‹ und ›Winnetou 1 und 2‹ wurden auch im Hinterland von Rijeka auf dem Hochplateau Grobničko polje aufgenommen. Die einst imposante ›Prärielandschaft‹ ist heute teilweise verbaut oder militärisches Sperrgebiet. Einige Drehorte der RTL-Neuverfilmung (2016) liegen in der Vela Draga, bei Fužine und im Hinterland von Novi Vinodolski.

Auch früher waren Städte und Landschaften Istriens und der Kvarner Bucht Kulisse für Filmproduktionen: Auf der Insel Rab drehte Friedrich Wilhelm Murnau 1924 seinen Abenteuerfilm ›Die Finanzen des Großherzogs‹. Umag, Vrsar

Die Festung Nehaj in Senj kennen viele aus der Fernsehserie ›Die rote Zora‹

Kulisse für viele Mantel-und-Degen-Filme: Draguč

und Rovinj waren Drehorte für den Film ›Die große blaue Straße‹ (1957) mit Alida Valli, Yves Montand und Mario Girotti (Terence Hill). Im Lim-Fjord wurden Szenen für Abenteuerfilme wie ›Die Wikinger‹ (1958) mit Kirk Douglas und Tony Curtis oder ›Der Raubzug der Wikinger‹ (1964) mit Richard Widmark und Sidney Poitier gedreht. Für beide Produktionen wurden am Meer Wikinger-Siedlungen errichtet. Vižinada diente 1970 als Bühne für den Film ›Kelley's Heroes‹ mit Clint Eastwood, Telly Savalas und Donald Sutherland. In der Umgebung Rijekas und in Istrien drehte Sam Peckinpah seinen Kriegsfilm ›Steiner – das eiserne Kreuz‹ (1977) mit Maximilian Schell und Senta Berger. In der Stadt Senj spielt die dreizehnteilige Fernsehserie ›Die rote Zora und ihre Bande‹, die 1979 als deutsch-schweizerisch-jugoslawische Koproduktion gedreht wurde. Für den teilweise in Opatija gedrehten Abenteuerfilm ›Höllenjagd bis ans Ende der Welt‹ (1983) mit Tom Selleck arbeiteten bis zu 60 Maskenbildner, um den 1000 Stastisten ein asiatisches Aussehen zu verleihen. Für den Film wurde auf dem Kap Kamenjak ein afghanisches Dorf errichtet. In der Jules-Verne-Verfilmung ›In 80 Tagen um die Welt‹ (1989) mit Pierce Brosnan und Peter Ustinov wurde der Korzo in Rijeka kurzerhand zu einer Pariser Flaniermeile.

Den amerikanisch-kroatisch-deutschen Abenteuerfilm ›Die drei Musketiere‹ (2002) mit Michael York, Gerard Depardieu und Nastassja Kinski drehte Regisseur Steve Boyum im mittelalterlichen Städtchen Draguč. Dieser istrische Ort ist Schauplatz vieler Mantel-und-Degen-Filme, aber auch von Kriegsfilmen kroatischer Regisseure: Stipe Delić (1925–1999) drehte hier Szenen der Fernsehserie ›Marija‹ (1976), die den Zweiten Weltkrieg ähnlich pathetisch und glorifizierend gestaltet wie sein Partisanenfilm ›Die fünfte Offensive‹ (1972) mit Orson Welles und Richard Burton (1972). Marijan Arhanić (1930–2003) drehte hier 1977 den Spielfilm ›Flieger des großen Himmels‹ (Letači velikog neba), eine

Der glagolitische Buchstabe ›A‹ am Glagoliter-Weg auf der Insel Krk

poetische Parabel über Kinder im Krieg, für die er den Hauptpreis des Internationalen Jugendfilm-Festivals in Paris erhielt. Veljko Bulajić (geb. 1928) wählte Draguč als Drehort einiger Szenen für seinen Film ›Libertas‹ (2006), ein Kostümdrama über das Leben des Dubrovniker Renaissancedichters Marin Držić.

Seit 1954 findet alljährlich im Juli oder August das Pula-Filmfestival statt. Ab 1957 wurde hier der Filmpreis ›Goldene Arena‹ für den besten jugoslawischen Film vergeben, nach 1991 widmete sich das Festival ausschließlich kroatischen Produktionen, seit 2001 gilt das Event dem kroatischen und europäischen Filmschaffen. Auf dem seit 1991 in Motovun veranstalteten internationalen Filmfestival werden unter freiem Himmel kleine unabhängige Produktionen gezeigt, der beste Film wird mit dem ›Goldenen Propeller‹ ausgezeichnet.

Literatur

Istrien und die Kvarner Bucht blicken auf eine lange literarische Tradition in unterschiedlichen Sprachen, Dialekten und Schriften zurück. Manche behaupten sogar, der Kirchenvater und Gelehrte Hieronymus sei in Istrien geboren. Sein Geburtsort Stridone lag in der römischen Provinz Dalmatien, die sich im Norden bis zur Grenze nach Pannonien erstreckte und auch östliche Teile der istrischen Halbinsel umfasste. So wurde der Bibelübersetzer auch in Istrien populär, viele Kirchen sind dem heiligen Hieronymus geweiht, und im 19. Jahrhundert schrieb man ihm sogar die Erfindung der altslawischen Schrift Glagoljica zu. Sie wurde aber erst Mitte des 9. Jahrhunderts von dem Slawenapostel Kyrill für die Slawenmission entwickelt. Vielleicht kam Kyrill ja damals auf seinen Reisen von Mähren nach Rom auch durch Istrien. Jedenfalls waren seine Schrift und altkirchenslawisch-kroatische Messbücher im 10. Jahrhundert auf der Halbinsel und in der Kvarner Bucht neben dem Lateinischen in Gebrauch.

Glagolitische Schriftkultur in altkirchenslawischer Sprache und kroatischer Redaktion verbreitete sich im 11. Jahrhundert von vielen Orten Mittelistriens (Gračišće, Pazin, Beram) über die nördlichen Gebiete um Draguč, Roč, Hum und Buzet bis Triest und Slowenien. Im kroatischen kulturellen Bewusstsein hat sie einen großen Stellenwert. Frühe Zeugnisse der glagolitischen Schriftkultur Istriens aus dem 11. und 12. Jahrhundert sind die steinerne Inschrift von Plomin und das Fragment von Grdoselo. Auch die Insel Krk war ein Zentrum glagolitischen Schrifttums: In Jurandvor entstand um 1100 die Tafel von Baška, eines der ältesten historischen Dokumente kroatischer Sprache. Die starke Verbreitung der Schrift belegen unzählige glagolitische Messbücher, Breviere und Graffiti auf Kirchenwänden und Fresken. Aus dem 14. und 15. Jahrhundert stammen die reich verzierten glagolitischen Messbücher aus Hum, Roč, Draguć, Beram und Barban. In glagolitischer Schrift wurden Legendensammlungen verfasst und kroatische Übersetzungen mittelalterlicher Literatur. Der istrische Glagolitermönch Juri Žakan aus Roč ermöglichte den Druck des ersten gedruckten kroatischen Buchs (1483).

In einer kroatischen Abschrift aus dem 16. Jahrhundert ist das wichtigste historische Dokument der Halbinsel erhalten: der von 1275 bis 1395 in lateinischer, deutscher und kroatischer Sprache verfasste ›Istrische Landschied‹ (Istarski raz-

Buchhandlung in Pula

vod), ein Gesetzeswerk, das die Grenzen zwischen den Landkommunen und dem Besitz feudaler Herren festlegte. Anfangs verbreiteten katholische Mönche (Benediktiner, Franziskaner, Pauliner) die glagolitische Schriftkultur. Mitte des 16. Jahrhunderts bedienten sich ihrer auch istrische Verfechter der Reformation wie der Philologe, Theologe und Philosoph Matija Vlačić Ilirik (1520–1575) aus Labin. Mit Hilfe seines Landsmanns, des in Tübingen lehrenden Altphilologen und Humanisten Matija Grbić (1508–1559) floh Vlačić vor der Inquisition nach Deutschland und wurde in Wittenberg zum Weggefährten Luthers. In Urach (Württemberg) gab es 1561 bis 1565 sogar eine von dem slowenischen Reformator Primož Trubar betriebene südslawische Druckerei, in der protestantische Bücher in lateinischer, glagolitischer und kyrillischer Schrift publiziert wurden, darunter auch Werke des kroatischen Schriftstellers und Bibelübersetzers Stjefan Konzul Istranin (1521–1568) aus Buzet.

In Istrien gibt es kaum humanistisch-aufklärerische Autoren. Ein bedeutender neoplatonischer Philosoph war der auf der Insel Cres geborene Francesco Patrizi da Cherso (Frane Petrić, 1529–1597). Ein herausragender Mathematiker, Physiker und Philosoph seiner Epoche war der Theologe Marcantun de Dominis (1560–1624) von der Insel Rab.

19. und 20. Jahrhundert

Vom 18. bis Anfang des 19. Jahrhundert dominierte in Istrien die italienische Schriftkultur. Eine nennenswerte kroatischsprachige Literatur entstand hier erst wieder mit dem Aufkommen des Illyrismus. Ein wichtiger Unterstützer dieser romantischen Bewegung der kroatischen nationalen Wiedergeburt (Preporod), die sich die Befreiung Kroatiens aus der Habsburger Monarchie und eine Vereinigung aller Südslawen in einem Staat erträumte, war der istrische Bischof Juraj Dobrila (1812–1882). Als Mäzen, Schriftsteller und Mitbegründer einer kroatischen Zeitschrift setzte er sich für die gleichberechtigte Verwendung des Kroatischen im politischen und kulturellen Leben ein.

Im 19. Jahrhundert wurde Eugen Kumičić (1850–1904) aus Brseč zum wichtigsten Vertreter des kroatischen Naturalismus. In Gesellschaftsromanen und historischen Romanen verband er romantische und realistische Elemente. Ein Dichter Istriens und des Meeres und zugleich vehementer kroatischer Patriot war Rikard Katalinić Jeretov (1869–1954) aus Volosko.

Wegen seines Kampfes für die Erhaltung istrisch-kroatischen Volkstums wurde der aus der Umgebung von Lovran stammende Romancier und Dramenautor Viktor Car Emin (1870–1963) 1929 von den Italienern aus Istrien verbannt und lebte bis 1945 in Sušak bei Rijeka und nach dem Zweiten Weltkrieg in Opatija.

Der von verschiedenen europäischen literarischen Strömungen beeinflusste Dichter Vladimir Nazor (1876–1949) lebte 1903 bis 1918 in Istrien und einige Jahre in Crikvenica. Seine dionysisch-pantheistische Lyrik feiert die Halbinsel als mythische Frau: ›Ihr Kopf ist das Učka-Gebirge/ihre Stimme ist der Wellen Lärm/ Wälder schmücken sie und Weiden/um die Taille trägt sie einen grünen Gurt.‹ In Motovun spielt seine neoromantische Erzählung ›Der große Jože‹ (1908), eine märchenhafte Parabel, die anhand der Gestalt des körperlich starken, aber geistig naiven Riesen Jože die Lebensbedingungen istrischer Bauern während der venezianischen Herrschaft beleuchtet. Istrien und die Kvarner Bucht sind auch Schauplatz vieler anderer Werke Nazors, der hier den čakavischen Dialekt wieder als Sprache der Dichtung pflegte.

Der bekanntere Dialektdichter Istriens ist aber der aus einem kleinen Ort an der Raša stammende Schriftsteller Mijo Mirković (1898–1963). Er schrieb über das schwere Leben der Fischer und Matrosen und veröffentlichte unter dem Pseudonym Mate Balota čakavische Gedichte.

Mit Dialektliteratur ist auch der Lyriker und Komödienschreiber Drago Gervais (1904–1964) aus Opatija hervorgetreten. In seiner čakavischen Poesie erweckte er die Landschaften seiner istrischen Heimat mit sparsamen sprachlichen Mitteln zum Leben. Während der italienischen Okkupation der Halbinsel nach dem Ersten Weltkrieg und der faschistischen Herrschaft hielten sich viele kroatischsprachige Schriftsteller außerhalb Istriens auf und kehrten erst nach dem Zweiten Weltkrieg zurück. Auch der auf der Insel Krk geborene Kunsthistoriker und Kulturwissenschaftler Branko Fučić (1920–1999) hatte seine Heimat früh verlassen, bereiste aber immer wieder Istrien, das Küstenland und die Inseln der Kvarner Bucht und schrieb unzählige bedeutende Studien über ihre glagolitischen Inschriften, altkroatischen Baudenkmäler und mittelalterlichen Fresken.

Die Vielfalt istrischer Kultur reflektiert der 1939 bei Poreč geborene Lyriker, Essayist und Romanautor

Denkmal für Vladimir Nazor in Kastav

Milan Rakovac in Texten, in denen er kroatisch-čakavischen Dialekt mit italienischen, englischen und deutschen Ausdrücken mischt. Auch der 1952 in Labin geborene Lyriker, Prosaautor und Journalist Daniel Načinović schreibt Lautgedichte, die von der Vielsprachigkeit seiner Heimat Istrien inspiriert sind.

Der Lyriker, Literaturkritiker und Übersetzer Boris Domagoj Biletić (geb. 1957) ist mit intellektueller Poesie und kulturwissenschaftlichen Arbeiten über Istrien hervorgetreten. Der früh verstorbene Erzähler Edo Budiša (1958–1984) aus Rovinj verwendete oft die Technik der Montage und mischte in seinen postmodernen, grotesken Prosatexten Realität und Fantastik.

Denkmal für Drago Gervais

Istrien war auch immer ein Sehnsuchtsort für Schriftsteller des ehemaligen Jugoslawiens: Der in Belgrad geborene Lyriker und Prosaist Antun Šoljan (1892–1993) zog nach Rovinj und schrieb dort einen Großteil seiner Prosa, die existentielle Probleme des modernen Menschen behandelt. Die Küste, ein Kloster mit Fresken und die Landschaft Inneristriens sind Schauplätze seines Romans ›Ein kurzer Ausflug‹ (deutsch 1966), der die Suche junger Menschen nach ihrer Identität beschreibt.

Mate Balota war das Pseudonym des Schriftstellers Mijo Mirković

Als Schüler lebte der 1937 in Split geborene Erzähler und Dramatiker Nedjeljko Fabrio in Rijeka, dessen Geschichte er in dem Roman ›Das Haar der Berenice‹ (deutsch 1992) über fast zwei Jahrhunderte verfolgt. Dabei verknüpft seine vielstimmige ›Familienfuge‹ das Schicksal italienischer und kroatischer Menschen.

1991 zog sich Mirko Kovač (1938–2013) vor dem serbischen Nationalismus in Belgrad nach Rovinj zurück. Sein Essay ›Rückkehr nach Istrien‹ (deutsch 2008) feiert die Halbinsel als wiedergefundenes ›Zuhause‹. Seit vielen Jahren lebt die 1971 in Sisak geborene Lyrikerin und Prosaautorin Tatjana Gromača in Pula. Ihr Kurzroman ›Eines Tages‹ (deutsch 2014) wirft in 138 Fragmenten einen poetischen Blick auf eine absurde Welt.

Italienische Literatur Istriens

Die italienischsprachige Literatur Istriens knüpfte im Humanismus des 13. Jahrhunderts an die lateinisch-romanische Tradition an. Zentrum humanistischen Kulturschaffens war das zur Republik Venedig gehörende Koper (heute Slowenien), wo der Bischof Pietro Paolo Vergerio (1495–1565) wirkte, der später als evangelischer Theologe in Tübingen Trubars Bemühungen um den protestantischen Buchdruck unterstützte.
Eine nennenswerte bürgerliche Literatur italienischer Sprache entstand in Istrien erst Anfang des 19. Jahrhunderts mit der Vorromantik. Nach der italienischen Einigung im Jahr 1861 schlossen sich viele italienische Schriftsteller der Halbinsel dem Irredentismus an und kämpften für den Anschluss Istriens an Italien.
Der in Cherso (Cres) geborene Theologe und Linguist Giovanni Moisè (1822–1888) schrieb Sonette im Stile Petrarcas und sprachwissenschaftliche Studien. Der Journalist und Schriftsteller Pier Quarantotti Gambini (1910–1965) aus Pisino d'Istria (Pazin) trat für ein unabhängiges Istrien ein, flüchtete aber nach 1945 wie die meisten italienischsprachigen Intellektuellen vor den jugoslawischen Partisanen Titos. Dieser Exodus von Schriftstellern und Wissenschaftlern führte in Istrien zu einer kulturellen Verarmung und war Grund für die Entstehung der italienisch-istrischen Exilliteratur.

Noch in italienischer Zeit ist Fulvio Tomizza (1935–1999) in Istrien geboren. Nach dem Londoner Memorandum (1954) übersiedelte er nach Triest. In Romanen wie ›Materada‹ (deutsch 1993) und ›Eine bessere Welt‹ (deutsch 1979) setzte Tomizza seiner Heimat als multiethnischem Kulturraum ein Denkmal und thematisiert dabei die Absurdität willkürlich gezogener politischer Grenzen.

Die 1938 im damaligen Fiume (Rijeka) geborene Schriftstellerin Marisa Madieri lebte ab 1949 mit ihrem späteren Ehemann Claudio Magris bis zu ihrem Tod 1999 in Triest. Posthum erschienen ihre Erinnerungen ›Wassergrün. Eine Kindheit in Istrien‹ (deutsch 2004), eine Hommage an die einstmals kosmopolitische Hafenstadt Rijeka.

Nach der Gründung der italienischen Kulturvereinigung und dem Ende der Auswanderungen entfaltete die italienische Minderheit Istriens seit den 1950er Jahren wieder ein vielfältiges künstlerisches, literarisches und schulisches Leben. Einige kommunistisch gesinnte Schriftsteller und Journalisten wie Alessandro Damiani (geboren 1928) zogen von Italien nach Istrien oder Rijeka. Jetzt erschienen auch wieder italienischsprachige Zeitungen und Zeitschriften. 1963 wurde der Verband italienischsprachiger Schriftsteller gegründet, seit 1968 gibt es das Zentrum für historische Studien in Rovinj. Eine ganze Reihe neuer Autoren machte von sich reden. Seit Mitte der 1960er Jahre schrieben auch einige Schriftsteller im istro-venenezianischen oder wie der Lyriker, Erzähler und Romancier Ligio Zanini (1927–1993) im istriotischen Dialekt.

Claudio Ugussis (geboren 1932 in Pula) autobiographischer Roman ›Die geteilte Stadt‹ (italienisch, 1991), der erst 2002 auf Kroatisch erscheinen konnte, beschreibt das in der Geschichtsschreibung Jugoslawiens lange Zeit verdrängte Trauma der Vertreibung hunderttausender Italiener aus Istrien nach 1949.

In Pula spielt auch der Roman ›Eine istrische Familie‹ (italienisch 1992) von Ester Sardoz Barlessi (geboren 1936), die die Geschichte ihrer Heimatstadt von 1905 bis in die 1980er Jahre verfolgt.

Eine der wichtigsten italienischsprachigen Gegenwartsautorinnen in Kroatien ist die 1962 in Rijeka geborene Journalistin, Performerin und Übersetzerin Laura Marchig. Ihre in italienischer Sprache und im Dialekt ihres Geburtsorts Fiumisch verfasste Lyrik (deutsch 2010) beschreibt voller Sinnlichkeit die Lebenswelt der Italiener Istriens, Rijekas und der Kvarner Bucht, die sich als Minderheit immer in einer Randposition befinden.

An der Buchmesse in Pula, die seit 1995 Anfang Dezember stattfindet, nehmen alljährlich 250 Verlage und 250 Autoren, Redakteure, Übersetzer und Literaturkritiker teil. Das kroatische Logo der Messe ›Sa(n)jam knjige‹ lässt zwei Lesarten zu: ›Messe der Bücher‹ heißt es, wenn man das ›n‹ in der Klammer weglässt; liest man es mit, bedeutet es: ›Ich träume von Büchern.‹

Sprache

Istrien, Rijeka und der Kvarner sind eine Region mehrerer Sprachen und Dialekte: Kroatisch, Italienisch und Slowenisch sind die drei Hauptsprachen, die in Istrien gesprochen werden. Das Kroatische ähnelt dem Serbischen und Bosnischen und zählt mit ihnen – zusammen mit dem Slowenischen, Makedonischen und Bulgarischen – zu den südslawischen Sprachen.

Den kroatischen Sprachbereich charakterisieren drei Dialekte, die nach den verschiedenen Formen des Fragepronomens ›was?‹ (›što‹, ›kaj‹ oder ›ča‹) sowie nach der Realisierung eines urslawischen Lautes (›i‹, ›je‹ oder ›e‹) als ikavisch, jekavisch oder ekavisch bezeichnet werden: In dem am weitesten verbreiteten štokavisch-ijekavischen Dialekt heißt die Milch ›mlijeko‹, im kajkavisch-ekavischen Dialekt im Nordwesten um Zagreb und Varaždin ›mleko‹. In Istrien und der Kvarner Bucht wird Čakavisch (seltener Kajkavisch) gesprochen, sowohl in der ekavischen als auch der ikavischen Variante – deshalb heißt die Milch hier auch ›mliko‹!

Aber überhaupt hat das Kroatische, das in Istrien, am Kvarner und auf seinen Inseln gesprochen wird, spezielle Varianten ausgebildet: In manchen Regionen wie der Insel Krk hat es sich mit dem Dalmatischen vermischt, einer romanischen Sprache, die aus dem Vulgärlatein entstanden ist, in anderen mit dem Italo-venezianischem (der venezianischen Variante des Italienischen) oder mit dem Italienischen.

In Istrien sind neben dem Italienischen (beziehungsweise Istrovenezianischen) noch zwei weitere romanische Sprachen in Gebrauch, die beide vom Aussterben bedroht sind: das Istriotische (in der Gegend zwischen Rovinj und Pula), das möglicherweise ebenfalls aus dem Vulgärlatein entstand, sowie das Istrorumänische, das nur noch wenige Sprecher in der Ćićarija im Nordosten Istriens hat. Istriotisch kann man am ehesten noch in Bale hören. Es wurde von älteren Schriftstellern wie Ligio Zanini (1927 – 1993) aus Rovinj genutzt. Eine der wenigen Autoren, die heute noch in istriotischer Sprache schreiben, ist die 1955 in Vodnjan geborene Dichterin Loredana Bogliun Debeljuh.

Wichtige Persönlichkeiten

Zvonko Car (1913–1982). Der Bildhauer aus Crikvenica lernte in Zagreb bei Ivan Meštrović, Robert Frangeš-Mihanović und Fran Kršinić. In den 30er Jahren schuf Car religiöse Skulpturen, nach dem Zweiten Weltkrieg viele antifaschistische Denkmäler, die ein expressiver und dramatischer Stil auszeichnet. 1956 entstand das ›Mädchen mit der Möwe‹ als Wahrzeichen Opatijas. In Crikvenica und vielen Städten am Kvarner erinnern seine realistischen Portraits an Politiker, Schriftsteller und Künstler.

Juraj Dobrila (1812–1882) ist bei Tinjan geboren und war als Bischof von Poreč und Triest Wegbereiter der ›Kroatischen Wiedergeburt‹ in Istrien. Als Mäzen und Mitbegründer der Zeitschrift ›Naša sloga‹ (Unsere Einheit) in Triest (1870) kämpfte er gegen die Vorherrschaft des Italienischen und für die Verwendung der kroatischen Sprache im öffentlichen Leben. Sein Portrait ziert den 10-Kuna-Schein.

Vincent aus Kastav schuf 1474 mit Gehilfen in der Friedhofskirche Sv. Marija na Škriljinah bei Beram die bekanntesten spätgotischen Fresken Istriens und ganz Kroatiens. Ihre einfache, fast naive Malweise verbindet volkstümliche Tradition mit dem weichen Stil internationaler Spätgotik.

Julije Klović (1498–1578) aus Grižane bei Novi Vinodolski erlangte in Rom, Venedig, Florenz und Parma als Miniaturmaler so große Anerkennung, dass Zeitgenossen ihn den ›Michelangelo der Miniaturen‹ nannten.

Ivan Matetić Ronjgov (1880–1960) stammt aus dem Hinterland von Rijeka. Der Komponist schrieb Vokal- und Instrumentalwerke und machte sich um die volkstümliche Musik Istriens und der Kvarner Bucht verdient, indem er die istrianische Tonleiter als Reihe von sechs Tönen und Halbtönen definierte.

Matija Vlačić Ilirik (Matthias Flacius Illyricus). Der 1520 in Labin geborene Philologe, Theologe und Kirchenhistoriker wurde zum bedeutenden Mitstreiter Luthers: Nach dem Studium in Venedig, Basel und Tübingen lehrte er ab 1549 in Wittenberg und Jena als Professor für Hebräisch und Griechisch, von 1566 bis 1569 in Antwerpen und Straßburg und bis zu seinem Tod (1575) in Frankfurt. Seine Schriften verurteilen den Primat des Papstes sowie die Heiligen- und Reliquienverehrung. Sein Buch ›Schlüssel der heiligen Schrift‹ (Basel 1567) enthält eine vollständige Darstellung biblischer Namen, Begriffe und Ausdrücke und war ein wichtiges theologisches Nachschlagewerk.

Fischer-Statue von Zvonko Car in Crikvenica

Eugen Kumičić (1850–1904) aus Brseč (Bersezio) an der Ostküste Istriens bereicherte die kroatische Literatur um die naturalistische Schreibweise Zolas und Turgenews. Manche seiner Novellen und

Romane, die das Leben istrischer Fischer, Seeleute und Bauern darstellen, weisen noch romantische Elemente auf.

Jacopo Palma il Giovane. Der 1544 in Venedig geborene und dort 1628 gestorbene Renaissancemaler lernte bei Tizian, studierte das Werk Michelangelos und Tintorettos und blieb dem venezianischen Spätmanierismus verbunden. Seine Bilder finden sich in vielen Kirchen Istriens (Poreč, Vodnjan, Labin, Svetvinčenat) und der Region Kvarner Bucht (Bribir, Baška).

Denkmal für Julije Klović von Zvonko Car in Drivenik

Francesco Patrizi da Cherso (Frane Petrić) wurde 1529 in Cres (Cherso) geboren, besuchte in Venedig die Kaufmannsschule, studierte in Ingolstadt Griechisch und in Padua Medizin und Philosophie. Ab 1578 lehrte er Philosophie in Ferrara und ab 1592 in Rom, wo er 1597 starb. Der Universalgelehrte gilt mit über 60 Studien zur Musiktheorie, Literatur, Kriegskunst, Mathematik, Astronomie und Medizin als bedeutender Neuplatoniker der Renaissance, dessen naturwissenschaftliches Denken auf Galileo Galilei, René Descartes und Gottfried Leibniz verweist.

Pavao Riedl (1725–nach 1776). Der aus dem Alpen- oder Voralpenland stammende Holzschnitzer und Steinmetz trat als Laienbruder 1753 in den Paulinerorden ein. Seine bekanntesten Werke entstanden ab 1755 in der Paulinerwerkstätte der Kirche und des Klosters in Sveti Petar u Šumi: die fünf Altäre, die Kanzel, das Orgelprospekt sowie die Steinfiguren der Kirchenfassade sind dekorative Arbeiten im traditionellen Stil. Sein letztes Werk war der Hauptaltar (1776) in der ehemaligen Paulinerkirche ›Mariä Himmelfahrt‹ in Crikvenica.

Altardetail im Kloster Sveti Petar u Šumi

Alida Valli (1921–2006). Die in Pula geborene italienische Filmschauspielerin wurde durch die Graham-Greene Verfilmung ›Der dritte Mann‹ (1949) weltbekannt, in dem sie neben Orson Welles und Joseph Cotton die weibliche Hauptrolle spielte. Im Film ›Die große blaue Straße‹ (1957), der u.a. in Umag, Vrsar, und Rovinj gedreht wurde, stand sie neben Yves Montand und Mario Girotti (Terence Hill) vor der Kamera.

Musik

Seltsam archaisch klingt die Volksmusik Istriens und der Region Kvarner Bucht. Sie unterscheidet sich von der Folklore anderer Regionen Kroatiens durch die istrische Tonleiter (Istarska ljestvica), die aus fünf bis sechs Tönen besteht, und durch ihre Zweistimmigkeit, in der untemperierte Sexten und Terzen mit Oktaven und Unisono alternieren. 2009 wurde diese Tonart und Zweistimmigkeit in die UNESCO-Liste des nichtmateriellen Weltkulturerbes aufgenommen.

Allerdings klingen auch istrische Gesangsstücke, die Sängerduos aufführen, aufgrund der ungewohnten Intervalle und der nasalen Färbung für mitteleuropäische Ohren sehr eigenartig. Eine besonders eigentümliche Gesangsform ist das ›Tarankanje‹, bei dem der Text eines Lieds durch neutrale Laute mit dem Vokal ›n‹ ersetzt wird (›ta-na-na, ta-na-ne-na....‹). Sehr speziell ist auch der rhythmische, mehrstimmige Gesangsstil, den die ›Bitinadi‹, die Fischer von Rovinj, entwickelt haben: Da sie während der Arbeit keine Instrumente spielen konnten, imitierten sie mit ihren Stimmen die instrumentale Begleitung.

Ebenso merkwürdig sind auch die istrischen Blasinstrumente, die immer paarweise gespielt werden: Mit ihrem durchdringend scharfen Ton erinnert die Sopila an eine Oboe, etwas weicher klingt die Roženica mit doppelter Klappe aus Schilf und konischem Mundstück aus Holz. Wie die Doppelflöte Šurle gilt sie als Abkömmling der Schalmei. Der bekannteste Sopila-Spieler Istriens ist Dario Marušić, der bisweilen Foklore und Technoelemente kombiniert. Der istrische Dudelsack (Istarski mih) begleitet den bekanntesten istrischen Volkstanz Balun, der paarweise getanzt wird und den eine Vielzahl von Schritten und Drehungen sowie Ausrufe (›Jetzt gehörst du mir‹) charakterisieren. Vor etwa 150 Jahren wurde in Istrien auch der ›Bajs‹ heimisch, ein Streichinstrument, das etwas größer ist als ein Cello.

In Istrien und im Primorje gibt es auch die mehrstimmigen Volksmusikgruppen (Klapa). In diesen ursprünglich reinen Männerformationen von zwölf Sängern hat jede Stimme eine andere Lautstärke und Tonhöhe. Manchmal wird a capella gesungen, heute oft mit Begleitung von Gitarre, Akkordeon oder Tamburica, einer Art Mandoline. Möglicherweise geht der Klapa-Gesang auf die liturgische Kirchenmusik zurück.

Die Klapa hat in Kroatien jedenfalls denselben Stellenwert wie klassische Musik, die in Istrien und am Kvarner ebenfalls lange Tradition besitzt: Der im damaligen venezianischen Montona (Motovun) geborene Renaissance-

Doppelflöte im Folkloremuseum in Omišalj

Sopila-Spieler auf einem Folklorefest

komponist Andrea Antico (1480–1538) wirkte in Rom und Venedig als Verleger für geistliche Musik und hat selbst einige ›Frottolen‹ – schlichte, vierstimmige Lieder – verfasst. Ab 1604 wirkte Gariello Puliti (1580–1643) aus der Toskana in Istrien und wurde zum wichtigsten Vertreter der Barockmusik der Halbinsel.

Aus Fijume (Rijeka) stammte Vinko Jelić (1596–1636), der zahlreiche barocke geistliche Konzerte komponiert hat. Ebenfalls im damals österreichischen Rijeka geboren wurde der Komponist Ivan Zajc (1832–1914), der über 1200 Orchesterwerke, Klavierstücke, Kantaten, Lieder und Messen schrieb. Patriotische Gesinnung prägt seine 19 spätromantischen Opern.

Antonio Samareglia (1854–1929) aus Pula komponierte geistliche Werke, Symphonien und vor allem lyrische Opern wie ›Nozze Istriane‹ (Eine istrische Hochzeit, 1895), die in Vodnjan spielt. Matko Brajša-Rašan (1859–1934) aus Pićan war Komponist und Sammler istrischer Volksmusik. 1912 vertonte er das bekannteste istrische Gedicht ›Schönes Land, mein liebes Istrien‹ von Ivan Cukon (1868–1928).

Die Opern des in Pazin geborenen Komponisten Luigi Dallapiccola (1904–1975), der in Italien die Zwölftontechnik eingeführt hat, gehören heute zu den Klassikern der Moderne. Die Folklore Istriens, der Kvarner Bucht und der nordadriatischen Inseln sammelte und erforschte der Komponist Ivan Matetić Ronjgov (1880–1960) aus dem Hinterland von Rijeka. Ronjgov erarbeitete ein Modell, die istrianische (hexachordische) Tonleiter als Reihe von sechs Tönen und Halbtönen zu notieren und zu harmonisieren. Auch Slavko Zlatić (1910–1993) aus Sovinjak studierte die untemperierte istrische Tonleiter und übertrug ihre Prinzipien auf die Instrumentalmusik. Von istrischer Volksmusik inspiriert sind seine über 120 eigenen Kompositionen.

Aus dem Međimurje verschlug es Ljubo Kuntarić (1925–2016) nach Istrien, wo er unzählige Stücke im Musikstil der Halbinsel komponiert hat. Bei einigen istrischen Komponisten und Musikern der Gegenwart finden sich traditionelle Melodien neben Pop und Rock wie bei Livio Morosin (geboren 1963) oder vermischt mit jazzigen Rhythmen wie bei Tamara Obrovac (geboren 1962). Istrische Folklore und Elemente aus Blues, Jazz und Gospelmusik verbinden sich in den Stücken des Komponisten und Liedermachers Bruno Krajcar (geboren 1972) aus Pula. Die bekannteste Rockband Istriens ist seit 1977 ›Atomsko sklonište‹ (Atombunker).

Essen und Trinken

So vielfältig wie die Geschichte und die Landschaften Istriens und der Kvarner Bucht ist auch ihre Speisekarte, die von der italienischen, österreichischen und ungarischen Küche beeinflusst wurde, aber auch Traditionen der kroatischen Kochkunst bewahrt. In vielen Touristenorten werden Ražnići (Spießchen), Ćevapčići (Fleischröllchen), Đuveč-Reis oder das Blätterteiggericht Burek angeboten, die ursprünglich aus anderen Regionen Südosteuropas oder der Türkei stammen. Die regionalen Spezialitäten Istriens sind Trüffel, wilder Spargel, Olivenöl und Wein.

Fisch

In der Küche der Küstenregionen finden sich häufig Gerichte aus Fisch und andere Spezialitäten des Meeres. Gegrillter Fisch wird oft schlicht mit Olivenöl, Salz und Pfeffer zubereitet und mit Mangold-Kartoffeln serviert. Die weißen Fische wie die Goldbrasse (*orada*), Seezunge (*list*), Seebarsch (*brancin*) und Zahnbrasse (*zubatac*) gelten als die wertvollsten. Guter Fisch ist auch direkt am Meer nicht billig und wird in den Restaurants nach Gewicht berechnet – daher sollte man vorher nach dem Preis fragen. Besondere Delikatessen sind Austern oder Miesmuscheln aus dem Lim-Fjord, Stockfisch auf istrische Art und Scampi auf Buzara-Art (geschmort im eigenen Saft) oder auch roh mariniert.

Aus geschmorten Calamari besteht der Žgvacet, ein schmackhafter Eintopf, früher ein einfaches Essen der Fischer, genauso wie die Fischsuppe (*brodet*), die aus verschiedenen Meeresfischen zubereitet wird. Ein leckeres Gericht ist auch der Tintenfischsalat, der oft als Vorspeise serviert wird. Probieren sollte man auch schwarzen Risotto mit Tintenfisch.

Fleisch

Lecker und zugleich ein Augenschmaus sind Speisen, die ›unter der Glocke‹ (*pod pekom*) auf einer offenen Feuerstelle zubereitet werden. Diese Kochkunst wendeten schon die Illyrer an: Unter einer mit Glut bedeckten Glocke aus Ton- oder Gusseisen, die in Dalmatien ›Peka‹ und in Istrien ›Čripnja‹ heißt, wird Lamm- oder Kalbsbraten oder Truthahnfleisch zusammen mit Kartoffeln und Gemüse gegart. Traditionell sollen bei diesen Gerichten keine Reste übrigbleiben – selbst die fette Soße wird zuletzt mit Brot aufgetunkt!

Istrischer Schinken (*pršut*) hat keine Schwarte: Von der Schweinekeule werden Haut und Fettgewebe entfernt. Dann wird der Rohschinken mit einer Lake aus Meersalz, Gewürzen, Pfeffer, Knoblauch und Lorbeer bestrichen und luftgetrocknet. Die besten Schinken reifen bis zu 18 Monate – durch die nach Norden ausgerichteten Öffnungen der Speisekammern istrischer Steinhäuser konnte die salzhaltige Bura hineinblasen und verlieh dem Fleisch sein besonderes Aroma. Als Vorspeise gereicht werden auch die mit Rosmarin und Salbei gewürzte luftgetrocknete Pancetta (Bauchspeck vom Schwein) und der ebenfalls luftgetrock-

Palatschinken

nete Osso Collo (Schweinehals). Ein besonderes istrisches Fleischgericht ist das mit Wein, Knoblauch und Lorbeer marinierte und danach gegrillte Schweinekotelett ›Ombolo‹, das meist mit Sauerkraut serviert wird.

Nudeln

Die lange Zeit italienischer Herrschaft hat auch in der istrischen Kochkunst ihre Spuren hinterlassen: Aber selbst wenn viele Nudelgerichte ihre Namen aus dem Italienischen ableiten, haben sie regionale Besonderheiten angenommen: Die bekanntesten Nudeln Istriens sind hausgemachte Fuži; Hörnchennudeln aus Eiern, Mehl und Wasser, die zu Trüffeln, Wild und Geflügelgulasch gegessen werden. Daneben gibt es Pljukanci (Schupfnudeln), Makaruni (Makkaroni). Hausgemachte Šurlice (Nadelmakkaroni) kocht man in Istrien und in der ganzen Kvarnerregion. ›Lazanje‹ (von ›Lasagne‹) ist in Istrien die Bezeichnung für Bandnudeln, die oft mit Trüffeln serviert werden. Fuži oder Gnocchi werden mit verschiedenen Soßen oder Sugo (Pulaer Gulasch) serviert. Das istrische Gulasch wird meist mit Zwiebeln, Tomaten, Hühnerfleisch und Gewürzen zubereitet. Istrische Ravioli können verschiedene Füllungen haben. Etwas Besonderes sind die süßen Ravioli aus Labin (*labinski krafi*). Vegetariern sind die Pasutice zu empfehlen, viereckig zugeschnittene Nudeln, die man zu frischem Weißkohl serviert, der mit Olivenöl und Knoblauch gewürzt wird.

Suppen und Beilagen

Einst ein Gericht für arme Leute war die Maneštra, eine Gemüsesuppe, deren Grundlage Kartoffeln und Bohnen sind und die viele Gemüsesorten der Saison (Mais, Kichererbsen, Fenchel), enthalten kann. Eine Maneštra mit Kartoffeln,

Bohnen und Sauerkraut nennt man Jota. Aber egal, welches Gemüse man nimmt – ihren besonderen Geschmack erhält die Maneštra erst durch den Pešt, ein Pesto aus gehacktem Bauchspeck, Knoblauch und Petersilie.

Im Frühjahr gibt es zu Risotto oft wilden Spargel, den man aber auch mit Rührei (*frataja*) als Spargelomelette genießen kann. Lecker sind auch Omeletts mit getrockneter Wurst, Frühlingszwiebeln oder Trüffeln.

Traditionelle Beilagen sind Kartoffeln, gekocht, gebraten oder im Ofen gegart oder als Mangoldgemüse mit Knoblauch. In Istrien werden zu Speisen gerne wilder Spargel oder Pilze gereicht. Beliebt sind auch Gnocchi, Reis, Polenta (Maisbrei) sowie gemischte Salate aus Tomaten und Weißkraut.

Nachspeisen

Ein leckeres Dessert sind Palatschinken mit Marmelade oder Nüssen sowie die Labinski krafi – süße Ravioli mit einer Füllung aus Eiern, Käse, Rosinen und Walnüssen. Leckere Nachtische sind auch die süßen länglichen Kroštule, die den Krapfen ähneln sowie die in heißem Fett gebackenen Fritule, kleine Krapfen mit Rosinen. In Istrien haben viele Restaurants auch typisch italienische Desserts (Pannacotta, Semifreddo) auf der Speisekarte.

Der istrische Strudel (*štrukolo* oder *povetica*) wird mit Äpfeln und Walnüssen gefüllt. Ein Kleingebäck aus Pazin sind die frittierten Cukerančići, die Vanillekipferln ähneln. Äußerst lecker sind auch die mit gemahlenen Walnüssen gefüllten Kügelchen, die wegen ihrer Form ›Pfirsiche‹ (*briskve*) genannt werden.

Nur zu Ostern wurde früher der istrische Hefezopf (*istarska pinca*) gebacken, und nur zu Hochzeiten und großen Festen gab es einst die Hefekringel Bucolaj. Beliebt sind auch Biskuitkuchen (*pandešpanj*), Biskuittplätzchen (*paštine*) und die süßen Užance, die wie Spätzle aussehen, aber mit kandiertem Obst serviert werden.

Briskve

Besonders in den kalten Wintermonaten wird in Istrien als letzter Gang eine ›istrische Suppe‹ (*istarska supa*) gereicht, eine Spezialität aus erwärmten Rotwein (Teran), dem Olivenöl, Zucker, Salz, Pfeffer und eine getoastete Scheibe Brot hinzugefügt wird. Man trinkt sie aus der Bukaleta (von italienisch ›Boccale‹), einem handbemalten, einhenkeligen Keramikkrug mit der für Istrien und die Kvarner Bucht typischen kleeblattförmigen Öffnung.

Süße Delikatessen von der Insel Rab sind die Rapska torta, ein schneckenförmig gerollter Kuchen aus Mandeln, geriebener Zitronenschale und Kirschlikör, die Mustaćoni, Plätzchen aus Mandeln, Kakao, Nelken und Zimt, und die Rapski baškotini, aromatische Mandelkekse. Eine Spezialität der Insel Krk ist der Presnac, ein Kuchen aus frischem Schafskäse, zu dem man gern ein Glas Prošek (Dessertwein) genießt.

Wein

Istriens Weine haben in Kroatien ein hohes Ansehen erlangt. Schon seit der Antike wird auf der Halbinsel und in der Kvarner Bucht Weinbau betrieben. Möglicherweise haben ihn griechische Seefahrer eingeführt: Immerhin trägt eine Bucht im Raška-Tal an der Ostküste Istriens den Namen Kalavojna – eine Verballhornung des griechischen ›kalos oinos‹ (guter Wein), und im Archäologischen Museum Pula ist ein schön bemalter griechischer Weinkrug aus dem 5. Jahrhundert vor Christus ausgestellt. Römische Schriftsteller priesen neben dem hervorragenden Olivenöl Istriens auch dessen Weine. Plinius der Ältere schrieb, Livia Drusilla (Julia Augusta), die Gemahlin Kaiser Augustus‘, habe ihre rüstige Konstitution im Alter von 85 Jahren mit dem sagenumwobenen ›Vinum Pucinum‹ begründet, benannt nach einer römischen Festung, dem heutigen Städtchen Sovinjak.

Giacomo Casanova lobte in seinen Memoiren den köstlichen Refošk von Vrsar. Auch die Habsburger waren von dem istrischen Rebensaft angetan – die legendäre Parenzana, die Eisenbahnlinie von Triest nach Poreč (Parenzo), hieß im Volksmund ›Weinstrecke‹ (*vinska pruga*).

Weinbaugebiete und Sorten

Auf der Halbinsel Istrien wird heute auf etwa 6151 Hektar Weinbau betrieben. Es gibt 70 private Weinkellereien. Das westliche Weingebiet (Poreč, Buje, Rovinj, Pula) umfasst 5839 Hektar, das mittlere (Buzet, Pazin) 209 Hektar und das östliche (um Labin) 103 Hektar.

In Kroatien ist es üblich, die Weine nach ihren Rebsorten zu benennen. Neben regionalen autochthonen Sorten wie der Borgonja und der Hrvatica gedeihen in Istrien und in der Kvarner Bucht auch weltweit bekannte Sorten wie Chardonnay, Pinot Grigio und Pinot Bianco, Merlot, Cabernet und Sauvignon. Der typische Weißwein ist der Malvasier (Malvazija), eine alte Sorte mit vermutlich griechischer Herkunft. Er wird auf 60 Prozent der Weinberge Istriens, aber auch auf den Kvarner Inseln angebaut. Dieser trockene, stroh- beziehungsweise goldgelbe, aromatische Wein hat einen intensiven Geruch nach Akazie und Pfirsich und einen Alkoholgehalt von 11,5 bis 13,5 Prozent. Nur die besten Sorten tragen das Zeichen IQ (Istrian Quality). Der Malvasier passt gut zu Meeresfrüchten, Risotto oder Pasta. Goldfarben ist auch der istrische Muskateller (Muškat), vor allem der ›Moškat‹ aus Momjan, dessen Aroma an wilde Nelken erinnert.

In der Karstebene bei Vrbnik auf der Insel Krk und bei Crikvenica gedeiht der Žlahtina, ein trockener, hellgelber bis strohgelber Weißwein mit zartem Aroma und charakteristischem Beigeschmack. Er hat einen Alkoholgehalt von 11,2 Prozent und passt gut zu Schafskäse, Fisch und Meeresfrüchten sowie zu Gerichten mit weißem Fleisch. Der Žlahtina eignet sich auch für die Herstellung von klassischem Sekt. Seit 2006 legen Vrbniker Winzer für Valomet-Sekte in Stahlkisten verpackte Flaschen 30 Meter tief ins Meer, wo mit 10 bis 11 Grad eine ideale Temperatur für die Fermentierung herrscht.

Autochthone istrische Rotweine mit hohem Anteil von Säuren und Taninen sind der fast violette Teran und der Refošk aus dem Nordosten Istriens. Beide sind sehr aromatische, charakterstarke Weine mit fruchtigem Geruch. Über den Teran sagen istrische Winzer, er habe die Farbe dunklen Hasenbluts, trinke sich aber wie Milch! Mit istrischem Pršut, Käse oder Wildgerichten kommt er am besten zur Geltung. Zu Lammfleisch unter der Peka und anderen istrischen Fleischgerichten passt der dunkle, rubinrote Refošk mit seinem Geruch nach Himbeeren und Kirschen und einem fruchtigen, leicht herben Aroma.

Eine rubinrote Farbe und einen fruchtigen Geschmack nach Johannis- und Himbeere hat der istrische autochthone Burgunder (Borgonja), der zu den ältesten Rotweinsorten gehört.

In der Region Kaštelir wird die autochthone Sorte Hrvatica angebaut, ein fruchtiger Rotwein, der mit seinen Himbeeraromen und leicht herbem Abgang für Rosé geeignet ist.

Im Vinodol bei Crikvenica gedeiht der Blaufränkische (Frankovka), ein dunkler Rotwein mit Aromen von Kirschen und Beeren.

In Kroatien unterscheidet man zwischen Stolno vino – einfachem Tischwein–, Kvalitetno vino – Qualitätswein – und ›Vrhunsko vino – Spitzenwein.

Bier und Gebranntes

Laut Statistik (2014) gehört Kroatien mit einem durchschnittlichen jährlichen Bierkonsum von 82 Litern pro Kopf zu den ersten zehn europäischen ›Bierländern‹. Die bekanntesten Biermarken in Kroatien sind die Weizen- und Lagerbiere von ›Ožujsko pivo‹ sowie das dunkle ›Tomislav‹ aus der Brauerei ›Zagrebačka pivovara‹, das helle Lagerbier ›Karlovačko‹ aus Karlovac und das Lagerbier ›Pan‹ von Carlsberg Croatia. Seit Anfang 2013 produziert in Buje die erste istrische Privatbrauerei ›San Servolo‹ nach bayerischem Reinheitsgebot von 1516 drei Biersorten: ein blondes Lager, ein rotes Premiumbier sowie ein Schwarzbier.

Die geläufigsten Schnäpse Istriens sind neben dem Grappa die Medica;- ein Weintraubenschnaps, dem Honig hinzugefügt wird, die Biska, ein Treberschnaps, der mit einem Konzentrat aus Mistelblüte und vier Kräutern vermengt wird, sowie die Ruda, ein Kräuterschnaps mit Weinraute (Ruta graveolens) und der Walnussschnaps Orahovica.

Im Weinkeller Meneghetti

Bekannte Winzer Istriens

Im Nordwesten, Weinstraße Bujština

Momjan: **Gianfranco Kozlović**, Vale 78, Tel. +385/52/779177, www.kozlovic.hr.

Grožnjan: **Marko Dešković**, Konstanjica 58, Tel. +385/52/776315.

Savudrija: **Degrassi**, Bašanija, Podrumarska 3, Tel. +385/52/759250, www.degrassi.hr.

Vižinada: **Pilato**, Lašići 2, Tel. +385/52/446281, www.vina-pilato.com.

Buje: **Clai**, Krasica, Brajki 104, Tel. +385/91/7674015.

Die bekanntesten Kellereien der Weinstraße **Poreština** sind: Agrolaguna (Poreč), Damjanić (Poreč), Roxanich (Nova Vas) und Ivica Matošević (Sveti Lovreč).

Weinstraßen Buzeština und Pazinština in Zentralistrien

Motovun: **Benvenuti**, Kaldir 7, Tel. 385/98/1975651, www.benvenutivina.com.

Im Südwesten an den Weinstraßen Rovinjština und Vodnjanština/Pula-Medulin

Bale: **Meneghetti**, Stancija Meneghetti, Tel. +385/52/528116, www.meneghetti.hr.

Pula: **Matošević**, Rizzijeva 34, Tel. +385/52/380597 (Weinkeller in Sv. Lovreč, Krunčići 2, Tel. +385/22/448558) Tel. mobil +385/98/367339), http://matosevic.com.

Šišan: **Trapan**, Ul. Giordano Dobran 63, Tel. +385/52/574770, www.trapan.hr.

Bekannte Winzer der Region Kvarner

Vrbnik: Landwirtschaftsgenossenschaft Vrbnik, Namori 2, Tel. +385/51/857101, www.pz-vrbnik.hr.

Landwirtschaftsgenossenschaft Gospoja-Toljanić, Frankopanska 1, Tel. +385/51/857142, www.gospoja.hr.

Weingut Katunar Vinarija d.o.o., Vinogradska 17, Tel. +385/51/857393, www.katunar.hr.

OPG Ivan Katunar – Haus des Weines Ivan Katunar, Braće Trinajstić 3, Tel. +385/51/857157.

Nada, Glavača 22, Tel. +385/51/857065, www.nada-vrbnik.hr.

Novi Vinodolski: Weingut Pavlomir, Novljansko polje bb, Tel. +385/51/248296.

Rezepte

Istrische Maneštra

Zutaten für 4 Personen: 500 g Kartoffeln, 250 g Bohnen, 400 g Mais, Knochenschinken, 120 g durchwachsener Speck, 50 g Dosentomaten, 1 Zwiebel, 10 g Knoblauch, 10 g Selleriegrün, 1 Lorbeerblatt, Salz, Pfeffer, Petersilie.

Zubereitung: Getrocknete Bohnen werden über Nacht in Wasser eingeweicht. Für den Pešt den Speck mit frischer Petersilie und Knoblauch kleinhacken und vermischen, bis eine Art Paste entsteht. Die Bohnen in einem Topf mit Wasser köcheln und den Rohschinken und den Pešt dazugeben. Die Zwiebel kleinhacken und mit Selleriegrün und Lorbeerblatt in den Topf geben. Zuletzt frische Maiskörner (oder ganzen Kolben) hinzufügen und die Maneštra 60 Minuten im geschlossenen Topf köcheln lassen. Danach die gewürfelten Kartoffeln in den Topf geben und das Ganze weitere 30 Minuten bei geschlossenem Deckel köcheln lassen. Dosentomaten dazu geben. Verwendet man Dosenmais, diesen erst jetzt mitkochen. Alles weitere 30 Minuten köcheln lassen und anschließend mit Salz und Pfeffer abschmecken. Vor dem Servieren das Lorbeerblatt und den Knochen entfernen, den Schinken in Stücke schneiden und wieder zum Eintopf dazufügen.

Šurlice mit Gulasch

Zutaten für 6 Personen: 1 kg Mehl, 2–3 Eier, Salz und Wasser nach Bedarf, 200 g Schafskäse.

Zubereitung: Aus Mehl, Eiern, Salz und Wasser einen festen Teig kneten. Den Teig mit dem Nudelholz auf einer bemehlten Arbeitsfläche dünn auswalken und in ungefähr 10 g schwere Stücke schneiden. Mit den Händen um eine Stricknadel 8–10 cm lange Makkaroni formen. Die Makkaroni so von der Nadel lösen, dass sie innen hohl bleiben. Den Teig etwas antrocknen lassen, im gesalzenen und heißen Wasser kochen lassen, bis er weich ist. Die gekochten Makkaroni abtropfen lassen. Šurlice sind sehr beliebt und dürfen bei keiner Feier fehlen. Gerne werden sie mit Gulasch serviert.

Šurlice (Nadelmakkaroni) mit Lammgulasch

EXTRA

Istrisches Omelett

Gulasch, Zutaten für 6 Personen: 2 kg Lammfleisch, 450 g Zwiebeln, 150 g frische Tomaten, 0,18 l Öl, 4 Zehen Knoblauch, 0,20 l Wein, Petersilie, Salz und Pfeffer.
Zubereitung: Das in Stücke geschnittene Lammfleisch mit den Zwiebeln andünsten, Knoblauch, Tomaten, Petersilie und Gewürze dazugeben. Nach und nach mit Wasser begießen, die Soßenmenge bestimmen, nach Bedarf mit Mehl bestreuen, abschmecken, Wein hinzufügen. Die gekochten Šurlice in eine Schüssel geben, die Sauce und den Käse zugeben und am Ende das Fleisch.

Fritaja (Spargel mit Rühreiern)
Zutaten für 4 Personen: 400 g frischer Wildspargel, 8 Eier, 80 g Speck, 60 g Zwiebeln, 6 Esslöffel Öl oder Butter, 10 g Petersilie, Salz und Pfeffer.
Zubereitung: Spargel gut waschen, abtrocknen und mit der Hand die harten Ecken abbrechen. Die weichen Stücke in etwa 3 cm lange Stücke teilen. Die geschälte Zwiebel kleinschneiden, den Speck in Streifen schneiden. Petersilie hacken, Eier aufschlagen und gut verquirlen. Die Zwiebel in heißem Öl anrösten und Spargel und Speck hinzufügen, salzen und pfeffern. Wenn der Spargel weich ist, Eier hinzugeben, umrühren, bis eine weiche Omelette entsteht. Mit Petersilie bestreuen und warm servieren.

Kroštule (Teigschleifen)
Zutaten: 4–5 Eier, 70 g Zucker, 1 Päckchen Vanillezucker, abgeriebene Schale einer unbehandelten Zitrone, 5 EL Öl; 2 EL Weinessig, 3 EL Grappa, 600 g Mehl, Salz nach Belieben, Fett zum Ausbacken, Puderzucker.
Zubereitung: Eier, Zucker und Vanillezucker verquirlen. Öl hinzufügen, dann Essig, Grappa und eine Prise Salz. Mit gesiebtem Mehl vermengen und kneten, bis ein elastischer, glatter und fester Teig entsteht. In drei Teile schneiden, mit Mehl bestreuen, mit einem Tuch bedecken und 20 Minuten ruhen lassen. Jedes Stück

ausrollen, mit gewelltem Teigrand in 2 cm breite Streifen schneiden. Streifen zur Schlaufe verknoten. In viel Fett ausbacken, auf Küchenpapier abtropfen lassen und mit Puderzucker bestreuen. Noch warm servieren!

Presnac (Fastnachtskuchen von Krk)
Zutaten: Für die Füllung: 1 kg frischer Schafskäse, 25 g Zucker, 100 g Mehl, 6 Eigelb, abgeriebene Schale einer unbehandelten Zitrone, Vanillezucker. Für den Teig: 250 g Mehl, 50 g Zucker, 50 g Fett, 1 Ei, Salz.
Zubereitung: Aus Mehl, Zucker, Fett, Ei und Salz einen Teig wie für Makkaroni kneten und zu einem Fladen formen. Ruhen lassen und in einer runden Kuchenform ausrollen. Den Teig am Rand hochdrücken. Der Teig dient als Unterlage für die Käsefüllung.
Den frischen Schafskäse in feine Stücke zerdrücken. Zucker und Eigelb verquirlen, Käse und Mehl zugeben, langsam vermengen und auf den vorbereiteten Teig geben, glatt streichen, aus dem Teig einen Rand formen und als Verzierung im Abstand von 5 cm den Teig zwicken oder einschneiden. Den so angerichteten Presnac bei mittlerer Hitze goldgelb backen. Mit Puderzucker bestäuben und kalt servieren.

Frankopan-Torte (aus Crikvenica)
Zutaten: Für den Teig: 500 g Blätterteig. Creme: 400 ml süße Sahne, 6 Eigelb, 150 g Zucker, 2 Löffel Stärke, 200 g geröstete Mandeln, Zimt, etwas geriebene Zitronenschale, 3 Tropfen Rosenwasser, Muskatnuss, 120 g Butter. Dekoration: 400 ml süße Sahne, 500 g Kompottobst.
Zubereitung: Eigelb, Zucker und Stärke mischen und der erwärmten süßen Sahne zufügen. Kochen, bis die Masse dick wird. Abkühlen lassen, dann gut durchmischen und Butter und alle Gewürze beigeben. Zuletzt die kleingehackten Mandeln und die mit Rum getränkten Rosinen untermischen. Vom Blätterteig vier Stück ausbacken, mit der Creme füllen und auf die letzte Lage das Obst legen und die ganze Torte mit Schlagsahne bestreichen.

Kroštule

EXTRA

Im Norden Istriens sind die Wolken niedrig,/mit Fingern langst du nach ihren Wangen. Während sie wandern über Kirchen hinweg;/kämmen Kreuze ihnen das Haar. Und die Regen dort sind milder als anderswo,/fallen still, du hörst sie/wie im Frühjahr das Wachsen und Atmen.

Miroslav Sinčić, Rückkehr in den Norden Istriens

Blick auf Buje und die Bujština

DER NORDWESTEN

Buje

»Buje scheint an der westlichen Küste Istriens den höchsten Punkt zu bilden, von dem man eine weite, rings umher freye Aussicht sowohl in das Land hinein als zum Meer hinab, insbesondere auch bis Parenzo genießt«, schrieb Johann Nepomuk Raiman, Leibarzt Kaiser Franz' I., 1832 über das Städtchen Buje (Citta di Buie), das zwischen den Flüssen Mirna und Dragonja inmitten der fruchtbaren Gegend Bujština auf einem Berg liegt. Wegen seiner exponierten Lage 222 Meter über dem Meer wird es auch ›Spia d'Istria, ›Spion von Istrien‹, oder ›Wachtposten Istriens‹ genannt wird. Heute hat die Gemeinde 6000 Einwohner.

Eine Siedlung gab es hier bereits in vorgeschichtlicher Zeit. Unter den Römern wurde es als ›Bullea‹ ein wichtiger strategischer Ort an der Via Flavia von Pula nach Triest. Das später fränkische Buje kam 1102 unter das Patriarchat von Aquileia und ab 1410 unter die Herrschaft der Venezianer, die in dem heute etwas verwahrlost wirkenden Städtchen deutliche Spuren hinterlassen haben: Teile der im 15. bis 17. Jahrhundert erneuerten **Stadtmauer**, den **Wehrturm S. Leonardo** (1458) sowie den in venezianischer Gotik erbauten **Palast** mit bemalter Fassade und die **Stadtloggia** aus dem 15. Jahrhundert.

Stadtrundgang

Auf dem Hauptplatz steht der mit dem Markuslöwen verzierte Steinsockel **Il pilo**, der einst den Fahnenmast trug – dort finden sich auch alte Längenmaße – und die in der zweiten Hälfte des 18. Jahrhunderts an der Stelle eines romanisch-gotischen Gotteshauses errichtete spät-

Der Nordwesten Istriens

Schöne Lage: Buje

barocke Pfarrkirche **Sv. Servul**. Sie steht auf den Fundamenten eines römischen Tempels, von dem an den Außenwänden eingemauerte antike Säulen, Reliefs und Inschriften zeugen. Der 48 Meter hohe Campanile (1482) gleicht dem Turm von Aquileia. An der ansonsten unvollendeten Fassade fällt das reich geschmückte Portal mit der muschelförmigen Lunette auf. Innen finden sich sieben Barockaltäre. Die Skulpturen der Heiligen Servulus und Sebastian (1737) am Hauptaltar schuf der norditalienische Bildhauer Giovanni Marchiori (1696–1778) aus Carrara-Marmor. An der Seitenwand des Chors hängt das von einem unbekannten venezianischen Meister gemalte Bild ›Tod des Bischofs Negri‹ aus dem 18. Jahrhundert. Die 2001 renovierte Orgel aus dem Jahr 1791 ist ein Werk des venezianischen Meisters Gaetano Callido (1727–1813).

Der **Palast** neben der Kirche wurde im 15. Jahrhundert im Stil venezianischer Gotik erbaut. Das große neoklassizistische Gebäude (1878) gegenüber beherbergte einst die italienische Stadtverwaltung sowie die Schule. Weiter unten – außerhalb der alten Stadtmauern – steht die Kirche **Sv. Marija Milosrđa** (1497) mit klassizistischer Fassade und Glockenturm von 1654. Von ihrer Ausstattung sind die holzgetäfelte Decke, eine geschnitzte Muttergottes mit Kind, acht große Wandgemälde von Gaspare della Vecchia (1653–1735), eine schmiedeeiserne Renaissancetür aus dem 16. Jahrhundert und in der Sakristei ein Altarbild mit Darstellung der Pietà aus dem 15. Jahrhundert erwähnenswert.

Gegenüber der Kirche beherbergt das **Stadtmuseum** eine reiche ethnologische Sammlung. In der Nähe steht unter einem Zürgelbaum die Skulptur **Die Ziege** von Giorgio Celiberti (geb. 1929).

Unterhalb der Altstadt in einer Grünanlage am Trg Josipa Broza Tita steht ein beeindruckendes **Denkmal für die Gefallenen des Volksbefreiungskriegs** (1953) des kroatischen Bildhauers Vanja Radauš (1906–1956).

Die Umgebung von Buje

Wenige Kilometer östlich von Buje kann man im einstigen Steinbruch Kornamija bei **Marušići** Skulpturen besichtigen, Ergebnisse des seit 1980 stattfindenden International Summer Sculpture Workshop. Die **Bujština** ist für den Oliven- und Weinanbau bekannt. Typische Weinsorten der Region sind Malvasier, Muskateller, Pinot Grigio und Pinot Blanc, Chardonnay, Merlot und Cabernet Sauvignon sowie die heimische Sorte Hrvatica.

Ruinen des alten Kastells in Momjan

Momjan

Wenige Autominuten nordöstlich von Buje, nahe der kroatisch-slowenischen Grenze, liegt Momjan (Momiano) hoch über dem Dragonja-Tal auf dem Berg Sveti Mauro, von dem sich ein herrlicher Blick nach Westen auf das Meer und nach Osten auf das Učka-Gebirge bietet. Der kleine Ort wurde in einer Bulle von Kaiser Konrad II. 1035 nach Christus erwähnt. 1102 verschenkte Ulrich II., Markgraf von Weimar-Orlamunde den Ort an die Patriarchen von Aquileia, die ihn Anfang des 12. Jahrhunderts den Grafen von Duino übertrugen. Die einst wohlhabende Siedlung befand sich ab dem 16. Jahrhundert bis zum Ende des 18. Jahrhunderts unter venezianischem Einfluss.

Heute leben in dem höher gelegenen Teil (Selo) nur knapp 290 Einwohner, einige Häuser sind verlassen und verfallen. Unter den einst repräsentativen Bürgerhäusern aus dem 17. bis 19. Jahrhundert ist das **Haus Rotta** von 1600 erwähnenswert. Das Wappen der Familie Rotta aus Bergamo mit hübschem Maurenkopf hängt am **Volkshaus** (Narodni dom). 1880 entdeckte Stefano Rotta in der Familienbibliothek eine der zwei Abschriften des kulturhistorisch bedeutsamen Istrischen Landschied (Razvod, 1548), sie wird heute im Staatsarchiv Rijeka aufbewahrt.

Die heutige Pfarrkirche **Sv. Martin** entstand im 15. Jahrhundert aus einem frühromanischen Vorgängerbau und wurde 1859 erweitert. Innen ist eine schöne Kanzel aus dem 15. Jahrhundert sehenswert. Am Campanile befindet sich ein Relief mit dem Markuslöwen.

In dem kleinen Park in der Ortsmitte erinnert ein **Denkmal an die Opfer des Faschismus**. Die daneben stehende **Ölpresse** belegt, dass die Gegend um Momjan nicht nur für ihre Weine (Momjanski muškat) und Winzer (Kozlović, Kabola, Sinković und Prelac), sondern auch für ihr Olivenöl berühmt ist.

Die Ruinen (Achtung: steile Stufen!) auf einem niedriger gelegenen Hügel über dem Poganja-Fluss stammen von dem einstigen **Kastell** aus dem 13. Jahrhundert, das Mitte des 14. Jahrhunderts bei einem venezianischen Angriff stark beschädigt wurde. Nach der Renovierung durch die Habsburger kaufte es 1548 die Familie Rotta und ließ den quadratischem Turm errichten.

Brtonigla

Brtonigla (Verteneglio), das eine 1863 in Triest erschienene Darstellung ein ›anmuthig auf einem Hügel gelegenes Dorf‹ nennt, geht auf die römische Siedlung Hortus Niger zurück. Urkundlich wurde der Ort 1102 erstmals erwähnt.

Das Ortsbild prägt die neobarocke Kirche **Sv. Zenon** von 1861, die an der Stelle einer älteren Kirche von 1480 errichtet wurde, von der noch der 36 Meter hohe Glockenturm und die Glocke von 1512 erhalten sind. Der Taufstein stammt aus dem 17. Jahrhundert. Die Allerheiligenkapelle birgt einen Steinaltar und ein Holzretabel mit Marien- und Heiligenstatuen. Ein Holzaltar steht auch in der Dorfkapelle **Sv. Rok**, die anstelle einer älteren Kirche aus dem 15. Jahrhundert erbaut wurde.

Die **Galerie Aleksandar Rukavina** (1934–1985) vermittelt einen Einblick in das Werk des Zagreber Bildhauers und Malers, dessen figurative und abstrakte Skulpturen aus Stein oder Holz mit dem Kontrast zwischen bearbeiteten und rohen Flächen experimentieren.

Nova Vas

Nur wenige Kilometer von Brtonigla steht in Nova Vas die Friedhofskirche **Sv. Mihovil** aus dem 16. Jahrhundert. Hier könnte man in der Nähe – bei Srbani – die von

Bäumen und Gestrüpp überwucherten Ruinen des Kastells **Sv. Juraj** (›Santi Quaranta‹) besichtigen, das auf eine römische Festung zurückgeht – was wegen der hier heimischen giftigen Hornviper aber wenig ratsam ist!
Vom Mirnatal aus sieht man zwischen den Bäumen immerhin Reste der Festungsmauern und der Kirche Sv. Juraj aus dem 10. Jahrhundert.

Ebenfalls in der Nähe von Brtonigla bei Stancija Drušković liegt die **Marmorhöhle** (Špilja Mramornica), eine der größten Höhlen Istriens. Bereits 1770 beschrieb der Reiseschriftsteller Alberto Fortis die verschiedenfarbigen Tropfsteine und Stalagmiten der Höhle. Sie wurde in der jüngeren Steinzeit (vor etwa 5000 Jahren) und auch in der späteren Bronzezeit als Grabstätte genutzt.

Buje, Momjan, Brtonigla

Vorwahl: +385/52.

Postleitzahlen: Buje 52460, Brtonigla 52474, Momjan 52462.

Turistička zajednica Buje, Istarska 2, Tel. 773353.

Turistička zajednica Brtonigla, Mlinska 2, Tel. 774307.

Post in Buje: Trg Josipa Broza Tita 17 (Buje); Trg Sv. Zenonina 13A (Brtonigla).

INA-Tankstelle Buje, Stanična bb.

Autobusni kolodvor Buje, Tel. 772067. Busse verkehren Richtung Pula, Triest und Padua.

San Rocco Hotel und Restaurant, Brtonigla, Srednja ulica 2, Tel. 725000, www.san-rocco.hr; DZ 190 Euro. Boutiquehotel mit Wellnessbereich.

Casa Romantica La Parenzana, Volpia 3, nahe Buje, Tel. 777460, www.parenzana.com; DZ 80 Euro. Landhotel, ›Basisstation‹ für Radtouren auf der Parenzana (Fahrradverleih, organisierte Touren, Kochkurse).

Hotel Zephyr, Plovanija, Portoroška 3, Tel. 725222, www.hotelzephyr.com; DZ 80 Euro. Einfaches Hotel an der Landstraße, mit Restaurant.

Krasica: **B&B al Merlo Olivo**, Gardossi 47, 52460 Krasica, Tel. mobil 098/9976290. www.olivomerlo.eu; DZ 60 Euro. Bed and Breakfast in schönem Landhaus.

→ Umag, S. 115, Novigrad, S. 120.

Buje: **Pizzeria San Leonardo**, Trg slobode 6a, Tel. 773292. Das keine Lokal in der Altstadt serviert Pizzen und Nudelgerichte für wenig Geld.

Sergio, Digitronska 21, Tel. 772005. Fisch und Fleischgerichte, Obstkuchen.

Malo Selo, Kaldanija, Fratrija 1, Tel. 777332. Gemütliche Landgaststätte an der Straße Richtung Plovanija. Istrische Spezialitäten.

Stari Kaštel, Kaštel 85, Tel. 777011. Das Restaurant in einer alten Burg mit Aussicht auf die Salinen von Sečovlje bietet Meeresspezialitäten, Trüffel- und Fleischgerichte.

Momjan: **Stari Podrum**, Most 52, Tel. 779152. Spezialitäten der gemütlichen Konoba sind Steaks, Trüffelrisotto, Spargel und Zwetschgenknödel.

San Mauro, → Winzer. Rindfleischgerichte und hausgemachte Kuchen.

Brtonigla: Astarea, Ronkova 9, Tel. 774384. Spezialität der Konoba sind unter der Peka (Metallhaube) zubereitete istrische Gerichte.

Agroturizam Šterle, Štancija Drušković 20, Tel. 774313, www.agroturizamsterle.hr. Istrische Spezialitäten.

Momjan: **Kabola**, Kremenje 96b, Tel. 779047, www.kabola.hr. Das Weingut keltert Muskat, Malvasier und Grauburgunder.

▶ Karte S. 100

Kozlović, Valle 78, Tel. 779177, www.kozlovic.hr. Der Familienbetrieb keltert Muskat, Malvasier, Teran und Rosé.
Prelac, Dolinja Vas 23, Tel. 779170, www.prelac.hr. Der Familienbetrieb mit Taverne ist berühmt für Muskateller, Malvasier und Rotweine.
San Mauro, Sinković, San Mauro 157, Tel. 779033, www.sinkovic.hr. Neben Weinen und Schnäpsen bietet der Winzer Unterkünfte an.
Brtonigla: **Veralda**, Kršin 4, 52474, Tel. 774111, www.veralda.hr. Preisgekrönte Rotweine und Malvasier.

City Caffe, Buje, Trg Josipa Broza Tita 3.

Cuba Caffe Bar, Buje, Istarska 11.

Buje: **OPG Maglica**, Bibali 65a, Tel. 773189, Tel. mobil 091/2525108. Intensiv fruchtiges Olivenöl Extra Vergine.
Zigante Tartufi, Trg J.B. Tita 12, Tel. 772125, www.zigantetartufi.hr. Verkauf von weißen und schwarzen Trüffeln, Olivenöl, Ziegenkäse, Wein.
Basiaco Franco, A. Manzoni 15, Tel. 773405. Natives Olivenöl Extra Gocce d'oro (Goldener Tropfen).
Brauerei Servolo, Momjanska 7, Tel. 8946065, www.bujska-pivovara.com (engl.). Die erste istrische Privatbrauerei produziert helles Lager- und dunkles Premiumbier, das man vor Ort probieren und kaufen kann.
Supermarkt, Istarska 15.
Krasica: **Gambaletto**, Brajki 103, Tel. 776293, www.gambaletto.com. Der Familienbetrieb produziert Wein und Natives Olivenöl Extra der Sorte Istarska bjelica. Verkostungen nach Anmeldung.

Buje: **Ethnographisches Museum**, Trg Josipa Tita 6, Tel. 772023; Juli/Aug. Mo–Sa 9–13, 17–21 Uhr, sonst nach Vereinbarung. Sammlung von Gegenständen der Volkskultur, landwirtschaftliches Gerät; zu sehen sind auch eine Ölmühle, eine Schmiede und eine historische Küche.
Brtonigla: **Galerie Rukavina**, ul. Rukavina 9. Statuen des Bildhauers Aleksandar Rukavina (1934–1985). Besichtigung auf Anfrage beim Touristenbüro Brtonigla.

Schokolade- und Wein-Fest, Brtonigla; 18. bis 19. Febr. Schlemmertage mit Schokolade, Wein, Käse, Honig und Olivenöl.
Oleum Olivarum, Krasica; 9./10. März. Internationale Olivenölmesse.
Offene Weinkeller, Momjan; letzter So im Mai.
Traubenfest, Buje. Um den 19. Sept. feiert die Stadt den Wein mit Traubentreten und Eselsrennen.

Aquapark Istralandia → S. 121.

Eine der schönsten Strecken der heute als Radweg genutzten früheren Eisenbahnlinie **Parenzana** führt von Buje über das Künstlerstädtchen Grožnjan nach Livade. Infos, Routen und GPS-Downloads unter www.istria-bike.com. Prospekte und Karten bei den lokalen Touristenverbänden.
Buje: **Touristic Agency Sitnica**, Montrin 31, Tel. mobil 098/434748, http://cyclingcroatiabiking.com. Organisierte Radtouren.

Marmorhöhle (Špilja Mramornica) und Tierpark, Brtonigla, Štancija Drušković 20, Tel. 774313, www.agroturizamsterle.hr; Eintritt 6,70/3,40 Euro. Eine der größten Höhlen Istriens.

Buje: **Ambulanz**, Istarska 15, Tel. 772143.
Apotheke, Istarska 13.

Die Parenzana

Die Schmalspurbahn Parenzana verkehrte von 1902 bis 1935. Sie erstreckte sich über 123 Kilometer von Triest nach Poreč von Koper und Piran über Grožnjan, Završje, Livade, Motovun und Vižinada. Dabei überquerte sie elf Brücken und sechs Viadukte und fuhr durch neun Tunnel.

Die Eisenbahnstrecke, die 33 Orte miteinander verband, diente dem Personen- und Warenverkehr: Aus den damals ärmsten Regionen Nordistriens wurden nun erstmals im großen Stil landwirtschaftliche Produkte (Getreide, Obst, Wein, Olivenöl und Trüffel), Fische und Meeresfrüchte, aber auch Kalkstein nach Wien, Triest und Budapest exportiert. Den geplanten Ausbau der Strecke nach Kanfanar vereitelte der Ausbruch des Ersten Weltkriegs und der Untergang der Donaumonarchie.

Nach Einführung des Omnibusverkehrs wurde die unwirtschaftlich gewordene Bahnlinie am 31. August 1935 eingestellt. Die Waggons und Lokomotiven wurden verkauft oder auf süditalienischen Schmalspurstrecken weiter genutzt. Die Schienen wurden demontiert und sollten auf Verlangen Benito Mussolinis nach Äthiopien zum Bau einer Kolonialbahn transportiert werden. Doch das Frachtschiff, das 1940 in Koper in See stach, kam nie an und muss irgendwo im Mittelmeer versunken sein. Einhundert Jahre nach Eröffnung der Strecke startete 2002 eine Initiative zur Wiederbelebung der Parenzana als völker- und länderverbindender Wander- und Radweg. Informationen unter www.parenzana.net.

Auf der ehemaligen Bahnstrecke Parenzana

Grožnjan

Gleich nach der Ankunft bin ich auf eine intakte, verschlafene mittelalterliche Kleinstadt Grožnjan gestoßen, deren Straßen noch nicht für Autos konzipiert worden waren.

György Dalos, Istrien oder ein europäischer Sommer

Nach wie vor müssen Autos auf den Parkplätzen außerhalb von Grožnjan (Grisignana) bleiben. Das auf einem 288 Meter hohen Hügel über dem Mirnatal liegende Städtchen wurde erstmals 1102 als Besitz der Patriarchen von Aquileia erwähnt. Während ihrer Herrschaft über Istrien wählten die Venezianer den Ort 1348 als Verwaltungssitz und bauten ihn ab 1385 als Militärstützpunkt aus. Von den Wehranlagen aus dem 15. Jahrhundert sind am Haupttor Reste erhalten.

Unter seinem italienischen Namen Grisignana wurde die Stadt wegen des in der Umgebung abgebauten Grisignana-Marmors überregional bekannt. Den hellbeigen Kalkstein exportierte man als Baumaterial unter anderem nach Wien, Budapest und in oberitalienische Städte. Er prägt auch die Gebäude der malerischen Altstadt.

Nach dem Zweiten Weltkrieg verließen die überwiegend italienischen Einwohner Grožnjan. Da der fast ausgestorbene Ort zu verfallen drohte, bildeten Musiker und Maler aus Kroatien und Slowenien eine Künstlerkolonie. Auf Betreiben des Bildhauers Aleksandar Rukavina wurden bis zu 30 Künstlern verlassene Häuser unentgeltlich zur Verfügung gestellt. Die neuen Bewohner mussten lediglich für deren Erhalt und Renovierung sorgen. Zu den Mitinitiatoren gehörte das slowenische Künstlerehepaar Sonja Rauter Zelenko

Im Künstlerort Grožnjan

(1918–2010) und Karel Zelenko (geb. 1925). 1965 wurde Grožnjan offiziell zur ›Stadt der Künstler‹ ernannt.

Galerien

Heute hat die Stadt immerhin 193 Einwohner und 42 Galerien und Ateliers, in denen sich neben Souvenirs und Kitsch auch hochwertiges Kunsthandwerk, Gemälde, Radierungen und Skulpturen finden: In der **Galerija Jedan Plus** (Vicenza iz Kastva 3) präsentiert Relja Rajković (geb. 1974) phantasievolle Schmuckstücke. Eigene Keramik und Radierungen ihres Vaters Karel stellt Nina Zelenko in der **Galerija Z** (Trg glagoljaša 1) aus. Ihr Bruder Rok Zelenko (geb. 1951) betreibt mit seiner Frau, der Keramikkünstlerin Leonida Bernetič (geb. 1955), die **Galerija Porton** (Braće Korva 10). In derselben Straße (Nr. 14) lebt und arbeitet seit 2012 **Marko Brajković** (geb. 1966), dessen ungewöhnliche Gemälde an Klimt, Chagall und Hundertwasser er-

Die Renaissanceloggia in Grožnjan

innern. Das **Studio Borkovsky** (Koče 46) stellt Bilder und Objekte des Malers und Bildhauers Eugen Vodopivec Borkovsky (geb. 1956) aus. Farbenprächtige Gemälde von Silvester Javeršek (geb. 1956) und bemalte Stoffe (Seidenschals, Krawatten) bietet die **Galerija Roseta** (U. Gorjana 3) an.

In den Sommermonaten finden Workshops und Meisterkurse (Jeunesses Musicales) für junge Musiker statt und jedes Jahr das Internationale Jazzfestival.

Sehenswertes

In der bereits 1310 erwähnten, um 1770 barockisierten Pfarrkirche **Sv. Vid, Sv. Modest i Sv. Krešencija** stehen bemerkenswerte Renaissancechorbänke und fünf marmorne Barockaltäre. Das Altargemälde von Ermenegildo de Troya (1914) zeigt das Martyrium der Heiligen Veit, Modestus und Crescentius im Kolosseum von Rom. Ein Bild erinnert an den seligen Don Francesco Giovanni Bonifacio, der in der Region als Priester wirkte und am 11. September 1946 vom jugoslawischen Geheimdienst ermordet und in eine Karsthöhle (Fojbe) geworfen wurde. Der 36 Meter hohe Glockenturm neben der Kirche wurde zwischen 1603 und 1682 erbaut.

▲ Karte S. 100

Gegenüber der Kirche steht das 1102 erstmals erwähnte einstige **Kastell** der Feudalherren und venezianischen Stadtverwalter, das heute als Konzertraum genutzt wird.

Im barocken Palast **Spinotti-Morteani** (1681) in der Gorjana 5 residierten einst städtische Notare und Gesandte. Heute befindet sich hier eine der Filialen des Trüffelunternehmens **Zigante Tartufi**. Die **Renaissanceloggia** (1587) in der Nähe des Haupttors diente zeitweise als Kornspeicher (Fonticus) und birgt heute die städtische Kunstgalerie. Gegenüber, am Gebäude des **ehemaligen Gemeindenotariats** (1493) steht über der Türe auf Lateinisch ›Eingang aber nicht für Feinde‹. Später soll hier auch einmal ein Bordell gewesen sein.

Außerhalb der Stadtmauern stehen die Kirche **Sv. Kuzma i Damjan** aus dem Jahre 1554, die Ivan Lovrenčić (1917–2003) 1989 mit Bildern ausmalte, die an naive Malerei und volkstümliche Ornamentik erinnern, die Kirche **Sv. Nikola** aus dem 19. Jahrhundert (auf dem Friedhof) und die Kapelle **Sv. Duh** aus dem Jahre 1598.

Završje

Nicht weit von Grožnjan liegt sehr malerisch der kleine Ort Završje (Piemonte

Alte Häuser in Završje

d'Istria). Einst im Besitz der Grafen von Pazin und der Habsburger, gehörte er ab 1511 offiziell den Venezianern, die ihn an die einflussreiche Familie Contarini verkauften.

Sehenswert sind der auf ein mittelalterliches Kastell aus dem 11. Jahrhundert zurückgehende **Palast** des Adelsgeschlechts und die ursprünglich spätgotische und im 18. Jahrhundert barockisierte Kirche **Sv. Marija od krunice**. An ihrem romanischen Campanile, der um 40 Zentimeter nach Norden geneigt ist, zeugen die Brüstungen von seiner einstigen Funktion als Wehrturm.

Die Fassade der zwischen 1792 und 1892 von dem Mailänder Architekten Filippo Dongetti erbauten Pfarrkirche **Rođenja Blažene Marije Djevice** erinnert an Bauten Palladios. Innen birgt das Gotteshaus neben barocken Deckengemälden und Altären die älteste Orgel Istriens (1740), ein Werk des venezianischen Orgelbauers Giovanni Battista Piaggia sowie zwei Marienbilder (1758) des italienischen Rokokomalers Gaspare Diziani (1689 - 1767).

Unterhalb von Završje verläuft eine der schönsten Strecken des Radwegs auf der ehemaligen Eisenbahnlinie Parenzana.

Grožnjan

Vorwahl: +385/52. **Postleitzahl**: 52429.
Turistička zajednica, Umberto Gorjana 3, Tel. 776131, www.tz-groznjan.hr.
Post, Trg Josipa Broza Tita bb, Tel. 776111.
Geldautomat, 1. Svibnja 10.

Villa San Vito, Park Spinotti Morteani 2, Tel. 776113, Tel. mobil 099/6851653; Apartment 50 Euro. In der Nähe der Altstadt, mittelalterliches Ambiente.
Informationen über Ferienhäuser, -wohnungen und Privatzimmer in Grožnjan: www.istra.hr/de/regionen-und-orte/stadte/ltz-groznjan.

Konoba Bastia, 1. Svibnja 1. Trüffelspezialitäten und prima Palatschinken.
Konoba Pintur, Mate Gorjana 9. Einfache istrische Küche.
Agroturizam Dešković, Kostanjica 58. Landgasthof und Weinkeller südöstlich von Grožnjan, Nudelgerichte und Fleisch unter der Peka.
Završje: **Montižel Agroturizam**, Montizel 59, Tel. 776212, www.pincin-monticello.hr. Landgasthof mit Zimmervermietung. Es gibt Wein, Schnaps, Schinken, Olivenöl und Trüffelpaste aus hauseigener Produktion.

Kaya Energy Bar & Gallery, Vinzent iz Kastva 2. Kleine Design-Bar mit herrlichem Ausblick.
Cafe Bar Vero, Trg Cornera 3. Schöne Terrasse mit Blick auf Završje.

Zigante Tartufi, Umberto Gorjana 5, Tel. 776099, www.zigantetartufi.com. Trüffelprodukte.
Milan Vižintin, 42429 Grožnjan (Završje), Vižintini bb, Tel. 664297. Olivenöl.

Pršut Edi Duniš, Šterna 2, Tel. 644078. Hausgemachter Rohschinken und Würste.
Miani Honig, Završje 51. Honig und Honigprodukte.

Stadtgalerie Fonticus, Trg lođe 3, Tel. 776131, www.gallery-fonticus-groznjan.net (kr.); Di–So 10–13 und 17–20 Uhr. Ausstellungen zeitgenössischer Kunst.

Künstlerworkshops; Juni–Aug.
Internationales Jazzfestival; Juli.
Konzerte der Jugend-Musik-Sommerschule; Aug.

An der fast 243 Kilometer langen, reich gegliederten und zum Meer hin flach abfallenden Westküste Istriens reihen sich bezaubernde Kiesel- und Felsenbuchten. Zahlreiche Badeorte, deren Gründung auf die Römer zurückgeht, zeugen von venezianischer Vergangenheit. Im Hinterland liegen die berühmtesten Weingärten und Olivenhaine der Halbinsel.

DIE WESTKÜSTE

Blick auf Rovinj

Umag

Das Städtchen Umag (Umago, 13000 Einwohner), auf einer schmalen Halbinsel gelegen, war schon bei den Römern ein beliebter sommerlicher Erholungsort. Vom 6. bis 8. Jahrhundert regierten Umag wechselnde Herrscher wie Byzantiner, Langobarden und Franken, bis es 1268 an Venedig fiel und eine wichtige Hafenstadt wurde, die man im 14. Jahrhundert mit Stadtmauern und Türmen befestigte.

Aus venezianischer Zeit stammen **gotische Steinhäuser** aus dem 15. und 16. Jahrhundert. Die Kirche **Sv. Rok** in der Ulica Garibaldi am Eingang zum historischen Stadtkern entstand nach einer Pestepidemie im 16. Jahrhundert. Ihren Innenraum (heute Gemäldegalerie) schmückt eine bemalte Holzdecke aus dem 18. Jahrhundert.

Die barocke Pfarrkirche **Uznesenija Marijina i Sv. Peregrin** auf dem Hauptplatz wurde 1757 nach Plänen des Mailänder Architekten Filippo Dongetti errichtet. An ihrer linken Außenmauer hängt ein Relief aus dem 14. Jahrhundert, das den heiligen Pilgrim, den Schutzpatron der Stadt, darstellt. Innen sind ein Polyptychon venezianischer Schule aus dem 15. Jahrhundert sowie die Deckenfresken sehenswert. Der venezianische Löwe am 33 Meter hohen Glockenturm befand sich ursprünglich am 1924 abgebrannten Stadtpalast.

Hinter dem Glockenturm liegt die städtische **Zisterne**, die früher die Stadt mit Trinkwasser versorgte. Die Metallkugel an der Mauer hinter der Kirche (östlich der Apside) soll aus einer Kanone stammen, mit der die Genuesen 1810 die Stadt beschossen.

An der Küste zwischen Umag und Savudrija finden sich an der Stelle der römischen Stadt **Sipar**, deren Hafenanlagen heute unter dem Meeresspiegel liegen, die spärlichen Reste eines um das Jahr 1000 errichteten **Kastells**.

Leuchtturm und Bootsgestelle in Savudrija

▶ Karte S. 113

Savudrija

Nur sieben Kilometer nördlich von Umag steht der 1818 unter Kaiser Franz I. errichtete 36 Meter hohe **Leuchtturm** von Savudrija (Salvore), der als ältester und westlichster Kroatiens gilt. Eine Legende erzählt, Fürst Metternich habe den Leuchtturm für eine schöne kroatische Edelfrau bauen lassen, in die er sich auf einem Ball in Wien verliebt hatte. Bevor sie ihr Liebesnest beziehen konnten, starb die Dame jedoch. Metternich kehrte nie mehr zu dem Turm zurück. Sein Geist aber irre noch immer voller Sehnsucht um das Bauwerk herum, heißt es. Man erreicht den malerisch gelegenen Turm, in dem Apartments vermietet werden, vom Autocamp Pineta (Bašanija) aus, wenn man der Svetioničarska ulica folgt.

Dieser nördlichste Teil der kroatischen Küste ist mit Ferienhäusern und Campingplätzen ganz auf Badeurlaub eingestellt.

Die Strände sind hier etwas schroff, Winde und mitunter heftiger Wellengang

Die Westküste

sind aber bei Windsurfern beliebt, und die mit Kiefern und mediterranen Gewächsen bestandene Küste ist – auch wegen der für Savudrija typischen Gestelle zum Aufhängen der Boote – sehr stimmungsvoll.

Umag und Savudrija

Vorwahl: +385/52.
Postleitzahlen: Umag 52470, Savudrija 52475.
Turistička zajednica Umag, Trgovačka 6, Tel. 741363, www.coloursofistria.com.
Umag: **Post**, 1. Svibnja 1.
Zagrebačka Banka, Jadranska 18.
Erste & Steiermärkische Bank, Trgovačka 2a.
Raiffeisen Bank Austria, Obala J.B. Tita 4.

Busbahnhof Umag, Joakima Rakovca 11, Tel. mobil 060/317060.

Taxi und Minibus-Taxi, Tel. mobil 098/ 215307.

Umag: **Sol Umag**, Šetalište Miramare 1, Tel. 714000, www.istraturist.com/de/hotels/sol-umag; DZ 70 Euro. Großes Hotel am Meer, 1 km von der Altstadt, mit Wellness-Zentrum.
Villa Restaurant Punta, Šetalište V. Gortana 24, Tel. mobil 091/2060475, www.punta-umag.com; DZ 65 Euro. Am Meer und nur 15 Min. zum Zentrum. Leckere Fisch- und Fleischgerichte.

Hotel Zlatna Vala, Sveti Ivan 45, Tel. 756060, www.zlatna-vala.hr; DZ ab 77 Euro. Stilvolles, familiäres Hotel am Meer, 5 km südlich von Umag.
Savudrija: **Villa Vilola**, Umaška 2/a, Zambratija, Tel. 759940; www.villa-vilola.hr, DZ 90 Euro. Gepflegtes Hotel in Savudrija.
Rooms Zatišje, Savudrija, Zatišje 3, Tel. 759629; DZ 80 Euro. Schlichtes kleines Hotel, 70 m vom Strand entfernt.
Leuchtturm Savudrija, 7 km von Umag, Tel. 390039, www.uniline.hr/kroatien/leuchtturme.php; Apartment (2 Pers.) 87 Euro.

Umag: **Kamp Sol Stella Maris**, Savudrijska cesta bb, Tel. 710900. 2 km vom Zentrum, sauber, aber etwas laut (neben einer Disco). Zum Meer überquert man eine Straße.
Camping Park Umag, Karigador bb, Tel. 700700. Weitläufiges Wiesengelände auf einer Halbinsel direkt am Fels- und Kiesstrand, 8 km südlich von Umag.
FKK Autokamp Kanegra, Kanegra 2, Tel. 709000.
Savudrija: **Campingplatz Pineta**, Istarska bb, Tel. 709550. 460 Stellplätze am Meer. Information und Buchung für alle Plätze auf www.istracamping.com.

ACI Marina Umag, Šetalište V. Gortana 7, Tel. 741066, www.aci-club.hr; ganzjährig. In der Nähe des Hotels Adriatic.

Umag: **Kaleta**, Sveti Mikula 1. In der Altstadt, Fastfood und Pizza.
Konoba Pizzerija Rustica, Šv. Marija na Krasu 41. 5 km außerhalb, günstige Pizzen, Beefsteak, hausgemachte Kuchen.
Bistro Jolly, Labinske Republike 4, an der Straße nach Petrovija. Günstige Fisch- und Fleischgerichte, Pizza, Nudeln.
Konoba Buščina, Buščina 18. Mediterrane Küche, selbstgebackenes Brot und Kuchen.
Badi, Lovrečica, Umaška 12. Gepflegtes Restaurant, Fisch- und Fleischgerichte, 6 km außerhalb.
Nono, Petrovija, Umaška 35. In der stilvollen Konoba werden istrische Gerichte nach alten Rezepten und die Torte ›Nona‹ (aus Schokolade und Feigen) angeboten.
Kantina Melon, Petrovija, Bujska 11, Tel. 720843. Die stilvolle Konoba ist berühmt für ihre Holzofenpizzen.
Sole, Donji Picudo, Materada, Sošići 58. Gemütliche Konoba, Fleisch- und Fischspeisen sowie Nudelgerichte.
Savudrija: **Porto Salvore**, Savudrija 5. Spezialität des Hauses sind Pljukanci (Schupfnudeln) mit Scampi.
Zambratija: **Konoba Toni**, Siparska 8. Familienbetrieb mit prima Fischküche (Seezunge, Fischsalat, Hummer).

Umag: **Caffe bar Tondo**, Trg Marije i Line bb. Am Spazierweg am Meer, beliebtes Café bei Fahrradfahrern. Abends Cocktailbar.
Centar Caffe, Trgovačka 6. Reiche Auswahl an Kaffee, hausgemachtem Kuchen und Eis.

Umag: **Diskothek Planeta**, in der Ferienanlage Stella Maris, Savudrijska bb.
Discothek im Hotel Kristal, Obala Josipa Broza Tita 9.

Umag: **Coronica**, Koreniki 86, Tel. 730357, www.coronica.eu. Die Kellerei führt Spitzenweine wie Malvazija und Teran.
Kraljević-Cuj, Marija na krasu, Farnažine bb, Tel. 732385, www.cuj.hr. Winzer Danijel Kraljević keltert Malvasier, Muskateller und Rosé.
Savudrija: **Degrassi**, Podrumarska 3, Bašanija, Tel. 759250, www.degrassi.hr. Das Weingut ist berühmt für in Barique-fässern gereifte Rotweine.

Auf dem **Markt** in der Altstadt von Umag findet man schwarze und weiße Trüffeln, Käse, Olivenöl und Pasta. Geschäfte verkaufen Produkte aus Trüffeln, Lavendel oder Honig, Olivenöl, aber auch Biska

(Mistelschnaps, 40%) und Medica, einen Likör aus Treberschnaps und Akazienhonig (30%). Als Souvenir zu empfehlen ist in Honig eingelegtes, gedörrtes Obst.

Zubin, Buščina 18b. Preisgekröntes Olivenöl (Buza, Bjelica, Leccino).

Api Melon, Motovunska 12. Honig-Shop (Bio-Honig, Propolis, Honigschnaps).

Umag: **Museum der Stadt Umag**, Trg Sv. Martina 1, Tel. 720386; Di–Sa 10–13 und 18–21, So 10–13 Uhr, Eintritt 1,30 Euro. Römische Funde und Amphoren vom Meeresgrund.

Galerie, Trg slobode 2. Kunstsammlung des Stadtmuseums.

Galerija Dante – Marino Cettina, Dante Alighieri 20. Gilt als eine der besten Galerien Kroatiens.s

Aquarium Umag, Ul. 1. svibnja, Tel. 721041; April–Sept. 9–21 Uhr, 5,30/2,70 Euro. Schönes Aquarium mit 25 Becken.

Umag: **Fischerfest**; Juni. Unterhaltungsprogramm und gastronomisches Angebot.

Babići (bei Umag): **Bobićada**; Ende Juni. Bei dem der Maneštra od bobići (Maissuppe) gewidmeten Fest wird oft das Pljočkanje gespielt, bei dem man statt Bocciakugeln Steintafeln (pločke) wirft.

Tennisturnier ATP Croatia Open Umag; Anfang/Mitte Juli.

Internationales Festival der Antike Sepomaia Viva; 1. Montag im Aug. Auf dem Trg Sv. Martina, Speisen aus der Römerzeit, antike Werkstätten, Tanzvorführungen und Gladiatorenkämpfe.

Ein Elektrobähnchen fährt die Besucher an der Küste entlang – vom Zentrum Umags bis Katoro (Tel. mobil 091/5146097; Tikkets 2,50/1,50 Euro).

Die Strände in **Umag und Umgebung** sind meist betonierte Vorsprünge, die bis ins Meer ragen, seltener sind kleine Kies- und Felsstrände.

▲ Karte S. 114

Für Familien mit Kindern geeignete flach abfallende Stände gibt es in **Kanegra** (Kies) und **Zambratija** (Natursand).

Laguna Stella Maris: Im Bereich des Centar Stella Maris gibt es schöne Strände wie den öffentliche Kiesstrand Laguna Stella Maris.

Plaža Polynesia: Fels- und Kiesstrand bei Katoro mit Spielplatz; Sportangebote. Abschnitt für Hunde mit Hundedusche.

Plaža Maris: An den Sandbuchten kann man Schirme und Liegen mieten.

Wassersportangebote wie Tret- und Bananenboot, Wasserski, Jetski oder Windsurfing gibt es an allen stärker frequentierten Stränden.

Umag: **Diving Center Subaquatic**, Savudrijska cesta bb; Tel. 663220, www.subaquatic.info. Tauchzentrum, Tauchkurse.

In der Region gibt es zwölf miteinander verbundene Fahrradstrecken, Infos in der Turistička zajednica.

Umag Park&Ride-Stationen (Fahrrad 2 Euro/Std., E-Bike 4,60/Std.); Tel. 700777.

Fahrradverleih Davor Bike, Dante Alighieri 11, Tel. mobil 098/532427.

Reiterhof Goli vrh, Goli Vrh 31, Umag, Tel. 730207.

Reitzentrum Konjički Centar Umag-Katoro, Juricanija bb, Katoro, Tel. mobil 098/206129, 098/366050, www.novigrad-kroatien.de/category/ausfluege.

Umag hat 64 Tennisplätze und sehr gut ausgestattete Tenniszentren:

ATP Center Stella Maris, Savudrijska cesta bb., Tel. mobil 091/2376245.

Tennis center Katoro, Katoro bb, Tel. 700700.

Eichhörnchenpark Umag: Beim Hotel Sol Coral (Katoro bb.) informieren Tafeln über

die Eichhörnchen, die sich hier in den Kiefernwäldern am Meer zahlreich tummeln.
Bergwanderungen im Hinterland (von Buje bis zur Berghütte Zhevnica); Infos beim Bergwanderverein HDP Planik Umag, Tel. 743003, www.hpdplanik.hr (kr.).
Adrenalin-Park Umag, Camp Stella Maris, Tel. mobil 098/217265, http://umag-adrenalin-park.com. Hochseilgarten.

✚

Umag: **Ambulanz Dom zdravlja**, Edoardo Pascali 3a, Tel. 702222.
Touristische Ambulanz, auf dem Campingplatz ›Stella Maris Umag‹ in der Nähe der Rezeption der Hotels ›Sol Amfora‹ und ›Sol Stella‹.
Apotheke, Jadranska 22, Tel. 743287.

Novigrad

Novigrad (Cittanova d'Istria) liegt im Nordwesten der Mirna-Bucht auf einer vorspringenden Landzunge, einer ehemaligen Insel, die erst im 18. Jahrhundert mit dem Festland verbunden wurde. Die Stadt (4345 Einwohner) geht auf eine griechische, später römische Kolonie (Civitas Novum) zurück. Ihre Reste liegen heute zum Teil im Meer. Im Park vor der Kathedrale zeugt aber ein frühchristlicher Sarkophag von der spätantiken Geschichte der Stadt, die als ›Neapolis‹ im 6. Jahrhundert zu Byzanz gehörte und vom 8. Jahrhundert bis 1831 Bischofssitz war. 1277 fiel Novigrad an die Venezianer, die von hier aus Eichen aus den Wäldern von Motovun nach Venedig verschifften. Trotz seiner im 13. Jahrhundert errichteten Stadt-

Loggia direkt am Meer: das Belveder

mauern erlitt die Stadt 1687 bei einem Türkenangriff große Schäden, dennoch blieben aus venezianischer Zeit zahlreiche Häuser sowie die Loggia aus dem 16. Jahrhundert erhalten.

Der ursprünglich im 8. Jahrhundert erbaute Dom **Sv. Pelagij i Sv. Maksim** wurde bis zum 18. Jahrhundert mehrfach umgebaut. Unter seinem Altarraum liegt eine dreischiffige vorromanische Krypta wahrscheinlich aus karolingischer Zeit. Die neoklassizistische Fassade der Kirche wurde 1935 fertiggestellt, die Altargemälde aus dem 16. bis 18. Jahrhundert stammen von Künstlern venezianischer Schulen. Von dem 1883 nach dem Vorbild des Glockenturms von San Marco in Venedig errichteten **Campanile** hat man einen guten Blick auf die farbenfrohen Häuser der Altstadt. Auf seiner Spitze befindet sich eine mit Bronze überzogene Holzstatue des Stadtheiligen Pelagius (1913). Mehrere Fragmente des alten Doms, darunter Teile des Ziboriums des Bischofs Mauritius aus dem 8. Jahrhundert – ein seltenes Beispiel der frühen karolingischen Kunst dieser Region – und andere Steinmetzarbeiten vom 1. bis zum 18. Jahrhundert sieht man im benachbarten Museum **Lapidarium**, dessen Neubau (2006) das Architekturbüro Randić-Turato aus Rijeka zeitgemäß ausgeführt hat.

▸ Karte S. 117

Das in venezianischer Gotik errichtete **Belveder** aus dem 16. Jahrhundert ist die einzige Loggia Istriens direkt am Meer. An ihrer Westseite führt das **Hafentor** zum modernen, 50 Millionen Euro teuren Jachthafen, der per Dekret der kroatischen Regierung seit September 2010 zum Besitz der zwangsverstaatlichten Hypo Kärnten gehört und damit de facto Eigentum der Republik Österreich ist!

Der um 1760 errichtete **Palazzo Rigo** (Velika ulica 5) ist ein Beispiel für den Triester Spätbarock. Hier befindet sich eine Galerie kroatischer und internationaler moderner und zeitgenössischer bildender Kunst und Fotografie.

Ebenfalls im historischen Stadtkern liegt das 2007 eröffnete **Marinemuseum Gallerion**, das mit historischen Dokumenten die Geschichte der österreichisch-ungarischen Kriegsmarine an der kroatischen Adria veranschaulicht.

Am Bootshafen von Novigrad

Schloss Grisoni und das ehemalige Benediktinerkloster

Dajla

Fünf Kilometer nördlich von Novigrad liegt in einer Meeresbucht Dajla mit dem märchenhaft verwachsenen **Schloss Grisoni** und einem ehemaligen **Benediktinerkloster**. Die um 1800 von dem französischen Architekten Gabriel Le Terrier du Manetote entworfene Villa ist ein seltenes Beispiel für die klassizistische Architektur dieser Region. Daneben steht die 1783 geweihte barocke Kirche **Sv. Ivan Krstitelj**. Graf Francesco Grisoni vererbte 1835 das Anwesen an die Benediktiner von Praglia bei Padua, die hier 1860 ein Kloster gründeten. 1948 wurde es enteignet und verwahrloste bis 1989 als Altenheim und Armenhaus. 1996 sprach die kroatische Regierung die Immobilie mit 400 Hektar Land der Pfarre Dajla zu. Da auch die Benediktiner von Praglia die Rückgabe des enteigneten Komplexes forderten, entbrannte ein Streit zwischen der Diözese Poreč und den italienischen Mönchen.

Zu Spannungen zwischen dem Vatikan und der kroatischen Regierung kam es, als diese das Kloster 2011 zum Staatseigentum erklärte. Durch den Entschluss des Obersten Gerichts Kroatiens wurde Dajla 2013 wieder Besitz der Diözese Poreč, die Teile des Geländes verkaufte. Nun soll hier ein Golf-Resort für 500 Gäste entstehen.

i Novigrad

Vorwahl: +385/52.

Postleitzahl: 52466.

Turistička zajednica Novigrad, Mandrač 29a, Tel. 757075, www.coloursofistria.com.

Post, Mandrač 28, Tel. 757067.

Free-Wifi-Internetverbindungen gibt es in Novigrad beim Hafen Mandrač, beim Großen Platz (Veliki trg) und in der Rivarela ul. in der Nähe der Stadtbibliothek sowie in mehreren Cafés und Bars wie der Cocktailbar **Vitriol**, Ribarnička 6, und der Café-Bar **Skipper**, Mandrač 10.

Busbahnhof, Tel. 757660. Busverbindungen mit Rijeka (über Poreč, Pula und Opatija) und weiter nach Varaždin (über Zagreb).

Nächste Bahnhöfe: Buzet, Kanfanar, Koper.

Taxiservice, Salvela 50, Tel. mobil 098/806124, www.taxi-novigrad-istra.com.

Restaurant Pansion Torci 18, Torci ulica 18, Tel. 757799, www.torci18.hr; DZ 120 Euro. Stilvolles Ambiente.

Wellness & Spa Hotel Nautica, Sv. Anton 15, Tel. 600400; DZ mit HP 110 Euro. Hallenbad und Sauna.

Hotel Makin, Šaini 2, Novigrad, Tel. 757714, www.hotelmakin.hr; DZ 100 Euro. Familiäres Hotel mit Terrasse, Restaurant, Aufzug, Parkplätzen und Pool.

Aminess Maestral, Terre 2, Tel. 858630, www.laguna-novigrad.hr; DZ 200 Euro. Auf Radler spezialisiert.

Cittar, Prolaz Venecije 1, Tel. 757737, www.cittar.hr; DZ ab 80 Euro. Das schöne Hotel verbirgt sich hinter der mittelalterlichen Stadtmauer.

Laguna, Terre 4, Tel. 858600, www.laguna-novigrad.hr; DZ 130 Euro. Hotel mit Pool, in Strandnähe.

Zimmervermittlung: **Tourist agency Rakam**, Gradska vrata 45, Tel. 757047, www.rakam-trade.hr.

Aminess Sirena Campsite, Terre 6, Tel. 858690, www.aminess-campsites.com. In der Nähe der Altstadt.

Autocamp Mareda, Tel. 858690, www.aminess-campsites.com. 4 km von Novigrad, an der Küste in einem Eichenwald, umgeben von Wein- und Olivengärten.

Damir&Ornella, Zidine 5. Teures Feinschmeckerlokal, auf Sashimi spezialisiert.

Pepenero, Porporela 11, Tel. 757706. Spitzenlokal am Meer, sehr gute Fischgerichte und Meeresfrüchte zu angemessenen Preisen. Reservierung empfohlen.

Amfora & Bonaca, Ribarnička 10. Empfehlenswert sind das Tintenfischcarpaccio mit schwarzen Trüfflen und die Kvarner-Scampi.

Torci 18, Torci 34. Innenhof, traditionelle Küche und Zimmervermietung.

Marina, Sv. Antun 38. Fisch- und Nudelgerichte, selbstgemachtes Eis.

Sanpiero, Porporela 10. Konoba mit einfacher Küche zu fairen Preisen, mit Blick aufs Meer.

Mandrač, Mandrač 6. An der Promenade, Nudeln, Fisch oder Fleisch vom Rost.

Mamma Mia, Torči 32, Bistro-Pizzeria mit kleinen Preisen.

Sergio, Šaini 2a. Inhaber Sergio Makin, einst Fußballer in Rijeka, serviert typisch istrische Küche (Fisch und Muscheln, Fleisch).

Dajla: **San Benedetto**, Dajla 35. Günstige Gerichte aus Fisch oder Meeresfrüchten.

Café, Bar, Enoteka Vitriol, Ribarnička 6, Tel. 758270. Direkt an der Hafeneinfahrt.

Gustolato, Veliki trg 4. Italienische Eisdiele.

Kairo, Mandrač 1. Zahlreiche Eissorten und -becher. Am Hafen.

Café/Bar/Disco/Club Element, Prolaz Venecije 2, Tel. mobil 091/1557770.

Tempero, Gradska vrata 20 A, Tel. 758703. Lounge, Cocktailbar.

Beachbar Waikiki Sunset. Am Strand unweit der Pfarrkirche kann man bei einem Cocktail den Sonnenuntergang genießen.

Rigo, Velika Ulica 5. Bar mit vielen Weinsorten und kleinen Imbissen (Pršut).

In Novigrad und Umgebung gibt es viele Weingüter – einfach dem Schild ›Vinska cesta/Strada del Vino‹ (Weinstraße) folgen:

Vinarija Novigrad, Mandrač 18, Tel. 72060.

Leonardo Palčić, Dajla 144, Tel. 735354.

▶ Karte S. 117

Moreno Ivančić, Domovinskih žrtava 20, Tel. 098/9768005. Weingut mit Verkauf.

Ölmühle Al Torcio, Strada Contessa 22a, Tel. 758093, www.altorcio.hr. Degustation verschiedener Extra-Vergine-Olivenöle.
Babić, Stancija Vinjeri 27, Novigrad, Tel. 758699, Tel. mobil 098/335460. Preisgekrönte Olivenöle.
Konzum, Gradska Vrata 21A.
Supermarkt Plodine, Carlotta Grisi 1.

Marinemuseum Gallerion, Mlinska 1, Tel. 720866, Tel. 098/254279; 4/2,60 Euro.
Museum Lapidarium, Veliki trg 8a, Tel. 726582, www.muzej-lapidarium.hr; Juni–Sept. 10–13, 18–22, April–Mai und Okt. 10–13, 17–20, Nov.–März 10–13, 17–19 Uhr, Mo und feiertags geschl., Eintritt 1,30 Euro, Kinder bis 14 frei.

Kultursommer; 10. Juni–31. Aug. Konzerte, Filme und Ausstellungen.
Gnam-Gnam-Fest; Ende Apri–Okt. Gastro-Festival mit Fischgerichten.
Jazzfestival; 2. Juliwochenende. Konzerte international bekannter Musiker.
Fischerabend; 13. Aug. Volksfest, üppiges Angebot an Fischgerichten und Weinen.
Tag des Novigrader Schutzpatrons Pelagius; 28. Aug. Buntes Volksfest mit Tanz und Feuerwerk.

Sehr schöne Strände liegen unweit des Stadtzentrums: Der Stein- und Kiesstrand **Maestral** beim Hotel Laguna hat eine gute Infrastruktur (Sportgeräte, Aquapark). Bei den Campingplätzen **Mareda** und **Sirena** befinden sich Felsstrände mit teilweise betonierten Liegeflächen. Etwas weiter entfernt gibt es zahlreiche Badebuchten.

Aquapark Istralandia, Ronko 1, 52474 Nova Vas, Tel. 866900, www.istralandia.hr; Juni und Sept. 10–18, Juli/Aug. 10–19 Uhr, Tagesticket 21/17 Euro. Spaß- und Erlebnisbad. Anfahrt: A9, Ausfahrt Nova Vas. Bustransfer ab Umag, Rovinj, Pula, Poreč, Medulin (Tel. 098/249119).
Hallenbad, im Hotel ›Maestral‹, Tel. 858630.
Freibäder mit Meerwasser, Hotel ›Laguna‹, Tel. 858600.

Bike Point Extremus, Murvi 15, Tel. 759488.
Aminess Maestral Sportzentrum, Terre 2, Tel. 858645.

Marina Nautica Novigrad, Sv. Antona 15, Tel. 600400, www.nauticahotels.com. Nautikzentrum mit Hotel und 415 Liegeplätzen.
Hafenamt Novigrad, Porporela 6, Tel. 757035.

Aminess Laguna, Terre 4, Novigrad, Tel. 858600, www.aminess.com. Sportzentrum mit einem sehr umfangreichen Angebot: Tennis (Sandplätze), Fußball, Volleyball, Handball, Basketball, Tischtennis, Minigolf, Boccia; außerdem Verleih von Fahrrädern, Surfbrettern, Jet-Ski, Segel-, Motor- und Paddelbooten. Es gibt auch einen Kinderspielplatz und ein Schwimmbad.

Wanderkarten und Broschüren in der Turistička zajednica. **Radrouten Umag-Novigrad** unter: www.kroati.de/kroatien-infos.
Ornithologisches Reservat Antenal-Mirna, 3 km östlich von Novigrad. Im Mündungsgebiet der Mirna, Lebensraum für viele Vögel, Amphibien, Reptilien und Säugetiere.

Ambulanz (Tel. 433265) und **Apotheke**, Rižanskog Placita 2.

Poreč

Der ganze Bezirk von Parenzo stellt ein gegen das Meer abgedachtes Hochplateau vor, welches jedoch von kleinen Thälern und Anhöhen unterbrochen ist.

Istrien. Historische, geographische und statistische Darstellung der istrischen Halbinsel nebst den quarnerischen Inseln, Triest 1863

Geschichte

Auf der geschützten Landzunge von Poreč (Parenzo) gab es schon eine prähistorische Siedlung, als die Römer im 2. Jahrhundert vor Christus hier ein mit Türmen und Wällen befestigtes Castrum errichteten, das unter Kaiser Augustus im 1. Jahrhundert nach Christus den Rang einer Kolonie (Colonia Julia Parentium) erhielt. Bereits im 3. Jahrhundert nach Christus bestand hier eine christliche Gemeinde. Für kurze Zeit regierten die Ostgoten die Stadt, ab 539 die Byzantiner, und Bischof Euphrasius ließ um 553 die berühmte Basilika errichten. Ab 788 stand Poreč unter der Herrschaft der Franken.

Im 12. Jahrhundert erlangte der Ort Autonomie, ab 1232 gelangte er aber in den Besitz des Patriarchats von Aquileia. Obwohl sich Poreč 1267 als erste istrische Stadt unter den Schutz Venedigs stellte, erlitt es 1354 starke Zerstörungen durch die Genuesen. Es folgten harte Zeiten des Niedergangs: Pest, Piraten und Kriege setzten der Stadt zu. Unter den Habsburgern (1797 bis 1918) war Poreč Sitz des istrischen Diet (Parlament) und Standort einer Werft. Nach dem Ersten Weltkrieg fiel die Stadt an Italien, nach 1945 an die jugoslawische Teilrepublik Kroatien.

Stadtrundgang

Die Erkundung der Stadt beginnt am bestem am Trg slobode. Hier stehen die spätbarocke Kirche **Gospa od Anđela** und auf dem Platz eine monumentale **Skulptur** (2006) des Zagreber Bildhauers Peruško Bogdanić. Der Grundriss der Stadt geht auf das römische Straßennetz mit den sich kreuzenden Hauptstraßen zurück: Der Decumanus verläuft von Osten nach Westen und der Cardo in

Blick vom Glockenturm der Euphrasiusbasilika

Karte S. 123

Die Westküste

Romanisches Haus in Poreč

nord-südlicher Richtung. Heute liegen an der Dekumanska zahlreiche gotische Häuser und an ihrer östlichen Seite der barocke **Palazzo Sinčić** mit dem **Regionalmuseum von Poreč**. Dieses älteste Museum Istriens (gegründet 1884) zeigt mehr als 15 000 Ausstellungsstücke zur Geschichte der Stadt und ihrer Umgebung – von der prähistorischen Zeit bis zur Gegenwart.

Von der Stadtbefestigung des Mittelalters zeugen der fünfeckige Turm von 1447 am Stadteingang und am Narodni trg der **Runde Turm**, der 1474 als Teil der Befestigungsanlage gegen die Türken erbaut wurde und heute eine schöne Cafébar beherbergt.

Forum

Das ehemalige römische Forum lag am westlichen Ende des Decumanus auf dem heutigen quadratischen Trg Marafor, dessen Namen sich aus ›Mars‹ und ›Forum‹ zusammensetzt. An seiner nordwestlichen Seite sieht man noch Mauern und Fundamente eines großen **Marstempels** und westlich des Platzes Reste des etwas kleineren **Neptuntempels** aus dem 1. Jahrhundert vor Christus.

In der Sv. Maura 16 steht das romanische **Haus der zwei Heiligen**, benannt nach zwei Heiligenfiguren im oberen Stockwerk. Über die M. Bernobića gelangt man zum Trg Matije Gupca mit dem prächtigen gotischen **Palast Zucatto**.

Euphrasiusbasilika

Die Euphrasiusbasilika entstand um 553 unter Bischof Euphrasius durch den Um- und Ausbau des vermutlich aus dem 3. Jahrhunderts stammenden Oratoriums des heiligen Maurus. Dafür verwendete man den berühmten weißen Marmor der Insel Prokonnesos, die im Marmarameer liegt. Die Basilika ist eines der am besten erhaltenen frühbyzantinischen Bauwerke Europas und zählt seit 1997 zum UNESCO-Weltkulturerbe. Von Mai bis September finden hier klassische Konzerte statt.

Durch ein mit einem Mosaik aus dem 20. Jahrhundert geschmücktes Eingangsportal kommt man in die Vorhalle und das quadratische **Atrium**, das von Säulen mit byzantinischen Kapitellen umstanden wird. Hier schließt sich links die achteckige **Taufkapelle** mit Mosaikfragmenten und Taufbecken aus dem 6. Jahrhundert an. Daneben steht der **Glockenturm**, von dem man eine herrliche Aussicht auf den gesamten sakralen Komplex, den Hafen, die Insel Sv. Nikola und die Altstadt hat.

Dem Baptisterium gegenüber liegt die dreischiffige **Basilika**, in der 18 Marmorsäulen mit byzantinischen Kapitellen beeindrucken. An den nördlichen Bögen ist noch Originalstuckatur erhalten. An einigen Stellen kann man durch Öffnungen auf Bodenmosaike aus dem 5. Jahrhundert sehen, die 70 Zentimeter

▸ Karte S. 123

Reste der römischen Tempel am Trg Marafor

unter dem heutigen Niveau liegen. Die byzantinischen Wandmosaiken stammen vorwiegend aus dem 6. Jahrhundert und wurden von Meistern aus Konstantinopel aus Perlmutt, Halbedelsteinen und Marmor auf Goldgrund zusammengesetzt: Im Mittelschiff sieht man über dem Triumphbogen Christus als Weltenherrscher, flankiert von den zwölf Aposteln. Auf den Innenfeldern des Apsisbogens ist im mittleren Medaillon Christus als Lamm Gottes dargestellt, flankiert von je sechs Medaillons mit frühchristlichen Märtyrerinnen. Die Mitte der Apsishalbkugel zeigt die thronende Maria als ›Gottesgebärerin‹ mit dem Christuskind und Erzengeln. Rechts folgen drei unbekannte Märtyrer, links der heilige Maurus, Bischof Euphrasius, mit einem Modell der Basilika sowie Diakon Claudius mit seinem Sohn. In der unteren Zone sind Mariä Verkündigung und Mariä Heimsuchung dargestellt, in den drei Feldern zwischen den Fenstern Zacharias, der Erzengel Gabriel und Johannes der Täufer. Den Altarbaldachin von 1277 schmückt an der Vorderseite ein Mosaik mit der Verkündigung Mariä. Die Kapitelle seiner Säulen stammen noch aus dem 6. Jahrhundert. Die Vorderseite des Altars schmückt ein vergoldetes Antependium. In die heutige Altarschranke aus prokonnesischem Marmor sind Darstellungen aus dem 6. Jahrhundert eingebaut: Christusmonogramm, Kreuze, Füllhörner und Hirsche mit Kantharos und Vögel. Links vom Chor liegen die **Sakristei** und die **Gedächtniskapelle** der frühchristlichen Märtyrer Maurus und Eleutherius mit drei Apsiden und Mosaikboden aus dem 6. Jahrhundert.

Im **Garten** der Basilika befinden sich die rekonstruierten Reste des Mosaikbodens aus dem frühchristlichen Oratorium des heiligen Maurus. Die Originale, wie das berühmte Fischsymbol, sind im Lapidarium des **Bischofspalasts** ausgestellt. Die dreischiffige einstige Bischofsresidenz aus dem 6. Jahrhundert beherbergt den Bischofsthron aus der Karolingerzeit, das

Das berühmte Fischmosaik ist im Bischofspalast ausgestellt

Gemälde ›Christus im Hause von Maria und Martha‹ aus der Werkstatt von Francesco Bassano, ein Polyptychon von Antonio Vivarini (1420–1484) sowie ein ›Letztes Abendmahl‹ von Jacopo Palma il Giovane.

An der Südseite der Basilika steht an der Ljubljanska ulica das zweistöckige romanische **Kanonikerhaus** (1251).

Die Umgebung von Poreč

Funtana

Ein ›malerisch auf einem Hügel am Meere gelegenes Dorf mit ergiebigen Quellen‹ ist das wenige Kilometer südlich von Poreč liegende Städtchen Funtana laut einer Beschreibung aus dem 19. Jahrhundert. Tatsächlich hat der ruhige Ort seinen italienischen Namen Fontane (Brunnen) von Süßwasserquellen, die in der Nähe des Campingplatzes Puntica ins Meer münden. Von hier führten in römischer Zeit Wasserleitungen zu einer Villa auf der Landzunge Zelena Laguna. Die Pfarrkirche **Sv. Bernard** (1621) hat ein sehenswertes Altarbild mit Stilelementen der Renaissance und des Barock.

▸ Karte S. 113

In Nähe der Kirche steht das **Kastell** aus dem 17. Jahrhundert.

Von Funtana bis Vrsar führt ein befestigter Fuß- und Radweg. Ein 1,5 Kilometer langer **Dinosaurierpfad** mit lebensgroßen beweglichen Modellen informiert über die paläontologischen Urtiere, deren Fußstapfen man an der Westküste Istriens sieht (Istarska 16, Tel. 052/445327, Info-Tel. mobil 091/7668888, www.dinopark.hr; Eintritt (10/8 Euro).

Sveti Lovreč Pazenatički

Das mittelalterliche Städtchen (1400 Einwohner) Sveti Lovreč Pazenatički (San Lorenzo del Pasenatico) verdankt seinen Namen der kleinen Kirche **Sv. Lovro** auf dem Friedhof, die noch vorromanische Fenster mit Transennen und einen romanischen Glockenturm aus dem 8. Jahrhundert hat.

Der ovale Grundriss des Orts geht auf eine prähistorische Wallburg zurück. Anfang des 14. Jahrhunderts war er Sitz der venezianischen Militärverwaltung Inner-

Die Pfarrkirche Sv. Bernard in Funtana

Das Haupttor von Sveti Lovreč Pazenatički

istriens, später Hauptort des Kommandanten für die Gegenden Istriens südlich der Mirna. Zum Bürgermeister wurde jeweils auf ein Jahr der venezianische Capitano (Hauptmann) bestellt, der einen einträglichen Job hatte: Er konnte einen Kaplan, einen Notar, einen Stallburschen, zwei Kutschen und fünf Bediente bezahlen, hatte auf dem Limski-Kanal zwei Barken und bewohnte ein Haus mit einem Turm. Aus venezianischer Zeit stammt auch die Stadtmauer mit einigen erhaltenen Türmen. Besonders schön ist das **Haupttor** mit gotischem Spitzbogen (1407), einem venezianischen Löwen (1530) und der lateinischen Inschrift: ›Ihr saht, seht und werdet sehen‹.

Dem Stadttor gegenüber steht die 1460 erbaute gotische Kirche **Sv. Blaž**, auf deren Wandbildern glagolitische Graffiti sehenswert sind. Links vom Stadttor steht die Skulptur **Die Ziege** von Giorgio Celiberti (geb. 1929).

Unterhalb der südlichen Stadtbefestigung erinnern Mauerreste an die romanische Benediktinerkirche **Sv. Dorligo** aus dem 11. Jahrhundert. Die Pfarrkirche **Sv. Martin** (Schlüssel im Pfarrbüro, Tel. +385/52/448172) auf dem Hauptplatz verbirgt hinter einer unscheinbaren Fassade (1838) eine ursprünglich frühromanische dreischiffige Basilika, die Mitte des 11. Jahrhunderts erneuert wurde. Sie gilt als größtes romanisches Gebäude Istriens. An ihrem 21 Meter hohen gotischen Glockenturm sieht man noch die Umrisse des östlichen Stadttors. In der Kirche sind Freskenreste aus dem 11. bis 16. Jahrhundert, eine gotische Marienstatue aus dem 14. Jahrhundert und ein geschnitztes Polyptychon aus dem 15. Jahrhundert sehenswert. An der Südwand der Kirche steht die gotische **Stadtloggia**, die ein **Lapidarium** mit antiken und frühromanischen Denkmälern beherbergt. Auf dem Platz vor der Loggia steht der **Schandpfahl**.

An der alten Straße (21) von Sveti Lovreč Pazenatički Richtung Višnjan ist in dem kleinen Ort **Sv. Ivan** (St. Giovanni della Cisterna) die **Villa Polesini-Scampicchio** erwähnenswert. Sie wurde im 17. Jahrhundert im Stile Palladios errichtet.

Višnjan

Einige Autominuten nordöstlich von Poreč thront Višnjan (Visignano) auf einem 244 Meter hohen Berg, der schon zur Römerzeit besiedelt war. Später fiel

Marienstatue aus dem 14. Jahrhundert in der Kirche Sv. Martin in Sveti Lovreč Pazenatički

der Ort an die Ostgoten, an Byzanz und die Langobarden. Bis 1200 stand Višnjan unter der Verwaltung von Poreč, später kam es zu Motovun und damit von 1278 bis 1779 unter venezianische Herrschaft. Seit dem frühen Mittelalter schützte eine Stadtmauer das Städtchen. Alle Gebäude außerhalb der Mauer wurden im Friauler Krieg zwischen Venedig und Österreich (1617) geschleift. Nach dem Ende Venedigs 1797 geriet Višnjan kurze Zeit unter die Herrschaft Napoleons, ab 1815 unter die Regierung der Donaumonarchie und nach dem Ende des Ersten Weltkriegs unter italienische Oberhoheit. Nach dem Zweiten Weltkrieg war der Ort Teil der Republik Jugoslawien und gehört nach dem kroatischen Unabhängigkeitskrieg zur Republik Kroatien.

Einen Parkplatz findet man unterhalb der Altstadt in der Nähe der Grundschule. Unweit von ihr steht an der Straße Richtung Labinci die 1929 hierher versetzte kleine Kirche **Sv. Rok**. Bergauf kommt man zum gotischen Kirchlein **Sv. Antun Opat** (Trg Slobode) mit Fresken eines unbekannten Malers und einem Gemälde (1550) von Domenico Udinese. Beachtenswert sind auch glagolitische Graffiti aus dem 16. und 17. Jahrhundert. Nach wenigen Metern erreicht man das im 17. und 18. Jahrhundert errichtete venezianische Tor **Vrata Serenissima** mit einem Relief des Markuslöwen.

Hinter dem Tor öffnet sich der Hauptplatz. Auf seiner linken Seite steht der **Palast Sinčić** aus dem 17. und 18. Jahrhundert. Rechts neben ihm bietet das **Plateau** mit der großen öffentlichen Zisterne (1842) einen wunderbaren Blick auf die Westküste Istriens. Daneben stehen die venezianische **Loggia** aus dem 17. Jahrhundert und die im 19. Jahrhundert an der Stelle einer Kirche aus dem 13. Jahrhundert errichtete Pfarrkirche **Sv. Kvirik i Julijeta**. Das Gotteshaus mit neoklassizistischer Fassade und 27 Meter hohem Glockenturm (1772) birgt ein Gemälde eines Schülers Palma il Giovanes vom Ende des 16. Jahrhunderts und eine Rosenkranzmadonna (1598) von Giorgio (Zorzi) Ventura (um 1570–1610), einem spätmanieristischen Maler aus Zadar.

Višnjan ist der Geburtsort des von Mantegna und Bellini beeinflussten italienischen Renaissancemalers Bernardo da Parenzo (1437–1531), dessen Werke in Museen in Rom, London oder Paris hängen.

Stolz ist man in Višnjan auch auf das **Observatorium**, das drei Kilometer außerhalb der Altstadt auf dem Berg Tićan steht: Immerhin hat der Amateurastronom Korado Korlević von hier aus über 1270 Asteroiden entdeckt. Alljährlich zur Sommersonnenwende (am 21. und 22. Juni) begehen die Einwohner von Višjnan das ›Astrofest‹.

Višnjan ist auch Sitz des Zuchtverbands der vom Aussterben bedrohten istrischen Rinderrasse **Boškarin**. Die imposanten Tiere sieht man im **Geno-Park** (Anmeldung bei Aldo Štifanić, Zagrebačka 21, Višnjan, Tel. 091/5272683) und bei Züchter **Mario Gašparini** in Fabci (52463 Fabci, Fabci 28, Tel. 052/462129).

In den hügeligen Landschaften rund um Višnjan bauen einige der bekanntesten Winzer ihre Weine (Malvasier, Teran, Refošk, Muskat) an: Poleti, Radovan, Pulin, Peršurić.

Bačva

Südlich von Višnjan liegt auf einem 265 Meter hohen Hügel das Dorf Bačva (=Fass), das an der Stelle der römischen Festung Mons Buttarum entstand. In der Kirche **Sv. Jakov** vom Ende des 12. Jahrhunderts befinden sich sehenswerte Fresken, die lokale Meister im Stil der italienischen Renaissance schufen. In der Kirche **Sv. Marija** sind ein Grabstein (1571) sowie ein Polyptychon aus dem

Das Observatorium in Višnjan

16. Jahrhundert erwähnenswert, das vom Motovuner Meister Alviz Orsa stammt. Berühmt für typische istrianische Gerichte und die Stockfischpastete mit Knoblauch und Olivenöl ist die **Konoba Milena**.

Wenige Autokilometer südöstlich von Bačva steht in Sv. Ivan od Šterne (S. Giovanni di Cisterna) die leider verwahrloste **Landvilla Polesini**, deren klassizistischer Stil dem Vorbild Andrea Palladios folgt.

Poreč und Umgebung

Vorwahl: +385/52.
Postleitzahl: 52440.
Turistička zajednica, Zagrebačka 9, Tel. 451293, www.myporec.com.
Post, Trg Slobode 14.

Busbahnhof, Rade Končara 1, Tel. 432153. Lokale, Fernverkehr- und internationale Linien.

Taxi, Buići 4b, Tel. mobil 098/9397467.

Poreč: **Grand Hotel Palazzo**, Obala Maršala Tita 24, Tel. 858800, www.hotel-palazzo.hr; DZ ab 130 Euro. Komfortables historisches Hotel in schöner Lage.
Hotel Poreč, Rade Končara 1, Tel. 451811, www.hotelporec.com; DZ 100 Euro. 9 Gehminuten von der Altstadt entfernt.
Hotel Laguna Mediterran, Plava laguna 1, Tel. 415900, www.lagunaporec.com; DZ 110 Euro. 15 Gehminuten von der Altstadt.
Hotel Delfin, Zelena laguna, Tel. 410102; DZ 70 Euro. Direkt am Strand, 5 km von der Altstadt.
Futurum Apartments, Eufrazijeva 33, Tel. mobil 099/5933343, www.porec-apartments-futurum.com; Apartment 2 Pers. 40 Euro. Kleines Apartmenthaus in der Altstadt. Nur Barzahlung!
Hostel Alma, Cardo Maximus 3, Tel. 428539, www.hostel-alma.com.hr; im Schlafsaal ab 21 Euro/Pers., DZ ab 27 Euro.

Bijela Uvala, Zelena laguna, Poreč, Tel. 410551, http://lagunaporec.com. In Strandnähe, 5 km von Poreč.
FKK Camping Solaris Naturist, Ulica Solaris, 52465 Tar, Tel. 465010, www.camping-adriatic.com. Weitläufiges Gelände zwischen Novigrad und Poreč.

Karte S. 113/123

Kamp Lanterna, Lanterna 1, 52465 Tar, Tel. 465010, www.camping-adriatic.com. Schöner Platz im Pinien- und Eichenwald auf einer Halbinsel.

Marina Parentium, Tel. 452210, www.plavalaguna.hr.

Marina Červar, Tel. 436661, http://de.lagunaporec.com/yachthafen/marina-cervar.

Poreč: Spinnaker, Obala M. Tita 15. Gourmetrestaurant im Hotel ›Valamar Riviera‹.

Pizzeria Nono, Zagrebačka 4. Günstige Pizzen, Nudel- und Fleischgerichte.

Restaurant Dali, Istarskog razvoda 11. Preiswertes Lokal mit uriger Atmosphäre.

Hrast, Nikole Tesle 13. Fischgerichte und Hauswein mit Blick auf Meer und Altstadt.

Istra, B. Milanovića 30. Günstige Fischgerichte und Tintenfisch unter der Peka.

Konoba Aba, Matija Vlačića 2. Fisch- und Nudelgerichte zu fairen Preisen.

Sveti Nikola, Obala M. Tita 23. Ausgezeichnetes Feinschmeckerlokal.

Tar-Vabriga: Santa Marina, Ribarska bb. In der Bucht von Vabriga, Fischgerichte bei Live-Musik und Lagerfeuer.

Funtana: Barba Čižo, Funtana, Jurja Dobrila 7. Fischgerichte (Seebarsch in Salz), Nudeln mit Krabben und Trüffeln, Tiramisu.

Višnjan: Al Ritrovo, 52463 Višnjan, Trg Slobode 4. Günstige Café-Bar und Pizzeria mit Plätzen unter Bäumen.

Bačva: Milena, Bačva 3, Tel. + 385/52/449353. Spezialität der stilvollen Konoba ist Stockfisch zu Nudelgerichten.

Sv. Lovreč Pazenatički: Tomažova Konoba, 52448 Sv. Lovreč Pazenatički, Vošteni 19, Tel. 616523, www.tomaso.hr. Sehr günstige Küche: Schinken aus eigener Herstellung, Rindfleisch (Boškarin), Hauswein.

Poreč: Cafe del Mar, Obala Maršala Tita 24. Große Auswahl an Kuchen und Kaffee.

Sandwich&Croissant Caffe, Zagrebačka ulica 1. Brot und Gebäck aus eigener Bäckerei.

Torre Rotonda, Narodni trg 3a. Das Café im Runden Turm bietet eine schöne Aussicht.

aRoma gelato, Obala M. Tita 18b. Eis-Boutique mit über 40 Eissorten.

Višnjan: Caffe Bar Placa, Trg Slobode 9. Kaffee und alkoholische Getränke.

Poreč: Saint & Sinner; Obala Maršala Tita 12. Nachtclub.

Byblos, Zelena laguna, www.byblos.hr. Größte Discothek der Gegend.

Poreč: Peršurić, 43 istarske divizije 20. Produziert den Schaumwein ›Misal‹.

Sv. Lovreč Pazenatički: Weinkellerei Matošević, Krunčići 2, Tel. 448558.

Višnjan: Poletti, Markovac 14, Tel. 449251. Winzer Peter Poletti kredenzt Malvazija, Sauvignon und den seltenen Muskat Rosé.

Radovan, Radovani 14, Tel. 462166. Malvazija, Chardonnay, Cabernet Sauvignon.

Markt und Fischhalle; Mlinska 1; Mo–Fr 6–14 Uhr.

Wenige Autominuten nördlich von Poreč gibt es exquisites Olivenöl: **OPG Žužić**, Istarska 5, 52465 Tar, Tel. 443141, oder **Anton Stojnić**, Republika 16, 52465 Vabriga, Tel. 443062.

Regionalmuseum von Poreč, Dekumanska 9, Tel. 052/431585, www.muzejporec.hr; Mo–Fr 8–16 Uhr.

Sternwarte Višnjan, Istarska 5, Tel. 449212. www.astro.hr.

Poreč Aquarium, Frane Glavinića, 52440, Tel. 428720. www.akvarij-porec.com.hr; Juli/Aug 9–23, Mai/Juni 9–21 Uhr, 5,40/2,70 Euro. 24 kleine Wasserbecken zeigen Flora und Fauna der Adria.

Iustitia; 18. Aug., Tel. 880088, www.istrainspirit.hr; 27/13,50 Euro. Barockes Menü und Spektakel über den Räuber Furlan.

Giostra Poreč; Anfang Sept., Tel. 427427, www.giostra.info. Historisches Festival mit Musik, Mittelaltermarkt und Ritterturnier.

Die bekanntesten Strände sind **Plava** und **Zelena Laguna** (Blaue und Grüne Lagune) mit Sand-, Kies- oder Beton-Liegeflächen. **Hundestrände** gibt es beim Hotel Laguna Materada und bei Stari Červar.

Aquacolors, Mornarica bei Poreč, Molindrio 18, Tel. 219671, www.aquacolors.eu; Mai, Juni, Sept. 10–18 Uhr, Juli/Aug. 10–20 Uhr, Tageskarte 24 Euro/19 Euro. Wasserpark mit 12 Rutschen.

Tropfsteinhöhle von Baredine, nördlich von Poreč bei Nova Vas, Tel. 421333, www.baredine.com; Juli–Aug. 10–18, Mai/Juni/Nov. 10–17, April und Okt. 10–16, sonst 11–14 Uhr, 9,40/6 Euro. Die 40-minütige Tour fasziniert mit Tropfsteinformationen und einem unterirdischen See.

Poreč: **Wasserskiseilbahn**, Sportzentrum Molindrio, Zelena laguna, Tel. 412000

Fly-Board und **Jet-Ski**, Mate Vlašića 30a; Tel. mobil 091/9281725, http://jetski-porec.com.

Windsurfen, Strand Pical, Špadići, Tel. 092/2305977.

Bootsausflüge, Mate Vlašića, Tel. 431397.

Go-Cart-Motodrom, Tel. 456100, mobil 098/290721, www.istra-kart.com; tägl. 9–21 Uhr, Fahrt (10 Min.): Erwachsene ab 12 Euro, Kinder (5–12 Jahre) 7 Euro. 500 m lange Kartbahn an der Hauptstraße 75 zwischen Poreč und Tar-Torre.

Poreč: Solis Poreč, Bračka 47, Tel. 433624.

Tauchschule Plava Laguna, Poreč, Tel. mobil 095/2526465, www.plava-laguna-diving.hr. Vermietung von Ausrüstung, Flaschenabfüllung, Ausflüge zu Schiffswracks.

Poreč: **Ambulanz**, Maura Gioseffia 2, Tel. 451611.

Histria Medic, Istarska 1a, Tel. 496396, www.histria-medic.hr. Allgemeinmedizinische Praxis, deutschsprachiger Arzt.

Rident, Istarska 1a, Tel. 496350, www.rident.hr. Zahnärztliche Poliklinik.

Vrsar

▶ Karte S. 133

Nur zehn Kilometer südlich von Poreč liegt Vrsar (Orsera) unweit des Limski-Kanals auf einem Hügel an der Spitze einer Landzunge. Einst eine römische Siedlung, gehörte es von 983 bis 1778 zum Territorium der Bischöfe von Poreč, die hier ihre Sommerresidenz hatten. Deshalb musste Vrsar auch nach 1172, als es bereits zu Venedig gehörte, als einzige Stadt Istriens keine Steuern an die Serenissima zahlen.

Giacomo Casanova (1725–1798) hielt sich zweimal in der Stadt auf, lobte in seinen Memoiren den ›vortrefflichen‹ Rotwein Refošk und schrieb, er habe hier zwei ›vergnügliche Stunden‹ mit einem ›liebenswürdigen Mädchen‹ verbracht. Obwohl er der Stadt damals eine ansteckende Krankheit hinterließ, benannte man in Vrsar eine Straße nach ihm und feiert seit 2009 das Casanova-Fest mit Veranstaltungen zum Thema Liebe und Erotik.

Im Nordwesten, in der Nähe des Campingplatzes ›Turist‹, liegt auf dem Hügel oberhalb eines Parks der **Steinbruch Montraker** mit modernen Skulpturen.

Im Sommer finden hier Bildhauerworkshops statt (Info-Tel. 052/441187). An der romanischen Kirche **Sv. Marija** vorbei kommt man zum **Hafen** mit Cafés und Restaurants. Von hier führt ein steiler Weg hinauf zur Pfarrkirche **Sv. Martin**, wo sich eine herrliche Aussicht bietet. Die Wandgemälde (1946) im Chorraum stammen von dem autodidaktischen Künstler Antonio Macchi (1897–1981) aus Rovinj. Neben der Kirche steht der ehemalige Erzbischöfliche Palast **Palazzo Edbesorsa**, der vom 14. bis zum 18. Jahrhundert mehrfach umgebaut wurde. Am Trg Degrassi, einst zentraler Markt mit Sitz des bischöflichen Salinenverwalters, steht das romanische **Stadttor** des ehemaligen Kastells. Weiter östlich gelangt man zu der kleinen Renaissancekirche **Sv. Foška** und daneben zum romanischen **Haupttor**. In Vrsar hatte der Maler Edo Murtić (1921–2005) lange Zeit sein Sommeratelier.

Lim-Bucht

›In Wirklichkeit ist die breite Wasserfläche, welche der Fojba als Mündung diente, weder ein See noch eine Lagune, sondern eine buchstäbliche Flußmündung‹, heißt es im Roman ›Mathias Sandorf‹ (1888) von Jules Verne.

Tatsächlich ist die Bucht von Lim (Limski Zaljev) ein versunkenes, zwölf Kilometer langes Karsttal, das die Küstenlinie zwi-

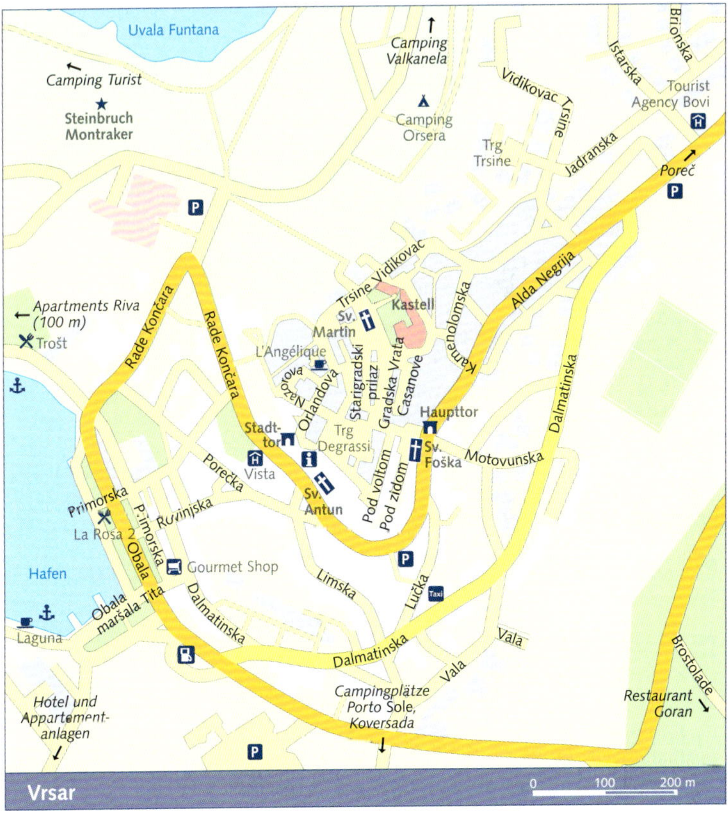

In Vrsar

schen Vrsar und Rovinj durchschneidet. Sie wird oft ›Lim-Fjord‹ genannt; vielleicht weil hier 1958 der Abenteuerfilm ›Die Wikinger‹ (1958) mit Kirk Douglas und Tony Curtis gedreht wurde. Ihr Name leitet sich vom lateinischen ›Limes‹ ab, weil in der Antike hier die Grenze zwischen Poreč und Pula verlief. Die Bucht ist Teil einer 35 Kilometer langen Senke (Limska draga), die sich fast bis zur Stadt Pazin nach Zentralistrien erstreckt. Auf beiden Seiten säumen bis zu 200 Meter steile, mit Macchia bewachsene Hänge die bis zu 600 Meter breite Bucht. Wegen des geringen Salzgehaltes und der hohen Sauerstoffkonzentration werden hier Austern und Miesmuscheln gezüchtet, die am Ende der Bucht in zwei Restaurants auf der Speisekarte stehen. An der Nordseite der Bucht liegt die **Romualdo-Höhle**, wo Anfang des 11. Jahrhunderts ein Benediktinermönch lebte, der das **Michaelskloster** (Sv. Mihovil) bei Kloštar gründete, dessen Ruine im dichten Wald erhalten ist. Sehenswert sind die Reste des Kreuzgangs, eine frühchristliche Kapelle und die frühromanische Klosterkirche (leider immer geschlossen) mit seltenen Fresken aus ottonischer Zeit. Im Nachbarort **Gradina** wurden Reste einer illyrischen Festung gefunden. Die Strecke vom Lim-Fjord Richtung Vrsar und weiter über Funtana und Poreč nach Baderna wird wegen der unzähligen Restaurants, die Spanferkel anbieten, ›Schweinestraße‹ genannt. Hochburg der deftigen Kost ist das ›Schweinedorf‹ Flengi.

Vrsar

Vorwahl: +385/52, **Postleitzahl**: 52450.
Turistička zajednica, Rade Končara 46, Tel. 441746, www.infovrsar.com.
Post, Saline bb.

Tankstelle OMV, Obala Maršala Tita bb.

Taxi, Dalmatinska 31a, Tel. 091/5157707.

Hotel Vista, Rade Končara 52, Tel. 406620, www.hotelvista.hr; DZ 100 Euro. 400 m zum Strand.
Apartments Riva, Obala Maršala Tita 27b, Tel. 800250, www.maistra.com; Apartment ab 40 Euro. Ferienwohnungen gegenüber der Altstadt am Hafen.
Hotel Pineta, Pineta 1, Tel. 800250, www.maistra.com; DZ 95 Euro. Große Hotelanlage am Meer.
Tourist Agency Bovi, Jadranska 18, Tel. 441590, www.bovi.hr; DZ ab 35 Euro. Vermittlung Privatzimmer, Apartments.

Trošt, Obala Maršala Tita 1a. Günstige mediterrane Küche, auch vegetarisch.
La Rosa 2, Obala Maršala Tita 29. Beliebtes Lokal an der Hafenpromenade.
Konoba Petra, Kapetanova stancija 3, Tel. 442366. Hervorragende Küche.
Goran, Brostolade 120. Insidertipp: Spanferkel und Lamm.

▶ Karte S. 133

Lim-Fjord: **Viking**, Limski-Kanal 1, Sv. Lovreč, Tel. 448119. Feinschmeckerlokal; Austern, Scampi, Fisch.
Istarska Konoba Ive, 52448 Sveti Lovreč, Kloštar 4; Tel. 444599. Spanferkel, Wild.
Flengi: **I Klitu**, Flengi 17, Tel. 091/6600095. Leckere Grillspeisen, Spanferkel.
Speranza, Flengi 50, Tel. 444410. Spanferkel, gegrillte Scampi, guter Hauswein.

Laguna, Obala Maršala Tita 35. Hier hantieren akrobatische Eisverkäufer.
L'Angelique, Orlandova 47. Leckere Kuchen. Empfehlung: Raffaello-Torte.

FKK-Park Koversada, Tel. 800200, www.campingrovinjvrsar.com; 2 Pers./Zelt 40 Euro. Südlich von Vrsar, zwei Sandstrände.
Porto Sole, Petalon 1, www.campingrovinjvrsar.com; 2 Pers./Zelt 35 Euro. Kleiner, zentrumsnaher Platz mit Kieselstrand und Sportangebot.
Valkanela, www.campingrovinjvrsar.com. 2000 Plätze in einer Bucht zwischen Vrsar und Funtana.

Casanova-Fest; Ende Juni, www.casanovafestvrsar.com. Lesungen, Ausstellungen, Filme und Musik zu Liebe und Erotik.
Fischerfest; 27. Sept. Folklore, Musik und Spezialitäten aus dem Meer.

Belvedere: Fels- und Kiesstrand mit natürlichem Schatten, Vermietung von Liegestühlen und Sonnenschirmen.
Fels- und Feinkiesstrände und einen Strand eigens für Kinder findet man in **Koversada** sowie auf der Insel **Sv. Juraj**.

Marina Vrsar, Obala M. Tita 1a, Tel. 441052, www.montraker.hr; ganzjährig.
Marina Servis Fereli, Tel. 441250, Tel. mobil 098/217067.

Starfish, Vrsar, Camping Porto Sole, Tel. mobil 098/335506, 098/334816, www.starfish.hr.

Rent a bike MAKS, Saline, Tel. mobil 098/490914, Verleih von Fahrrädern, Trikern, Scootern und Quads.
Radwegkarten sind bei der Turistička zajednica erhältlich, Infos auch unter www.istria-bike.com.

An den Felsen der Lim-Bucht finden Extremkletterer mehrere Touren in den Sektoren **Kloštar** (40 m), **Smije** (10 m), **Horoskop** (50 m) und **Gavranik** (33 m).
Aeropark Vrsar, Tel. mobil 098/233676. aeroparkvrsar@gmail.com. Der Sportflughafen beim Lim-Fjord bietet Panoramaflüge, Flugstunden und Fallschirmspringen an.

Skulpturenpark von Dušan Džamonja, Valkanela 5; Juli – Aug. Di–So, 9–20, Sept.–Juni 9–18 Uhr, Eintritt frei. 1 km nördlich von Vrsar (auf das Schild ›Skulptura Park‹ achten!), neben dem Campingplatz Valkanela. Džamonjas (1928–2009) großformatige Werke aus Stahl, Aluminium, Marmor oder Granit haben eine reizvolle Spannung zwischen Schwere und Transparenz.
Romualdo-Höhle, Tel. 830582, www.natura-histrica.hr; Besichtigung 15. Juni–15. Sept. 10–17 Uhr (nur mit Führung, stündlich), Eintritt 4/2 Euro. Zufahrt von der E751 zur Lim-Bucht (Parkplatz).

Gourmet Shop, Dalmatinska 1. Wein, Öl, Honig.

Ambulanz, Rade Končara 66, Tel. 441308.
Apotheke, Trg Degrassi 8, Tel. 441347.

Rovinj

Die Häuser der Rovinjer Altstadt drängten sich um die Kirche wie Küken um ihre Henne. Von der Spitze des Campanile blickte die Statue der heiligen Fuma in ihrem grünspangeschmückten Gewand aufs Meer.

Silvija Hinzmann: Der Duft des Oleanders (2015)

Geschichte

Der historische Stadtkern von Rovinj (Rovigno) liegt mit seinen verwinkelten Gässchen malerisch auf einem Hügel, einer der Küste vorgelagerten Insel, die erst 1763 durch Aufschüttung mit dem Festland verbunden wurde.

An der Stelle der heutigen Kirche Sv. Eufemija befand sich auf dem Mons Rubineus (Roter Berg) das römische Castrum. Später herrschten hier Byzantiner, Langobarden und Franken. Von 1283 bis 1797 gehörte die Stadt den Venezianern und erlebte eine kurze Blütezeit. Unter den Habsburgern wurden ein Zementwerk, eine Tabak- und eine Sardinenfabrik gegründet, und der Ort mauserte sich zum wichtigsten Hafen der Westküste Istriens. Bis heute ist eine der Werften in Betrieb.

Nach dem Zusammenbruch Österreich-Ungarns fiel Rovinj an Italien, nach dem Zweiten Weltkrieg gehörte es ab 1947 zu Jugoslawien.

Von den Stadtmauern aus dem frühen Mittelalter und der Renaissance sind nur Reste erhalten.

Rundgang

Die Besichtigung der Altstadt beginnt man am besten auf dem Großen Platz Veliki Trg (auch: Trg Maršala Tita), wo ein markanter roter **Uhrturm** mit einem Relief des venezianischen Löwen steht. Gegenüber befindet sich das **Hotel Adriatic** (1913), und dann folgen rechts das **Rathaus** aus dem 17. Jahrhundert

Künstlergasse Grisia in Rovinj

Karte S. 137

und der barocke **Balbi-Bogen** (1679) mit einem weiteren Markuslöwen sowie Wappen Rovinjer Adelsfamilien. Am Torbogen ist außen ein türkischer und innen ein venezianischer Kopf sehenswert. Neben dem Balbi-Bogen beherbergt der Barockpalast **Califfi** das **Stadtmuseum** archäologische Funde, venezianische Kunst des 18. Jahrhunderts und Werke zeitgenössischer kroatischer Künstler. Durch den Balbi-Bogen gelangt man zum Matteottijev trg mit dem **Zentrum zur Geschichtforschung**, in dem die italienische Gemeinschaft eine Bibliothek von über 80 000 Bänden unterhält.

Rechts geht es weiter bergauf zur Künstlergasse **Grisia**, die von zahlreichen Galerien und Ateliers gesäumt wird und zur baro-

Fenster der Dreifaltigkeitskapelle in Rovinj aus dem 13. Jahrhundert

cken Kathedrale **Sv. Eufemija** führt, deren 60 Meter hoher Glockenturm 1677 nach dem Vorbild des Campanile von San Marco in Venedig erbaut wurde. Seine Spitze krönt als Wetterfahne eine kupferne Statue der spätantiken Märtyrerin Euphemia: Blickt sie zum Festland, gibt es schlechtes Wetter, schaut sie zum Meer, wird es freundlich. Die sterblichen Überreste Euphemias sollen in einem Sarkophag aus dem späten 4. Jahrhundert hinter dem Hauptaltar der dreischiffigen Kirche liegen. Zwei Wandgemälde schildern die Legende der Heiligen, deren steinerner Sarkophag im Jahre 300 vor Rovinj angeschwemmt worden sein soll.

Unterhalb der Kathedrale steht in der Bregovita ulica das 1388 erbaute Kirchlein **Sv. Toma apostol**. Es wurde im Barock erweitert und erhielt einen überdachten Durchgang, in dem sich ein Wandgemälde der Kreuzigung befindet.

Parallel zur Bregovita ulica verläuft die Ulica Vladimira Švalbe mit barocken Häusern, der 1779 erbauten Kirche **Majka Božja od zdravlja** sowie der Kirche **Gospa od sedam žalosti**, die man in Rovinj ›Oratorium‹ nennt. Sie wurde 1733 errichtet, geht aber auf einen älteren Bau von 1483 zurück. Im Mittelalter war hier ein Hospiz für Kranke und alte Menschen.

Auf einem Hügel östlich der Altstadt steht das im 18. Jahrhundert im Barockstil errichtete **Franziskanerkloster** mit schönem Kreuzgang. Im Klostermuseum sind zwei Ikonen der Muttergottes aus dem 15. und 16. Jahrhundert sehenswert.

Am Trg na lokvi im östlichen Teil der Stadt steht das älteste Bauwerk Rovinjs, die romanische siebeneckige **Dreifaltigkeitskapelle** aus dem 13. Jahrhundert. Die Transenne am Fenster links des Eingangs zeigt die Kreuzigung Christi.

Auf dem **Stadtfriedhof** (im Norden der Stadt) stehen in acht Reihen 115 bis zu 15 Meter hohe Zypressen.

Südlich von Rovinj liegen auf der Halbinsel **Muntrav** im Waldpark **Zlatni rt** Steinbrüche, aus denen die Venezianer Baumaterial für den Dogenpalast holten. Schöne Spazierwege führen durch den Wald mit Zedern, Pinien und Zypressen. Die senkrechten Felswände des Steinbruchs **Fantazija** sind ein beliebtes Klettergelände.

Rovinjer Archipel

Vor der Halbinsel breitet sich der Rovinjer Archipel aus, der gemeinsam mit der Küste 1968 zum Naturreservat erklärt wurde. Vor dem Hafen liegt die Insel **Sv. Katarina**, auf der Mönche bis 1779 ein Kloster hatten. 1898 erwarb der österreichische Erzherzog Karl Stefan von Habsburg die Insel und verkaufte sie 1905 an seinen Freund Ignaz Karol Graf Milewski, einen exzentrischen Adligen, der das Eiland aufschütten und begrünen ließ. Später kamen eine Anlegestelle und ein Schloss hinzu, das heutige Hotel Katarina.

Gegenüber Muntrav auf der Insel **Sv. Andrija** (auch: Rote Insel) gründeten Benediktiner im 6. Jahrhundert ein Kloster, das im 15. Jahrhundert von Franziskanern übernommen und Ende des 19. Jahrhunderts von Baron Hütterodt in eine Villa eingefügt wurde. Heute ist das Gebäude ein Hotel. Teile der vorromanischen Kirche sind erhalten.

Über eine künstliche Mole ist die Insel Sv. Andrija mit der Insel **Maškin** verbunden, auf der es einen FKK-Strand gibt, der aber wegen des groben Kieses und starker Wasserströmungen für Kinder wenig geeignet ist. Weiter draußen im Meer liegt das Inselchen **Sv. Ivan**, in dessen Leuchtturm (1853) Ferienwohnungen vermietet werden.

Die Umgebung von Rovinj

Die Landschaft um Rovigno ist reizend und mit Gärten und Baumanlagen bedeckt, auch mit Reben und Oelbäumen.

Istrien, Historische, geographische und statistische Darstellung der istrischen Halbinsel nebst der Quarnerischen Inseln. Triest 1863.

Monkodonja

Wenige Kilometer südöstlich von Rovinj wurde 1953 die bronzezeitliche Siedlung Monkodonja (1700–1200 vor Christus) entdeckt. Von der Ortschaft **Kokuletovica** führt eine schmale Schotterstraße nach Norden zur ›Archäologischen Fundstelle‹. Bebilderte Tafeln informieren über die 250 Meter lange und 155 Meter breite ovale Anlage, die von einer massiven Trockenmauer umgeben ist. Gut erkennbar sind noch das **West-** und das **Nordtor**, das zu einer **Fojbe** führt, einem 50 Meter tiefen Karstloch, das Kultzwecken diente.

Naturschutzgebiet Palud

Acht Kilometer südlich von Rovinj ist das 210 Hektar große Naturschutzgebiet Palud in unmittelbarer Nähe des Meeres der einzige ornithologische Park Istriens. Zahlreiche Vogelarten leben in dem Sumpfgebiet, in dem man wandern, Radfahren und an ornithologischen Führungen teilnehmen kann.

Kanzel der Pfarrkirche mit den zwei Burgen

▸ Karte S. 113

Kanfanar

»Bei Kanfanar zwischen den Hügeln/das Mauerquadrat: Skelett römischer Villa,/ leer von Erinnerung, augenlos, bewohnt/ von Unkraut, darunter im Dämmer/ Schlangen und Echsen.« Günther Kunerts Gedicht verweist auf die alte Geschichte von Kanfanar (Canfanaro), wo Reste einer Wallburg der Histrier und römische Spuren gefunden wurden. Im Mittelalter gehörte der Ort zur Stadt Dvigrad, deren Einwohner 1630 vor der Pest nach Kanfanar flohen. In der 1696 erbauten Kirche **Sv. Silvestar** in Kanfanar steht deshalb eine romanisch-gotische Kanzel mit der allegorischen Darstellung Dvigrads (=Zweiburg): eine Frau, die zwei Burgen in Händen hält. Auch die 1987 von Josip Diminić geschaffene Skulptur zweier Turteltauben auf dem Hauptplatz erinnert an die Stadt der zwei Burgen.

Um Kanfanar gibt es Steinbrüche, wo der gelb-braune Kalkstein Giallo d' Istria abgebaut wird, der auch für den Bau der Konferenzhalle der Europäischen Union in Luxemburg verwendet wurde.

Sv. Agata

Zwei Kilometer nordöstlich von Kanfanar steht auf halber Strecke in Richtung Vidulini die frühromanische Kirche Sv. Agata einsam in der Landschaft (Schlüssel im Pfarrhaus Kanfanar, Tel. 052/825115). Ihr rechteckiger Grundriss und die polygonale Apside erinnern an Kirchen in Ravenna. Ihr Dach ist mit Steinplatten gedeckt. Die Reste der **Fresken** mit der Darstellung des Jüngsten Gerichts im Chorraum aus dem 11. Jahrhundert sind noch byzantinisch beeinflusst und gehören zu den ältesten Wandgemälden in Istrien. In den Darstellungen der Apostel finden sich glagolitische Graffiti.

Dvigrad

Nur fünf Kilometer westlich von Kanfanar wurden in Dvigrad (Duecastelli) um 1000 nach Christus auf zwei Hügeln die Burgen Moncastello und Parentin errichtet. In Moncastello entstand um die im 11. Jahrhundert erbaute Basilika Sv. Sofija ein Dorf. Um 1354 zerstörten die Genuesen die unter venezianischer Herrschaft stehende Festung, nach 1615 wurde der Ort durch Uskoken, Malaria und Pest fast ganz entvölkert und von den Überlebenden verlassen.

Erhalten sind die **Ruinen der Basilika**, Reste von Türmen und etwa 200 Gebäuden. Um die Geisterstadt rankt sich die Legende, der englische Abenteurer und Vizegouverneur der britischen Karibik Sir Henry Morgan (1635–1688) habe hier die Beute seiner Raubzüge vergraben, weshalb der Nachbarort nach ihm Mrgani heiße.

Von den mehr als 20 mittelalterlichen Kirchen auf dem Gebiet von Dvigrad sind nur wenige erhalten: Unterhalb von Dvigrad steht inmitten eines Friedhofs die romanische Kirche **Sv. Marija od Lakuća** mit halbrunder Apsis und Glockengiebel. In der gewöhnlich leider verschlossenen Kirche finden sich spätgotische Fresken des bedeutenden ›Bunten Meisters‹, deren Schönheit die fragmentarisch erhaltene Darstellung einer Schutzmantelmadonna im Baldachin des Eingangs nur erahnen lässt.

Žminj

Wenige Autominuten nordöstlich von Kanfanar liegt Žminj auf einem Hügel zwischen der Senke der Lim-Bucht und dem Tal der Raša. Der Ort wurde 1177 erstmals als Gemeinde der Diözese Poreč erwähnt und war einst mit Mauern und Türmen befestigt, die größtenteils erhalten sind. Am Hauptplatz (Parkmöglichkeit) steht die barocke Kirche **Sv. Mihovil**. Innen beeindrucken eine barocke Kanzel und Bilder von venezianischen Malern aus dem 17. und 18. Jahrhundert. Links neben der Kirche steht die kleine gotische Kapelle **Sv. Trojica** mit gotischen Fresken. In der Nähe gibt es eine schöne **Doppelzisterne**. Hinter der Kirche schließt sich das **ehemalige Kastell** an, das heute das ›Čakavische Haus‹ beherbergt.

In der Nähe von Žminj beim Dorf Feštini befindet sich die Höhle **Feštinsko kral-**

Ruinen der Basilika von Dvigrad

In der Höhle Feštinsko kraljevstvo

jevstvo (Königreich von Feštini) mit schönen Tropfsteinformationen. Eine Führung durch die 13 bis 15 Grad warme Höhle dauert 20 Minuten (Tel. mobil 091/5616327, www.sige.hr; Juni–Sept. 10–18, April, Mai und Okt. Sa./So/Feiertage 10 –18 Uhr, 5,40/3,40 Euro). Bei der Höhle gibt es einen Kiosk, überdachte Sitzmöglichkeiten laden zum Picknick.

Barat

Im zehn Kilometer nördlich von Kanfanar gelegenen Barat steht die Ende des 17. Jahrhunderts erbaute kleine Kirche **Sv. Petar** mit einer schönen Vorhalle und einem Spindelglockenturm.
Der heilige Petrus war auch der Patron der frühromanischen Benediktinerkirche **Sv. Petar in Vincolis**, deren kaum sehenswerte Reste sich zwischen Barat und Črvar befinden.

Svetvinčenat

Das Dorf Svetvinčenat (Sanvincenti) auf der Hochebene zwischen Lim-Bucht und Rašatal wurde 965 erstmals urkundlich erwähnt, als hier eine Benediktinerabtei dem heiligen Vinzenz geweiht wurde. Im 13. Jahrhundert gehörte der Ort den Patriarchen von Aquileia, die es als Lehen an die Adelsfamilie Castropola aus Pula vergaben. Wegen seiner stratregisch wichtigen Lage an der Grenze zur Grafschaft Pazin wurde der Ort Anfang des 14. Jahrhunderts mit Mauern versehen, die aber 1329 im Kampf zwischen dem Patriarchen und kroatischen Freischärlern zerstört wurden. 1384 kam Svetvinčenat in den Besitz der Adelsfamilie Morosini aus Pula und blieb auch nach seiner Eroberung durch Venedig (1515) unter ihrer Herrschaft. Das Kastell überstand die heftigen Kämpfe im Uskokenkrieg (1612–1616) zwischen Venedig und Habsburg. 1632 fand in der Festung der Hexenprozess gegen Marija Radolović (›Mare‹) mit ihrer Verbrennung ein schauriges Ende. Nach den napoleonischen Kriegen fiel die Burg an die Bischöfe von Poreč, die das Kastell 1943 der Gemeinde schenkten. Das rechteckige **Kastell Morosini-Grimani** mit drei hohen Türmen und einem turmartigen Aufbau wurde im 15. Jahrhundert im Renaissancestil errichtet.

Die Pfarrkirche Navještenje Marijino

▲ Karte S. 113

Das Kastell Morosini-Grimani

Die Pfarrkirche **Navještenje Marijino** hat eine dreibogige Renaissancefassade. Im Inneren sind das Gemälde der Muttergottes mit den Heiligen Rochus und Sebastian von Palma il Giovane und am Hauptaltar das Gemälde Mariä Verkündigung von Giuseppe Porta-Salviati (1520–1575) sehenswert. Interessant ist auch der Grabstein für den aus der Gemeinde Svetvinčenat stammenden Geistlichen Miroslav Bulešić, der 1947 nach einer Messe von Kommunisten erstochen wurde. Die venezianische **Stadtloggia** aus dem 15. Jahrhundert hat zwei Eingänge und acht Bögen mit Säulen, deren Kapitelle alle unterschiedlich sind. Neben dem Hauptplatz steht die Kapelle **Sv. Antun** aus dem 15. Jahrhundert, in der Mitte des Platzes eine öffentliche **Zisterne**.

In der einschiffigen romanischen Kirche **Sv. Vincent** auf dem Friedhof befinden sich bedeutende romanisch-byzantinische Fresken des Meisters Ognobenus Trivisanus vom Ende des 13. Jahrhunderts. Diese ältesten signierten Gemälde Kroatiens sind noch ganz im adriabyzantinischen Stil gehalten.

An der südöstlichen Ortsausfahrt ist die romanisch-gotische Kirche **Sv. Katarina Aleksandrijska** aus dem 14. Jahrhundert mit Glockentürmchen und einer Vorhalle aus dem 17. Jahrhundert einen Besuch wert: Innen ist sie mit gotischen Fresken ausgemalt, auf denen sich glagolitische Graffiti finden.

■ Die Umgebung von Svetvinčenat

An der Straße von Svetvinčenat nach Režanci steht ein **Denkmal für Ruža Petrović** (1911–1958). Weil die Antifaschistin sich weigerte, die Namen von Partisanen preiszugeben, wurden ihr an dieser Stelle 1944 von italienischen Carabinieri die Augen ausgestochen.

Westlich von Režanci steht die romanische Kirche **Sv. German** (12. Jahrhundert).

Im Ort selbst ist das **Museum Brdo** erwähnenswert (10–12 und 17–19 Uhr, vorherige Anmeldung bei Josip Bilić Gašpar erforderlich, Tel. 052/579222). Die Galerie zeigt alte Werkzeuge, Gemälde, Skulpturen aus Holz, Stein und Bronze.

Rovinj und Umgebung

Vorwahl: +385/52.
Postleitzahl: 52210.
Turistička zajednica, Pina Budicina 12, Tel. 811566, www.tzgrovinj.hr.
Post, M. Benussi 4.
Erste und Steiermärkische Bank, Trg Maršala Tita 7.
Free Wifi: https://wifispc.com (engl.).

INA-Tankstelle, Istarska bb.

Busbahnhof, Trg na Lokvi, Tel. mobil 060/333111. Busse zu vielen kroatischen Städten und internationale Verbindungen nach Ljubljana, Koper, Triest und Belgrad.

Mit dem Schiff ist Rovinj von Venedig und von der Region Emilia Romagna (Ravenna, Cesenatico) zu erreichen, www.venezia lines.com; www.ferryto.de/emilia.html.
Exkursionen zum Lim-Fjord oder zu den Inseln rund um Rovinj werden am Hafen angeboten. Fahrplan unter www.tzgro vinj.hr (unter ›Nützliche Informationen‹).
Romantische Fahrten im Fischerboot Batana mit Fischer-Abendessen im Keller (›Spacio‹) mit Musikbegleitung. Istra Inspirit, Tel. 700777, www.istrainspirit.hr/de/event/spacio.
Quo vadis Excursions, Sv. Križa 3, Tel. mobil 098/224311. Bootsausflüge (Lim-Fjord, Rovinj-Archipel).

Taxi, Trg na lokvi bb, Tel. mobil 091/1111591.

Hotel Eden, L. Adamovića 31, Tel. 800250, www.maistra.com; DZ 110 Euro. Großes Hotel in Meernähe und mit schönem Park.
Hotel Lone, Luje Adamovića 31, Tel. 800250, www.maistra.com; DZ ab 180 Euro. Fünf-Sterne-Designhotel direkt am Meer im Waldpark Zlatni rt.
Island Hotel Katarina, Otok Katarina 1, Tel. 804100, www.maistra.hr; DZ 140 Euro. Dreisternehotel auf der Insel Katarina.
Porta Antica, Vrata pod zidom 1, Tel. 812548, www.portaantica.com; ab 120 Euro. Vermittlung von stilvollen Apartments in der Altstadt.
Vila Lili, A. Mohorovičića 16, Tel. 840940, www.hotel-vilalili.hr; DZ 90 Euro. Kleines Familienhotel.
Villa Tuttorotto, Dvor Massatto 4, Tel. 815181, www.villatuttorotto.com; DZ ab 130 Euro. Familiäres Hotel in der Altstadt.
Family Hotel Amarin, Val de Lesso 5, Tel. 805500, www.maistra.com; 290 Zimmer, DZ 120 Euro. Mit Strand, Pool, Kinderbetreuung.
Villa Marea, Vukovarska 8, Tel. 811397. http://villamarea.com; DZ 115 Euro. In Strandnähe.
Übernachten im Leuchtturm Insel Sv. Ivan, Tel. 021/271870, www.adriagate.com/Kroatien-de/Leuchtturme-Kroatien; Zimmer 20–32 Euro/Tag, Transfer 100 Euro.

Amarin (3 km nördlich von Rovinj), **Polari** (malerische Bucht, 2,5 km von Rovinj, mit Pool, Fkk- und Hundestrand), **Veštar** (5 km südlich, Kiesstrand). Zwischen den Campingplätzen und der Altstadt verkehren regelmäßige Taxiboote (ca. 4 Euro) und Shuttlebusse (ca. 1,50 Euro). Infos: Tel. 052/800200, www.campingrovinjvrsar.com.
Valalta d.o.o., Tel. 804800, www.valalta.hr. Naturistencamp am 5 km langen Strand beim Naturpark Lim-Bucht.

Rovinj: **Monte**, Montalbano 75. Hier kocht der ›Koch des Jahres 2017‹!
Puntulina, Sv. Križa 38, Tel. 813186. Fischspezialitäten, große Weinkarte und herrliche Lage direkt am Meer haben ihren Preis. Reservierung ratsam.

Karte S. 137

Restaurant Ancora, Sv. Križa 14. Terrassen direkt am Meer, höhere Preise.
Konoba Veli Jože, Sv. Križa 1. Uriges Lokal in der Altstadt, Fisch und Meeresfrüchte zu fairen Preisen.
Blu, Valdaliso, Val del Lesso 9. Günstige mediterrane Küche.
Da Sergio, Grisia 11. Die Pizzeria serviert auch vegetarische Pizzen.
Segutra, Svetog Križa 26. Istrianisch inspirierte Tapas; Oktopus-Salat, Crostini mit Sardinen, gegrilltes Gemüse.
Resolution, Luje Adamovića 31. Gourmetrestaurant im Designhotel ›Lone‹ im Waldpark Zlatni rt.
La Perla, Egidia Bullessicha 2. Günstige Fisch- (marinierter Thunfisch) oder Fleischgerichte.
Valalta: **Kažun**, Put Valalta Lim 22/a, Tel. 812986. Die Konoba in Valalta ist für Grillgerichte und große Pizzen bekannt. In der Hauptsaison sehr frequentiert!
Valroša: **Valroša**, Tel. 814244, www.agroturizam-valrosa-rovinj.com. Der Landgasthof mit Zimmervermietung serviert Spezialitäten wie Grillfleisch und Speisen unter der Peka (Haube) und verkauft Gemüse aus ökologischem Anbau, Fleisch, Olivenöl und Wein.

La Viecia Batana, Trg Maršala Tita 8. Das älteste Caféhaus Rovinjs bietet Speiseeis und Kuchen.
Male Madlene, Svetog Križa 28. Wohnzimmerartige Cafébar mit guten Weinen, Törtchen, Fingerfood.
The orange bar, Obala palih boraca 4. Hausgemachte Eiscreme.
Smootch, Carera 92. In der trendigen Milchbar gibt es Smoothies, Palatschinken, Waffeln.
Pekara Concettino, Trg na lokvi 7a. Die Bäckerei bietet Burek, Pogatschen oder Baklava sowie hausgemachte Kuchen an.
Slastičarna Breški, Riccarda Daveggie 3. Phantasievoll verzierte Kuchen und Gebäck.

Valentino's, Sv. Križa 28. In der trendigen Cocktailbar sitzt man auf den Felsen direkt am Meer.
Piassa Grande, Veli Trg 1; 12–24 Uhr. Die romantische Weinbar bietet auch kleine Gerichte.

ACI Marina Rovinj, Šetalište Vijeća Europe 1, Tel. 813133. Im südöstlichen Teil des Stadthafens Rovinj.

Einen **Lebensmittelladen** gibt es am Hauptplatz, große **Supermärkte** liegen außerhalb des Zentrums. Viele Geschäfte findet man in der **Carera-Straße**.
Am Trg Valdibora werden auf dem **Markt** Obst und Gemüse und heimische Produkte wie der Honigschnaps ›Medica‹ angeboten.

Heimatmuseum, Trg Maršala Tita 11, Tel. 816720, www.muzej-rovinj.hr; 15. Juni–17. Sept. Di–So 9–14, 19–22 Uhr, Sa/So 10–14, 19–22 Uhr, 18. Sept.–14. Juni Di–Sa 10–13 Uhr.
Batana-Museum, Obala P. Budicina 2, Tel. 812593, www.batana.org; Juni–Sept. tägl. 10–14, 19–23 Uhr, Okt.–Dez. und März–Mai Di–So 10–13, 16–18 Uhr, 1,30/0,70 Euro. Multimediale und interaktive Ausstellung zur Geschichte des für Rovinj typischen Fischerboots ›Batana‹, das einer Gondel ähnelt.
Tabakmuseum Adris, Obala Vladimira Nazora 1, Tel. +385/52/801122. Dokumente und Gegenstände rund um die Tabakfabrik von Rovinj.
Galerie Adris (im selben Gebäude). Bilder und Skulpturen kroatischer Künstler der Moderne und der Gegenwart.
Aquarium Rovinj, Giordano Paliaga 5, Tel. 804700; Hauptsaison tägl. 9–12 Uhr. 2,60/1,30 Euro. Einfaches Aquarium mit 15 Wasserbecken im Institut

Ruđer Bošković, das 1891 als ›Zoologische Station des Berliner Aquariums‹ eröffnet wurde.

Internationales Multimediafestival Rovinj; zweite Septemberhälfte.
Jakovlje-Fest in Kanfanar; letztes Wochenende im Juli (Jakobstag). Zu Ehren der istrischen Rinderrasse Boškarin wird der schönste Ochse prämiert.
Mittelalterfest mit Renaissance-Abendessen; Juli und Aug. in Svetvinčenat.
Handwerks- und Souvenirausstellung; Sept. in Svetvinčenat.

Orientierung für **Mountainbike-Touren** in der Region Rovinj bieten Radkarten, die vom Tourismusverband Rovinj kostenlos abgegeben werden.

Uvala Lone: Die nur 15 Min. vom Stadtzentrum südlich von der ACI Marina gelegene Bucht ist der beliebteste Badestrand Rovinjs.
Uvala Veštar: Flach abfallender Kies- und Sandstrand beim gleichnamigen Campingplatz.
Ausgewiesene **Hundestrände** gibt es in der Bucht Punta corrente auf Zlatni rt, in der Bucht Kuvi, beim Campingplatz ›Polari‹ und in der Ferienanlage ›Villas Rubin‹.

Acht Seemeilen von Rovinj entfernt liegt das **Wrack der Baron Gautsch**, die 1914 durch eine Mine versenkt wurde und heute ein beliebtes Ziel für Taucher ist. Ihr Vorderdeck liegt in einer Tiefe von 28 Metern, ihr Kiel auf dem 43 Meter tiefen Meeresgrund.

Ranch Moncerlongo, Moncerlongo bb, Tel. 052/815641, 091/1829048, www.moncerlongoranch.com. 3,5 km außerhalb, an der Straße nach Rovinjsko Selo. Reitschule, Ausritte.
Reitclub Sveta Eufemija, Val de Lesso 1, Tel. mobil 098/368454.

Für Extremkletterer gibt es neben den Ruinen von Dvigrad einen Felsen mit 63 eingerichteten Aufstiegsmöglichkeiten.

Der Jagdsport spielt eine große Rolle in **Svetvinčenat**. Wanderer und Radfahrer können über einen 15 Kilometer langen Rundwanderweg die kleinen Dörfer im Hinterland entdecken.

Ambulanz für Touristen, Istarska bb, Tel. 813004.
Rettungsdienst bei Notfällen, Tel. 813195.

Bale

▲ Karte S. 113

20 Kilometer südöstlich von Rovinj liegt abseits vom touristischen Trubel Bale (Vale) inmitten von Wäldern, Olivenhainen, Feldern und Obstgärten hoch auf dem Hügel Mon Perin, wo Illyrer eine Wallburg bauten und die Römer das Castrum Vallis errichteten. Später war der Ort Feudalbesitz der Patriarchen von Aquileia und unterstand ab 1332 venezianischer Herrschaft. Weil viele Einwohner nach dem Zweiten Weltkrieg für Italien optierten, dienen heute viele ihrer damals verlassenen Häuser als Unterkünfte für Urlauber.
Im Dialekt der Einwohner hat sich ein istro-romanischer (istriotischer) Einschlag erhalten, der Ort selbst bewahrte sich mit Resten der Befestigungsmauern, Türmen und Toren mittelalterlichen Charme.

Stadtrundgang

Am unteren Platz steht der **Stadtpalast** mit einer **Loggia** unter gotischen Bögen. Gegenüber erhebt sich das Kastell **Soardo-Bembo**, das im 14. bis 15. Jahrhundert durch den Einbau eines Wohntrakts zwischen zwei Türme der Stadtmauer entstand. Über dem Tor sieht man den venezianischen Löwen (1445), das Wappen der Familie Bembo und eine Sonnenuhr. Mit einer Dame aus dem Hause Soardo hatte Giacomo Casanova möglicherweise eine Affäre. Jedenfalls bekundet eine Tafel am Haus Kaštel 57, der legendäre Frauenheld habe hier logiert.

Durch das Tor gelangt man in die Altstadt. Die neobarocke Pfarrkirche **Pohođenje Blažene Djevice Marije Sv. Elizabeti** wurde 1883 über den Resten einer altchristlichen Basilika errichtet. Innen birgt sie einen steinernen Sarkophag aus dem 8. Jahrhundert, ein hölzernes Polyptychon aus der Renaissance sowie Reliefs eines Marmoraltars aus dem 15. Jahrhundert. Die gotische Statue ›Madonna von Mon Perin‹ soll der Stadt bei einer Dürre auf wunderbare Weise Regen beschert haben. Das Gemälde ›Mariä Heimsuchung‹ wird dem venezianischen Barockmaler Matteo Ponzone (1583–1663) zugeschrieben. Vor der Kirche steht ein 36 Meter hoher Glockenturm mit romanischen Merkmalen. In der Krypta befindet sich ein Lapidarium mit Zeugnissen von der Spätantike bis zum 19. Jahrhundert.

In der gotischen Kirche **Sv. Duh** gibt es sehenswerte volkstümliche Fresken, darunter die Darstellung eines ›Gnadenstuhls‹ sowie des ›Letzten Abendmahls‹ mit hübschen Details (Brezel, Essbesteck).

Die Umgebung von Bale

An der Straße Richtung Pula steht südlich von Bale die Friedhofskirche **Sv. Antun Opat** aus dem 14. Jahrhundert mit Resten spätgotischer Fresken. Westlich von Bale, an der alten Straße nach Rovinj, liegen die Reste eines der wichtigsten karolingischen Baudenkmäler Istriens, der dreischiffigen vorromanischen Basi-

Gasse in Bale

lika **Sv. Marija Velika**, die Teil eines Benediktinerklosters war.

In der Umgebung Bales gab es etwa 80 Landgüter (Stancije). Eine Stancija (von italienisch ›Stanza‹=Zimmer) umfasste seit dem 17. Jahrhundert mehrere Gebäude (Gutshaus, Ställe, Scheunen, Kapellen), die von einem Familienverband verwaltet wurden und deshalb meist nach den Familien benannt wurden, die das Nutzungsrecht besaßen. Nach dem Zweiten Weltkrieg verfielen viele dieser Landgüter. Seit den 90er Jahren des 20. Jahrhunderts renovierte man einige Stancije im Zuge des Agrotourismus und vermietet sie als Ferienhäuser der gehobenen Preisklasse.

Wenige Autominuten nördlich von Bale präsentiert bei Golaš ein **Naturthemenpark** auf 25 Hektar zwei Höhlen, Steinmauern, Olivenbäume, Weinreben und 300 verschiedene Gewürz- und Aromakräuter (Histria Aromatica; Pižanovac bb, 52211 Bale-Golaš, Tel. 052/355044, www.histriaaromatica.hr; tägl. 9–19 Uhr, 10/5 Euro).

Nur wenige Autominuten südwestlich von Bale liegen am Meer in der **Uvala Colone** und der Bucht **San Polo** Campingplätze. Am Strand fand man Reste prähistorischer Bauten, römischer Villen und gotischer Kirchen.

Auf der Halbinsel **Barbariga** steht das **Fort Monforno**, Teil der zwischen 1898 und 1914 errichteten österreichisch-ungarischen Fortifikation des Militärstützpunkts Pula, die sich über 150 Hektar an der Küste erstreckt. Die gut erhaltene Festung (Zutritt verboten!) wurde nach dem Zweiten Weltkrieg von der Jugoslawischen Volksarmee genutzt.

Als Fundstelle versteinerter Dinosaurierknochen wurde der Küstenabschnitt zwischen dem Kap Barbariga und dem Kap Datule als **paläontologisches Reservat** unter Schutz gestellt.

i Bale

Vorwahl: +385/52.

Postleitzahl: 52211.

Turistička zajednica, Rovinjska 1, Tel. 824270.

Bale im Internet: www.bale-valle.hr, www.istrien.info/rovinj/bale, info@istria-bale.com.

Meneghetti, Stancija Meneghetti 1, Tel. 528800, http://meneghetti.hr; DZ ab 160 Euro. Luxuriöses Minihotel und Weingut.

Fe-Wo Bale-Istrien, Tel. mobil +49/151/58017030, www.fewo-bale-istrien.com; Fewo/4 Pers. ab 650 Euro/Woche. Vermittlung von Ferienwohnungen.

La Grisa, La Grisa 23, 824501, www.la-grisa.com; DZ ab 80 Euro. Schönes Familienhotel in der Altstadt.

Kamene Priče, Kaštel 57, www.kameneprice.com; Ap./2 Pers. 60 Euro. Loungebar, Restaurant. Das Team um Inhaber Tomislav Pavleka organisiert alljährlich das Bale-Jazzfestival.

Svetvinčenat: **Stancija 1904**, 52342 Svetvinčenat, Smoljanci 2-3, Tel. 560022, mobil 098/738974, www.stancija.com; DZ 125 Euro. Apartments und Zimmer im Landhaus mit hauseigener Konoba.

Mon Perin, Predio Longher bb, Tel. 824338, www.camping-monperin.hr; Mobilheim ab 55 Euro. Platz mit Schatten (Eichen, Pinien) zwischen Pula und Rovinj, mit Bootsverleih und gutem Restaurant ›Mol Picio‹.

Konoba Kamene priče, Kaštel 57. Originelles Lokal in der Altstadt, traditionelle kroatische Küche aus ökologisch produzierten Zutaten.

Konoba Bembo, San Zuian 22. Kleines Restaurant mit bodenständiger Küche.

▶ Karte S. 113

Gostionica Kod Kancelira, Istarska 3. Pizza aus dem Holzofen.
La Grisa, La Grisa 23. Das Restaurant im Ortskern hat einen romantischen Innenhof. Bekannt für sein Boškarin-Carpaccio und das Trüffel-Eis!

Caffe Bar Bale, Trg palih boraca 9.

Multimediacenter Ulika, Rovinjska 1, Tel. 824270. Galerie, ornithologische und paläontologische Sammlung. Ausstellung von Dinosauerierknochen, die 1992 vom italienischen Taucher Dario Boscarolli auf dem Meeresgrund bei Bale gefunden wurden.

Bale ist eine Künstlerstadt, kulturelle Veranstaltungen gibt es in vielen Galerien und Lokalen.
Castrum Vallis; Juli und Aug. Internationale Bilderausstellungen berühmter Künstler.
Last Minute Open Jazz-Festival; Anfang Aug. Beliebtes Musik-Event.
Die Nacht von Bale; erster Sa im Aug. Volksfest mit Gesang, Tanz und kulinarischen Spezialitäten.

Grubić, A. Negri 7, Tel. 824284. Preisgekrönte Olivenöle Extra Vergine Buža (fruchtig) und Rošinjola (pikant).
Ethno-Galerie Eleonora und Gorana Grgac, Castel 70, Tel. mobil 091/1813347. Teller, Krüge oder Wandschmuck aus glasierter Terracotta.

Rund um Bale gibt es fünf **markierte Wander- oder Radwege** auf altrömischen Wein- und Ölwegen, Infos und Karten bei der Turistička zajednica.
Schmetterlingsgarten, bei Bale: Etwa 3 km von Bale in Richtung Krmed liegt das 2003 von Aussteiger und Reiki-Lehrer Igor Drandić gegründete und nach der illyrischen Göttin der Fruchtbarkeit benannte, 16 000 qkm große **Eko-Art-Zentrum Eia**, in dessen Wäldern über 50 Schmetterlingsarten vorkommen sollen. Besuch nach Voranmeldung: Tel. mobil 098/9160650, www.eia.hr. (kr.)

Stadtpalast mit Loggia in Bale

Nach allen Seiten hin, außerhalb und innerhalb des Ortes, hat man sich zu wenden, um all das Bedeutende aufzufinden, was die rohe Hand verheerungslustiger Barbaren und die ebenso barbarisch unheilvolle späterer Architekten von der großen Verlassenschaft einer mit ihren Fehlern und ihren Tugenden dahingeschiedenen Zeit unzerstört gelassen.

Heinrich Stieglitz: Pola (1845)

Das Amphitheater in Pula

DER SÜDEN

Pula

Mit 64 000 Einwohnern ist Pula die größte Stadt Istriens und das kulturelle, wirtschaftliche und inoffiziell auch politische Zentrum der Halbinsel – offizielle Hauptstadt Istriens ist Pazin. Die römische und österreichische Zeit hinterließ beeindruckende Spuren. Pula ist heute eine Metropole mit ausgedehnten Hafenanlagen, modernen Wohnvierteln, Museen, Theatern, Bibliotheken, einer Universität und einem gut erhaltenen Altstadtkern mit vielen Sehenswürdigkeiten. In der Hochsaison sollte man Pula wegen der vielen Wochenendausflügler und Reisebusse nicht samstags oder sonntags besichtigen.

Geschichte

Den Ursprung Pulas verbindet man gerne mit der Mythologie: Auf der Flucht aus Kolchis sollen die Argonauten am Ostufer der Adria diese ›Stadt der Verbannten‹ gegründet haben. Archäologische Funde belegen einen regen Handel mit dem altgriechischen Süden: Unweit von Pula, in Nesactium (Nezakcij), der bedeutendsten Fundstätte illyrischer Kultur in Istrien, fanden sich Überreste griechischer Keramik. Auf dem Hügel am Ende der Bucht, auf dem heute das venezianische Kastell Pulas steht, befand sich im 5. Jahrhundert vor Christus eine illyrische Ringwallsiedlung, die von

Der Süden Istriens

Tag der Antike am Triumphbogen der Sergier

den Griechen ›Polai‹ genannt wurde. Unter den Römern wurde die Kolonie ›Pietas Iulia‹, die ihre Blütezeit unter Kaiser Augustus hatte, zum Zentrum des römischen Istriens mit etwa 25 000 bis 30 000 Einwohnern. Als wichtiger Adriahafen und beliebtes Ferienziel römischer Patrizierfamilien erhielt Pula eine Reihe von Prachtbauten.

Seit der Spätantike gab es in Pula Christen: 284 erlitt Germanus, der spätere Schutzpatron der Stadt, im Amphitheater sein Martyrium. Schon 425 wurde Pula Bischofssitz. Nach dem Zerfall des römischen Imperiums herrschten hier die Ostgoten, später Byzanz, ab 788 gehörte die Stadt zum Frankenreich, 1230 dem Patriarchat von Aquileia, danach über 400 Jahre Venedig. In dieser Zeit erlebte die Stadt einen fortwährenden Niedergang: Im 17. Jahrhundert hatte Pula nur noch 300 Einwohner! Abgesehen von einem französischen Intermezzo (1805–1813) gehörte Pula von 1797 bis 1918 zur Donaumonarchie, die 1848 einen großen Kriegshafen mit Arsenal und Werften anlegte und der Stadt als k.u.k. Kriegshafen zu einer zweiten Blüte verhalf. Bis 1918 legten von hier österreichisch-ungarische Schiffe zu ihren Fahrten nach Südamerika, zum Boxeraufstand nach China und zum Seegefecht von Helgoland ab.

Nach dem Ersten Weltkrieg wurde Pula 1920 mit dem Vertrag von Rapallo italienisch, 1943 marschierten deutsche Truppen ein, 1947 kam die Stadt zu Jugoslawien und wurde dessen Marinestützpunkt.

Stadtrundgang

Amphitheater

Den Stadtrundgang beginnt man am besten beim Amphitheater – in Pula nennt man es gewöhnlich ›Arena‹! Es wurde wahrscheinlich unter Kaiser Claudius (10 vor Christus–54 nach Christus) errichtet und bis 81 nach Christus unter Kaiser Vespasian, angeblich für seine aus Pula stammende Freundin Antonia Cenida, ausgebaut. Der Bau hat nach dem Vorbild des Kolosseums in Rom die

Form einer Ellipse und ist mit ehemals 23 000 Sitzplätzen die sechstgrößte römische Arena der Welt. Hier wurden Gladiatorenspiele und -kämpfe mit wilden Tieren abgehalten und möglicherweise Seeschlachten dargestellt. Bis ins 15. Jahrhundert blieb das Theater unversehrt, danach nutzten die Venezianer seine Steine zum Bau des Kastells und anderer Gebäude. 1583 wollte man das Theater ganz abreißen und in Venedig neu errichten. Diesen Plan verhinderte der venezianische Senator Gabriele Emo, an den an der Seeseite des Amphitheaters eine Gedenktafel erinnert. Heute finden in der Arena,die heute noch Platz für 5000 Zuschauer bietet, Filmfestspiele, Opernaufführungen und Konzerte statt. In den Untergeschossen widmet sich eine Ausstellung dem römischen Wein- und Olivenanbau.

Valeria-Park

Im Valeria-Park unterhalb des Amphitheaters steht ein von dem kroatischen Bildhauer Pavao Perić (1907–1987) geschaffenes **Matrosendenkmal** (1953), das mit dem Pathos des sozialistischen Realismus an die Erschießung von Matrosen nach ihrem Aufstand gegen die österreichisch-ungarische Monarchie (1918) erinnert. Nach der Unabhängigkeit Kroatiens wurde das Standbild mehrfach zerstört, weil die ehedem drei gespreizten Finger der rechten Hand des Seemanns als großserbischer Gruß missverstanden wurden. Deshalb spreizt der Matrose seit der letzten Renovierung alle fünf Finger!

Tito-Park

Von der Amfiteatarska ulica gelangt man zum Tito-Park mit dem **Denkmal zu Ehren der Kämpfer des Volksbefreiungskriegs und der Opfer des Faschismus** (1951) von dem kroatischen Bildhauer Vanja Radauš (1906–1956), der von Ivan Meštrović, Auguste Rodin und Antoine Bourdelle beeinflusst ist. Ursprünglich sollte das Denkmal im französischen Villefranche de Rouergue aufgestellt werden und an den Aufstand zwangsrekrutierter Kroaten und Bosniaken gegen die deutsche Kommandantur (1943) erinnern, was aber von der Belgrader Zentralregierung untersagt wurde. Im Park befinden sich einige Büsten, darunter eine Darstellung Josip Broz Titos (2013) des kroatischen Bildhauers Alija Rešić (geboren 1952).

Kathedrale Uznesenja Marijina

Vom Tito-Park gelangt man zur Kandlerova und zur dreischiffigen Kathedrale Uznesenja Marijina, die im 5. Jahrhundert auf den Fundamenten eines Jupitertempels erbaut wurde. 1242 wurde sie zerstört und bis zum 17. Jahrhundert restauriert. Ihre Hauptfassade stammt aus dem Barock, das Portal auf der rechten Seite aus der Renaissance. Die Fenster im Obergaden und die Kapitelle stammen aus altchristlicher Zeit. Innen sind römische Spolien sehenswert, unter anderem ein Sarkophag, der als Altarsockel dient. Beim Bau des Glockenturms verwendete man Sitzstufen aus dem Amphitheater. Geht man von der Kathedrale an der Riva entlang, kommt man nach wenigen Schritten zum imposanten neoklassizistischen Gebäude der **Admiralität** (1861), das mit seinem Mittelbau an einen griechischen Tempel erinnert.

Matrosendenkmal und Amphitheater

Kathedrale und Glockenturm

Sv. Nikola

Nicht weit von der Kathedrale steht in der Castropola die einschiffige Kirche Sv. Nikola, die im 6. Jahrhundert auf Fundamenten eines römischen Gebäudes errichtet und im 10. Jahrhundert erneuert wurde. Außen erkennt man die typisch ravennatische polygonale Apsis.

Das Forum mit Augustustempel und Rathaus

1583 wurde die Kirche griechischen Zuwanderern aus Zypern überlassen und später der serbisch-orthodoxen Kirche. 1705 erhielt sie die hölzerne **Ikonostasis** mit Ikonen des griechischen Malers Tomios Batos.

Forum

Durch die Kandlerova kommt man an der **Stadtgalerie** (Nr. 8) vorbei, deren Gebäude im 15. Jahrhundert im Stil venezianischer Gotik errichtet wurde, und gelangt zum ehemaligen römischen Forum (Trg Republike). Der dort stehende **Augustus-Tempel** aus dem Jahre 14 nach Christus hat einen Portikus mit sechs korinthischen Säulen. Über einem dreiteiligen Architrav verläuft ein reich dekorierter Fries. In seiner Cella befindet sich ein Lapidarium.

Rechts neben dem Tempel steht das **Rathaus** von 1296. In seinen romanisch-gotischen Bau wurden Reste eines Dianatempels integriert, die an der Rückseite zu erkennen sind. Die **Loggia** stammt von 1697, die Fenster an der Fassade aus der Barockzeit. Vom ursprünglichen Palast sind Blendbögen und figürliche Darstellungen eines Reiters, eines Atlanten und einer Sirene erhalten.

▲ Karte S. 154

Agrippinas Haus und Dirke-Mosaik

Weiter geht es durch die Sergijevaca: Noch in Nähe des Forums sitzen die Gäste eines Lokals in den Resten der Apsis der frühchristlichen Kirche **Sv. Nikola kod Foruma**. Bei Haus Nr. 3 weist das Schild **Agrippinas Haus** den Weg zum Hinterhof der OTP Bank, wo die Grundmauern eines römischen Gebäudes aus dem 1. Jahrhundert vor Christus zu sehen sind. Etwas weiter im Hinterhof des Gebäudes Sergijevaca 16 wurde 1959 bei Bauarbeiten das römische **Dirke-Mosaik** aus dem 2. Jahrhundert nach Christus freigelegt. Es zeigt die Bestrafung der Dirke, die von den Zwillingen Amphion und Zaetos an die Hörner eines tobenden Stieres gebunden wird.

Triumphbogen der Sergier

Der Triumphbogen der Sergier am Ende der Sergijevaca wurde in den Jahrzehnten um Christi Geburt von Salvia Postuma Sergia zu Ehren ihres Mannes und ihrer Brüder in Auftrag gegeben. Der Bogen faszinierte schon Michelangelo: Das acht Meter hohe Bauwerk schmü-

Römische Mauerreste im Hinterhof

cken korinthische Halbsäulen, geflügelte Siegesgöttinnen und ein Adlerrelief mit Schlange.
In dem ockerfarbenen Gebäude neben dem Bogen lebte James Joyce einige Monate. An den irischen Autor erinnert auf der Terrasse des **Cafés Uliks** seit 2003 eine Bronzestatue des Bildhauers Mate Čvrljak. Allerdings hatte Joyce Pula einst einen ›gottverlassenen Fleck‹ genannt!

Stadtmarkthalle

Vom Sergierbogen geht man geradeaus durch die Flatanička ulica zur Stadtmarkthalle auf dem Narodni trg (Nr. 9). Der Abstecher lohnt sich auch wegen der Obst- und Gemüsestände und dem Fischmarkt. In der Architektur des 1903 von dem Südtiroler Bauunternehmer Jakob Ludwig Münz (1853–1930) errichteten Baus mischen sich Jugendstil und Historismus. Seine komplizierte Eisenkonstruktion wurde in tschechischen Werkstätten hergestellt. Über die Ivana Matetića Ronjgova gelangt man beim Supermarkt Puljanka (Trg Republike) zu **frühchristlichen Mosaiken** einer Gedächtniskirche aus dem 4. oder 5. Jahrhundert. Das gegenüberliegende imposante **historistische Gebäude** (Ivana Matetića Ronjgova 1) wurde 1905 als Mädchenlyzeum erbaut und gehört heute der 2006 gegründeten Universität Pula.

Herkulestor

Geht man vom Segierbogen über den Platz, kommt man links zu dem in der zweiten Hälfte des 19. Jahrhunderts angelegten **Park Giardini**. Die Anfang des 20. Jahrhunderts gepflanzten 100 Zürgelbäume bieten auch heute noch Schatten. Vom Park führt die Carrarina zum ältesten erhaltenen römischen Denkmal von Pula, dem einbogigen Herkulestor aus der Mitte des 1. Jahrhunderts vor Christus. Benannt ist es nach dem mythischen

An der Stadtmarkthalle

Helden, dessen Keule und bärtiger Kopf in der Mitte des Bogens dargestellt sind.

Doppeltor

Das zweibogige Doppeltor der **Porta Gemina** an der Carrarina ulica (Nr. 3) stammt aus der Mitte des 2. Jahrhunderts nach Christus. Hier befindet sich ein Eingang in das 40 Kilometer lange **Tunnelsystem** aus österreichisch-ungarischer Zeit. Im Zweiten Weltkrieg wurde es als Bunker für 60 000 Menschen genutzt. Einen 400 Meter langen Gang, die ›Zerostraße‹, mit einem Mittelsaal kann man besichtigen (tägl. 10–22 Uhr, 2/0,70 Euro).
Das nahegelegene **Archäologische Museum von Istrien** zeigt Funde von der Prähistorie bis zum Mittelalter (seit 2013 wegen Umbau geschlossen). Zu seinen besonderen Exponaten gehört ein illyrischer Doppelkopf mit traurigem und fröhlichem Gesicht. Unter den Artefakten

Der Süden

Die Porta Gemina

aus der Römerzeit im zweiten Stock befinden sich ein herrliches Pfauenmosaik aus dem 2. Jahrhundert und ein Gefäß aus Bergkristall aus dem 1. Jahrhundert. Oberhalb des Archäologischen Museums sieht man **Reste eines kleinen Theaters** aus augusteischer Zeit.

Kastell

Das sternförmige Kastell auf dem Hügel im Zentrum der Altstadt wurde 1631 von den Venezianern erbaut, wo zuvor eine mittelalterliche Burg, das römische Kapitol und eine illyrische Wallburg gestanden hatten. Heute ist hier das **Historische Museum von Istrien** untergebracht. Auf dem Hügel befindet sich auch das in der ehemaligen Kirche der heiligen Herzen untergebrachte multimediale Museum **Sveta Srca** für Ausstellungen, Konzerte und Vorträge.

Grabkapelle

Von der um 556 erbauten und Mitte des 13. Jahrhunderts von den Venezianern zerstörten Basilika Sv. Marija Formoza in der Rade Končara ist nur die südliche byzantinische Grabkapelle erhalten. Die Kirche erinnert mit ihrem kreuzförmigen Grundriss und den Blendbögen und Fenstergittern an das Mausoleum der Galla Placidia in Ravenna.

▲ Karte S. 154

Sv. Franje

Die Franziskanerkirche Sv. Franje wurde im frühen 14. Jahrhundert als einschiffige Saalkirche erbaut. Ihre Fassade hat ein spätromanisches Portal und eine gotische Fensterrose. Innen sind ein farbenprächtiges gotisches Polyptychon aus der Vivarini-Schule und eine hölzerne gotische Madonna sehenswert. Im Kreuzgang werden antike römische Exponate gezeigt.

Außerhalb des Stadtzentrums

Am Danteov trg 4 ist das von dem italienischen Architekten Angiolo Mazzoni (1894–1979) im futuristisch-konstruktivistischen Stil entworfene **Hauptpostamt** (1935) sehenswert, das in seinem Foyer eine riesige rote Wendeltreppe hat.

Grandhotel Riviera

Unweit der Arena steht das 1908 errichtete Grandhotel Riviera (Splitska 1), bei dessen Bau der Wiener Architekt Carl Seidl neobarocke und sezessionistische Elemente vereinigte. Von der Terrasse dieses einst luxurösesten Hotels Pulas, in

Das Grandhotel Riviera

Illuminierte Kräne auf Uljanik

dem auch Kaiserin Elisabeth logierte, hat man einen herrlichen Blick auf den Hafen und die Arena. Die benachbarten sezessionistischen Wohnhäuser in der Kolodvorska ulica ließ der Südtiroler Unternehmer Jakob Ludwig Münz erbauen.

Werft Uljanik

Auf der Insel Uljanik in der Bucht von Pula befindet sich die von Kaiser Franz Joseph I. 1856 gegründete Werft, in der noch heute Schiffe gebaut werden. Nach Einbruch der Dunkelheit leuchten die Kräne der Werft von 21 bis 24 Uhr jeweils zur vollen Stunde für 15 Minuten in über 16 000 unterschiedlichen Farben.

Marinekirche und Marinefriedhof

Im Stadtteil Stoja im Südosten der Altstadt an der Bečka ulica steht die k.u.k. Marinekirche **Gospa od Mora** (1891), deren historistische Architektur Neoromantik und Neobyzantinismus vereinigt. Einer der Architekten war Friedrich von Schmidt (1825–1891), der Erbauer des Wiener Rathauses. Neben der Kirche sieht man die von dem makedonischen Bildhauer Tome Serafimovski (geboren 1935) geschaffene **Bronzestatue der seligen Mutter Theresa** (2008). Das Original der Figur steht im Vatikan, einen weiteren Abguss gibt es in Nürnberg (Klinikum Nord).

Unweit der Kirche befindet sich der 1862 angelegte **k.u.k. Marinefriedhof Pula**, auf dem die Opfer des 1914 nördlich der Brijunischen Inseln auf eine Mine aufgelaufenen Passagierschiffs Baron Gautsch sowie der 1918 durch die Italiener versenkten Schlachtschiffe ›Szent Istvan‹ (bei der Insel Premuda) und des im Hafen von Pula zerstörten Kriegsschiffs ›Viribus Unitis‹ bestattet sind. Hier ist auch August Ritter von Trapp beerdigt, der Schwiegervater von Maria Augusta Trapp, der Begründerin des berühmten Trapp-Chors.

Festungen

Nicht weit vom Stadtzentrum liegen einige Festungen der einstigen k.u.k. Marinefestung Pula. Im südlichen Stadtteil Pulas auf dem Rt Verudela befindet sich in einem einstigen österreichischen Fort das etwas veraltete **Aquarium Pula**.

An eine Comiczeichnung erinnert der skulpturale Baukörper des **Lumenart House** (2006) in der Nähe der Uferpromenade (Veruda 60B). In der Feriensiedlung Pješčana uvala ist die Kirche **Sv. Nikola Putnik** (2001) des istrischen Architekten Eligio Legović sehenswert, der dem Gotteshaus die Form eines weißen Schiffs gab.

Skulptur vor der Kirche Gospa od Mora

Pula

Vorwahl: +385/52.
Postleitzahl: 52100.
Turistička zajednica, Forum 3, Tel. 219197, www.pulainfo.hr.
WiFi-Hotspots: https://wifispc.com/croatia/istarska-zupanija/pula.html.

Busbahnhof, Trg 1. istarske brigade, Tel. mobil 060/304090, www.pulapromet.hr.

Bahnverbindung mit Triest und Ljubljana (nur im Sommer).
Direkte Verbindungen nach Kanfanar, Pazin, Lupoglav und Buzet.

Flughafen Pula (PUY), Ližnjan, Valtursko polje 210, p.p. 89, Tel. mobil 060/308308, aus dem Ausland: +385/52/550926, www.airport-pula.hr. Saisonale Direktflüge nach Berlin, Stuttgart, München, Hamburg, Köln, Frankfurt, Frankfurt-Hahn.
Delić Air Medulin, Tel. +385/98/420577. Panoramaflüge mit der Cessna über Pula, Medulin, Brijuni, Kap Kamenjak; tägl. 9–20 Uhr, 2 Personen ca. 21 Euro.

Katamaran Pula–Venedig; Juni–Sept. 2x tägl.
Venezia Lines, Tel. +385/52/422896, www.venezialines.com.
Atlas Adriatic, Tel. +385/52/451200, www.atlas-croatia.com.

Taxi, Nezakcijska 1, Tel. mobil 098/9396618.

Boutique Hotel Valsabbion, Pješčana uvala IX/26, Tel. 222991, www.valsabbion.hr; DZ 145 Euro. Am Meer, mit Wellnessbereich.
Park Plaza Histria, Verudela 17, Tel. 590000, www.parkplaza.de; DZ 130 Euro. Hotelkomplex am Meer, Innen- und Außenpool, Spa-Anlage.
Amfiteatar, Amfiteatarska 6, Tel. 375600, www.hotelamfiteatar.com; DZ 100 Euro. Modern eingerichtetes Hotel mit Gourmetrestaurant in Nähe der Arena.
Hotel Galija, Epulonova 3, Tel. 383802, www.hotelgalija.hr; DZ 120 Euro. Familienhotel im Stadtzentrum.
Riviera, Splitska 1, Tel. 211166; DZ 85 Euro. In die Jahre gekommenes Hotel in neobarockem Prachtbau; zentrale Lage.
Omir, Serđa, Dobrića 6, Tel. 213944, www.hotel-omir.com; DZ ab 60 Euro. Kleines Hotel im Zentrum.
Riva Hostel, Riva 2a, www.rivahostel.com, Tel. mobil 095/8270243; Zimmer 29–44 Euro. Schlichtes, aber schönes Hostel direkt an der Uferpromenade.

Camping Stoja, Stoja 37, Tel. 387144, www.arenacamps.com. 3 km westlich der Altstadt auf einer Halbinsel.

ACI Marina Pula, im südöstlichen Teil des Stadthafens, Tel. mobil 098/398837.

Pompej, Clerisseauova 3. Günstiger Imbiss.
Kod Pjera, Ivana Matetića Ronjgova 2. Gutes Essen zu kleinen Preisen.
Farabuto, Sisplac 15. Preiswerte kroatische und italienische Küche.
Milan, Stoja 4. Gehobenere Preise, 2 km von der Altstadt.
Pizzeria Jupiter, Castropola 42, Tel. +385/52/214/333. Sehr leckere und günstige Pizzen.
Fish food More, Rizzijeva 47. Überzeugt mit frisch zubereiteten Speisen (Fisch, Jakobsmuscheln, Thunfisch-Tatar).
Vodnjanka, Dinka Vitezića 4, Tel. mobil 098/1757343. Typische istrische Küche zu günstigen Preisen.

▶ Karte S. 154

Lanterna, Pješčana uvala V/1, Tel. 397072. Meeresfrüchte.
Gina, Stoja 23, Familienbetrieb mit traditioneller Küche: Brodet, Calamari fritti, Steaks.
Stari Čok, Valtura, Valtura 70, Tel. 550501. Günstige istrische Küche, Vegetarische Gerichte.

Galerija Cvajner, Forum 2. Originelle Mischung aus Kunstgalerie und Café.
Mozart, Leharova 1. Stilvolles Café und Restaurant im 1872 erbauten ehemaligen Marine-Casino.
Uliks, Trg Portarata 1. Dem Roman ›Ulysses‹ von Joyce verpflichtet, werden auch irischer Kaffee, Whiskey, Guiness und Kilkenny-Bier serviert.
Caffe Bar Corso, Giardini 2/3. Hier gibt es das beste Eis der Stadt.
Caffe Bar Milan 1967, Narodni Trg. In dem Café gibt es auch frischgepressten Orangensaft.

E&D, Verudela 22, Tel. 213404. Live-Konzerte und Partys.
Pietas Julia, Riva 20. Tel, mobil 091/1811911. Nachtclub.
Aruba, Šijanska cesta 1. Restaurant, Lounge-Bar, Club.
Club Uljanik, Dobrilina 2, Tel. mobil 095/9018811. Tanzpartys (Do–Sa, 21–5 Uhr) mit Techn, Rock oder Heavy Metal.
Cabaiha, Širolina 4, Tel. mobil 098/9372595; Mo–Sa 8–24 Uhr, So ab 10 Uhr. Szenetreff mit Livemusik.
Florln Jazz Bar/Club, Sergijevaca 24, Tel. 212322. Urig eingerichteter Jazzclub.

Die Einkaufsmeilen Pulas sind die **Flanatička** und **Sergijevaca** mit schönen Geschäften (Taschen, Schmuck, Kleidung, Schuhe).
Obst, Gemüse, Käse, Fleisch und frischen Fisch aber auch leckere Backwaren und Olivenöl findet man am **Narodni Trg** an den Marktständen und in der **Stadtmarkthalle** (Mo–Fr 7–15, Sa 7–14, So 7–12 Uhr).
Petit, Kandlerova 24. Die Buchhandlung führt auch deutschsprachige Bücher zu Pula und Istrien.

Stadtgalerie, Kandlerova 8, Tel. 639334; Sommer 10–13 und 18–21, Sa 10–13 Uhr. Werke des istrischen Malers Antun Motika (1902–1990).
Aquarium Pula, Fort Verudela, Verudela bb, Tel. 381402, www.aquarium.hr; Juli/Aug. 9–22, Juni/Sept. 9–20, April–Mai 10–18, Okt.–März 10–16 Uhr, 10/8 Euro. Im einstigen k.u.k. Fort sieht man Meeresschildkröten, Katzenhaie und Seesterne. Ozeanologische Bootsfahrten nach Voranmeldung. Vom Stadtzentrum mit Bus 2 oder 3. Anfahrt mit Auto: Die Beschilderung ist miserabel!
Museum der zeitgenössischen Kunst Istriens, Riva 8/Sv. Ivana 1/II, Tel. 423205; während einer Ausstellung Di–So 11–19, Eintritt frei. Malerei, Plastik, Design, Fotographie, Film und Videokunst.

Kunst- und Antiquitätenmarkt; jeden Sa in der Ciscuttijeva ulica.
Pula Superiorum; Mitte Juni. Tage der Antike mit Musikaufführungen, Straßentheater und Gladiatorenkämpfen.
Festival des Spielfilms; Ende Juli, www.pulafilmfestival.hr.
Internationales Musikfestival; erste Novemberhälfte.

k.u.k. Marinefriedhof Pula, Ortsteil Stoja, Buslinien 1, 4 und 6, Haltestelle ›Mornaričko groblje‹. Auf dem Friedhof sind Opfer des 1914 nördlich der Brijunischen Inseln auf eine Mine aufgelaufenen Passagierschiffs Baron Gautsch bestattet. Markierte Wanderwege führen zu **Forts des k.u.k. Marinestützpunkts**, Infos und Karten bei der Turistička zajednica.

Am **Lungomare** führt ein 2 km langer Weg am Meer entlang vom Strandbad **Valkane** bis zur Bucht **Valsaline**.

Schöne Spaziergänge sind in den Waldparks **Šijana** und **Busoler** möglich. In den Parks östlich von Pula wachsen imposanten Eichen und Kiefern (Karte → S. Seite 171).

Der **Fahrradweg 332** führt von Valtura über Muntić und Nezakcij zum Ausgangsort zurück.

Bike Planet, Sisplac 2, Tel. 387384.

Strand Ambrela, am Eingang zur Touristensiedlung Verudela Beach. Kieselstrand, mit Umkleidekabinen und Duschen. Außerdem Verleih von Liegestühlen und Sonnenschirmen.

Havajsko, unterhalb des Hotels ›Park‹ am **Strand Verudela**: Flacher Kieselstrand, an ausgewiesenen Abschnitten Hundestrand.

Valkane, am Lungomare: Der Kiesstrand ist wegen seiner Beachpartys bei der jüngeren Generation beliebt.

Pješčana uvala: Feiner Kiesstrand, Duschen, Wasserballfeld, Liegestuhl- und Tretbootverleih.

Krankenhaus, Zagrebačka 30, Tel. 376500.

Poliklinik für Baromedizin Oxy, Niederlassung Pula, Kochova 1/a, Tel. 215663, www.oxy.hr; 7.30–15.30 Uhr (Sa und So geschl.), Notruf: Tel. mobil 098/219225.

▲ Karte S. 154

Blick auf Fažana

Nördlich von Pula

Nahe bei Pula befinden sich zahlreiche Orte direkt an der Küste oder inmitten von Olivenhainen, Lorbeerbäumen, Ginster und Rosmarin.

Fažana

Fažana, wenige Kilometer nordwestlich von Pula, war bereits in der Antike besiedelt, sein römischer Name Vasianum (von vasum=Gefäß) geht auf die Produktion von Amphoren zurück.
Das Städtchen ist als Fährhafen für Ausflüge zu den Brijuni-Inseln bekannt, die von dem Ort nur drei Kilometer entfernt sind, hat aber selbst Sehenswertes zu bieten: Am einstigen Eingang zur Stadt steht die einschiffige Kirche **Sv. Marija Karmelska** mit gotischen Fresken und einer schönen barocken Loggia. Die Pfarrkirche **Sv. Kuzma i Damjan** geht auf das 11. Jahrhundert zurück. Innen beeindrucken das ›Letzte Abendmahl‹ (1598) von Giorgio Ventura (1570–1610), einem manieristischen Maler venezianischer Schule, und in der Sakristei gotische Fresken von Künstlern aus dem italienischen Friaul. Neben der Kirche steht der **Campanile**, eigentlich ein Wehrturm aus dem 16. Jahrhundert. An der Promenade reihen sich im **Sardellenpark** (2006) Fischskulpturen verschiedener Bildhauer aus Fažana und erinnern an die frühere Haupterwerbsquelle des Orts.

Nationalpark Brijuni

Westlich der Küste Fažanas liegt der Nationalpark Brijuni, ein Archipel von 14 großen und kleineren Inseln. Nur die beiden größten Inseln, Veli und Mali Brijun, können besucht werden. Die geführte Besichtigung von Veli Brijun dauert vier Stunden und lässt wenig Zeit für eine individuelle Erkundung. Trotzdem beeindruckt die Insel – schon wegen ihrer üppigen mediterranen Vegetation. Von Fažana setzt man mit dem Boot (Transfer 20 Minuten) zu der Insel über und wird mit einem Touristenbähnchen über die Insel gefahren.
Die brionischen Inseln waren schon in der Altsteinzeit besiedelt, später lebten hier römische Aristokraten, Ostgoten, Byzantiner, Karolinger und Venezianer. 1332 reduzierte die Malaria die Einwohnerzahl. Ende des 19. Jahrhunderts kaufte der Wiener Industrielle Paul Kupelwieser (1843–1919) den Archipel, bekämpfte mit Hilfe des Bakteriologen Robert Koch erfolgreich die Malaria und machte Veli Brijun zur beliebten Sommerfrische, die Künstler wie Gustav Klimt, Schriftsteller wie Thomas Mann und James Joyce, Wissenschaftler, Industrielle und selbst gekrönte Häupter wie Wilhelm II. anzog. Ein häufiger Gast war der österreichische Thronfolger Erzherzog Franz Ferdinand, der hier auch 1914 auf seinem Weg nach Sarajevo Station machte. 1936 bis 1943 waren die Inseln Teil des faschistischen Italien. 1945 nannten die italienischen Modedesigner Fontioci und Savini ihr Unternehmen Brioni nach den beliebten Jetset-Inseln.
Nach dem Zweiten Weltkrieg wurden die Brijuni-Inseln zur Sommerresidenz von Marschall Tito, der hier gleich drei Villen hatte. Die Fotoausstellung ›Tito auf Brijuni‹ im zweiten Stock eines **Museums** informiert darüber, wie der kommunistische Präsident in seiner ›Weißen Villa‹ gekrönte und ungekrönte Staatsoberhäupter empfing. Im 1. Stock gibt es eine naturkundliche Sammlung. Vor dem Museum steht Titos berühmter Cadillac, den man für etwa 670 Euro pro Stunde mieten kann.

Der Nationalpark Brijuni

Mit einem Bähnchen fährt man zur Bucht **Verige** mit Überresten einer römischen Villa Rustica. Weiter geht es zum mittlerweile schon etwas ausgedünnten **Safaripark** mit exotischen Tieren, die Tito einführte oder als Gastgeschenke erhielt. Sehenswert sind auch der 1600 Jahre alte **Olivenbaum**, ein mediterraner Garten, das **archäologische Museum**, das sich in einem venezianischen **Kastell** befindet, sowie die nahegelegene gotische Kirche **Sv. German**.

Eine Besichtigung wert sind auch die **Reste eines byzantinischen Castrums** oder die österreichische Festung **Tegetthoff** (1868).

Für Tauchfreunde gibt es in der Bucht Verige einen 500 Meter langen archäologischen **Unterwasserlehrpfad** (Infos unter Tel. +385/52/525888).

Fažana und Nationalpark Brijuni

Vorwahl: +385/52,**Postleitzahl**: 52212.
Turistička zajednica, Istarske divizije 8, Tel. 383727, www.infofazana.hr.
Post, 43. Istarske divizije 14.
Bank, Titova riva 4.
Geschäftsstelle des Nationalparks Brijuni, Brionska 10, Tel. 525882, www.np-brijuni.hr; Exkursionen nach Veliki Brijun: 28/14 Euro.

Bootsfahrten um die Brijuni-Inseln werden an der Riva von Fažana angeboten.
M/B Luna, Tel. mobil 098/9325714.
Tomasic Danica, Tel. mobil 098/9325714.
Fischen mit einheimischen Fischern.

Tankstelle, Vladimira Gortana 12.
Fažana Taxi, Tel. mobil 099/2447888.

Hotel Marina, Trg stare škole 2, Tel. 521071, www.marina-fazana.com; DZ 120 Euro. Sehr schönes Hotel mit Blick auf den Hafen.

Villetta Phasiana, Trg Sv. Kuzme i Damjana 1, Tel. 520558, www.villetta-phasiana.hr; DZ 110 Euro. Hübsches kleines Hotel in der Altstadt.

Pansion Vala, Mala Vala 38, Valbandon, Tel. 520028, www.vala.hr (kr.); DZ 50 Euro.

Hostel Amfora, Vladimira Gortana 10, Tel. mobil 098/1634605, www.hostelamfora.com; DZ 35 Euro. Moderne, freundliche Jugendherberge in der Nähe der Riva.

Pineta, Perojska cesta bb, Tel. 521884, www.pinetafazana.hr. Schöner Campingplatz am Kieselstrand.

Brioni (ehem. Puntižela), 52100 Pula, p.p. 179, Tel. 517490, www.puntizela.hr. Fels- und Kiesstrand 5 km von Fažana.

Konoba Alla Beccaccia, Valbandon, Pineta 25. Feinschmeckerlokal.

Ulika, Ruže Petrović 76. Einfache Konoba im Familienbetrieb.

Rosignola, Valbandon, Mala Vala 53, Nudel-, Fisch- und Fleischgerichte, hausgemachte Pralinen.

Arboretum Pub, Galižanska cesta 8. Trendiges Hipster-Food.

Istarska Hiža, Valbandon, Pineta 25a. Ausgezeichnete Küche zu normalen Preisen.

Konoba Feral, Boraca 11. Hausgemachte Gerichte (Fleisch, Fisch, Nudeln) und leckere Nachspeisen.

Marčeta, Valbandon, Pineta, I. ogranak 2, Tel. 520794, www.marceta.hr. Merlot, Teran.

Markt, an der Riva; jeden Mi. Istrische Souvenirs und Spezialitäten.

Sammlung sakraler Kunst, Pfarrkirche und Pfarramt, Župni trg 4, Tel. 521097.

Kleine Fischerakademien, April–Aug. Kurse im Einlegen von Sardellen.

Römisches Valbandon; Juli. Bei dem Fest lebt die antike Vergangenheit des Orts auf.

Sardellenfest; Anfang Aug. Das Fest erinnert an die Bedeutung des Fischfangs für die Region.

Open Riva Art; Aug. An der Uferpromenade werden Kunstwerke gezeigt.

In der Hauptsaison gibt es zahlreiche Konzerte, Modeschauen und Ausstellungen.

Südlich des Stadtkerns familienfreundlicher Kieselstrand, nördlich der 300 Meter lange Kieselstrand **Badel**, der erste Strand Istriens, an dem nächtliches Baden erlaubt ist!

Ein kilometerlanger Radweg führt an der Küste Fažanas entlang. Fahrradverleih: **Stefani trade**, Župni trg 3, Tel. 521910; **Holiday**, Rent scooters and bikes, Tel. mobil 092/1282405, www.fazana-bike.com.

Golfplätze im Nationalpark Brijuni, Brionska 10, Tel. 525883.

Beachvolleyball, Strand Dječje igralište (Kinderspielplatz), Tel. mobil 098/578370.

Diving Center Puntižela, Campingplatz Brioni (ehem. Puntižela), Tel. +49/9188/305415 (Nov.–März); Tel. 517474 (April–Okt.), www.relaxt-abgetaucht.de. Kurse für Anfänger und Fortgeschrittene.

Ambulanz, Tel. 521098, Apotheke, Tel. 521562, beide Titova riva 9.

Vizače-Nesactium

Etwa zehn Kilometer nordöstlich von Pula liegt bei Vizače nördlich von Valtura die Ausgrabungsstätte des illyrisch-römischen Nesactium. Der bereits in der Bronzezeit seit 2000 vor Christus besiedelte Ort war in der Eisenzeit das bedeutendste politische und religiöse Zentrum der Illyrer in Istrien. Mit der Einnahme der Stadt durch die Römer endete 177 vor Christus die Selbständigkeit der Histrier. Unter Augustus wurde Nesactium als römische Siedlung neu gegründet und nach slawischen Überfällen im 6. Jahrhundert endgültig aufgegeben.

Erhalten sind Teile der prähistorischen und antiken Stadtmauern, Reste des Kapitols, römischer Wohnhäuser und frühchristlicher Basiliken. Fragmente von Skulpturen aus dem 5. und 6. Jahrhundert vor Christus, die im Archäologischen Museum Pula zu sehen sind, belegen enge Beziehungen zur griechischen und etruskischen Kultur. **Schautafeln** und eine kleine **Ausstellung** informieren über die antike Stätte (Sommer 9–12, 16–20, Winter 9–12, 14–17 Uhr, Eintritt frei, Infos: www.istria-culture.com/de/nezakcij-i111).

An der Straße von Valtura nach Šišan liegt die **Pony Ranch Bodo** (Plekuti 80),

Römische Ruinen in Nesactium

Karte S. 152

deren Eigentümer hier eine urige Westernstadt entstehen ließ, ausgestattet mit kuriosen Fundstücken (Fotos, Postkarten, Musikinstrumente, Porträts von Tito und anderes).

Mutvoran

Noch weiter nordöstlich liegt Mutvoran. Bereits in prähistorischer Zeit gab es hier eine Burg mit doppelter Ringmauer, und die Römer bauten ein Kastell, um die Straße von Pula zur liburnischen Küste zu überwachen. Ab 1132 regierten hier die Venezianer, die die Festung kurze Zeit an die Ungarn abgeben mussten, später aber den Ort ausbauten und ihm zu einer Blüte verhalfen. Die Kirche **Sv. Marija Magdalena** wurde 1431 auf den Resten einer alten Wehrburg errichtet. Neben einem spätgotischem Tabernakel (1598) birgt sie einen Renaissanceschnitzaltar aus der Werkstatt des venezianischen Meisters Paolo Campsa de Bobotis. Der dreistöckige Altar hat mehrere Nischen mit Heiligenfiguren.

Vodnjan

»Dignano, ein nicht unansehnlicher Flekken, drei Meilen vom Meere, ist auf einem angenehmen Hügel gebauet und hat lange geräumige und erträglich gepflasterte Straßen«, schrieb Pfarrer Johann Christoph Maier in seiner ›Beschreibung von Venedig‹ (1787). Tatsächlich liegt Vodnjan (Dignano) auf einer 135 Meter hohen Anhöhe, auf der einst Illyrer siedelten und die Römer den Militärposten Vicus Atinianus (Attinianum, Adignanum) erbaut hatten. Aus antiker Zeit stammen die **Zisternen** im Bereich der Kirche Sv. Lovro.

Von 1331 bis 1797 stand Vodnjan unter venezianischer Herrschaft. Aus dieser Zeit stammen am Narodni Trg der gotische **Palazzo Bettica** aus dem 14. Jahrhundert, der das **Stadtmuseum** beherbergt (Tel. 052/535953), das **Haus Benussi** (1448) und der rote **Palast Bradamante** aus dem 17. Jahrhundert mit einem eleganten Triforium. Der dunkelrote **Stadtpalast** wurde 1911 im neogotischen Stil erbaut. Weitere sehenswerte Gebäude aus der Gotik und der Renaissance befinden sich in der **Trgovačka ulica**, an deren Anfang eine Hauswand mit einem Fassadenbild des ukrainischen Künstlerduos Interesni Kazki erstaunt. Es entstand wie einige andere im Stadtzentrum anlässlich des Boombarstick urban arts&music Festival 2013.

Die barocke Kirche **Sv. Blaž** aus dem 18. Jahrhundert ist das größte Gotteshaus Istriens und hat auch den höchsten Kirchturm der Halbinsel (62 Meter). In der Kirche beeindrucken das Gemälde ›Das letzte Abendmahl‹ (1598) von Giovanni Contarini (1549–1605) und die Palma Jacopo il Vecchio (1480–1528) zugeschriebene ›Sacra Conversazione‹. Sieben Räume der Kirche zeigen über 750 sehenswerte sakrale Kunstwerke: Messgewänder, Reliquiare und den von Paolo Veneziano (vor 1333–nach 1358) bemalten Sargdeckel mit dem Porträt des seligen Leone Bembo (1321). Außer einer wertvollen spätbyzantinischen Mariendarstellung ist auch eine Muttergottes mit zwei Heiligen (15. Jahrhundert) des venezianischen Malers Jacobello del Fiore (1370–1439) sehenswert. Publikumsmagnet ist aber die nach Rom einzigartige **Sammlung mumifizierter Leichen von fünf Heiligen** – die ältesten starben 288 nach Christus! – und weiterer 370 Reliquien.

Mit knapp 20 Meter Länge und nur 80 Zentimeter Breite gilt die einstige Ulica Jakova (heute Stari grad) nördlich vom Narodni trg als kleinste Straße Istriens. Während der österreichischen Herrschaft soll ein korpulenter Gendarm einen Dieb verfolgt haben, der durch diese enge

Der Stadtpalast von Vodnjan

Gasse flüchtete, während der Polizist darin steckenblieb.

An der nördlichen Stadteinfahrt Vodnjans zeigt ein **Kažuni-Park** in Trockenmauertechnik erbaute Schutzhütten. Der dortige Info-Punkt bietet auch Souvenirs an.

Batvači

In der Gegend um Vodnjan gibt es bis zu 2000 **Kažuni** – die istrischen runden Hirtenhäuser aus Stein. Beeindruckend sind die ›Zwillings-Häuschen‹ im Dorf Batvači in der Nähe der Kirche der heiligen Foška. Das erste Hirtenhäuschen hat Innen einen Durchmesser von 4 Metern und eine Höhe von 4,3 Metern. Das zweite ist etwas kleiner, in seinem Dach gibt es eine kleine Öffnung als Rauchabzug, was dafür spricht, dass hier die Menschen sogar zeitweise gelebt haben. Etwas kleiner, aber immerhin noch 4,2 Meter hoch ist das Hirtenhäuschen der Familie Moscarda in **Galižana**. Dort steht auch die dreischiffige romanische Friedhofskirche **Sv. Just** mit frühchristlichen Kapitellen aus dem 5. Jahrhundert sowie eine frühromanische **Marienkapelle**, die auf dem Fundament einer alten Ölmühle erbaut wurde.

Schutzhütten, Trockenmauern, Pferche und Tümpel

EXTRA

Der Kažun (von italienisch *casita* = Hütte) ist eine runde oder eckige Schutzhütte aus Feldsteinen, die ohne Mörtel in Trockenmauertechnik aufeinander geschichtet werden und mit einem Kraggewölbe in einem kegelförmigen Dach enden. Den Bauern dienten die Bauten als Schutz vor Sonne oder Regen und zur Aufbewahrung von Werkzeugen. Gleichzeitig konnten von ihnen aus die Felder, Weingärten und Weiden überwacht werden – deshalb hatten manche Hütten in den Wänden kleine Öffnungen.

Wie die Tholos-Bauten anderer Mittelmeerländer stellen die Kažuni eine sehr archaische Bauweise dar, die weit in prähistorische Zeiten zurückreicht. Meist sind sie fensterlos; um Steine zu sparen, wurden sie oft in Mauern der Feldbegrenzungen eingebaut. Bisweilen finden sich innen Nischen als Ablagemöglichkeit, größere Steinblöcke dienten als Sitzplätze. Die Eingänge sind meist sehr niedrig und schauen nach Süden oder Westen, damit der heftige Nordwind nicht eindringen kann. Manche Kažuni hatten Feuerstellen, der Rauch konnte durch die oberste, verschiebbare Dachplatte entweichen oder durch den Pičnuk, den abnehmbaren, kegelförmigen Abschluss des Dachs.

Über 1000 solcher Schutzhütten wurden in Istrien gebaut, viele von ihnen noch im 19. und zu Beginn des 20. Jahrhunderts. Besonders viele Kažuni finden sich im südlichen und westlichen Teil Istriens – im Süden sind sie vorwiegend rund, im Norden und in Zentralistrien oft eckig. Nachbauten finden sich heute auch in Privatgärten. Miniaturmodelle werden in Souvenirläden angeboten.

In Istrien und besonders auf den Kvarner Inseln Krk, Cres und Lošinj sieht man oft auch kilometerlange Trockenmauern (*gromače*) aus unbehauenen Steinen, die ohne Bindemittel aufeinander geschichtet wurden. Sie dienten als Weidegrenzen. Schon in der Prähistorie wurden solche Lesesteinmauern errichtet. In den oft mannshohen Mauern wechseln kunstvoll zusammengefügt Flachsteine, schwerere Blöcke und kleine Steine. Um zu verhindern, dass sich Schafe auf andere Parzellen verirren, sind die Mauern nur von kleinen Öffnungen unterbrochen, die mit Holztoren oder größeren Steinen verschlossen werden. Pferche (*mergari* oder *mrgari*), mit Trockenmauern umgebene Teile einer Parzelle, befinden sich gewöhnlich in der Ecke einer Weide. Dort wurden die Schafe hineingetrieben, um sie zu scheren, zu zählen oder um sie mit Zeichen zu versehen, aber vor allem, um sie zu melken: Das kroatische *mergari* leitet sich vom lateinischen *mulgarium* (Stelle zum Melken) ab. Da es auf den meisten Kvarnerinsel kaum Süßwasser gibt, wurden natürliche Vertiefungen im Karstboden zu künstlichen Wasserspeichern (*lokve*) umgebaut. Dazu machte man die Böden der Tümpel mit Lehmboden wasserundurchlässig und umgab die Mulden mit Trockenmauern.

Ein Kažun

Arkaden der Vorhalle an der Basilika Sv. Foška

Peroj

Fünf Kilometer westlich von Vodnjan wurden in der Umgebung von Peroj, das in der Antike Praetorium hieß und ein Sommersitz war, mehrere **römische Gräber** ausgegraben. Nachdem im 15. Jahrhundert eine Pestepidemie die ehemalige Bevölkerung des Dorfes dahingerafft hatte, siedelte Venedig 1653 15 orthodoxe Familien aus Montenegro und Albanien an, deren Nachkommen ihr Brauchtum, Glauben und ihre Sprache bis heute bewahrt haben.

Im Ort, dessen Name sich möglicherweise vom Albanischen *përua* – Bach ableitet, ist die frühromanische Kirche **Sv. Stjepan** aus dem 7. bis 8. Jahrhundert erwähnenswert. Innen birgt sie spärliche Resten von Wandmalereien des 13. Jahrhunderts. Beim Friedhof steht die Kirche **Sv. Spiridon**, die 1788 an der Stelle eines verfallenen katholischen Gotteshauses als einzige orthodoxe Kirche Istriens errichtet wurde. 1860 erhielt sie den klassizistischen Turm. Sie besitzt eine Ikonostase mit Ikonen aus dem 16. Jahrhundert. Während des kroatisch-serbischen Kriegs wurde der Innenraum 1992 durch eine Handgranate stark beschädigt.

Unweit des Orts steht die auf das 6. Jahrhundert zurückgehende dreischiffige Basilika **Sv. Foška** (Fr, Sa, So 14–18 Uhr) mit zwei Freskenschichten aus dem 11. und 13. Jahrhundert. Über dem Triumphbogen ist ein schönes romanisches Wandgemälde der Majestas Domini mit orthodoxem Segensgestus aus der 1. Hälfte des 12. Jahrhunderts erhalten. Vor der Wallfahrtskirche, die der frühchristlichen Märtyrerin Fusca geweiht ist und einst eine Etappe der Templer auf ihren Pilgerreisen nach Jerusalem war, stehen noch die **Arkaden** der früher mit einem Dach versehenen Vorhalle.

An der Straße von Vodnjan nach Fažana liegt die kleine **Kapelle der Familie Tumia**, in ihrem Inneren befindet sich ein steinernes Kruzifix von Andrea Trevisan.

Vodnjan

Vorwahl: +385/52.
Postleitzahl: 52215.

Ferienhäuser und **Zimmervermittlung** unter: www.istra.hr/de/unterkunft.
Villa Stancija Buršić, Krnica, Tel. mobil 098/441554; Landhaus/4 Pers. ab 130 Euro.

Vodnjanka, Istarska bb 22, Leckere Pasta und Tagliata.

Ölmühle Chiavalon, Vodnjan, Vladimira Nazora 16, Tel. 511906, Tel. mobil 098/860566, www.chiavalon.hr. Erstklassiges Olivenöl ›Ex Albis‹.
Palača Portarol, Portarol 31. Olivenöl, Dessertwein Vin de Rosa.
Kod Milana, Fažanska 25. Rohschinken und Olivenöl.
Stancija Kumparička, Krnica, Cokuni 25, Tel. mobil 099/6690692, www.kumparicka.com. Ziegenfarm. Die Käserei kann besichtigt werden; Verkostung und Verkauf von Hartkäse und Ricotta (nur nach Anmeldung).

Festival der Bumbari; Aug. (*Bumbari* ist die Eigenbezeichnung der Einheimischen von Vodnjan). Eselsrennen.

Ranch Barba Tone, 52207 Manjadvorci, Manjadvorci 60, Tel. mobil 098/9829073 (engl.), www.istra-riding.com. Ausreiten (1 Std. 20 Euro); Ponyreiten 4 Euro; Camping, Kinderferienlager, Zimmervermietung.

Südlich von Pula

Vinkuran

An der mit Kiefern bewachsenen Bucht und dem Waldpark **Soline** liegt der kleine Ort Vinkuran, wo sich die ältesten Steinbrüche Istriens befinden. Schon die Römer förderten hier die marmorähnlichen Kalksteine, aus denen auch die Außenmauer der Arena in Pula erbaut wurde.

Pomer

Pomer hat eine sehenswerte **Marienkirche** mit einer holzgeschnitzten Marienstatue und einem vergoldeten Kruzifix aus dem 16. Jahrhundert. Besichtigenswert sind außerdem die mit Fresken ausgemalte romanische Friedhofskapelle **Sv. Flor** und die frühchristliche **Kirchenruine** mit Bodenmosaiken in der Funtana-Bucht (südöstlich von Pomer).

Medulin

Wenige Autokilometer südöstlich von Pula liegt Medulin mit schönen Badebuchten. Das einstige ruhige Fischerdorf verwandelt sich alljährlich zur Hauptsaison in ein Mekka des Massentourismus à la Ballermann, mit Discotheken und ›Lunapark‹ an der Hafenpromenade, der von Mitte Juli bis Ende August geöffnet hat und mit Autoscooter, Karussells, Geister- und Go-Kart-Bahn sowie zahlreichen Verkaufsständen lockt.

Die Kirche **Sv. Agneza** (1894) von Medulin hat zwei markante weiße, 36 Meter hohe Türme. Innen schmückt ihre Apsis das große Mosaik der Kreuzigung (1983) des Zagreber Künstlers Josip Botteri-Dini (geboren 1943), die Bilder des Kreuzwegs stammen von dem istrischen Maler Mario Schergat. Auf der Halbinsel **Vižula** hat man direkt am Meer römische Grundmauern freigelegt.

Premantura und Kap Kamenjak

Im Zentrum von Premantura zeigt das **Naturhaus Kamenjak** (Selo 120) Aqua-

▶ Karte S. 171

rien, Terrarien, Schmetterlinge, Fossilien und Dinosaurierabdrücke (ganzjährig geöffnet, 7–22 Uhr, Eintritt frei.)

Direkt an den Urlaubsort Premantura grenzt das Naturschutzgebiet **Kap Kamenjak** (Einfahrt mit dem Auto 5,40 Euro). Die Halbinsel im äußersten Süden Istriens hat eine 30 Kilometer lange Küste mit über 50 Buchten und Stränden. Mit elf unbewohnten kleinen Inseln ist Kap Kamenjak Lebensraum von über 600 Pflanzen- und 50 Schmetterlingsarten. Allein 33 unterschiedliche Orchideen wurden gezählt. Neben Trimmdich- und Lehrpfaden informiert ein **Dinosaurierpfad** über die Urtiere, deren Fußstapfen an der Westküste gefunden wurden. An der romantischen Landzunge hat der Dichterphilosoph Vlado Leček eine originelle **Safari-**

Die Südspitze Istriens

Safaribar am Kap Kamenjak

Bar und Spielgeräte für Kinder aufgebaut. Der Südwestküste des Kaps vorgelagert ist das winzige Inselchen **Fenoliga**, eine der Fundstellen der Dinosaurier-Fußabdrücke. 2,5 Kilometer vom Festland entfernt steht auf dem Eiland **Porer** ein 1833 erbauter Leuchtturm, in dem sich eine Ferienwohnung befindet.

Medulin und Umgebung

Vorwahl: +385/52.
Postleitzahl: 52203.
Turistička zajednica, Brajdine 41, Tel. 577145, www.tzomedulin.org (kr).
Abteilung Öffentlichkeitsarbeit Kap Kamenjak, Premantura, Selo 120, Tel. 575287, www.kamenjak.hr; 7–21 Uhr.
Post, Centar 223.

Medulin: **Park Plaža Belvedere**, Osipovica 33, Tel. 572001, www.arenaturist.com; DZ ab 115 Euro. Großes Hotel am Strand.
Holiday, Osipovica 32, Tel. 572700, www.arenaturist.com; DZ ab 75 Euro. Hotelkomplex am Sandstrand Bijeca.
Medulin Riviera, Tel. 577145, www.medulinriviera.info. Vermittlung privater Apartments (ab 60 Euro/Nacht).
Šišan: **Velanera**, 52204 Ližnjan, Franje Mošnja 3b, Tel. 300621, www.velanera.hr; DZ ab 100 Euro. Familiäres Designhotel mit Pool und exzellentem Restaurant.
Porer: **Leuchtturm Porer**, auf der gleichnamigen Insel, www.adriagate.com. Transfer von Premantura (15 Min., 100 Euro), Apartment (4 Pers.] ab 120 Euro.

Camp Medulin, Osipovica 30, Tel. 572801, www.arenacamps.com. Großer Campingplatz auf der Halbinsel Kašteja mit Sand- oder Kiesel- und Felsstrand.

Karte S. 171

Medulin: **Buffet Napoli**, Medulin, Centar 242. Günstige Pizzen, Fisch- und Fleischgerichte.
Kalavojna, Medulin, Fucane 106. Sehr gute Küche und Hauswein.
Mižerija, Medulin, Brajdine 106, Tel. 576711. Fisch-Konoba mit fairen Preisen.
Banjole: **Batelina**, 52100 Pula-Banjole, Čimulje 25, Tel. 573767. Die Konoba wurde 2014 zum besten Restaurant Kroatiens gekürt.
Premantura: Fra&Kat, Premantura 42. Mediterrane Küche und Hauswein zu gemäßigten Preisen.
Ližnjan: **Galiola**, Ližnjan 578, Tel. 578323. Empfehlenswert sind Tintenfischcarpaccio und Lammfleisch unter der Peka.

Medulin: **Barracuda**, Plaza Bijeca bb, Tel. mobil 099/4123662; ab 22 Uhr. Tanzclub.
Summer Club Dali, Luna-Park Medulin, www.summerclub.com.hr; 21–5 Uhr. Discobar mit Bar-Pool und Schaumparties.

Šišan: **Trapan**, Giordano Dobran 63, Tel. 574770, www.trapan.hr. Der Winzer keltert neben klassischen reinen Sorten originelle Cuvéweine.

Theateraufführung Crispo; Juli und Aug. An der antiken Ausgrabungsstätte Vižula bei Medulin, Tel. +385/52/880088, www.istrainspirit.hr; Eintritt inkl. römisches Mahl: 27, Kinder 14 Euro.

Bijeca: Der sanft abfallende Sandstrand bei Medulin hat kaum Schatten (Sonnenschirm/Strandmuschel ratsam) – von hier fahren Taxi-, Miet- oder Ausflugsboote zur Insel **Levan** in der Meduliner Bucht, wo es schöne Sandstrände gibt.
Kleine Sand- und Kiesstrände befinden sich auf dem **Kap Kamenjak** an der Südspitze der Halbinsel Premantura. Für Familien mit Kleinkindern gibt es die flachen Badebuchten **Uvala Portić** und **Debeljak**.

Samy's Ranch, Medulin, Ližnjanska cesta bb, Tel. +385/98/1706946, www.samys-ranch.com.
Istra Star Ranch, Medulin, Fucane 9, Tel. mobil 098/421197, www.istrastar.com.
Reitzentrum Muntić, Muntić bb, Tel. mobil 099/2223329,http://kk-muntic.hr (kr.); Einzelstunde 16 Euro.

Freikletteraeal im Steinbruch **Vinkuran** bei Vintijan.

ACI Marina Pomer, Medulin, Tel. 573162, www.aci-marinas.com.
Ankerplatz Puntica, Medulin, Tel. 576162. Vom Strand Bijeca fahren Ausflugsboote zur ›Kaktusinsel‹ **Ceja** und zur ›Kuhinsel‹ **Bodulaš**, wo es gute Lokale gibt.

Geübte Windsurfer können am Strand beim **Autocamp Stupice** bei Premantura ihrem Hobby frönen.
Gute Bedingungen für Surfer bieten auch die Strände bei **Medulin** (vor dem Hotel Belvedere), bei **Pomer** sowie die **Bucht Kuje** bei Ližnjan.
Windsurfing Centar Premantura, Zoranićeva 17, Pula, Tel. mobil 091/512/3646. www.windsurfing.hr, bivancic@yahoo.com.

Diving Center Shark, Medulin, Osipovica 33 (Camp Medulin), www.de.diving-shark.hr, Tel. mobil 098/366110. Tauchkurse, Ausflüge zu Wracks, Riffen und Felsen.

Praxis Zahn- und Allgemeinmedizin, 52203 Medulin, Centar 214, Tel. 577084.

Die Straßen führen vom Meer zum Meer; die streng geschlossene Welt Inner-Istriens endet im Endlosen. Ihre Botschaft, die sie unaufdringlich vermittelt, die Philosophie, die sie beiläufig lehrt, ist einfach: Mut zum Leben.

Stephan Vajda: Abenteuer abseits (Merian 3/XXIII, 1970)

Blick von Tinjan

ZENTRALISTRIEN

Pazin

Ruhiger als in den Touristenstädten Istriens ist es im dünner besiedelten Landesinneren, dessen kleine Orte meist auf markanten Hügeln liegen, was der Landschaft toskanischen Charme verleiht.

Die Festung von Pisino gehört mit zu den wunderlichen Bauten mittelalterlicher Festungsarchitektur. Sie macht sich mit ihrem feudalen Aussehen sehr malerisch […]. Der Thurm erhebt sich auf derjenigen Seite der Anhöhe, welche an dieser Stelle der Stadt plötzlich ein Ende macht. Wenn man sich über die Brustwehr dieser Terrasse lehnt, so taucht der Blick in einen breiten und tiefen Schlund, dessen steile Wände von langarmigen Schlingpflanzen in unentwirrbarem Gemisch umkränzt werden.
Jules Verne: Mathias Sandorf (1885)

Pazin (Pisino) liegt ungefähr in der geographischen Mitte Istriens. Die Kleinstadt entstand aus einer 983 erstmals als Castrum Pisinum erwähnten Burg, die über der 130 Meter tiefen und 20 Meter breiten Karstschlucht der Fojba thront. Die ›gebirgige, ungeheure Gegend‹ um Pazin und der Abgrund sollen Dante zur Beschreibung des Höllentors in seiner Göttlichen Komödie inspiriert haben. Laut einer Legende entstand die Schlucht, als der Riese Dragonja Pazin vor einer Überschwemmung rettete, indem er mit dem Fuß eine Grube in den Boden stampfte, in die das Wasser abfloss. Auch Jules Verne ließ sich durch den Ort anregen. In seinem 1885 veröffentlichten Roman ›Mathias Sandorf‹ entflieht der Protagonist dem Gefängnis durch

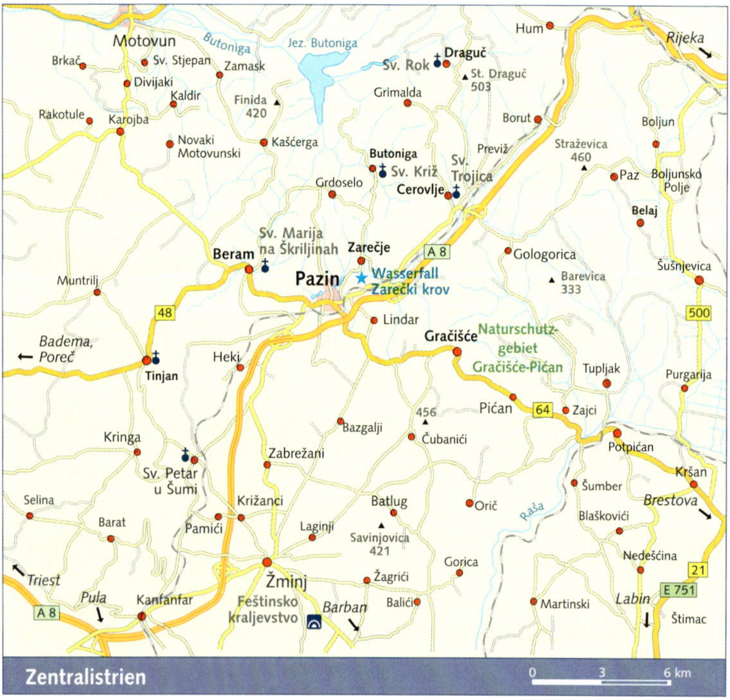

Das Kastell in Pazin liegt hoch über einer Karstschlucht

einen wagemutigen Sprung in den Abgrund, und der Karstfluss spült ihn in den Limski-Kanal an der Westküste Istriens! 1374 fiel die Stadt unter dem Namen Mitterburg an Österreich. Bereits im Mittelalter war sie ein Zentrum kroatischer Kultur. 1766 kaufte der persönliche Berater der Kaiserin Theresia, Marquis Montecuccoli, Stadt und Grafschaft Pazin. Nach 1918 fiel die Stadt als Pisino an Italien und blieb bis 1945 im Besitz der Familie Montecuccoli.

Stadtrundgang

Die 1266 errichtete Pfarrkirche **Sv. Nikola** (Schlüssel im Pfarrbüro, Tel. 052/622198) im Süden der Stadt erhielt 1441 einen gotischen Chor und im 18. Jahrhundert den barocken Glockenturm. Der Altarraum wurde um 1460 von einem unbekannten Südtiroler Künstler mit sehenswerten Fresken ausgemalt.

In der Kirche des gotischen **Franziskanerklosters** befindet sich ein schönes Triptychon des Bellini-Schülers Girolamo da Santacroce (1503–1556).

Die **Patrizierhäuser** der Altstadt stammen aus Gotik, Renaissance und Barock. Das **Kastell** aus dem 13. und 14. Jahrhundert ist die am besten erhaltene Burganlage Istriens und beherbergt das **Ethnographische Museum** und das **Stadtmuseum** mit volkskundlichen und historischen Sammlungen. Etwa 100 Meter unter dem Kastell liegt der Eingang zur **Paziner Höhle**, wo der größte istrische Karstfluss Pazinčica in einem Ponor (Schluckloch) versickert (Info: Speleološko društvo Istra, Tel. mobil 091/5121528, info@sdi.hr).

Der 1300 Meter lange **Naturlehrpfad von Pazin** beginnt bei der Brücke Vršić unweit vom Kastell und führt durch die grandiose Schlucht zu den Ufern der Pazinčica, steigt dann hoch zum Aussichtspunkt **Pyramide** und weiter zur Terrasse des Hotels **Lovac**, von wo sich ein herrlicher Rundblick bietet.

i Pazin

Vorwahl: +385/52.
Postleitzahl: 52000.
Turistička zajednica Grada Pazina, Franine i Jurine 14, Tel. 622460, www.central-istria.com
Post, Matka Brajše Rašana 7A.

Busbahnhof, Miroslava Bulešića 2, Tel. 624364. Gute Anbindung an Städte Istriens und Linien Richtung Zagreb, Venedig und Belgrad.

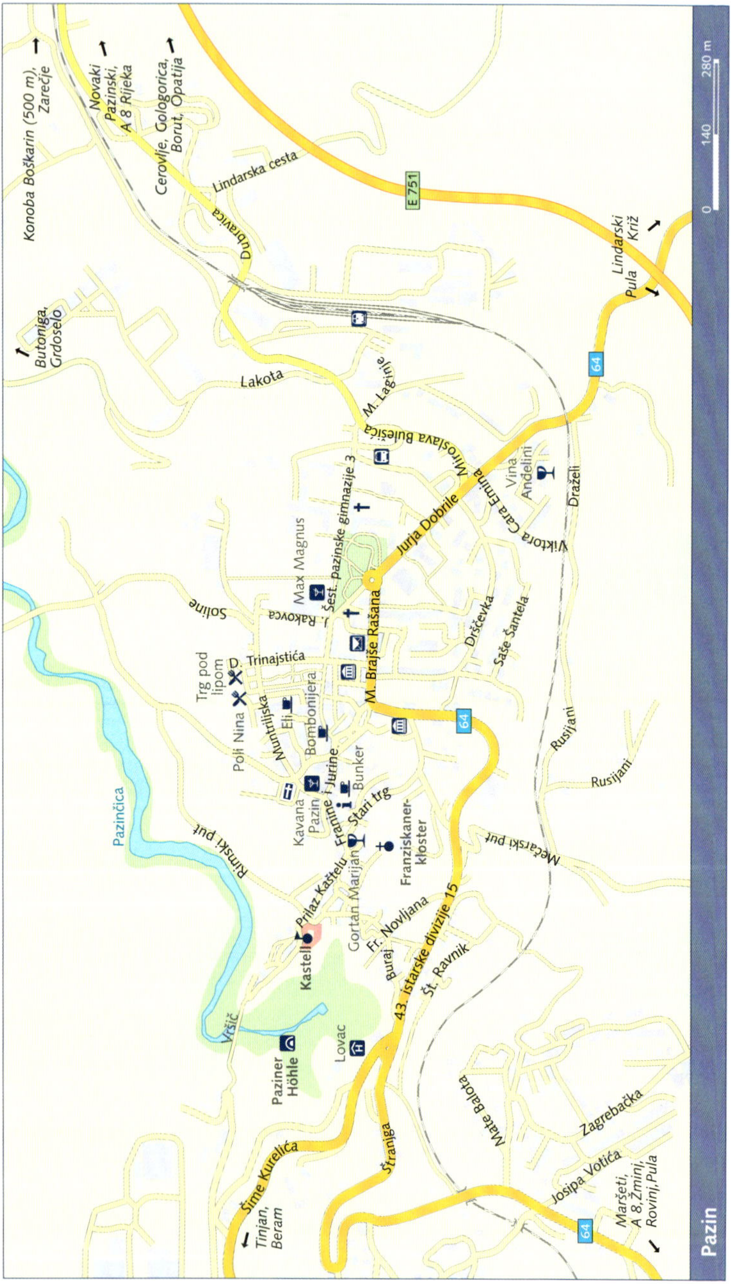

Pazin
Konoba Boškarin (500 m), Zarečje
Novaki Pazinski, A 8 Rijeka
Cerovlje, Gologorica, Borut, Opatija
Lindarska cesta
Dubravica
E 751
Butoniga, Grdoselo
Lakota
M. Laginje
Miroslava Bulešića
Lindarski Križ
Pula
64
Šest. pazinske gimnazije 3
Max Magnus
Jurja Dobrile
Vina Anđelini
Dražeti
Viktora Cara Emina
Soline
J. Rakovca
M. Brajše Rašana
Drščevka
Saše Šantela
Trg pod lipom
D. Trinajstića
Poli Nina
Muntriljska
Eli
Bombonijera
Kavana Pazin
Franine i Jurine
Bunker
Stari trg
Rusijani
Pazinčica
Rimski put
Mečarski put
Gortan Marijan
Franziskanerkloster
Prilaz Kaštelu
Kastell
Fr. Novljana
Buraj
43. istarske divizije 15
Št. Ravnik
Vršić
Paziner Höhle
Lovac
Mate Balota
Zagrebačka
Josipa Votića
Štranjga
Šime Kurelića
Tinjan, Beram
Maršeti, A 8, Žminj, Rovinj, Pula
0
140
280 m

Bahnhof, Stareh Kostanji 1, Tel. 624310.
Taxi, Tel. mobil 095/8239350.

Hotel Lovac, Šime Kurelića 4, Tel. 624324, www.hotel-lovac.com.hr (kr.); DZ 65 Euro. Schön gelegen, aber renovierungsbedürftig. Vermittlung von **Privatunterkünften**: www.istra.hr/de/unterkunft.

Peperone, Franine i Jurine 6. Günstige Pizzeria im Zentrum.
Poli Nina, Trg pod lipom 2a. Günstiges Gasthaus am Rand der Altstadt.
Konoba Boškarin, Dubravica 1. Istrische Küche und stimmungsvolles Ambiente.
Konoba Bani, Bani 73, Tel. 621762, www.konoba-bani.hr (kr.). Traditionelle istrische Küche – oft mit Musikdarbietung (Harmonika). Nordöstlich der Altstadt, bei Zarečje.
Agroturizam Ograde, Lindarski katun 60, Tel. 693035, www.agroturizam-ograde.hr. Spezialität des Hauses sind Peka-Gerichte (Rindfleisch) und istrischer Strudel (mit Fleischfüllung). Ca. 10 km südlich von Pazin.

Bunker, Franine i Jurine 15. Café.
Bombonijera, 25. rujna 9. Café.
Max Magnus, Šetalište Pazinske gimnazije 3. Discothek.
Kavana Pazin, 25. Rujna 36, Café-Bar mit Lifemusik.

Vina Anđelini, Velanov brijeg 42, Tel. mobil 098/254426, www.andjelini-vina.hr (kr.).
Marijan Gortan, Stari trg 7.
Renato Krulčić, Lindar 126b.

Paziner Höhle, Eingang 1 im Norden bei der Pazinčica-Brücke, Eingang 2 beim Hotel ›Lovac‹, Tel. mobil 091/5121528, www.central-istria.com; 25 Euro.

Jules-Verne-Tage; Ende Juni. Das Fest erinnert an die in Pazin lokalisierte Episode aus dem Roman ›Mathias Sandorf‹.
Rundgang durch die Festung Pazin; im Juli und Aug. Mit Vorführung ›Die Flucht aus dem Kastell‹ und Abendessen nach k.u.k. Manier, Tel. 52880088, www.istrainspirit.hr.

Bike Servic Matić, Lovrin 80b, Tel. 624571.

Reitverein Soko, Slokovići 82b, Tel. 688160, Tel. mobil 091/5384770.

Angelkarten (8 Euro/Tag) bei der Turistička zajednica. Infos unter Tel. mobil 098/366045.

Zip Line über die Paziner Schlucht beim Parkplatz Hotel ›Lovac‹ (Šime Kurelića 4), Tel. mobil 091/5437718; 1. Mai–30. Sept. 12–20 Uhr, 16 Euro.

Naturlehrpfad Pazin; 1,3 km. Der Pfad informiert über Karstphänomene. Er beginnt bei der Pazinčica-Brücke und führt durch die grandiose Schlucht zu herrlichen Aussichtspunkten.
Naturschutzgebiet Gračišće-Pićan. 600 ha, viele markierte Wander- und Radwege.

Kram- und Trödelmarkt; jeden 1. Di im Monat, am Rand des Stadtparks.
Boris Hrvatin, Bankovci 96, Akazien-, Kastanien- und Wiesenhonig, Propolis.

Ambulanz, J. Dobrile 1, Tel. 624643.
Apotheken: Šetalište Pazinske gimnazije 4, Prolaz E. Jelušića 1.

Die Umgebung von Pazin

Beram

Wenige Autominuten nordwestlich von Pazin steht in einem Wald nördlich von Beram (Vermo) die Kirche **Sv. Marija na Škriljinah** (Maria auf den Felsen). Bevor man sie ansteuert, sollte man in Beram im Buffet ›Freske‹ oder bei Familie Šestan (Hausnummer 38, Tel. 052/622903; Eintritt 2,60 Euro) nach dem Schlüssel fragen. Die Kirche birgt bedeutende Fresken, die Vincent aus Kastav und zwei weitere Meister 1474 malten. 46 Felder zeigen Episoden aus dem Leben Christi und der Gottesmutter, den berühmten ›Totentanz‹, einen Reigen aus Menschen verschiedener Berufe und Stände, der vom Skelett eines Dudelsackspielers angeführt wird, sowie das ›Glücksrad der Fortuna‹. Im oberen Teil der Nordwand sieht man die ›Anbetung der Könige‹. Die bemalte Kassettendecke stammt aus dem 17. Jahrhundert.

Fresken in der Kirche Sv. Marija na Škriljinah bei Beram

▲ Karte S. 176

Fresken aus dem 15. Jahrhundert finden sich auch in der 1431 erbauten und im 19. Jahrhundert erweiterten Kirche **Sv. Martin** im Ort Beram selbst – sie malte ein Künstler aus dem Friaul.

Trviž

Nur wenige Kilometer trennen Beram von dem auf einem Hügel liegenden Trviž. Von dem bereits 1177 erwähnten Ort sind nur wenige sehenswerte Gebäude erhalten: Schon von weitem sieht man den 35 Meter hohen Campanile der **Pfarrkirche** von 1897. Die einstige Friedhofskirche **Sv. Petar** mit einem schönen Steindach stammt aus drei Bauphasen (11., 13. und 19. Jahrhundert) und hat romanische und gotische Elemente. Beachtenswert im Inneren der Kirche sind Freskenreste aus dem 12. Jahrhundert und eine glagolitische Inschrift von 1553.

Wasserfall Zarečki krov

Wenige Autominuten nordöstlich von Pazin liegt **Zarečje**. Fährt man von Pazin Richtung Nordosten auf die Auffahrt zur Schnellstraße und biegt direkt nach der Bahnüberführung nach dem Ortsschild links auf den Schotterweg, gelangt man nach 200 Metern zum sechs Meter hohen Wasserfall Zarečki krov, der je nach Jahreszeit mehr oder weniger Wasser führt. Unter dem Wasserfall und auf der nördlichen Flussseite hat das Wasser Höhlen ausgewaschen. Die Decke der Grotte ist bei Extremkletterern beliebt.

Cerovlje

Etwas weiter im Nordosten von Pazin liegt Cerovlje (Cerroto), eine seit dem 13. Jahrhundert bestehende Siedlung, die zum Patriarchat Aquilea gehörte, später den Bischöfen von Pićan und

Großes Tor und Sv. Petar i Pavao in Gologorica

den Fürsten von Pazin. Die Pfarrkirche **Uznesenje Blažene Djevice Marije** wurde 1804 an der Stelle eines Vorgängerbaus aus dem 16. Jahrhundert errichtet. Auf einem benachbarten Hügel liegt die spätgotische einschiffige Kirche **Sv. Trojica** aus der ersten Hälfte des 15. Jahrhunderts mit gotischen Fresken eines unbekannten italienischen Meisters. Nördlich von Cerovlje steht in **Previž** die Kirche **Sv. Martin** aus dem 15. Jahrhundert, von deren Vorgängerbau eine romanische Kapelle erhalten ist.

Gologorica

Im kleinen Ort Gologorica (Moncalvo di Pisino, 274 Einwohner) dominiert die Kirche **Sv. Petar i Pavao** mit freistehendem Glockenturm. Sie wurde im 17. Jahrhundert an der Stelle einer mittelalterlichen Kirche errichtet, von der die Steinplastik einer Imago pietatis (1466), ein gotisches Ostensorium und ein Kelch aus dem 15. Jahrhundert erhalten sind. Der Hochaltar stammt aus dem Barock. Sehenswert sind auch die Reste der **Stadtmauer** mit dem nördlichen **Großen Tor** sowie das **Landhaus der Familie De Franceschi** mit einer Fassade von 1711. Vor dem Dorfeingang steht das romanische Kirchlein **Sv. Marija** mit etwas rustikalen gotischen Fresken (um 1400) eines unbekannten Meisters.

Sv. Križ

In der kleinen romanischen Kirche Sv. Križ bei **Butoniga** (Bottonega) kamen Fresken von 1400 zum Vorschein, als das Kirchlein 1942 nach der Bombardierung durch die Deutschen ohne Dach dem Regen ausgesetzt war und sich der Verputz von den Wänden löste. Gut zu erkennen sind die Darstellung der zwölf Apostel in der Apsis und die Allegorie des Todes als Sensenmann im Langhaus.

Zelengrad

Ein markierter Weg führt vom heutigen **Grdoselo** nach Zelengrad, zu den Ruinen einer mittelalterlichen Stadt, die im 13. Jahrhundert erstmals erwähnt wurde. Über der Burg befand sich die Siedlung mit Pfarrkirche Sv. Jakov. In der Ruine der Kirche Sv. Ana fand man das **Frag-**

Aussicht von Grimalda

ment von Grdoselo, das im Archäologischen Museum Istriens in Pula aufbewahrt wird und ein wichtiges Indiz für die Verwendung der Glagoljica in Mittelistrien in der zweiten Hälfte des 12. Jahrhunderts ist.

Grimalda

Grimalda konnte man in fünf Minuten komplett anschauen. Rastpausen eingerechnet.
Edi Matić: Grimalda

Der kleine, fast ausgestorbene Ort Grimalda besteht nur aus wenigen Häusern, die eine noch heute mit dem deutschen Wort ›Platz‹ bezeichnete Fläche umstehen. Hierher kommt man vor allem wegen des atemberaubend schönen Blicks auf den Butoniga-See und die grünen Berge Mittelistriens: Grimalda liegt 447 Meter hoch und gilt als ›Belvedere‹ Istriens. Der Ort wurde 1202 erstmals urkundlich erwähnt, als die Kirche **Sv. Juraj** errichtet wurde, geht aber in seinen Ursprüngen auf eine prähistorische Hügelsiedlung zurück. Die Kirche erhielt im 13. Jahrhundert ihren zweistöckigen Glockenturm und in der Gotik ihre Apsis und die Wandstützpfeiler. Ihr Inneres wurde im Barock umgestaltet. In der 1891 erbauten neoklassizistischen ›neuen‹ **Pfarrkirche** gleichen Namens befindet sich ein gotisches Weihwasserbecken mit glagolitischer Inschrift.

▲ Karte S. 176

Draguč

»Den Berggipfel, der über das Tal ragte, schmückten Steinhäuser, diesmal in Form einer richtigen Stadt. Naja Städtchen.« So beschreibt Edi Matić (geb. 1962) in dem Roman ›Grimalda‹ das auf einem Hügel liegende kleine Draguč (Draguccio), in dem die mittelalterliche Stadtmauer die Rückseiten der heutigen Häuser bildet. Kunstgeschichtlich bedeutsam ist die Kirche **Sv. Rok**, die dem Pestheiligen Rochus geweiht ist und im 14. Jahrhundert zum Schutz gegen Ansteckung am Ortseingang errichtet wurde. Innen birgt sie Fresken von Antun aus Padova. Eine glagolitische Inschrift über der Tür datiert sie auf 1529. In der Mitte sind die Pestheiligen Rochus, Sebastian und Fabian dargestellt, an der Nordwand die heiligen drei Könige. Die Bildnisse der Kirchenväter und anderer Heiliger wirken wegen ihrer wulstigen Lippen, geröteten Wangen und großen Augen etwas puppenartig (Schlüssel zur Kirche Sv. Rok im ›Haus der Fresken‹/ Kuća fresaka in der Hauptstraße).
Von der Kirche hat man einen schönen Blick auf den **Butoniga-See**, der 1988

als Trinkwasserreservoir (Baden und Fischen verboten) angelegt wurde. Auf dem Marktplatz des pittoresken Städtchens mit winkligen Gassen stehen die Pfarrkirche **Sv. Križ** und **Reste eines ehemaligen Schlosses.** Die **Bastion** aus dem 16. Jahrhundert bauten die Venezianer. An der Hauptstraße steht die Kirche **Sv. Krunice** mit einer kleinen Sammlung sakraler Kunstwerke.

Auf dem mit Zypressen bestandenen Friedhof ist die romanische Kirche **Sv. Elizej** mit Fresken aus dem 13. Jahrhundert einen Besuch wert. Besonders interessant ist die Darstellung der Seelen in Abrahams Schoß.

Borut

Die romanische Kirche **Sv. Mihovil** in Borut (Borutto) mit halbkreisförmiger Apsis wurde in der Barockzeit erneuert. Eine glagolitsche Inschrift an ihrer Fassade datiert die Kirche **Sv. Trojica** auf das Jahr 1556. Auf ihrem Altar stehen polychrome Holzstatuen aus dem 16. Jahrhundert.

Paz und Belaj

Lohnend ist ein Abstecher in den Nordosten von Pazin, in die Ortschaft **Paz** (Passo), in deren Friedhofskirche **Sv. Vid** Fragmente spätgotischer Fresken von Meister Albert aus Konstanz (1461) erhalten sind. In der Region verlief einst die Grenze zwischen dem venezianischen und österreichischen Teil Istriens, sie war mit vielen mittelalterlichen Burgen befestigt. Eine davon ist die **Ruine Posert** bei Belaj (Bellai), wo, umgeben von malerischen Weingärten, auch die **Renaissancevilla Barbo** steht.

Boljun

24 Kilometer nordöstlich von Pazin sind in dem mittelalterlichen Städtchen Boljun (Bogliuno) **Reste der Befestigung aus dem 16. Jahrhundert** und ein **Turm** von 1697 erhalten. An der Hauptstraße stehen der **Getreidespeicher**, eine **Loggia** und die Kirche **Sv. Kuzma i Damjan** mit Resten romanischer Fresken. Fragmente spätgotischer Fresken finden sich in der Kirchenruine **Sv. Petar**. Die Pfarrkir-

Das Kirchlein Sv. Rok in Draguč

che **Sv. Juraj** stammt aus dem, 17. Jahrhundert. Vom Ort hat man einen schönen Rundblick auf den nordöstlichen Teil Istriens.

Lindar

Wenige Kilometer südöstlich von Pazin liegt auf einem Hügel das Städtchen Lindar (Lindaro). Der bereits 1283 erwähnte Ort wurde bekannt, als der hiesige Kommandant Josip Lazarić 1813 in der Schlacht zwischen Österreich und Napoleon die Franzosen überraschend schlug und ihm der Kaiser in Wien den Titel ›Baron von Lindar‹ verlieh. Von der einstigen Befestigung aus dem Mittelalter stehen noch zwei halbrunde **Türme** und eine **Wehrmauer**. Im Ort sind Häuser aus dem 15. und 16. Jahrhundert erhalten sowie die **Stadtloggia** aus dem 17. Jahrhundert.

Ein kunsthistorisches Kleinod ist außerhalb des Ortskerns die gotische Kirche **Sv. Katarina** mit dem Fresko ›Lebendes Kreuz‹, bei dem die Kreuzbalken als menschliche Hände enden. Eine glagolitische Inschrift datiert es auf 1409. In der Nähe der Kirche steht ein Steintor, das in den nach dem Zweiten Weltkrieg verwahrlosten Park der **Villa Baxa** führt. Die Villa aus dem 17. Jahrhundert wird von einem mächtigen, zinnenbewehrten Turm überragt. Ebenfalls im Besitz der wohlhabenden Familie war das **Grattacielo** (Wolkenkratzer) genannte dreistöckige Gebäude (1869) mit Flachdach, auf dem sich eine Terrasse mit einer Bocciabahn befand.

Gračišće

▲ Karte S. 176

Von Lindar ist es nicht weit nach Gračišće (Gallignana), wo es bereits im 15. Jahrhundert freie Bauerngeschlechter mit kroatischen Familiennamen gab. Am Ortseingang steht die **Stadtloggia** von 1549, den Hauptplatz umgeben der im Stil venezianischer Gotik errichtete **Palast der Familie Salamon** und die **Sommerresidenz der Bischöfe von Pićan**. Hier befindet sich auch die 1425 erbaute Votivkirche **Sv. Marija na Placu** mit einer schönen Vorhalle und gotischen Fresken. Neben der Kirche ist ein Stein mit den Maßen für die Abgabe des Zehnten interessant.

Die Pfarrkirche **Sv. Vid** hat eine Barockfassade und einen 30 Meter hohen Glockenturm aus dem 13. Jahrhundert. Die frühere gotische Bischofskapelle **Sv. Antun Paduvanski** stammt aus dem 15. Jahrhundert.

Von Gračišće hat man einen herrlichen Blick auf das Učka-Gebirge. Für Wanderungen und Radtouren bietet das nahegelegene Naturschutzgebiet **Gračišće-Pićan** zahlreiche markierte Wege: Durch das etwa 600 Hektar große Gebiet führt der 11,5 Kilometer lange Wanderpfad ›Heiliger Simeon‹ (Beginn an der Wandertafel vor dem Stadteingang) zu Kirchen, einem urigen Bauernhof und zum **Wasserfall Sopot**.

Am Hauptplatz von Gračišće

Pićan

Wenige Autominuten südwestlich von Gračišće liegt in der fruchtbaren Region Čepićko Polje das bereits in vorgeschichtlicher Zeit besiedelte Pićan (Pedena), das in römischer Zeit Petina (oder Petena) hieß und bis 1788 Bischofssitz war. Innerhalb der gut erhaltenen mittelalterlichen Stadtmauern mit gotischen Toren steht die im 14. Jahrhundert errichtete und im 18. Jahrhundert nach einem Erdbeben neu erbaute ehemalige **Bischofskirche**, in der ein barockes Altarbild von Janez Valentin Metzinger (1699–1759) das Martyrium des heiligen Nicephorus zeigt.

Außerhalb des Ortskerns liegt die kleine Kirche **Sv. Mihovil** mit Fresken aus dem 15. Jahrhundert. Pićan ist der Geburtsort des Komponisten Matko Brajša-Rašan (1859–1934), der ein berühmter Sammler von Volksmusik war und 1912 das bekannteste istrische Gedicht ›Schönes Land, mein liebes Istrien‹ von Ivan Cukon (1868–1928) vertonte, das zur Hymne der Halbinsel wurde.

Tinjan

Südwestlich von Pazin liegt hoch auf einem Hügel Tinjan (Antignana), das schon vor der Römerzeit besiedelt war und im 12. Jahrhundert den Bischöfen von Poreč gehörte. Vor dem Ort befindet sich ein kleiner Park, von dem aus man einen schönen Blick über die Talsenke hat, die sich von Beram bis zum Lim-Fjord erstreckt. Hier steht unter einem Zürgelbaum (*ladonja*) ein steinerner **Gespantisch** mit zwölf Schemeln, wo einst Beratungen der Gemeindeoberen und Gerichtsverhandlungen stattfanden.

Die Pfarrkirche **Sv. Šimun** schmückt eine Fassade mit Stilelementen aus Barock und Neoklassizismus. Ihr 28 Meter hoher Campanile hat eine markante Mauer-

Ein steinerner Gespantisch mit zwölf Schemeln

krone. Vor dem mit Arkaden verzierten **Haus der Familie Depiera** von 1670 steht eine **Zisterne**.

In der Nähe der alten Schule erinnert ein **Denkmal** an ihren bedeutendsten Schüler, den späteren Bischof von Istrien und Triest **Juraj Dobrila** (1812–1882), der im benachbarten Ort Ježenj geboren wurde. Neben der Konoba ›Điđi‹ steht das **Geburtshaus des Linguisten und Lexikographen Josip Voltić** (1750–1825), Autor eines kroatisch-italienisch-deutschen Wörterbuchs, das 1803 in Wien erschien. Die Gemeinde Tinjan ist berühmt für ihren Schinken, der in speziellen Kellerräumen luftgetrocknet wird.

Kringa

Unweit von Sveti Petar u Šumi thront 300 Meter über der Limska Draga das 500-Seelen-Dorf Kringa (Coridigo). In dem Ort soll der Bauer Jure Grando 16 Jahre nach seinem Tod (1656) als Vampir sein Unwesen getrieben haben. So

Zentralistrien

jedenfalls dokumentiert es der Historiker Johann Weichard Valvasor (1641–1693) in seiner ›Ehre des Herzogtums Krain‹ (Nürnberg 1689). Viele, denen der Untote erschien, seien bald darauf gestorben, seine Witwe habe er alle Nächte ›würcklich beschlafen‹. Schließlich versuchten 1672 neun Männer, deren Namen Valvasor genau auflistet, dem Spuk ein Ende zu bereiten. Sie öffneten Grandos Grab und mühten sich, dem ›begrabenen Leichnam‹ einen Pfahl durch den Leib zu treiben. Als dies misslang, schnitt man dem Untoten den Kopf ab. Das ›Land- und Bauersvolk in Istrien‹ glaube fest an die Existenz solcher ›Blut-Aussauger‹ schreibt Valvasor, ähnliches sei auch in Lindar und in einem istrischen Dorf auf venetianischen Gebiet geschehen.

Heute rühmt sich Kringa des ersten urkundlich dokumentierten europäischen Vampirs: Auf der Speisekarte der Konoba ›Caffe bar Vampire‹ (Kringa 32) stehen Vampir-Cocktails und ›Istrische Suppe‹ mit reichlich Knoblauch. In einer ehemaligen Garage hat Mladen Rajko, Bürgermeister der Gemeinde Tinjan, das **Museum Jure Grando** eingerichtet, wo kostümierte Figuren, Särge, Pfähle, Fotos und Gemälde das Leben des Vampirs dokumentieren (Tel. 052/452797). Ansonsten hat Kringa nicht viel zu bieten: Auf einem Spaziergang streift man die Kirche **Antonius der Eremit** aus dem 16. Jahrhundert, passiert das gelbe **Schulhaus** mit einer Doppelzisterne und geht zur gegenüberliegenden Pfarrkirche **Sv. Petar i Pavao** von 1787, von dort durch einen Rundbogen im Campanile zur kleinen Kirche **Sv. Ana** (1558) zum Friedhof, wo die Vampirgeschichte ihr Ende nahm.

Das Kloster Sv. Petar u Šumi

▶ Karte S. 176

Sv. Petar u Šumi

Etwas südlicher liegt das im 13. Jahrhundert als Benediktinerkloster gegründete Sv. Petar u Šumi(San Pietro in Selve). Ab 1460 wirkten hier Paulinermönche, bis Kaiser Joseph II. 1782 die Aufhebung des Klosters anordnete. 1993 wurde das Kloster dem Paulinerorden zurückerstattet. Die Kirche und das Klostergebäude entstanden im Barock, der Glockenturm zeigt Stilmerkmale der Renaissance. Aus der Anfangszeit des Klosters blieb der schöne **Arkadengang** im Innenhof erhalten.

In der Kirche sind die **Barockaltäre** aus der Schnitzwerkstatt von Pavao Riedl sehenswert, der auch die Skulpturen der Fassade schuf. Die barocken **Altargemälde** sind Werke des Paulinermönchs Leopold Keckheisen (1726–1799), die sich durch dekorative, etwas schematische Kompositionen auszeichnen. Zwei Kapellen sind mit venezianischen Wandledertapeten aus dem 18. Jahrhundert geschmückt. Die **Orgel** (um 1770) schuf Janez Juraj Eisl aus Ljubljana.

Umgebung von Pazin

Vorwahl: +385/52.

Turistička zajednica Žminj, Čakavska kuća bb (Turm), 52341 Žminj, Tel. 846792, www.tzzminj.hr (kr.).

Spezielle Informationen zu Zentralistrien: www.central-istria.com.

Vermittlung von **Privatunterkünften**: www.tzzminj.hr/smjestaj.

Beram: **Konoba Vela Vrata**, Beram 41. Günstige Speisen (Nudel- und Fleischgerichte, Vegetarisches), als Dessert sind karamelisierte Äpfel zu empfehlen.

Draguč: **Buffet Zora**, Draguć 34, Tel. 665105. Schinken, Käse, Wein.

Boljun: **Ema**, Vranja 29a, 52434 Boljun, Tel. 685372. Spezialität der Konoba sind Maneštra, istrische Ravioli und Spargel.

Boljunska Konoba, Boljun 30a, Tel. 631100. Istrische Küche (hausgemachte Ravioli).

Gračišće: **Agroturizam Kušaonica-Kasca**, Gračišće 86b, Tel. 687047. Restaurant und Verkauf istrischer Spezialitäten wie Mistelschnaps, Schafskäse, Schinken und roter Teran (Rotwein).

Marino, Gračišće 75, Tel. 687081, www.konoba-marino-gracisce.hr. Istrische Spezialitäten (Wurst mit Sauerkraut) zu kleinen Preisen.

Kringa: **Danijeli**, Kringa 76, Tel. mobil 091/6866588. Traditionelle Küche.

Žminj: **Konoba Puli Pineta**, Karlov vrt 1, Tel. mobil 098/9911795, www.konoba-pulipineta.com. Istrische Küche.

Gržini: **Agroturizam Familija Ferlin**, Gržini 2, Tel. 823515. Günstige istrische Küche (Manestra, Teigwaren).

Borut: **Stara Štala**, Sandalji 29a, Essen wie bei der Großmutter!

Boljun: **Ivić Zorko**, Boljun 30a, Weinkeller: Belaj 20b, Tel. 631033, Tel. mobil 098/254486. Malvasier, Merlot, Cabernet Sauvignon.

Gračišće: **Josip Bažon**, Marcani 130 b, Tel. 621997. Degustation (Malvasier, Chardonnay, Muskateller, Rosé, Teran, Merlot) nach Anmeldung.

Adriano Putinja, Dončišće 31, Tel. 687023. Weinproben für kleinere Gruppen am Nachmittag: Malvasier, Weißburgunder, Cabernet Sauvignon, Teran, Refošk.

Pićan: **Baćac**, Kukurini 16, Tel. 869090. Der Winzer keltert Malvasier, Merlot und gelben Muskateller.

Supci pod mavricun; Ende April. In Grimalda spielen junge Musiker auf Volksinstrumenten, Infos unter: Udruga mladih Pagubice, Tel. mobil 091/5317106.

Festival der istrischen Maneštra; Mitte Juni in Gračišće. Mehrere Köche konkurrieren um den Preis der besten Minestrone.

Legendfest; Anfang Aug. in Pićan. Festival volkstümlicher Erzählungen, Sagen und Mythen. Performances, Werkstätten.

Schinkenmesse; Ende Okt. in Tinjan. Fest mit Prämierung des berühmten Rohschinkens, der wegen seiner Form ›istrische Violine‹ heißt.

Istra Trecking, Žminj, Haus Karnevali, www.istra-horse-trekking.com.

Höhle Feštinsko kraljevstvo. Schon in der Nähe von Žminj liegt beim Dorf Feštini die Höhle Feštinsko kraljevstvo (Königreich von Feštini) mit schönen Tropfsteinformationen (→ S. 142).

Ein 12 km langer **Rundwanderweg** führt von Pazin nach Beram.

Pazin und Umgebung sind bekannt für seinen Imkerhonig. Verkauf in Pazin bei **Guido Gržetić**, Zarečje 32, Tel. 622537; **Ranko Anđelini** (Honig und Wein), Velanov brijeg, Tel. 622599, www.andjelini-vina.hr (kr.), in Pićan bei **Benazić Biserka** Benazići 101, Tel. 850703.

Zentralistrien

Weißer Kalkstein prägt die dünn besiedelten Gebirgslandschaften im Nordosten Istriens, die von der Ćićarija-Hochebene und den Ausläufern des Učka-Massivs gesäumt werden.

Blick auf Motovun

DER NORDOSTEN

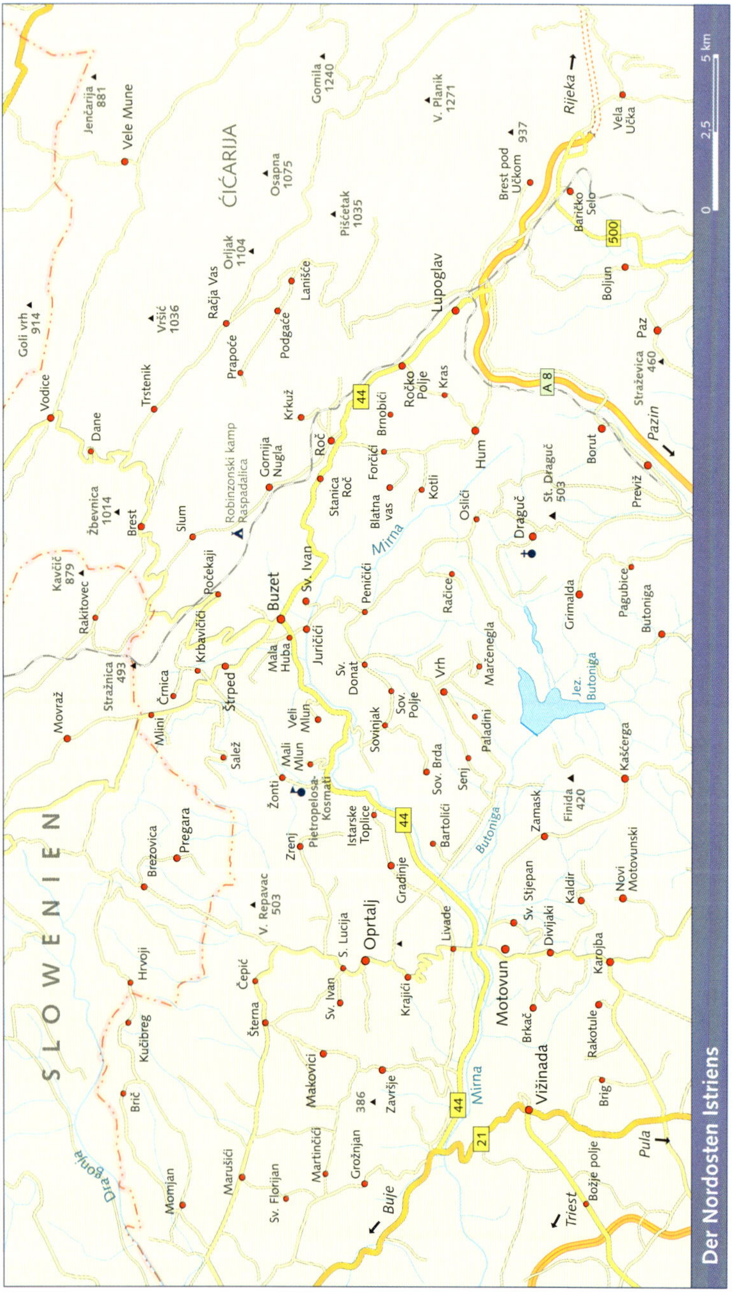
Der Nordosten Istriens
0
2,5
5 km
SLOWENIEN
ĆIĆARIJA
Buzet
Lupoglav
Oprtalj
Motovun
Vižinada
Rijeka
Pazin
Pula
Triest
Buje
Mirna
Butoniga
Jez. Butoniga
Dragonja
44
21
500
A 8
Robinzonski kamp Raspadalica
Jenčarija 881
Vele Mune
Goli vrh 914
Vodice
Dane
Trstenik
Vršić 1036
Rača Vas
Orljak 1104
Osapna 1075
Gomila 1240
V. Planik 1271
Brest pod Učkom
937
Vela Učka
Baričko Selo
Piščetak 1035
Lanišće
Podgaće
Prapoće
Krkuž
Roč
Gornja Nugla
Stanica Roč
Brnobići
Ročko Polje
Kras
Boljun
Paz
Straževica 460
Borut
Hum
Kotli
Forčići
Blatna vas
Žbevnica 1014
Brest
Slum
Počekaji
Kavčič 879
Rakitovec
Krbavčići
Sv. Ivan
Peničići
Račice
Oslići
Draguč
St. Draguč 503
Grimalda
Pagubice
Butoniga
Previž
Movraž
Stražnica 493
Črnica
Mlini
Štrped
Mala Huba
Juričići
Sv. Donat
Vrh
Marčenegla
Sov. Polje
Sovinjak
Paladini
Veli Mlun
Mali Mlun
Salež
Žonti
Pietropelosa-Kosmati
Sov. Brda
Senj
Kašćerga
Finida 420
Istarske Toplice
Bartolići
Zamask
Zrenj
Pregara
Brezovica
V. Repavac 503
Gradinje
Sv. Stjepan
Kaldir
Novi Motovunski
S. Lucija
Livade
Divijaki
Karojba
Hrvoji
Čepić
Krajići
Sv. Ivan
Štrena
Kučibreg
Brkač
Rakotule
Makovici
Završje
386
Brič
Brig
Martinčići
Grožnjan
Marušići
Momjan
Sv. Florijan
Božje polje

Buzet

Als ›Stadt auf einem Berge‹, erwähnt Anton Friedrich Büsching in seiner ›Großen Erdbeschreibung‹ von 1786 das inneristristrische Buzet (1700 Einwohner), das über dem fruchtbaren Mirnatal auf einem 150 Meter hohen Hügel liegt. Der Ort war schon in prähistorischer Zeit besiedelt, und die Römer bauten ihn zur Festung Pinguentum aus.
Bereits im 15. Jahrhundert war Buzet wegen seiner strategischen Lage zwischen Venedig und Österreich heftig umkämpft. Die Venezianer schützten Pinguente, wie Buzet auf Italienisch heißt, mit einer mächtigen Stadtmauer, die später teilweise mit Wohnhäusern überbaut wurde. Ihr **Großes Tor** (Vela Vrata) aus der Spätrenaissance und das manieristische **Kleine Tor** (Mala Vrata) von 1592 sind erhalten.

Stadtrundgang

Die barocke Pfarrkirche **Uznesenja Marijina** (1784) auf dem Hauptplatz birgt neben einem Passionskreuz von 1536 Gemälde venezianischer Meister aus dem 17. und 18. Jahrhundert. Der 1887 erbaute **Glockenturm** misst 36 Meter und ist der höchste Kirchturm der Region Buzeština. Die 1788/1789 errichtete große Zisterne **Vela Šterna** hat eine im Rokokostil gehaltene Einfriedung mit einer Inschrift von Capitano Marc' Antonio Trevisan und dem geflügelten Markuslöwen. Der **Pfarrpalast** aus dem 17. Jahrhundert gehörte einst der Familie Flego, die im 19. Jahrhundert den ersten kroatischen Bürgermeister Buzets stellte. Am Nordrand der Stadt steht die Bruderschaftskirche **Sv. Juraj** von 1611 mit dem Gemälde ›Wunder des heiligen Antonius‹ aus der Schule Tiepolos. An der Fassade der 1653 erbauten Friedhofskirche **Sv. Vid mučenik** befinden sich ein Relief des heiligen Vitus und das Wappen von Marc Antonio Grimani. In der 1635 erbauten Barockkirche **Sv. Ana** auf dem Friedhof in Fontana, dem unteren Teil des Orts, finden sich römische Spolien.
Außerhalb der Stadtmauern stehen die Kirchen **Marija Magdalena** von 1325 und **Sv. Ivan** von 1635. Vor den Stadttoren wurden auch ein altkroatischer, ein langobardischer und ein byzantinischer Friedhof ausgegraben. Einige archäologische Funde zeigt das **Heimatmuseum** im barocken **Bigatto-Palast** (1639). In der Nähe des Palastes wurde 1755 eine Bocca di Leone in die Wand eingemauert, in den Briefschlitz warfen die Bürger der Serenissima anonyme Anzeigen (›Denoncie secrete‹) gegen Waldzerstörer ein. Ebenfalls sehenswert sind der ehemalige, 1534 erbaute und 1588 erneuerte **Getreidespeicher** (Fontik) sowie der 1788 im venezianischen Barock errichtete **Palast Bembo**. Von der Terrasse am südlichen Ende der Altstadt bietet sich ein guter Blick auf das obere Mirnatal und die sanften Hügel Inneristriens.
Die Umgebung von Buzet (Buzeština) ist für ihren Trüffelreichtum bekannt und war ein Zentrum glagolitischen Schrifttums.

Račice

Neun Kilometer südlich von Buzet liegt in einem von dichten Wäldern umstandenen Tal des Bachs Račice das kleine, verschlafene Račice (Racizze) mit nur 23 Einwohnern. In dem Ort gibt es ein **Kastell**, das Graf Heinrich II. von Görz 1312 seiner Tochter Elisabeth für die Hochzeit mit Graf Nikola Pramperch zur Mitgift gab. Seitdem war es ein von Pazin unabhängiger Grundbesitz, der 1494 durch eine Schenkung Kaiser Maximilians von Habsburg an die aus Schwaben

stammenden Grafen Walderstein fiel, die auch die Herren von Paz waren. Sie residierten hier auch, nachdem der Ort 1508 unter die Oberhoheit Venedigs geraten war. 1616 zerstörten uskokische Söldner, die mit Österreich verbündet waren, den Ort und die Burg, in der zeitweise auch Domiziano Zara, ein berühmt-berüchtigter venezianischer Spion gelebt hat. Der Besitz wurde wieder aufgebaut. 1909 starb als letzter Graf in dem Kastell Peter von Walderstein, von dem der erste Plan zum Bau der Parenzana-Bahnstrecke stammte.
Heute ist das barocke Gebäude renovierungsbedürftig und kann nicht besichtigt werden.

Hum

Hum faszinierte mit seiner liliputanerhaften Urbanität.
György Dalos,
Istrien oder ein europäischer Sommer

Der 17 Kilometer südöstlich von Buzet gelegene Ort Hum (Colmo) besteht nur aus wenigen Häusern und rühmt sich, ›kleinste Stadt der Welt‹ zu sein. 1102 wurde die über dem Mirnatal thronende Siedlung erstmals erwähnt.
Die **Stadtmauer** im Westen ist gut erhalten, auf den anderen Seiten bildeten die Wände der eng nebeneinander stehenden Häuser Schutz vor Angreifern. Das **Stadttor** von 1562 erhielt 1981 Kupfertüren, auf denen zwölf Medaillons Szenen aus dem Leben auf dem Lande im Jahreskreis zeigen. Daneben ragt der 22 Meter hohe **Campanile** von 1552, in den eine glagolitische Inschrift (1470) eingemauert wurde.
Die klassizistische Pfarrkirche **Mariä Himmelfahrt** wurde 1802 an der Stelle eines Vorgängerbaus von 1609 errichtet. Hinter dem Hauptaltar hängt das Gemälde ›Himmelfahrt Mariens‹ (1600) von Baldassare d'Anna (um 1560–nach 1639), einem venezianischen Maler der Spätrenaissance. Die Kirche birgt liturgische Geräte (Kelche, Custodia) aus der Spätgotik. In der **Stadtloggia** (1545) steht noch der alte steinerne Richtertisch.
Von der Terrasse der kleinen Gaststätte **Humska Konoba** hat man einen herrlichen Blick. Hier erhält man auch den

Die Stadtloggia von Hum

▲ Karte S. 190

Blick durch das Kleine Tor in Buzet

Schlüssel für den kunsthistorischen Höhepunkt Hums: die romanische Friedhofskapelle **Sv. Jeronim** mit einer – nur von innen sichtbaren – halbkreisförmigen Apsis. Ihre Fresken aus dem 12. bis 13. Jahrhundert zeigen am Triumphbogen eine Verkündigung Mariens, an der Nordwand Kreuzabnahme und Grablegung Christi. Die Darstellungen erinnern an byzantinische Vorbilder. Möglicherweise stammt ihr Maler aus der Schule von Venedig-Aquileia.

Bei Hum entspringt die Mirna (ital. Fiume Quieto, lat. Ningus), der längste Fluss Istriens, der 53 Kilometer nach Westen fließt und in der Bucht bei Novigrad in die Adria mündet.

Kotli

Fährt man von Hum in Richtung Roč, kann man noch einen Abstecher in das nahezu verlassene Dorf Kotli (Cottole) machen, wo die beeindruckenden Wasserfälle des Flusses Mirna kesselförmige Auskolkungen bilden.

Im Dorf, das heute unter Denkmalschutz steht, sind die traditionelle Architektur und eine gut erhaltene **Wassermühle** sehenswert.

Roč

Einen Besuch lohnt auch das mittelalterliche Städtchen Roč (Rozzo, 180 Einwohner). Ihre **Stadtmauer** erhielt es im 14. Jahrhundert unter den Patriarchen von Aquileia, die sieben **Türme** im 16. Jahrhundert. In der Apsis der im 12. Jahrhundert erbauten Kirche **Sv. Rok** sind Freskenreste und Graffiti des 14. Jahrhunderts sehenswert. In der Pfarrkirche **Sv. Ante Opat** versteckt sich in einem Weihekreuz an der südlichen Langhauswand ein glagolitisches Abcedarium aus dem Jahre 1200: Der Ort war ein Zentrum glagolitischen Schrifttums. Ein glagolitischer Schreiber war der Diakon Juri Žakan, an den eine Büste vor der Kirche erinnert.

An wichtige Etappen der Entwicklung dieser ältesten slawischen Schrift und deren herausragende Vertreter erinnert die sechs Kilometer lange **Glagoliter-Allee**, die von Roč nach Hum führt, und an der elf originelle Steindenkmäler von Želimir Janeš (1916–1996) stehen.

An der Glagoliter-Allee

Die Glagoljica

EXTRA

Ein Champignon? Ein Dreizack? Ein seitenverkehrtes E? Seltsame Zeichen mit Kanten und Ecken finden sich an Kirchen und Häusern vieler Orte Istriens und der Kvarner Bucht. Es sind die Buchstaben der Glagoljica, der ältesten slawischen Schrift, die in Kroatien bis Ende des 19. Jahrhunderts im kirchlichen und privaten Leben in Gebrauch war und bis heute zum kulturellen und nationalen Selbstverständnis der Kroaten gehört.

Nach vorherrschender Meinung entwarf der Slawenapostel Konstantin (Kyrill) die glagolitische Schrift um 863 nach Christus. Ihr Name stammt von dem kirchenslawischen Wort ›glagoljati‹ (sprechen), das in Evangelientexten oft vorkommt. Denn die Schrift diente zunächst religiösen Zwecken: Der byzantinische Kaiser Michael III. (reg. 842–867) schickte die Slawenapostel Konstantin und Method nach Mähren, um die dortige ostfränkische Christianisierung durch eine byzantinisch-orthodoxe Mission zurückzudrängen. Da Konstantin-Kyrill den Slawen, die kein Latein verstanden, religiöse Texte und Predigten vermitteln sollte, schuf er die Glagoljica als erste slawische Schrift und etablierte das Altkirchenslawische als Schrift- und Liturgiesprache. Wie sein Bruder Method (816/820–885) kam Konstantin (826/27–869), der sich später den Ordensnamen Kyrill zulegte, aus dem damals griechisch und slawisch bewohnten Saloniki (heutiges Thessaloniki). Er beherrschte Griechisch und das Altkirchenslawische, das auf die bulgarisch-makedonische Mundart zurückgeht und allen Slawen verständlich war. Das griechische Alphabet eignete sich für das slawische Lautsystem nur bedingt. Erst Konstantin schuf mit der Glagoljica eine geeignete phonetische Schrift für slawische Sprachen. Ihre Buchstaben, die auch Zahlenwerte bezeichnen, erinnern an das Griechische, andere verweisen auf das Koptische, Hebräische oder Syrische. Möglich ist auch eine freie graphische Gestaltung, die christliche Symbole (Kreuz, Kreis und Dreieck) kombiniert oder magische Zeichen griechisch-byzantinischer Herkunft verwendet.

Von Mähren und Mazedonien, wo Schüler der Slawenapostel wirkten, gelangten die glagolitische Schrift und die altkirchenslawische Liturgie nach Kroatien. Hier nahm die ursprüngliche, ältere oder ›runde Glagoljica‹ seit dem 12. Jahrhundert kantigere Formen an und entwickelte sich zu der jüngeren, kroatischen ›eckigen Glagoljica‹.

Auch Kunsthandwerker haben die alten Schriftzeichen wiederentdeckt

Eines der ältesten kroatischen Dokumente in glagolitischer Schrift und altkirchenslawischer Sprache ist die Tafel von Baška (um 1100) auf der Insel Krk. Wichtige weltliche glagolitische Dokumente sind der Istrische Landschied (Istarski razvod, 1275) und das Vinodoler Gesetz (1288) – eines der ältesten slawischen juristischen Codici. Zu den schönsten illuminierten glagolitischen Handschriften gehört das Messbuch des Fürsten

Glagoljica-Kurs

Novak (1368). Es wurde 1483 von Juri Žakan, in Roč als erstes kroatisches Buch gedruckt. Weitere Zentren glagolitischen Buchdrucks waren das Städtchen Hum (Istrien), Rijeka, die Insel Krk in der Kvarner Bucht sowie die Stadt Senj. Die glagolitische Schrift verschaffte Konstantinopel einen entscheidenden Vorsprung bei der Christianisierung des slawisch-kroatischen Raums. Der Übersetzung des Evangeliums und der Messbücher in das Altslawische konnte Rom nichts Vergleichbares entgegensetzen. Deshalb hatte das Papsttum Vorbehalte gegen slawische Liturgie und glagolitische Schriftlichkeit, die in Kroatien zeitweise sogar zu Symbolen des Widerstands gegen Fremdherrschaft und lateinischen Klerus wurden.

Mit dem Rückgang des Byzantinischen seit der Mitte des 9. Jahrhunderts wurde die Schrift verboten. Rom versuchte immer wieder, den Gebrauch der Glagoljica und der slawischen Liturgie einzuschränken. Aber dies gelang nicht! Mitte des 13. Jahrhundert sah sich Papst Innozenz IV. (um 1195–1254) sogar genötigt, dem Bistum Senj und einzelnen Klöstern auf der Insel Krk die slawische Liturgie zu erlauben. Damals verbreiteten findige Glagolitermönche, der heilige Hieronymus (um 347–419/420) sei der Erfinder der slawischen Schrift. Der Heilige stammt zwar aus der Provinz Dalmatien, die zur Römerzeit auch Teile Istriens umfasste, Slawen gab es hier aber erst ab dem 6. Jahrhundert! Zudem ist nicht einmal sicher, wo genau Stridon, der Geburtsort des lateinischen Kirchenvaters und Patrons Dalmatiens lag: Manche Forscher vermuten ihn in Slawonien, andere bei Triest, wieder andere plädieren für das istrische Zrenj. Jedenfalls diente Hieronymus für die Kroaten als Gewährsmann für den Gebrauch glagolitischer Schrift und slawischer Liturgie im katholischen Gottesdienst. In den östlichen orthodoxen Balkanländern musste die Glagoljica schon im 12. Jahrhundert fast ganz der Kyrillica weichen. In einigen Regionen Kroatiens dagegen konnte sie sich ohne Unterbrechung bis in das 20. Jahrhundert halten. Von 1561 bis 1565 betrieb der slowenische Reformator Primož Trubar mit seinen aus Istrien und Dalmatien stammenden Kollegen Stipan Konzul und Antun Dalmatin im württembergischen Urach eine Druckerei, in der kroatische Bibeln und theologische Bücher in glagolitischen Lettern gedruckt wurden.

Nach der Selbständigkeit Kroatiens (1991) propagierte man die glagolitische Schrift als Symbol kroatischer nationaler und kultureller Identität: Noch heute bieten Grundschulen ihre Erlernung als Wahlfach an, Bibliotheken veranstalten Glagoljicakurse. In den einstigen glagolitischen Zentren Roč, Senj und auf der Insel Krk gibt es ›glagolitische Schulen‹. Künstler entdecken die Glagoljica für Malerei und Plastik. Man findet sie auf Gefallenendenkmälern, Münzen, Geldscheinen und Briefmarken, Telefonkarten und Plakaten. Und natürlich auch auf Souvenirs: So mancher kann da nicht widerstehen und kauft eine Krawatte, ein T-Shirt oder eine Teetasse mit den seltsamen eckigen Zeichen.

Fresken in der Kirche Sv. Rok in Sovinjak

Pietropelosa-Kosmati

Westlich von Buzet liegt 119 Meter über dem Tal der Bračana die Ruine Pietropelosa-Kosmati, eine der am besten erhaltenen **gotischen Festungen** Istriens. Schon in der Prähistorie und der römischen Antike gab es hier eine Burg. Im 10. Jahrhundert wurde sie erstmals als Ruine urkundlich erwähnt und Ende des 13. Jahrhunderts während der Herrschaft der Patriarchen (1208–1420) erneuert. Später gehörte die Anlage den Venezianern, und Doge Francesco Foscari überließ sie 1440 Nicolò Gravisi aus Piran als ewigen Feudalbesitz. Ende des 17. Jahrhunderts fiel die Festung einem Feuer zum Opfer, war aber noch bis Ende des 18. Jahrhunderts bewohnt.

In der kleinen, vor einigen Jahren restaurierten Hofkapelle **Sv. Marija Magdalena**, die zwischen dem 11. und dem 13. Jahrhundert erbaut wurde, wurden Reste gotischer Fresken entdeckt.

Salež

Der kleine Ort Salež (Salise) kann mit einer besonderen Sehenswürdigkeit aufwarten: In der Nähe von Kirche und Friedhof steht der einzige noch erhaltene **Schandpfahl** Istriens. An solche Säulen wurden im Mittelalter Gesetzesbrecher angebunden und dem allgemeinen Spott ausgesetzt. Der Schandpfahl in Salež, der laut Inschrift 1769 aufgestellt wurde, heißt bei den Dorfbewohnern ›Berlin‹; so benannt nach den Kutschen, die zwischen Berlin und Paris verkehrten, denn in einem solchen Gefährt wurde auch der Verurteilte zum Spott herumgefahren. Der ›Berlin‹ ist zwei Meter hoch und hat die Gestalt eines Mannes, der einen fezartigen Hut trägt. Die linke Hand befindet sich über dem Bauch, wo in einem Loch einst Ketten befestigt waren, seine Rechte hält er über sein Geschlechtsteil.

Štrped

Nordwestlich von Buzet ist bei Štrped (Sterpeto) die Kirche **Sveti Duh** (Heiliggeist) erwähnenswert. Ihr Schiff und das Seitenportal entstanden in der Romanik, der Chor mit Kreuzrippengewölbe in der Spätgotik, die Sakristei wurde während der Renaissance angebaut. Die barocke Vorhalle stammt aus dem 17. Jahrhundert.

Sovinjak

Acht Kilometer südwestlich von Buzet liegt über dem Tal der Mirna das Städtchen Sovinjak (Sovignacco) auf einem 293 Meter hohen Hügel, der bereits in prähistorischer Zeit besiedelt war und den die Römer mit dem Castellum Pucinum befestigten. Aus der Gegend soll auch der ›Vinum Pucinum‹ stammen, der Lieblingswein von Livia Drusilla, der Gattin Kaiser Augustus'. Noch heute ist in der Sovinjština der Weinbau ein wichtiger Wirtschaftsfaktor. 1064 wurde der Ort von Heinrich IV. an den Markgraf von Istrien, Ulrich I. von Weimar-Orlamunde, verschenkt. Im 12. Jahrhundert wurde er als Feudalburg der Patriarchen von Aquileia erwähnt. Ein Jahrhundert später kam er unter die Regentschaft der Grafen von Gorica (Görz), und im 14. Jahrhundert gelangte die Festung Sovinjak in den Besitz der Markgrafen von Pazin. Die Venezianer machen Sovinjak 1523 als Festung zum Bestandteil der von Burgen befestigten Grenze der Hauptmannschaft Rašpor. 1566 wurde in einem Dorf bei Sovinjak die erste Bauxitmine eröffnet, in der auch deutsche Bergleute arbeiteten.

Das Ortsbild bestimmt der 15 Meter hohe **Glockenturm** (1557) der Kirche **Sv. Juraj**. Er wurde in der Renaissance nach aquileanischem Muster erbaut: quadratischer Grundriss, Biforien im obersten Geschoss, mit achteckiger Laterne und

Konoba in Sovinjak

konischem Helm. Die Kirche wurde 1927 an der Stelle von Vorgängerbauten aus der Romanik und des 16. Jahrhunderts errichtet und hat eine interessante klassizistische Fassade. Von dem **Plateau** bei der Kirche hat man einen herrlichen Blick auf die Hügellandschaft Inneristriens und das Mirna-Tal. Die **Büste** auf dem Rasenplatz stellt den in Sovinjak geborenen Komponisten **Slavko Zlatić** (1910–1993) dar.

Auf der anderen Seite der Kirche befinden sich ein kastanienbestandener Vorplatz sowie zwei Zürgelbäume. Unter einem von ihnen sieht man noch **steinerne Sitze**, auf denen in früheren Zeiten die Gespane bei Ratsversammlungen Platz nahmen. Den Platz umgeben Häuser und Paläste aus Barock und Klassizismus. In der Nähe des unteren Ortseingangs steht die kleine Kirche **Sv. Rok** aus dem 15. Jahrhundert mit einer barocken Vorhalle. Die Kapelle mit Tonnengewölbe ist innen mit schönen Fresken ausgemalt. Sehenswert ist das Wandgemälde an der Altarwand, auf der 1571 Meister Domenico aus Udine den Pestheiligen Rochus darstellte.

Ćićarija

›Es ist eine einsame, kaum besiedelte Gegend, mit beinahe verlassenen Dörfern, kahlen Gipfeln, kalten Bergquellen und dunklen Wäldern mit Buchen, Eichen und Kiefern‹, schreibt der 1970 in Pula geborene Schriftsteller Vlatko Ivandić über das Kalksteingebirge Ćićarija, das sich nordöstlich von Buzet mit seinen bis 750 Meter ansteigenden Hochtälern vom kroatisch-slowenischen

▲ Karte S. 190

Grenzgebiet nach Südosten zum Učka-Massiv bei Opatija erstreckt. Wegen des weißen Kalksteins nennt man diese nordöstliche Ecke der Halbinsel auch das ›weiße Istrien‹.

Die Hügelketten der Ćićarija sind fast bis zu den Gipfeln durchgehend bewaldet, zwischen immergrünen Laubbeständen oder Nadelwald tun sich mitunter karge Weiden auf. In der Landschaft finden sich ausgeprägte Karstformationen (Dolinen, Höhlen, versickernde Wasserläufe, Felsabbrüche). Im Winter wird es hier oft bitterkalt, der Schnee bleibt lange liegen. Im Sommer wehen raue, starke Winde.

Bereits im 12. Jahrhundert dürften sich hier die ersten ›walachischen‹ Viehhirten, Abkömmlinge einer rumänischen Ethnie, niedergelassen haben. Einige Nachkommen der ›Walachen‹, die im 15. Jahrhundert in die von Pest- und Malariaepedemien entvölkerten Gebiete Istriens eingewandert waren, leben hier heute noch. Man nannte sie ›Tschitschen‹ – oder etwas abwertend im Volksmund ›Ćiribirci‹. Den Behörden in Wien und Venedig waren sie als Straßenräuber ein Dorn im Auge. Dagegen halfen auch massive Verhaftungswellen nicht. Erst im 19. Jahrhundert wurde man ihrer Herr, danach war der Schmuggel beliebter Nebenerwerb der ›Tschitschen‹, deren Nachkommen noch heute einen eigentümlich istrisch-rumänischen Dialekt sprechen.

Im Zweiten Weltkrieg war die Ćićarija eine Hochburg der Partisanen, die Nazis brannten fast alle Dörfer nieder. Denkmäler an nahezu jedem Ortseingang erinnern daran.

Buzet und Umgebung

Vorwahl: +385/52.

Postleitzahl Buzet: 52420.

Turistička zajednica Buzet, Šetalište Vladimira Gortana 9, Tel. 662343, www.tz-buzet.hr.

Post, Trg fontana 3.

Erste Bank, Trg fontana 8.

Busbahnhof Buzet, Tel. 663285. Regelmäßige Busverbindungen nach Pula, Pazin, Vodnjan, Triest und Venedig.

Bahnhof Buzet, Tel. 662899.

Buzet: **Vela Vrata**, Šetalište Vladimira Gortana 7, Tel. 494750, www.velavrata.net; DZ ab 110 Euro. Kleines Hotel in der Altstadt.

Hotel Fontana, Trg fontana 1, Tel. 662615, www.hotelfontanabuzet.com; DZ 80 Euro. Neueres Hotel mit freundlichen Zimmern.

Roč: **Hostel Roč**, 52425 Roč, Roč 8/1, Tel. mobil 091/7345734; konoba.rocka@gmail.com. Günstige, kleine Jugendherberge.

Agroturizam: In der Region gibt es zahlreiche Anbieter schöner Unterkünfte in bäuerlichem Ambiente, Infos unter www.istra.hr.

Restoran Vrh, Vrh 2, www.vrh.com.hr. Typische Hausmannskost.

Buzet: **Most**, Most 18 (an der Mirnabrücke), Tel. 62867. Günstige Fleischgerichte mit Nudeln oder Gnocchi.

Stara Oštarija, Petra Flega 5. Restaurant mit herrlichem Blick und gutem Preis-Leistungsverhältnis.

Konoba Paladin, Franečići 25. Der Familienbetrieb serviert selbst erjagtes Wild und Trüffelgerichte zu fairen Preisen.

Konoba Volte, Buzet-Peničići, Kozari 16. Günstige istrische Küche (Ombolo, Maneštra).

Hum: **Humska konoba**, Hum 2, www.hum.hr. Einziges Gasthaus der Stadt – gut, aber nicht billig.

Roč: **Restoran Kotlić**, 52425 Roč, Kotli 3 (bei Hum, Anfahrt über Brnobići), Tel. mobil 099/3517077. Rustikale Küche.

Sovinjak: **Konoba Santa Terra** (vormals: Karoca), Sovinjak, Tel. 663039, www.santa-terra.com.hr. Gasthof in herrlicher Landschaft mit delikaten Speisen zu moderaten Preisen. Zimmervermietung.

Toklarija, Sovinjsko polje 11, Tel. mobil 091/9266769. Feines Restaurant in einer Ölmühle aus dem 14. Jahrhundert. Reservierung empfehlenswert!

Mlini: **Mlini**, Mlini 44 (nördlich von Buzet, fast an der slowenischen Grenze), Tel. mobil 098/9008430, www.agroturizam-mlini.hr. Die kleine Konoba bietet leckere Forellengerichte zu erschwinglichen Preisen.

Robinzonski kamp Raspadalica, Raspadalica bb, Tel. mobil 098/9247300, www.raspadalica.com. Campingplatz für Naturliebhaber, ohne Warmwasser, dafür billig.

Buzet: **Hajduk**, Trg fontana. 9. Konditorei, Café und Bar.

Caffe Bar Helena, II. Istarske brigarde 11. Cafébar im Stadtzentrum.

Vina Piquentum, Cesta Sv. Ivana bb, Tel. mobil 095/5150468. Der junge Winzer hat in Frankreich gelernt.

Heimatmuseum Buzet, Rašporskih kapetana 5, Tel. 662792, Tel. mobil 091/8888127; Mo–Fr 9–15 Uhr. Archäologische und ethnologische Sammlung mit Exponaten zur Geschichte der Region.

Subotina; Anfang Sept. in Buzet. Fest ›Mariä Geburt‹, an dem man in einer riesigen Pfanne eine Eierspeise mit Trüffeln zubereitet.

Paragliding, im Fluggebiet Raspadalica, beim Campingplatz, von Buzet Richtung Brest dem Schild ›Paragliding‹ folgen. Auf der Hochebene rechts fahren und die Schotterpiste weiter zum Startplatz im Grenzgebiet zu Slowenien (Achtung: häufig Polizeikontrollen!), www.raspadalica.com.

Tennisclub Buzet, Tel. mobil 091/5366671, 091/4732569.

Angeln an der Mirna. Angelkarten (8 Euro/Tag) gibt es beim **Anglerverein Mrena**, Tel. mobil 091/5363491. Anglerschein: www.mps.hr/ribarstvo/default.aspx?id=23.

Kartenmaterial zum Wandern und Radfahren rund um Buzet ist in der Turističa zajednica erhältlich, Infos unter www.istria-trails.com/de/routen/strecken.

Konzum, Augustina Vivode 1.

Aura, Istarske brigade 2, Tel. mobil 091/2694250. Schau-Destillerie mit Brandy, Mistelschnaps ›Biska‹, Marmeladen, Tee, Käse. Verkostung auf Anmeldung.

Uljara Torkop, Brnozi 51, Tel. 663058, http://cerneka-torkop.hr. Die Ölmühle bietet Olivenöl direkt vom Erzeuger.

Agroturizam Jakac, Veli Mlun 12, Tel. 662481, Tel. mobil 091/5422555. Der Bauernhof hat Wein, Schnaps, Liköre und Olivenöl im Angebot.

Karlić Tartufi, Paladini 14, Tel. 667304, www.karlic-villamaslina.com. Verkauf von Trüffelprodukten. Trüffelsuche (nach Voranmeldung) 10–65 Euro.

Natura Tartufi, 52420 Mala Huba, Srnegla 21, Tel. 554057, www.naturatartufi.com. Manufaktur und Shop für Trüffelprodukte. Trüffelsuche (nach Voranmeldung) 25–70 Euro.

Ambulanz, Tel. 662722, und **Apotheke**, Tel. 662832, beide Naselje Goričica 1.

▶ Karte S. 190

Motovun

Die Sommersonne brannte arg unter Motovun. Im Wald kein Windhauch. Oben auf dem Hügel schimmerte weiß die Stadt, umgürtet von der Mauer und bewacht von dem Turm.
Vladimir Nazor: Der große Jože (1908)

Das 490 Einwohner zählende Städtchen Motovun (Montona) liegt auf einem 277 Meter hohen Hügel über dem Mirnatal, der bereits vorslawischen Siedlern als Fluchtburg diente. Im 10. und 11. Jahrhundert unterstand der Ort den Bischöfen von Poreč und geriet 1278 unter die Herrschaft Venedigs, das die Stadt vom 13. bis 14. Jahrhundert mit einer inneren Stadtmauer und bis zum 17. Jahrhundert mit einem äußeren Mauerring befestigte.

In der Altstadt gibt es romanische und gotische Häuser. Der Hauptplatz ist nach dem in Motovun geborenen Renaissancekomponisten Andrea Antico benannt. Hier stehen ein zinnenbewehrter **Glockenturm** aus dem 13. Jahrhundert und die Pfarrkirche **Sv. Stjepan**, die im späten 16. Jahrhundert im Stil Andrea Palladios errichtet wurde. Im Chor ist das spätbarocke Gemälde des ›Letzten Abendmahls‹ des venezianischen Malers Stefano Celesti sehenswert. Die klassizistischen Deckengemälde stammen von Giuseppe Bernardino Bisson (1762–1844), dem letzten Vertreter venezianischer Vedutenmalerei.

Der Kirche gegenüber steht das **Rathaus** (1100); auf der Südseite des Platzes, der eigentlich eine große Zisterne mit schöner Brunnenkrone von 1330 ist, befindet sich der im 17. Jahrhundert erbaute **Palazzo Polesini** (heute ›Hotel Kaštel‹). Empfehlenswert ist ein Rundgang auf der **Stadtmauer**, von der man einen herrlichen Blick auf Inneristrien hat, das Mirnatal und den Motovuner Eichenwald, in dem die begehrten Weißtrüffeln wachsen. Das Waldgebiet, in dem auch Eschen und Pappeln gedeihen, ist neben Motovun Schauplatz von Vladimir Nazors ›Der große Jože‹.

Livade

Nur einen Kilometer von Motovun entfernt ist Livade (Levade), das an der einstigen Eisenbahnstrecke Parenzana lag und ein reger Handelsplatz für Wein und Olivenöl war. Noch heute gilt der kleine Ort (225 Einwohner) als das Trüffelzentrum Istriens. Stolz verweist man auf seinen berühmtesten Einwohner Giancarlo Zigante, der 1999 im Motovuner Wald eine 1,31 Kilogramm schwere Trüffel gefunden hat und damit in das Guinness-Buch der Rekorde kam. 2007 wurde dieser Fund übrigens von einem Bauern bei Pisa getoppt, der ein 1,48 Kilogramm schweres Exemplar fand.

Im Mirnatal

Trüffeln – das istrische Gold

Die Trüffel ist ein seltener, etwa 20 Zentimeter unter der Erde wachsender knolliger Schlauchpilz. Sie gedeiht besonders gut in der grauen, fetten Tonerde Inneristriens, im ›Trüffeldreieck‹ zwischen Pazin, Buje und Buzet, besonders im Mirnatal und im Motovuner Wald. Als eine der wertvollsten Trüffeln gilt die weiße knollenförmige Alba-Trüffel oder Weiße Piemont-Trüffel *Tuber Magnatum Pico*. Sie hat eine ockergelbe bis hellbraune Farbe. Weiße Trüffeln erreichen die Größe von Kirschen oder Äpfeln, im besten Fall von einer Honigmelone, und wachsen in Istrien vorwiegend in der Gegend von Livade und im Mirnatal am Motovuner Wald, wo sie von September bis Dezember geerntet werden können.

Günstiger als weiße Trüffeln sind die schwarzen Sorten: Die Trüffel *Tuber melanosporum* ist in Istrien häufiger. Sie wächst von Januar bis zum Frühjahr und gilt als eine der besten schwarzen Trüffelsorten. Preiswerter ist die im Winter wachsende *Tuber brumale*. Das ganze Jahr über wächst die auch als Sommertrüffel bekannte schwarze Sorte *Tuber Aestivum Vitt*. Sie ist rundlich und nierenförmig, erreicht zwei bis neun Zentimeter Durchmesser und kann bis zu einem halben Kilogramm schwer sein. Man erntet sie von Mai bis Oktober.

Der intensive Geruch von Trüffeln erinnert an Knoblauch und alten Käse und ähnelt den Sexualduftstoffen von Ebern. Daher nutzte man früher zur Trüffelsuche den Instinkt weiblicher Schweine, die von den Pilzen angelockt wurden. Aber Schweine richten beim Ausgraben der Trüffeln großen Schaden an den Wurzelspitzen an und fressen auch selbst gern die begehrten Pilze! Deshalb setzt man heute vorwiegend Hunde zur Trüffelsuche ein. Trüffeln gelten als besondere Delikatesse und sind daher teuer: Ein Kilogramm kann je nach Qualität 6000 bis 9000 Euro kosten!

Schon zur Römerzeit waren die Trüffeln beliebt, man sagte ihnen potenzsteigernde Wirkung nach und weihte sie der Göttin Venus. Im 2. Jahrhundert nach Christus beschrieb Apicius, der berühmte Koch Kaiser Trajans, in seinem Kochbuch ›De re Coquinaria‹ verschiedene Trüffelrezepte. Ende des 15. Jahrhunderts wurden Trüffeln im französischen Perigord als Delikatesse neu entdeckt und bald an allen Königshäusern Europas beliebt. Ob Maria Theresa auf ihren Reisen von Triest nach Wien in Livade Halt gemacht hat, um istrische Trüffeln zu kosten, ist nicht belegt. Sicher ist, dass Massimo Sella, Direktor des Instituts für Meeresbiologie in Rovinj, 1929 bei Pazin weiße Trüffeln fand und 1933 mit Baronin Barbara-Barbelies von Hütterott in Livade das erste Unternehmen zur Suche, Ernte und Vermarktung von Trüffeln gründete.

Schwarze Trüffeln

Auch wegen der Trüffeln ist Istrien heute bei Gourmets besonders beliebt. Viele Feinschmeckerlokale haben sich auf die Zubereitung exquisiter Trüffelgerichte spezialisiert. Interessenten können bei geführten Trüffelsuchen die Arbeit der ›Trüffeljäger‹ und ihrer Hunde kennenlernen.

Drastische Darstellung der Höllenqualen in Sv. Barnabas

Vižinada

Westlich von Motovun hat man von dem Städtchen Vižinada (Visinada) einen herrlichen Blick auf Motovun und die Wälder, Felder und Weinberge Inneristriens. In der Gegend haben bekannte istrische Winzer ihre Weinkeller: Pilato, Rossi, Arman Franc, Arman Marijan und Geržinić. Vižinada wurde im 12. Jahrhundert erstmals urkundlich erwähnt, liegt an der alten Via Flavia und stammt sicher schon aus römischer Zeit. 1523 kam der Ort endgültig unter die Herrschaft Venedigs. Wenig später kaufte der venezianische Mäzen Gerolamo Grimani (1500–1570) Vižinada. Seine Familie blieb auch nach dem Untergang der Stadtrepublik (1797) lange im Besitz der Stadt.

Auf dem Hauptplatz beeindrucken die Reste der barocken öffentlichen **Zisterne** von 1772 mit zwei Brunnenkronen. Am venezianischen **Getreidespeicher** befindet sich ein Relief des Markuslöwen. Eine Steintafel dokumentiert die Gebühren, die man 1726 am alten Flusshafen (Baštija) an der Mirna für das Verladen von Getreide, Holz und Wein zahlen musste. Den Platz säumen auch die alte **Schule** aus dem 18. Jahrhundert, die venezianische **Stadtloggia** aus dem 17. Jahrhundert und die Pfarrkirche **Sv. Jeronim**, ein neoklassizistischer Bau aus dem 19. Jahrhundert. Daneben steht der 25 Meter hohe **Campanile** aus dem 17. Jahrhundert. In der Kirche zeigt das barocke Altarbild von Giorgio Ventura eine Muttergottes mit Kind und Heiligen.

Südlich vom Hauptplatz liegt die Kirche **Sv. Barnabas** (Schlüssel beim Pfarramt) aus dem 13. Jahrhundert, die mit sehenswerten Fresken aus dem 15. Jahrhundert ausgemalt ist. Besonders eindrucksvoll ist die Darstellung der Höllenqualen beim Jüngsten Gericht. Die Fresken wurden 1970 entdeckt, als die Kirche während der Dreharbeiten für den Film ›Kelley's Heroes‹ als Requisitenlager genutzt wurde. Die Stadt diente in dem Hollywoodstreifen mit Clint Eastwood, Telly Savalas und Donald Sutherland als Kulisse. Vižinada ist der Geburtsort der italienischen Tänzerin Carlotta

In Oprtalj

Grisi (1819–1899), für die Jules Perrot 1841 die Choreographie für das Ballett ›Giselle‹ schrieb.

Božje polje

Drei Kilometer von Vižinada, an der Straße Richtung Poreč, liegt Božje polje, das seinen Namen den Tempelrittern (Božjaci) verdankt, deren istrisches Zentrum der Ort im 11. Jahrhundert war. Nach ihnen wirkten hier vom 12. bis zum 16. Jahrhundert Johanniter von Rhodos und Malta und von 1536 bis 1806 Franziskaner des Dritten Ordens. An der Fassade der spätgotischen Friedhofskirche **Sv. Blažena Djevica Marija** hängt ein Steinkopf, der einer Legende nach den Hunnenkönig Attila darstellen soll. Die einschiffige Wallfahrtskirche mit Kreuzrippengewölbe wurde Ende des 15. Jahrhunderts von Malern der Werkstatt von Ivan von Kastav mit spätgotischen Fresken ausgemalt, die 2008 gründlich restauriert wurden. Die Bogenfelder der Apsis zeigen Engel, die Evangelisten und Apostel. Neben der Kirche befand sich das Franziskanerkloster, von dem nur ein Gebäude erhalten ist, das als Leichenhalle genutzt wird.

Rakotule

Südwestlich von Motovun wurden in Rakotule (Racotole di Montona) 1925 in der einschiffigen romanischen Kirche **Sv. Nikola** (Schlüssel beim Pfarramt in Karojba, Tel. 052/683158) auf dem Friedhof bemerkenswerte Fresken venezianischer Meister aus dem frühen 14. Jahrhundert entdeckt. Ihren Darstellungen aus dem Leben des heiligen Nikolaus wird eine Nähe zu Giotto nachgesagt.

Oprtalj

Nördlich von Motovun liegt im hügeligen Karstgebiet der Gornja Bujština das kleine Städtchen Oprtalj (Portole d'Istria), dessen mittelalterliche Stadtmauer noch gut erhalten ist. Der Ort wurde 1102 erstmals als Castrum Portulense erwähnt. Von 1420 bis 1797 gehörte er zum Verteidigungssystem der venezianischen Grenze in Istrien.

Außerhalb der Altstadt steht die einschiffige Kirche **Sv. Rok** aus dem 14. Jahrhundert mit leider kaum erhaltenen gotischen Fresken des istrischen Malers Antun aus Padova. Vor dem Stadttor beeindruckt die große venezianische **Renaissance-Loggia** mit Lapidarium. Von hier hat man einen herrlichen Blick auf den westlichen Teil Istriens. Das **Stadttor** ist ein Rest der venezianischen Festung, auf deren Mauern im Laufe der Jahrhunderte Häuser errichtet wurden. Die 1517 erbaute Pfarrkirche **Sv. Juraj** erhielt ihre Fassade in der Renaissance. Innen ist das barocke Gemälde ›Maria im Rosenhag‹ von Matteo Furlanetto (1750–1815) erwähnenswert.

Unterhalb des Ortes steht die kleine gotische Kirche **Blažena Djevica Marija** (Schlüssel im Pfarramt, Tel. 052/644200), deren Wände Meister Clériginus und drei unbekannte Maler mit Darstellungen aus dem Leben Christi und der Gottesmutter ausgemalt haben.

Istarske Toplice

Zwischen Motovun und Buzet liegt im Mirnatal das Thermalbad Istarske Toplice. Über dem Kurort erhebt sich der 85 Meter hohe Felsen **Sv. Stjepan**, zu dessen gleichnamiger Kirchenruine ein Wanderweg führt. Eine Legende erzählt, wie die seit der Antike bekannte Heilquelle entstand: Ein übel verleumdetes, keusches Mädchen soll sich zum Beweis ihrer Jungfräulichkeit von dem Felsen gestürzt haben. Sie wurde aber von dem Heilwasser aufgefangen, das der heilige Stephan zum Beweis ihrer Unschuld hervorquellen ließ.

Zamask

Von dem 411 Meter hoch gelegenen Zamask hat man einen herrlichen Blick auf die Landschaft Inneristriens. Mitten durch den malerischen Ort verlief einst die Grenze zwischen Venedig und Österreich. Die heutige Pfarrkirche **Sv. Mihovil**, die 1570 einen romanischen Vorgängerbau ersetzte, lag einst auf der venezianischen Seite, während die ebenfalls auf romanischen Fundamenten errichtete Barockkirche **Sv. Martin** zu Österreich gehörte.

Im Westen der Ortschaft steht das romanisch-gotische Kirchlein **Sv. Magdalena** mit gotischen Fresken. Vier Kilometer südlich von hier liegt **Kašćerga**, das einstige Villa Padua, wo im 15. Jahrhundert der istrische Freskenmaler Antun aus Padova geboren wurde.

Motovun und Umgebung

Vorwahl: +385/52, **Postleitzahl**: 52424.

Turistička zajednica Motovun, Trg Andrea Antico 1, Tel. 681726, www.tz-motovun.hr.

Post, Mure 2.

Istarska Kreditna Banka, Kanal 5.

Tankstelle, Kanal 46.

Busverbindungen nach Pazin, Pula und Buzet. Shuttlebus (1,30 Euro) vom Parkplatz (Mirnakanal) nach Motovun (Friedhof).

Nächster Bahnhof: Pazin (Züge nach Ljubljana, Zagreb und Triest), Stareh Kostanji 1, Tel. 624310.

Artis Travel, Šimunici 95, Potpićan, Tel. mobil 091/2204955, www.artis-taxi.com.

Motovun: **Hotel Kaštel**, Trg Andrea Antico 7, Tel. 681607, www.hotel-kastel-motovun.hr; DZ 90 Euro. Sehr schönes Hotel mit Wellness und Spa, in der Altstadt.

Apartment Motovun I, Kanal 10, Tel. 681970, www.montonatours.com; DZ 70 Euro.

Villa Borgo Bed&Breakfast, Borgo 4, Tel. 681708, www.villaborgo.com; DZ 70 Euro. Zimmer mit Blick auf das Mirnatal.

Bella vista, Gradiziol 1, Tel. mobil 091/5230321, www.apartmani-motovun.com; Apartment 50 Euro. Hübsche Apartments im Zentrum Motovuns.

Agroturizam Tikel, 52423 Karojba, Špinovci 88, Tel. 683/404, www.agroturizam-tikel.hr; Ferienwohnungen (Agrotourismus), DZ 45 Euro. Sehr schöne Ferienwohnungen, Konoba.

Campinglatz Motovun, Rižanske skupštine 1a, Tel. 681607, www.motovun-camping.com. Kleiner Platz unterhalb Motovuns.

Motovun: **Kaštel**, Trg Andrea Antico 7. Im Zentrum, gepflegtes Restaurant mit Trüffelspezialitäten.

Mondo, Barbacan 1. Stilvolle Konoba, istrische Trüffel-, Nudel- und Fleischgerichte zu moderaten Preisen.

Pod napun, Gradiziol 33. Die Konoba serviert einfache istrische Gerichte.

Pod voltom, Trg Josefa Ressela 6. Das gemütliche Lokal ist auf Trüffelgerichte spezialisiert und bietet Gnocchi mit Wild zu fairen Preisen an.

Agroturizam Štefanić, Štefanići 55, Tel. 689026, www.agroturizam-stefanic.hr (kr.). Istrische Gerichte mit Zutaten aus eigener Landwirtschaft und Hauswein zu angemessenen Preisen.

Livade: **Enoteka Zigante**, Livade 7, Tel. 664302. Legendäres Feinschmeckerrestaurant, höheres Preisniveau.

Oprtalj: **Agroturizam Štokovac**, 52428 Oprtalj, Novaki 39, Tel. 644143. Nudel- und Fleischgerichte. Hofladen (Schinken, Wurstwaren, Olivenöl). Nur Barzahlung!

▶ Karte S. 190

Motovun: **Antico**, Kandlera 2, Tel. mobil 098/428247. Café und Hostel.

Motovun: **Benvenuti**, Kaldir 7, Tel. 691322, www.benvenutivina.com. Produziert Malvasier, Teran, Muskat.
Weingut Tomaz, Kanal 36, Tel. 681717, www.vina-tomaz.hr. Malvasier, Merlot und Teran.
Vižinada: **Arman Franc**, 52463 Vižinada, Narduči 5, Tel. 446226. Teran, Malvasier, Chardonnay und Grauburgunder.

Motovun Film Festival; 27.–31. Juli, Tel. 325991, www.motovunfilmfestival.com.
Süßes Istrien; Mitte Aug. in Vižinada. Präsentation von über 300 verschiedenen Kuchen und Gebäck.
Kastanienfest; Mitte Okt. in Oprtalj.
Trüffelfeste; Ende Sept.–Anfang Nov. in Livade, Buzet, Motovun.

Bike Point Motovun, Kanal 10, Tel. mobil 091/5872847, www.montonatours.com. Fahrradverleih (14 Euro/Tag).

Schöne Wege zum Wandern und Radfahren sind die einstige Eisenbahnstrecke **Parenzana** (→ S. 106) und der Rundweg, der über Vižinada und Livade führt.

Parenzana Train, Tel. 496068, Tel. mobil 099/4773311, www.parenzana.hr; Fahrpreis (inkl. Reiseleitung und Degustation) ca. 35/17,50 Euro. In der Urlaubszeit fährt der Touristenzug von Vižinada über Rakotule und Karojba nach Motovun.

Golf Klub Motovun, Tel. mobil 098/257180. 6-Loch-Platz unterhalb Motovuns.

Die Felswände oberhalb des Kurorts **Istarske toplice** bieten Extremkletterern 13 verschiedene Touren von 22 bis 90 Metern.

Motovun: **Zigante Tartufi**, Gradziol 8, Tel. 681668, www.zigantetartufi.com. Verkauft werden Produkte aus Trüffeln, Olivenöl extra vergine, Weine, Schnäpse, Honig, Konfitüren.
Ölmühle K. Ipša, 52427 Livade, Ipši 10, Tel. 664010, www.ipsa-maslinovaulja.hr. Mittelfruchtiges Natives Olivenöl Extra der Sorte Istarska bjelica (ca. 26 Euro/Liter).
Atelijer M, Gradiziol 46. Schmuck, Taschen, T-Shirts.
Api Pilaj, Divijaki 1. Erstklassiger Imkerhonig.

Ambulanz, Motovun, Kanal 4, Tel. 681505.

Fresken in der Kirche Sv. Blažena Djevica Marija in Božje polje

Überall ist Istrien schön, doch seine Ostküste hat die Natur am meisten mit ihren zauberhaften Gaben geschmückt. Klippenreiche Landzungen, schattige Talsenken, dunkle Buchten, grüne verschlungene Pfade, friedliche Wäldchen, steile Klippen, gewaltige und über dem Meere hangende Felswände – all dies verwebt, wechselt sich ab in unbeschreiblicher Harmonie.

Eugen Kumičić, Jelkas Basilienkraut (1881)

Das Städtchen Mošćenice an der Liburnischen Küste

DIE OSTKÜSTE

Schroffer als im Westen ist die Ostküste Istriens mit den steil ins Meer stürzenden Felsen des Učka-Gebirges. Auf den Klippen oder direkt am Meer liegen malerische Dörfer und traditionsreiche Kurorte, umgeben von Oliven-Lorbeer-Hainen und Kastanienwäldern.

Labin

Albona ist ein großer mit Mauern umgebener Flekken, oder Kastell, ligt auf einer Erdenge, welche der Kanal Arsa und der Golfo des Quarnero macht, und die zwei Hälften des Distrikts miteinander verbindet.
Johann C. Maier: Beschreibung von Venedig, 1791.

Die Altstadt Labins (Albona) liegt oberhalb des Steinkohlebergwerks Podlabin auf einem Hügel, von dem man einen herrlichen Blick auf das Učka-Gebirge und die Kvarner Bucht hat. Wie viele inneristrische Städte geht Labin auf eine illyrische Wallburg zurück. 177 vor Christus kam der Ort unter die Herrschaft der Römer, die ihn Albona nannten. Nach dem Fall Westroms regierten hier Ostgoten, Byzantiner, Langobarden und Franken. Bereits im frühen Mittelalter ließen sich hier Kroaten nieder. Von 902 bis 1207 war Labin Teil des Heiligen Römischen Reichs Deutscher Nation, bis 1420 im Besitz der Patriarchen von Aquileia und gehörte fast 400 Jahre der Republik Venedig. Auf den alten Befestigungsmauern wurde im 16. Jahrhundert ein Kranz von Häusern und die Bastion Fortica errichtet. Nach dem Fall der Serenissima regierten in Labin nach 1797 kurze Zeit die Franzosen und ab 1813 die Österreicher. Nach dem ersten Weltkrieg wurde die Stadt Italien zugesprochen, ab 1945 war sie Teil Jugoslawiens. Labin ist der Geburtsort des später in Wittenberg und Straßburg lehrenden protestantischen Theologen Matthias Flacius Illyricus (1520–1573). 1921 traten die Bergleute von Labin wegen schlechter Arbeitsbedingungen in den Ausstand und forderten die Selbstverwaltung. Nach 36 Tagen wurde der Streik, der unter dem Namen ›Republik Labin‹ bekannt wurde, von den italienischen Faschisten gewaltsam niedergeschlagen.

▲ Karte S. 211

Stadtrundgang

Am Stadtplatz Titov Trg steht die venezianische **Loggia** aus dem 17. Jahrhundert, weiter oben das 1587 erbaute Stadttor **Sv. Flora** mit dem Markuslöwen. Daneben befindet sich links der **Prätorenpalast** mit Renaissance-Biforien. Geht man durch das Tor, kommt man zum **Getreidespeicher** mit Uhrturm von 1539. Er wurde 1843 zum **Stadttheater** umgewandelt. Hier kann man links zum barocken **Palazzo Franković** abbiegen, wo im Innenhof ein Lapidarium und im Gebäude eine Ausstellung über Matthias Flacius Illyrikus zu sehen ist. Folgt man der Straße, gelangt man zum einstigen **Stadtspital** (1522) und dem **Palazzo Negri** aus dem 17. Jahrhundert.

Geht man vom Uhrturm geradeaus, kommt man am Renaissancepalast **Scampicchio** vorbei, der einen schönen Innenhof hat. Weiter gerade aus geht es zum barocken **Palazzo Lazzarini**, wo das **Volksmuseum** über die Geschichte Labins von der Antike bis heute informiert. Sehenswert ist die nachgebaute Kohlemine und die Ausstellung über den Aufstand der Labiner Bergarbeiter 1921.

Rechts neben dem Museum stehen die kleine Kapelle **Sv. Stjepan** aus dem

Buzet
Lupoglav
Hum
Rijeka
Opatija
Veprinac
Brložnik 1092
937
Dragué
St. Dragué 503
Grimalda
Borut
Boljun
Vela Učka
Dopolavoro
Ičići
Ika
Lovran
Paz
Belaj
Vojak 1401
Cerovlje
500
Ertić 645
Mala Učka
Lovranska Draga
Medveja
Pazin
Gologorica
Letaj
Donji Kraj
Šušnevica
Sv. Petar
Barevica 333
Nova Vas
Mošćenička Draga
Brgud 907
Lindar
Gračišće
117
Mošćenice
827
Tupljak
Purgarija
Čepićko polje
Žuknica
64
Pićan
E 751
Mandalenčići
Polje Čepić
66
Zajci
456
Potpićan
Kožljak
Učka-Gebirge
132
Kršan
Batlug
Sv. Katarina
Šumber
Sisol 835
Brseč
403
Raša
Vozilići
Savinjovica 421
Blaškovići
Brestova
Nedešićina
Plomin
Porozina
Ružići
455
Cvitići
Martinski
Štrmac
Cres
399
Mali Golji
Ripenda Verbanci
Standar 474
Aussichtspunkt Plomin
100
Cere
Labin
Orline 604
Sv. Bartul
Ripenda Kras
Prhati
Topid
Cres
Raša
Kapelica
Oliva
Rabac
Petehi
Rogočana
Maslinica
528
Kranjci
Barban
Želiski
289
Puntera
513
Brgod
Sv. Marina
E 751
Adventure Glavani Park
66
Trget
Polje
Glavani
Rebići
Goli 538
Drenje
Hreljići
Koromačno
Manjadvorci
Bratulići
Sv. Lovreč Labinski
Rakalj
Skvaranska
Viškovići
475
Skitača
Škabići 208
Tunarica
Krnica
Mutvoran
91
Koromačno
Kvarner Bucht
Marčana
Peruški
Pula
Rt Ubac
183
Muntić
Kavran
0
3
6 km
Die Ostküste Istriens

Blick auf Labin

18. Jahrhundert und die Pfarrkirche **Rođenje Marijino**. Sie hat eine schöne gotische Fensterrose, unter der 1842 der Markuslöwe angebracht wurde. Über dem zugemauerten gotischen Portal befindet sich die barocke Büste des venezianischen Senators Antonio Bollani, der in Kämpfen gegen die Türken erfolgreich war. In der Kirche ist im rechten Seitenschiff das Altargemälde der Muttergottes mit dem heiligen Antonius von Palma il Giovane (um 1548 – 1628) sehenswert.

Podlabin und Raša

Zwei Orte bei Labin wurden in den 30er Jahren unter Mussolini als Bergarbeitersiedlungen geplant. Beide konkurrieren um den Titel der ›jüngsten Stadt Istriens‹: **Podlabin** (Littorio d'Arsia), heute nördlicher Stadtteil Labins, entstand von 1937 bis 1942 nach Plänen von Eugenio Montuori (1907 – 1982) im Stil des Rationalismus rund um den Schacht eines Steinkohlebergwerks. Den Hauptplatz dominieren der wuchtige Turm und die Arkaden des einstigen Sitzes der faschistischen Partei. Gegenüber steht die Kirche **Sv. Franjo Asiški** (1943).

Wenige Autominuten südwestlich von Labin liegt im inneren Teil der Raša-Bucht (Raška draga) die 2000-Seelen-Gemeinde **Raša** (Arsia), benannt nach dem Fluss, der einst Histrier und Liburner trennte, später Venedig und Österreich. Die Arbeitersiedlung wurde 1936 bis 1937 von Gustavo Pulitzer Finali (1887 – 1967) auf Wunsch Mussolinis als ›ideale Stadt‹ errichtet. Dabei kombinierte Pulitzer Finali architektonische Stile wie Modernismus, neuen Klassizismus, Novecentismo, Ruralismus und Art déco. Im Stadtzentrum befinden sich Marktplatz, Brunnen, Gemeindeamt, Schule, Krankenhaus und die Kirche **Sv. Barbara**. Ihr Dach gleicht einem umgedrehten Bergbauwaggon, ihr Glockenturm einer Grubenlampe. In der Kirche befindet sich heute ein **Bergbaumuseum**. Die Wohnhäuser der Bergleute entsprachen einer funktionalen, komfortablen, modernen Architektur. Die Stadt hatte zeitweise 10 000 Einwohner. Nach 1943 verließen die italienischen Kumpel das Bergwerk. Unter deutscher Be-

▸ Karte S. 211

satzung war Raša eine Garnison. Nach 1945 richteten die Kommunisten hier ein Zwangsarbeitslager ein. In den 60er Jahren wurde der Bergbau unrentabel und die Mine 1966 geschlossen. Heute herrschen hier Arbeitslosigkeit und Tristesse.

Rabac

Unter Labin, direkt am Meer, liegt Rabac. Als der englische Reiseschriftsteller Richard Francis Burton 1878 hier weilte, war es noch ein Fischerdorf. In den 60er und 70er Jahren des vergangenen Jahrhunderts mauserte es sich zu einem bekannten Badeort mit über 12 000 Betten. Beliebt sind seine sauberen Kies- und Felsstrände, besonders die von Pinien und Kiefern umstandenen Strände östlich des **Rt Andrija**. Ein schöner Wanderweg führt von der Maslinica-Bucht an Schluchten und kleinen Wasserfällen vorbei hinauf nach Labin.

Barban

15 Kilometer südwestlich von Labin liegt hoch über der Raša-Bucht Barban (Barbana d'Istria) das bereits in der Bronzezeit besiedelt war und schon 740 nach

Jakobus-Fresken in der Kirche Sv. Jakov

Kleiner Strand in Rabac

Christus urkundlich erwähnt wird. 1334 kam es unter die Herrschaft Pazins und gehörte von 1420 bis 1797 zu Venedig. 1535 erwarb die venezianische Dogenfamilie Loredan den Ort. Aus dieser Zeit stammen Reste der Befestigungsmauern von 1555, das **Kleine Tor** (Mala Vrata) von 1720 und einige Renaissancegebäude. Durch das 1718 errichtete **Große Tor** (Vela Vrata) mit dem Wappen der Familie Loredan gelangt man zu dem Platz mit der Kirche **Sv. Nikola**, die um 1701 nach dem Umbau eines Kastells entstand. Innen sind auf den venezianischen Barockaltären die Gemälde von Antonio Moreschi sehenswert, der ein Schüler Tintorettos und Jacopo Palma il Giovanes war. Der spätgotische Tabernakel ist ein Werk des Meisters Dominik aus Koper.

Unweit der Kirche stehen der **Palazzo Loredan** (1606) und in der Nähe des Kleinen Tors das **Rathaus** (1555) mit einer Loggia. Die Kirche **Sv. Jakov** birgt Fresken, auf denen der spätgotische Maler Ivan von Kastav Szenen aus der Legende des heiligen Jakobus dargestellt hat. Aus dem frühen 15. Jahrhundert stammen weniger gut erhaltene, aber beeindruckende Fresken eines italienischen Meisters in der gotischen Kapelle **Sv. Antun Opat** vor dem Großen Stadttor. Beachtenswert sind dort auch die glagolitischen Inschriften.

Am ersten Sonntag im August ist Barban Schauplatz des 1696 erstmals ausgetragenen und 1970 wieder eingeführten Ritterturniers **Trka na prstenac**, ein Wettkampf von Lanzenreitern, die auf einen Ring zielen.

Nahe Barban, an der kurvenreichen Straße nach Labin, erblickt man an einem Hügel die riesige Inschrift ›Tito‹ (Anhalten nicht ratsam!).

Halbinsel Koromačno

Südlich von Labin erstreckt sich die Karstlandschaft der kaum bewohnten Halbinsel Koromačno. Die wenigen Orte erreicht man über schmale, schlecht ausgebaute Straßen. Aber ihre bis zu 538 Meter hoch ansteigende felsige Landschaft ist bei Wanderern, Mountainbikern und Motorradfahrern beliebt und bietet in kleinen Buchten gute Bademöglichkeiten: Der Campingplatz **Tunarica** liegt auf einer Halbinsel am **Kap Ubas**, umgeben von üppigen Wald. Sehr schön ist der Strand von **Trget**, einem kleinen Hafenort, von dem aus man einen herrlichen Blick auf die fjordartige Bucht der Raša hat.

Labin und Rabac

Vorwahl: +385/52.

Postleitzahl: 52220.

Turistička zajednica Rabac-Labin, Aldo Negri 20, Tel. 855560, www.rabac-labin.com, tzg-labin@pu.tel.hr.

Info-Punkt, Titov trg 2/1, Tel./Fax 852399.

Post Labin, Titov trg 2.

Post Rabac, Obala Maršala Tita bb.

Autofähre Brestova–Porozina (Cres); tägl. 11–13x, Nebensaison Mo–Fr 8 x tägl. Infos zu Fahrplan und Preisen: www.jadrolinija.hr.

Labin, Bečići 80, Tel. mobil 098/366030.

Apartmani Kvarner, Labin, Šetalište S. Marco bb, Tel. 852336, www.kvarnerlabin.com; Apartments in Rabac (55 Euro) und Zimmer in Labin (DZ 70 Euro).

Rabac: **Maslinica Hotels & Resorts**, Rabac bb, Tel. 884150, www.maslinica-rabac.com; Große Hotelkomplexe am Meer: **Narcis** und **Palace** (DZ 55 Euro); **Mimosa** (65 Euro), **Hedera** (75 Euro).

Valamar Sanfior, Rabac bb, Tel. 465000, www.valamar.com; DZ/HP 90 Euro. Von Kiefernwäldern und schönen Stränden umgebenes modernes Hotel.

Villa Calussovo, Ripenda Kras 18 (zwischen Rabac und Labin), Tel. 851188, www.villacalussovo.com; DZ 85 Euro. Liebevolles Landhotel mit Restaurant im typisch istrischen Stil.

Nedešćina: **Kaštel Pineta**, 52231 Nedešćina, Sv. Martin 32/b, Tel. 865015, www.kastelpineta.com; Apartments 4 Pers, ab 90 Euro. Im Biobauerngut.

Camp Tunarica, Marina Tunarica d.o.o., Rudarska 1, Tel. 465010, www.camping-adriatic.com/de. Am Kap Ubas auf einer grünen Halbinsel, 17 km von Labin.

Campingplatz Oliva, Maslinica d.o.o., Rabac, Tel. 872258, www.maslinica-rabac.com. Schöne Lage an kleinem Kieselstrand, in der Hauptsaison sehr frequentiert und geräuschvoll.

Labin: **Velo kafe**, Titov trg 12. Kaffeehaus und Konoba. Bekannt für Labinski krafi (süße oder pikante Teigtaschen).

Fianona, Presika 37a, Originelle Pizzeria.

Karte S. 211

Due Fratelli, Montozi 6, Tel. 853577. Fisch- und Fleischgerichte unter der Peka oder vom Grill, marinierte Sardellen.

Konoba Rogočana, Rogočana 1, Tel. 852576. Bed&Breakfast mit guter istrischer Küche. Reservierung empfehlenswert.

Rabac: **Nostromo**, Obala Maršala Tita 7. Günstige Fischgerichte (Filets mit mediterranen Kräutern) und teurere Spezialitäten.

Rapčanka, Obala Maršala Tita 31. Oberhalb des Hafens. Fischgerichte, mittleres Preisniveau.

Barban: **Konoba-Agropansion**, Bratulići 18, Tel. 544400. Regionale Spezialitäten. Anmeldung empfehlenswert; südlich von Barban.

Trget: **Martin Pescador**, Trget 20, Tel. 544976. Mediterrane Küche – Meeresfrüchte, Tintenfisch unter der Peka – zu angemessenen Preisen.

Pingo, Rabac. Zwei Eisdielen am oberen und unteren Ende der Obala Maršala Tita.

Skulpturenpark Dubrava, zwischen Labin und Vozilići. Mehr als 75 Skulpturen internationaler und kroatischer Künstler. Einen Abschnitt der ›Weißen Straße‹ gestaltet jedes Jahr ein anderer Künstler.

Besichtigung des Bergwerks in Raša mit anschließender Mahlzeit; im Juli und Aug., Tel. 880088, www.istrainspirit.hr.

Der Hafen in der **Bucht von Rabac** ist ein beliebter Liegeplatz für Sportboote. Im Sommer 2x wöchentlich **Ausflugsschiffe nach Venedig**, außerdem Bootsausflüge entlang der Küste, in den Plominski zaljev sowie zur Insel Cres.

Wanderweg der göttlichen Quellen, 3 km, ca. 2,5 Stunden. Von Rabac nach Labin, vorbei an Quellen und Zisternen. Weitere Wanderwege unter www.rabac-labin.com, dort gibt es auch die Broschüre zum Download.

Labin: **Labin Art Republika**, im Juli und Aug. 2x wöchentlich, 20–24 Uhr. Aufführungen von Schauspielern, Sängern, Musikern und Tänzern auf den Plätzen der Stadt.

Nächtliche Stadtbesichtigung; 14. Juni–13. Sept. jeden Di 21.30 Uhr. Der Treffpunkt ist vor dem Info-Punkt am Titov trg.

Internationales Bildhauersymposium Mediterrane; Aug. und Sept.

Extremkletterer finden in den Felsen oberhalb von Rabac 11 Routen.

Adventure Glavani Park, 52207 Barban, Glavani 10, Tel. mobil 098/224314, www.glavanipark.com; tägl. 9–18 Uhr. Hochseilgarten.

Farma Drijade, 52231 Nedešćina, Šumber 20, Tel. mobil 091/2192090, www.farma-drijade.eu. Bauernhof mit Tierpark (Boškarin, dalmatinische Esel, Schweine, Ziegen). Besichtigung nach Anmeldung.

Negri Olive, Labin, Dolinska 3, Tel. 875280. Olivenöl extra vergine.

Olea B.B., Rabac, Creska 34, Tel. 8721 8900385, www.oleabb.hr. Olivenöle extra vergine.

Butega, Paolo-Sfeci 1, Olivenöl, Kosmetik, Schmuck.

Eine Delikatesse von Labin sind die **Labinski krafi** (gefüllte, süße Nudeltaschen).

Eine Spezialität der Region ist das **Brovinje**, süßes Brot mit Feigen, Pinienkernen und Salbei.

Ambulanz, Sv. Mikule 2, Tel. 855333.

Plomin

Das 80 Meter über einer Bucht gelegene Plomin (Fianona) ist ein malerisches, aber ziemlich verlassenes und teilweise verfallenes Städtchen. Früher war hier zunächst eine illyrisch-liburnische Siedlung. Als römisches Flanona wurde der Ort in der Antike so bedeutend, dass die Kvarner Bucht nach ihm Sinus Flanaticus genannt wurde. Hier wurde Constantius Gallus (326–354), der Cousin Kaiser Konstantins, nach seiner Absetzung als Unterkaiser im Exil ermordet. Ab dem 13. Jahrhundert herrschte hier Venedig. Aus dieser Zeit stammen die Reste der Stadtmauern und am Ortseingang die **Tura**, ein Stadtpalast aus dem 18. Jahrhundert mit einem Lapidarium, das Funde aus der Römerzeit zeigt.

In der spätgotischen Pfarrkirche **Sv. Juraj Mlađi** (nach dem Schlüssel kann man im Friseursalon gegenüber fragen) beeindruckt ein Fresko (1475), auf dem der Maler Albert aus Konstanz eine Muttergottes lactans (stillende Maria) darstellte. Sehenswert sind auch das Sakramentshäuschen (1499), das Chorgestühl aus der Renaissance und der ›goldene Altar‹ (um 1641).

Plomin hat eine bewegte Geschichte

An der romanischen Kirche **Sv. Juraj Stari** mit einem 15 Meter hohen romanischen Glockenturm sieht man über dem antiken Relief des illyrischen Gottes Silvanus eine der ältesten glagolitischen Inschriften Istriens, sie stammt aus dem 11. Jahrhundert. Von hier blickt man auf die Bucht von Plomin mit dem 1970 erbauten Steinkohlekraftwerk Plomin, dessen 340 Meter hoher Schornstein das höchste Bauwerk Kroatiens ist. Das Hinterland von Plomin bietet mit seinen Berghängen Lebensraum für viele gefährdete Pflanzen, seltene Vogelarten (Wanderfalke, Steinadler) und Orchideen, auch seltene Schmetterlinge und Orchideen sind hier heimisch.

Kršan

Fünf Kilometer von Plomin liegt Kršan (Chersano), ein noch ganz urtümliches istrisches Festungsdorf. Von seiner romantischen, aber renovierungsbedürftigen mittelalterlichen **Burg** sind der quadratische Turm und ein hübscher Innenhof erhalten. Sehenswert sind die Reste der Küche mit einem Renaissanceportal. In den Kellern befinden sich große Gewölbe. Vom ersten Stock aus hat man einen großartigen Blick über das Dorf und auf die Ebene **Čepićko polje,** wo sich bis 1939 ein See ausbreitete, der wegen Überflutungen und Malariagefahr trockengelegt wurde.

In Kršan wurde Mitte des 19. Jahrhunderts eine der zwei erhaltenen Kopien des Istrischen Landschieds (Istarski razvod) gefunden, das wichtigste istrische Dokument des Mittelalters. Im fünf Kilometer entfernten **Nedešćina** beeindruckt ein im 19. Jahrhundert angelegter Park mit vielen Baumsorten (Zedern, Zypressen, Robinien, Rosskastanien).

▲ Karte S. 211

Liburnische Riviera

Das prachtvolle Opatija […], ausgestreut zu Füßen bewaldeter Hügel. Azurblaues Meer liebkost und küßt seine vom schwülen, schweren Jugo-Wind umspülte Küste. Aus dunklen Lorbeerhainen und Wäldchen ragen prunkvolle Schlösser, malerische Dörfer, herrschaftliche Sommervillen und Seemannshäuser.
Eugen Kumičić,
Jelkas Basilienkraut (1881)

Von Plomin bis Opatija fährt man an der Ostflanke des Učka-Gebirges entlang. Die Strecke an der Liburnischen Riviera gehört zu den landschaftlichen Höhepunkten Istriens. Hier im Norden endete das Siedlungsgebiet der illyrischen Liburner, das sich in den Süden bis zum Fluss Krka bei Šibenik in Dalmatien erstreckte.
Einen schönen Blick auf die Bucht von Rijeka und die Insel Cres hat man vom 246 Meter über dem Meer gelegenen **Aussichtspunkt Plomin** (Vidikovac). Den 2010 gründlich renovierten Rundbau (heute Hotel ›Flanona‹, www.hotel-flanona.com.hr) ließ sich Tito 1970 als ›Schiff‹ an der Küste errichten. Von **Brestova** fahren die Autofähren hinüber nach Porozina (Insel Cres).

Brseč

Wegen seiner exponierten Lage auf einer 157 Meter hohen Klippe gegenüber von Cres diente das mittelalterliche Städtchen Brseč (Bersezio) den Seeleuten früher zur Orientierung. Schon die prähistorischen Liburner hatten hier ein **Kastell** (Gradina), auf seinem Grundriss entstand der teilweise erhaltene mittelalterliche Mauerring, in dem sich Häuser, Plätze und winkelige Treppengassen gruppieren. Durch Torbögen bieten sich herrliche Ausblicke auf die Kvarner Bucht. Die im 18. Jahrhundert barock umgebaute Pfarrkiche **Sv. Juraj** birgt ein Altargemälde der ›Anbetung der Könige‹.
Brseč ist Geburtsort des kroatischen, naturalistischen Schriftstellers Eugen

Am Aussichtspunkt Plomin

Kumičić, den sein Freund Émile Zola hier besuchte. Die Galerie **Ljubo de Karina** (Zagore 17) zeigt Skultpuren und Plastiken des 1948 geborenen Bildhauers aus Rijeka (Tel. 051/290100).

Von Brseč führt ein Wanderweg durch Eichen- und Buchenwälder hinauf zum **Sisol** (835 Meter), dem südlichsten Gipfel des Učka-Gebirges.

Mošćenice

Das kleine Städtchen Mošćenice thront auf einer Felsenklippe 173 Meter über Meer. Die Gegend war schon in der Bronzezeit besiedelt. Das Städtchen wurde um das Jahr 1000 erstmals urkundlich erwähnt. Seine Stadtmauer aus dem 12. Jahrhundert wurde weitgehend mit Häusern überbaut. Im 17. Jahrhundert nisteten sich auf dem Berg Seeräuber ein, die von der hochgelegenen Stadt aus die Schiffe in der Kvarner Bucht erspähten und ihre Ladung zu kapern versuchten. Venedig belagerte deshalb den Ort mehrfach.

Vor dem Stadttor mit dem Doppeladler der Habsburger (1642) steht die **Stražnica** (Wache) genannte Loggia aus dem 17. Jahrhundert. Auf ihren Sockel wurde ein altes Mühlespiel eingeritzt. Das **Volkskundemuseum** (Etnografski Muzej) im Torgebäude informiert über die Geschichte der Region. Daneben ist eine 300 Jahre alte **Olivenpresse** (*toš*) sehenswert.

Im kleinen Ortskern gibt es schöne Gebäude aus dem 16. und 17. Jahrhundert. Alle Gassen führen hinauf zur barocken Pfarrkirche **Sv. Andrija**, auf deren Hauptaltar Marmorstatuen des Paduaner Bildhauers Jacopo Contieri (1676–1759) stehen. Aus dem 17. Jahrhundert stammen das reich verzierte Chorgestühl aus Nussholz sowie eine volkstümliche Steinplastik im Lapidarium der Kirche. Die Orgel (1847) ist ein Werk des slowenischen Orgelbauers Peter Rumpel.

Zum Badeort **Moščenička draga** mit schönem Kiesstrand hinunter führt eine Treppe mit 700 Stufen. In der Talsenke (Draga) steht die Kapelle **Sv. Petar** (1517) mit mehreren glagolitischen Inschriften.

Medveja

Der Touristenort Medveja liegt im Mündungsgebiet eines Bachs und hat eine schöne, 400 Meter lange Kiesbucht mit einem gepflegten Campingplatz. Einer Legende nach geht der Ortsname auf Medea zurück, die hier angelandet sein soll, nachdem sie mit Jason von der Suche nach dem Goldenen Vlies zurückgekehrt war.

Lovran

Von seinen Lorbeerhainen leitet sich der Name des Badestädtchens Lovran (Laurana) ab, das im 7. Jahrhundert als Lauriana erwähnt wurde. Die Vegetation an der windgeschützten Ostflanke des Učka-Gebirges ist üppig. Hier gedeihen Esskastanien, die im Oktober rund um Lovran mit dem Kastanien-

An der Liburnischen Küste

▲ Karte S. 211

fest Marunada gefeiert werden. Von der mittelalterlichen Stadtmauer Lovrans zeugen im Südosten Reste mit dem **Stubica-Tor** und ein **Turm**. Am Hauptplatz stehen venezianisch-gotische Häuser und die barockisierte Stadtkirche **Sv. Juraj** aus dem 14. Jahrhundert, die einen romanischen Turm hat. Innen sind die Vincent von Kastav zugeschriebenen Fresken aus dem 15. Jahrhundert sehenswert. Beeindruckend ist an der Nordwand das Fresko einer ›Kreuzigung im Gedränge‹, auf dem viele Personen das Bild auf engstem Raum ausfüllen. Neben und hinter dem Altar gibt es glagolitische Graffiti. Den Ortskern prägen **Patrizierhäuser** aus dem 17. und 18. Jahrhundert. Später entwickelte sich Lovran ähnlich wie Opatija zu einem Kurort der Habsburger Monarchie mit luxuriösen Villen: Vom Geist des Art nouveau inspiriert ist die **Villa Gianna** (1904) in der Maršala Tita 23. In der Nähe ist die Jugendstilvilla **Eugenia** (Nr. 34).
In der Viktora Cara Emina stehen die von dem Wiener Architekten Carl Seidl (1858–1936) entworfenen Villen **Magnolia** (Nr. 3), Villa **Frappart** (Nr. 5) und **Santa Maria** (Nr. 7). Sehenswert sind dort auch die Villen **Deneš** (Nr. 9) und **Villa Astra** (Nr. 11), die der italienische Architekt Attilio Maguolo Anfang des 20. Jahrhunderts im Stil der venezianischen Blumengotik entwarf.
Auf dem Friedhof außerhalb der Stadtmauern steht die auf romanische Ursprünge zurückgehende gotische Kapelle

Villen in Lovran

Sv. Trojstvo mit Freskenresten von Meister Albert aus Konstanz. Das nahegelegene Dorf **Ika** hat schöne kleine Fels- und Kiesbuchten und ist noch einer der sehr ursprünglich wirkenden Orte an der Riviera von Opatija.

Ičići

In Ičići gibt es mit 300 Ankerplätzen und 40 Trockenplätzen die größte **Marina** in der Gegend. Die Wasserqualität der Strände ist hier sehr gut (Blaue Flagge), allerdings sind es meist wenig stimmungsvolle betonierte Flächen. Über der Marina thront die einst prachtvolle **Villa Münz** (1903), die derzeit in einem beklagenswerten Zustand ist. Erbaut wurde sie von dem Südtiroler Bauunternehmer Jakob Ludwig Münz (1853–1930) im Mischstil aus Sezession und Historismus.

Lovran und Liburnische Küste

Vorwahl: +385/51.
Postleitzahl: 51515.
Turistička zajednica općine Lovran, Trg slobode 1, Tel. 291740, www.tz-lovran.hr.
Post Lovran, Šetalište Maršala Tita 29.
Erste & Steiermärkische Bank, Šetalište M. Tita 41.

Bahnhof Matulji, Tel. 274102.
Taxi Lovran, Tel. mobil 098/215213.

Lovran: Hotel Lovran, Šetalište maršala Tita 19, Tel. 291222, www.hotel-lovran.hr; DZ 80 Euro. Schönes Ambiente am Meer.

Hotel Bristol mit **Dependance Villa Elsa**, M. Tita 27 und 44, Tel. 71044, www.remisens.com; DZ ab 120 Euro. Historisches Ambiente wenige Schritte vom Lungomare.
Remisens Hotel Excelsior, Šetalište maršala Tita 15, Tel. 710444, www.remisens.com/hr/hotel-excelsior; DZ 70 Euro. Viersternehotel; Pool, eigener Strand.
Pansion Štanger, M. Tita 128, Tel. 291154, http://pansion-stanger.com; DZ 70 Euro. Kleine Pension mit Gourmetrestaurant, direkt über dem Felsstrand.
Hostel Link, Lovran, Šetalište maršala Tita 9, Tel. +385/51/202090. www.linkhostel.com; DZ 25 Euro. Modern ausgestattet.

Autokamp Medveja, Medveja, 51415 Lovran, Tel. 710444, www.remisens.com/en/camping-medveja. Nahe am Kiesstrand.

Brseč: **Batelan**, Brseč 4. Gut und günstig!
Mošćenička Draga: **Na Rivi kod Benita**, Stari Grad 28, Tel. 737502. Direkt am Meer, Fischgerichte.
Johnson, Majčevo 29b, Tel. 737578. Hochprämiertes Lokal mit Spezialitäten (Kvarner-Scampi) zu angemessenen Preisen.
Lovran: **Draga di Lovrana**, Lovranska Draga 1, Tel. 294166. Zählt zu den besten und entsprechend kostspieligen Restaurants Istriens und des Kvarner.
Knezgrad, Trg slobode 12. Günstige Hausmannskost (Risotto mit Scampi).
Kvarner, Šetalište Maršala Tita 65. Preiswert, Spezialität des Hauses: Fuži mit Scampi und Trüffeln.
Villa Astra, Viktora Cara Emina 11. Spezialitäten (Lammfleisch mit Rosmarinkartoffeln) zu moderaten Preisen.
Ičići: **Commodore**, 51414 Ičići, Liburnijska bb, Tel. +385/51/704049. Mediterrane Küche (Edelfisch in Žlahtina-Soße).
Dopolavoro, Vela Učka 9. In dem guten Landgasthof werden Fleischgerichte am offenen Kamin unter der Peka zubereitet. Als Dessert empfiehlt sich der hausgemachte Kuchen Nonin bušić (Großmutterkuss).

▶ Karte S. 211

Weinbar Loza, Lovran, Stari Grad 5. Wein und Fingerfood wie Käse, Schinken und Crostini.

Maronenfest Marunada; 1. So im Okt. in Lovran.

TA Lauretius, Stari grad 60, Tel. /615554.

Infos zum **Angelschein**:
Marea Ičići, Ičići, Poljanska cesta 1, Tel. 705620, 704125, www.marea.hr.
Matulji Tours, 51211 Matulji, Trg Maršala Tita 3, Tel. 277706, www.matuljitours.com.
Angelschein online: www.mps.hr/ribarstvo/default.aspx?id=23 (engl.)

Tennisplätze, unter dem Hotel Lovran (Info: Tel. 291222).
Mountainbiken im Učka-Gebirge: **Brdsko biciklistički klub Marun**, Šetalište maršala Tita 47, Tel. mobil 091/5784185, www.bbk-marun.hr.
Extremkletterer finden im Hinterland von Mošćenička draga in den Sektoren **Potoki** und **Zijavica** ca. 30 Kletterrouten.

Sipar (Mošćenička Draga): einer der schönsten Kieselstrände an der Riviera von Opatija.
Klančac (Brseč): Pittoreske Badebucht.

Tauchcenter Marinesport, Mošćenička Draga, Tel. 737837, Tel. mobil 091/5157212, 091/2932440, www.marinesport.hr.

Ambulanz, Lovran, 9 rujna 3, Tel. 291042.
Apotheke Bačić Nada, Lovran, Šetalište M. Tita 46, Tel. 291051.

Hoch über der Bucht von Plomin

Dank seiner Schönheit, seinem subtropischen Klima, seiner leichten Erreichbarkeit und der behaglichen Unterkunft, die es seinen Gästen bietet, lockt Abbazia im Winter, der an diesem begünstigten Gestade, in Gestalt des Frühlings auftritt, immer größere Mengen von Besuchern an, die hier dauernden Aufenthalt nehmen.

Illustrierte Zeitung 1887

OPATIJA UND RIJEKA

Die Villa Angiolina in Opatija

Opatija

Längst ist Opatija nicht mehr nur Winterkurort: Die Stadt (13 000 Einwohner) liegt vor kühlen Nord- und Nordwestwinden geschützt am Fuße des Učka-Gebirges (1401 Meter), dort, wo sich das Mittelmeer am weitesten in das mitteleuropäische Festland einschneidet. Sein Name (ital. Abbazia) geht auf eine dem heiligen Jakobus geweihte **Benediktinerabtei** aus dem 15. Jahrhundert zurück. Ihre Reste stehen am Rand eines schönen Parks, den der Springbrunnen **Helios und Selene** (1889) des Wiener Bildhauers Hans Rathausky (1858 - 1912) schmückt. In der Klosterkirche **Sv. Jakov** ist eine Replik einer Pietà von Ivan Meštrović sehenswert.

Mit der Fertigstellung einer Verbindungsstraße nach Rijeka begann 1843 die Entwicklung Opatijas als mondäner k.u.k. Erholungsort. Der Adlige Iginio Ritter Scarpa aus Rijeka ließ sich 1844 in ei-

Prächtige Hotels zeugen von der langen Geschichte Opatijas als Kurort

▲ Karte S. 226

nem prächtigen Park die **Villa Angiolina** bauen. Nachdem 1860 Maria Anna, die Gemahlin des österreichischen Ex-Kaisers Ferdinand I., dort einige Zeit verbracht hatte, interessierten sich auch andere Mitglieder des Hofs für das Seebad, und nach dem Ausbau der Südbahn von Wien nach Triest über das slowenische Pivka nach Fiume (Rijeka) 1878 folgten gekrönte Häupter wie Kaiser Franz Joseph I., der deutsche Kaiser Wilhelm II., die deutsche Prinzessin Auguste Viktoria und Berühmtheiten wie Gustav Mahler, Giacomo Puccini, die Tänzerin Isidora Duncan oder Anton Čechov, dessen Novelle ›Ariadna‹ in Opatija spielt. Österreichische und ungarische Adlige und Unternehmer ließen sich historistische Villen bauen.

1883 entstand mit dem neoklassizistischen **Hotel Quarnero** das erste Nobelhotel des Orts. Es ist noch heute wegen seines 1911 angebauten Kristallsaals mit schönen Kristalllüstern berühmt (heute Hotel **Kvarner**). Schon ein Jahr später errichtete der Wiener Alfred Wildhack (1869 - 1939), der Architekt des Südbahnhotels am Semmering, das historistische Hotel **Kronprinzessin Stephanie**, das heutige Hotel **Imperial**, wo unter anderem Kaiser Franz Joseph I., James Joyce und Josip Broz Tito logierten.

An der Flaniermeile Maršala Tita reihen sich Geschäfte, nette Cafés und prachtvolle Hotels und Villen aus der Gründerzeit wie das **Hotel Bristol** oder das Hotel **Millennium** mit dem **Café Wagner** von Carl Seidl und die 1891 erbaute **Villa Madona** (heute ›Admiral Casino‹), in der sich Kaiser Franz Joseph I. und Schauspielerin Katharina Schratt getroffen haben sollen. Erwähnenswert sind auch das Jugendstilhotel **Mozart** und das imposante Hotel **Palace Bellevue**

Am Lungomare

(1908), dessen Architektur Neobarock und Art nouveau verbindet.

Lungomare

Die zwischen 1889 und 1911 angelegte Uferpromenade Lungomare (Obala Franja Josipa I.), ein zwölf Kilometer langer Spazierweg von Volosko bis Lovran, bietet Ausblicke auf die Kvarner Bucht, herrschaftliche Villen und Hotels. Hier erinnern Denkmäler und Hinweistafeln an bedeutende Persönlichkeiten, die sich in Opatija aufhielten.

Geht man von der Uvala Slatina in Richtung Volosko, kommt man zum **Kunstpavillon Juraj Šporer** (1899). In der Nähe steht in der Bucht Portić auf einem Felsen das **Mädchen mit der Möwe** (1956), eine Statue des Bildhauers Zvonko Car (1913–1982). Die Figur ersetzte die vom Sturm beschädigte **Madonna Del Mare** Rathauskys (jetzt bei der Kirche Sv. Jakov), die an Graf Kesselstatt erinnerte, der hier 1891 mit seiner Frau im Meer ertrunken war. Etwas weiter gelangt man zum **Hotel Kvarner** mit der Villa Amalia (1809) und zur **Villa Angiolina**, in deren reich geschmückter Halle Konzerte stattfinden. In ihrem Ende des 19. Jahrhunderts durch den Wiener Architekten Carl Schubert angelegten **Garten** gedeihen über 150 Pflanzenarten aus aller Welt, darunter eine Kamelie, die aus den Philippinen importiert wurde und heute als ein Wahrzeichen Opatijas gilt.

Beachtenswerte historistische Bauten am Lungomare sind die 1876 errichtete **Villa Neptun** (heute Hotel Miramar) und das Jugendstilhotel **Belvedere**. Beeindruckend sind auch die Steineichen, die ihre Wurzeln um die nackten Felsklippen schlingen. Am Ortsrand von Volosko liegt das gelbe Gebäude der **Villa Minach** (um 1900), wo Kaiserin Elisabeth den ungarischen Grafen Gyula Andrássy besucht haben soll.

Exponiert über dem Ort liegt die Kirche **Navještenje Blažene Djevice Marije**, die 1906 nach Plänen von Carl Seidl als neoromanischer Bau mit grüner Kuppel errichtet wurde.

Naturpark Učka

Der Naturpark Učka befindet sich im Nordosten Istriens und hat mit dem gleichnamigen Bergmassiv und einem Teil des angrenzenden Ćićarija-Gebirges eine Fläche von 160 Quadratkilometern. Der höchste Berg des Učka-Gebirges, dessen Name sich vielleicht von den räu-

Blick auf die Uferpromenade und die Kirche Navještenje Blažene Djevice Marije

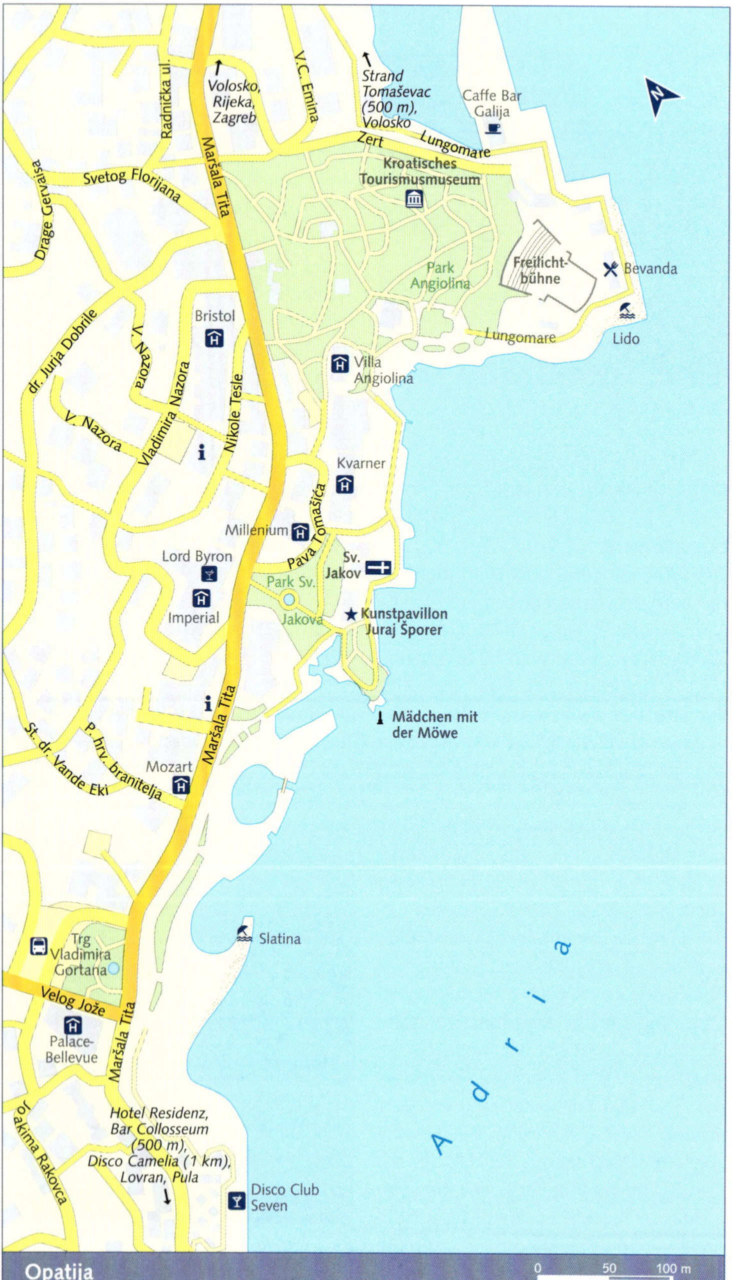
Vološko, Rijeka, Zagreb
Strand Tomaševac (500 m), Volosko
Caffe Bar Galija
Radnička ul.
V.C. Emina
Zert
Lungomare
Kroatisches Tourismusmuseum
Svetog Florijana
Maršala Tita
Drage Gervaisa
Park Angiolina
Freilichtbühne
Bevanda
Lido
Lungomare
Bristol
dr. Jurja Dobrile
V. Nazora
Villa Angiolina
Vladimira Nazora
Nikole Tesle
V. Nazora
Kvarner
Millenium
Pava Tomašića
Lord Byron
Sv. Jakov
Park Sv. Jakova
Imperial
Kunstpavillon Juraj Šporer
Mädchen mit der Möwe
Maršala Tita
St. dr. Vande Eki
P. hrv. branitelja
Mozart
Slatina
Trg Vladimira Gortana
Velog Jože
Palace-Bellevue
Maršala Tita
Adria
Joakima Rakovca
Hotel Residenz, Bar Collosseum (500 m), Disco Camelia (1 km), Lovran, Pula
Disco Club Seven
Opatija
0 50 100 m

berischen, nomadisierenden ›Uskoken‹ ableitet, ist mit 1401 Metern der Vojak. In den üppigen Buchenwäldern leben Hirsche, Rehe, Wildschweine, Dachse, Marder und Ziesel, im nördlichen Teil des Učka-Naturparks sogar Bären. In dem Kalksteingebirge trifft man auf viele Karstformationen: Höhlen, Dolinen, verschwindende Wasserläufe und schroffe, zum Meer abfallende Täler.

Im Naturpark gibt es viele Wanderwege. Vom **Poklon-Pass** bei der Pension ›Učka‹ oder vom Restaurant ›Dopolavoro‹ an der Passstraße (Vela Učka 9) führen gut markierte Wege zum Gipfel des **Vojak**, von dem man bei guter Sicht einen herrlichen Rundblick auf die istrische Halbinsel mit den vorgelagerten Inseln und die Berge des Gorski kotar hat.

An den nordwestlichen Berghängen des Učka-Gebirges beeindrucken in der Felsenschlucht **Vela Draga** (Vranjska draga) die besonders bei Kletterfreunden beliebten Kalktürme Šoplja und Čoplja.

Zufahrt: Von Labin kommend Richtung Učka, kurz vor dem Učka-Tunnel rechts abbiegen. Vom Parkplatz führt eine 30-minütige Wanderung zu den Felsen.

Opatija und Umgebung

Vorwahl: +385/51, **Postleitzahl**: 51410.

TIC Opatija, Touristisches Infozentrum, M. Tita 128, Tel. 271310, www.visitopatija.com. TouristCard Rijeka & Opatija, Museumsbesuche, Rabatte für Lokale und Läden, www.touristcard.hr.

Naturpark Učka, Liganj 42, 51451 Lovran, Tel. 293753, www.pp-ucka.hr.

Von Norden reist man in der Regel über **Ljubljana** an. Von dort geht es über die Autobahn E63 bis Postojna und auf der Landstraße weiter nach Ilirska Bistrica. Auch bei der Anreise von **Triest** aus muss streckenweise noch Landstraße in Kauf genommen werden.

Von **Zagreb** über die A1 und A6.

Busbahnhof (Autobusni kolodvor), Velog Jože 1, Tel. 271617, www.autobusni-kolodvor.com. Im Stadtzentrum, in der Nähe der Hotels ›Palace-Bellevue‹ und ›Opatija‹.

Linienbus 32 (3,70 Euro) nach Lovran, Volosko, Matulj, Rijeka, Kastav, Tel. mobil 060/306010, www.autotrolej.hr (kr.).

Hauptbahnhof Rijeka, von dort weiter mit der Buslinie 32. Die Bahnstation **Matulj** (Bahnlinie Ljubljana–Rijeka, Tel. 274102) liegt 5 km oberhalb von Opatija. Bustransfer in die Stadt mit den Linien 34 oder 36.

Vom Flughafen Rijeka: Transfer nach Opatija (44 km) mit dem Flughafenbus nach Rijeka, weiter mit der Buslinie 32.

Vom Flughafen Pula: Transfer nach Opatija (75 km) mit dem Shuttlebus nach Pula und weiter mit Bus ab Busbahnhof Pula.

Taxi, Matka Laginje 14, Tel. 704100.

Bristol, Maršala Tita 108, Tel. 706300, www.hotel-bristol.hr; DZ 120 Euro. Historisches Hotel, vornehmes Ambiente und gute Küche.

Hotel Residenz, M. Tita 133, Opatija, Tel. 710444, www.remisens.com/en/hotel-residenz; DZ 70 Euro. An der Uferpromenade.

Imperial, M. Tita 124/3, Opatija, Tel. 710444, www.remisens.com/en/hotel-imperial; DZ 55 Euro. Historisches Hotel (1885) im Zentrum.

Pansion-Restoran Učka, Poklon-Pass, Vela Učka bb, 51414 Ičići, Tel. 516899, www.restaurantucka.com; DZ 55 Euro. Schöne Zimmer.

Kvarner-Touristik, M. Tita 162, Tel. 703723, www.kvarner-touristik.com. Vermittlung von Unterkünften (ab 50 Euro).

Opatija: **Bevanda**, Zert 8. Schöner Blick, leckere Fischgerichte, hohes Preisniveau.
Casa Tua, Zert 2. Preiswertes Restaurant und Pizzeria mit großen Portionen.
Mali Raj, Maršala Tita 191. Günstige Fischgerichte und Kvarner-Scampi.
Antica Osteria da Ugo. Viktora Cara Emina 6. Das Lokal im Hotel Continental hat traditionelle Speisen und 40 einheimische und ausländische Biersorten im Angebot.
Volosko: **Le Mandrać**, Obala F. Supila 10. Feinschmeckerlokal im alten Hafen.
Plavi podrum, Obala F. Supila 4. Preisgekröntes Lokal im alten Hafen, teuer.
Evergreen, Andrije Štangera 62. Fischgerichte (geräucherter Thunfisch mit Maispogatschen) zu fairen Preisen.
Tramerka, Andrije Mohorovićeva 15. Günstige mediterrane Küche.

Opatija: **Caffe Bar Galija**, Zert 3. Café und Bar mit Terrasse direkt beim Bootshafen.
Café Wagner, Maršala Tita 109. Das stilvolle Café im Hotel ›Milenij‹ bietet eine reiche Auswahl an Kuchen, Torten, Eis und handgefertigten Pralinen.
Continental, Viktora Cara Emina 6. Das Café im gleichnamigen Hotel hat 50 verschiedene Kaffees und hausgemachten Kuchen im Angebot. Champagner und frischgepressten Fruchtsaft gibt es nebenan in der **Juicy & Champagne Bar**; beide So–Do 7–23 Uhr, Fr und Sa 7–24 Uhr.

Opatija: **Collosseum**, M. Tita 129. Disco und Strandbar am Strand im Zentrum.
Disco Club Seven, M. Tita 125.
Lord Byron, M. Tita 124. Einer der ältesten Nachtclubs der Stadt.
Volosko: **Kon-Tiki-Bar**, Obala F. Supila 6. Cocktails und Drinks.

Kroatisches Tourismusmuseum, Park Angiolina 1, Tel. 606636; Di–So 10–18 Uhr. 2/0,70 Euro. Kulturgeschichtliche Sammlung.

Contessa Tours, A. Štangera 18, Drage Gervaisa 4, Tel. mobil 091/5114868. Bootsverleih, Exkursionen.
Marea Tourist Agency, 51414 Ičići, Poljanska cesta 1, Tel. 705620, www.marea.hr. Bootsverleih, Exkursionen.
Avalon, Radnička 1/1, Tel. 272990, avalon.excursion@gmail.com. Bootsausflüge.
ACI Marina Opatija, 51414 Ičići, Liburnijska cesta bb, Tel. 271288.

Festival Kvarner; Juni–Sept., 25–30 Euro. Klassische Konzerte internationaler Interpreten im Kristallsaal des Hotels ›Kvarner‹, Tel. 210512, www.festivalkvarner.com.

Slatina: Betonierte Liegeflächen, für Kinder wenig geeignet (Ballspielen und Musikhören verboten). An der nahen Strandpromenade verläuft die **Kroatische Straße der Berühmtheiten** mit bisher 32 Sternen z. B. für den Physiker Nikola Tesla und den Tennisspieler Goran Ivanišević.
Tomaševac (am Lungomare): Sand und Betonplatten.
Lido (Westküste): Sandstrand mit Beach-Volleyball, Vermietung von Sonnenschirmen, Liegestühlen und Wassersportgeräten.

Delikatessengeschäft Bokunić, im Hotel ›Continental‹, Viktora Cara Emina 6. Istrische Spezialitäten (Oliven, Schinken, Käse). Im Untergeschoss befindet sich die **Milenij-Schokoladenwelt**.
Dalla Nonna, M. Tita 81. Exquisite Backwaren (Brot, Krapfen, Muffins, Focacce).

Apotheke, M. Tita 81, Opatija, Tel. 712359.

Karte S. 226

Aussicht vom Vojak

Rijeka

Die innere Stadt, zu der ein besonderes Tor führt, ist sehr eng gebaut, die Straßen sind winklig und meistens sehr abschüssig. Dagegen hat die Stadt am Wasser sehr schöne Straßen und es steht auch hier das Theater und viele Kaffeehäuser.
Aufzeichnungen eines anonymen Reisenden (1842)

Der erste Eindruck täuscht: Industrieanlagen, geschmacklose Hochhäuser und Straßen auf hohen Stelzen lassen eine hässliche Stadt erwarten. Tatsächlich ist Rijeka, mit 170 000 Einwohnern nach Zagreb und Split die drittgrößte Stadt Kroatiens, voller Überraschungen. Es ist der größte Seehafen Kroatiens, wichtiger Industriestandort und mit Universität, Theater und Museen ein kulturelles Zentrum der Region.

Geschichte

Illyrische Liburner bauten ihre Festung Tarsatica auf einer Anhöhe über dem Fluss Rječina. Sie wurden von den Römern abgelöst, die zur Sicherung ihrer Gebiete an der Stelle der heutigen Altstadt ein Castrum errichteten. 700 nach Christus kamen die ersten kroatischen Siedler: Ihre von den kroatischen Frankopanen im Spätmittelalter übernommene Festung wurde im 13. Jahrhundert erstmals als Trsat erwähnt. 1719 wurde die unter österreichischer Hoheit stehende Stadt zum Freihafen erklärt, 1809 fiel sie an Napoleons Illyrische Provinzen.
Als Fiume (italienischer und ungarischer Name Rijekas) von 1816 bis 1918 ungarischer Seehafen der Habsburger Monarchie war, erfand der Marineoffizier Giovanni Luppis (1813–1875) mit dem englischen Ingenieur Robert Whitehead (1823–1905) den schraubengetriebenen Torpedo, der ab 1866 in der Whitehead-Fabrik hergestellt wurde. Vor dem Ersten Weltkrieg wurden in der Fabrik jährlich 800 Torpedos produziert.
Als Rijeka nach dem Ersten Weltkrieg Jugoslawien zufallen sollte, wurde die Stadt 1919 von italienischen Freischärlern unter Führung des nationalistischen Dichters Gabriele d'Annunzio besetzt,

Venezianisches Haus am Dolac

Karte: hintere Umschlagklappe

Am Hafen von Rijeka

der 470 Tage lang eine massive Italienisierung Fiumes mit Assimilierung oder Vertreibung der Kroaten betrieb. 1920 wurde die Stadt zum Freistaat erklärt. Schon zwei Jahre später kam es zu einem Putsch lokaler italienischer Faschisten. 1924 erhielt Italien den westlich der Rječina gelegenen, Fiume genannten Teil, während Jugoslawien mit dem östlichen Vorort Sušak vorliebnehmen musste. Erst 1947 gelangte Rijeka mit Istrien endgültig an Jugoslawien, genauer: an die jugoslawische Teilrepublik Kroatien, zu dessen unabhängigem Staat es seit 1991 gehört.

Stadtrundgang

Die bekannteste Straße der Innenstadt von Rijeka ist der **Korzo** (Fußgängerzone), auf dem sich Gebäude verschiedener Epochen und Stile reihen. Den Platz an seinem westlichen Ende markiert der 1939 bis 1942 im Stil faschistischer Staatsbaukunst errichtete Wohnturm **Arbori**. Das funktionale 53 Meter hohe Gebäude mit Fassade aus rötlichen Keramikplatten planten die italienischen Architekten Umberto Nordio (1891–1971) und Vittorio Frandoli (1902–1978). Der Bauherr Marco Arbori, ein einheimischer Heimkehrer aus den Vereinigten Staaten, soll während der Prohibition als Buchhalter Al Capones zu Reichtum gekommen sein. Die sezessionistischen Gebäude **Haus Rauschel** (Korzo 9) und **Haus Schittar** (Korzo 23) entstanden nach Plänen des italienischen Architekten Emilio Ambrosini (1850–1912).

Im Gebäude Korzo 14 befindet sich das **Touristische Informations-Center** (TIC) des Touristenverbands, wo man einen Plan für einen Stadtrundgang (Dauer etwa sechs Stunden) zu den nummerierten und mit QR-Codes versehenen Sehenswürdigkeiten bekommt. Diese beschilderte **Turistička Magistrala** beginnt beim Trg Riječke rezolucije. Auf dem Platz, der von dem barocken **Dominikanerkloster** mit der Kirche Sv. Jeronim und dem neoklassizistischen ehemaligen **Munizipium-Palast** umringt wird, steht der **Stendarac**, eine Steinsäule mit dem Relief des Stadtheiligen St. Veit (1506). Auf ihr wehte einst die städtische Standarte.

Die **Universitätsbibliothek** im Stil der Neorenaissance (1887) beherbergt eine Ausstellung zur Entwicklung der

In der Fußgängerzone Korzo

Der Stendarac von 1506

glagolitischen Schrift sowie das Museum für moderne und zeitgenössische Kunst. In der Dolac-Straße stehen weitere historistische Gebäude wie das **Venezianische Haus** (Dolac 7) von Robert Whitehead, dem Mitbegründer der Firma ›Torpedo‹. Das spätsezessionistische **Theater Fenice** ganz am Ende der Straße (Dolac 13) wurde 1914 erbaut. Der avantgardistische Kubus, ein Werk des Wiener Architekten und Otto-Wagner-Schülers Theodor Traexler gilt als erstes europäisches Theatergebäude, das als Stahlbetonkonstruktion ausgeführt wurde.

Muzejski trg

Über die Frana Supila kommt man zum Muzejski trg mit dem historistischen ehemaligen **Gouverneurspalast**, in dem das **Seefahrtsmuseum** und das Historische Museum des Küstenlands untergebracht sind. Gleich daneben, in dem Park vor dem 1976 von Neven Šegvić modern entworfenen **Museum der Stadt Rijeka**, ziehen Torpedokanonen die Aufmerksamkeit auf sich und erinnern daran, dass diese Waffe in Rijeka entwickelt und produziert wurde. Das Museum verfügt über kulturhistorische Sammlungen, die das Leben in der Stadt im 19. und 20. Jahrhundert veranschaulichen. Daneben gibt es ein kleines **Lapidarium** mit Funden aus der Antike und Reliefs aus venezianischen und österreichischen Zeiten. In der Nähe dokumentiert das **Naturkundemuseum** die Regionen Gorski Kotar, Istrien und Kvarner Bucht. Das neobarocke **Gebäude des Staatsarchivs** war einst die Residenz des österreichischen Erzherzogs Joseph, der nach einem Streit mit seinem Bruder Kaiser Franz Joseph I. das damalige ungarische Fiume zum Wohnsitz wählte. Der im monumentalen Rustika-Stil erbaute **Gerichtspalast** steht an der Stelle der einstigen Fortifikationen.

Kathedrale Sv. Vid

Durch das nördliche Stadttor gelangt man zur ehemaligen Jesuitenkirche, der Kathedrale Sv. Vid, die von 1638 bis 1725 nach dem Vorbild der Kirche Santa Maria della Salute in Venedig erbaut wurde. Innen erhielt die barocke Rotonde eine Frauengalerie, damit die Novizen nicht von weiblichen Reizen abgelenkt würden. Nach Voranmeldung (Tel. 051/330879) kann man dort eine

Im Lapidarium des Stadtmuseums

▶ Karte: hintere Umschlagklappe

Die Kathedrale Sv. Vid

Ausstellung über die Geschichte der Jesuiten in Rijeka besichtigen. Das gotische **Kruzifix** am Ignatiusaltar stammt aus einer rheinischen oder westfälischen Werkstatt und wurde lange Zeit als wundertätig verehrt. Die Kapelle **Sv. Sebastijan** stammt aus der Hochrenaissance. In der Nähe lag das spätantike **Castrum**, von dem noch der **Römischer Bogen** genannte Eingang in das einstige römische Prätorium zu sehen ist. Am nahen Trg Ivana Koblera steht das alte ursprünglich gotische **Rathaus**, das später klassizistisch umgestaltet wurde. Auf dem Platz erinnert ein von dem Architekten Igor Emili (1927–1987) entworfener **Brunnen** mit zwei Mühlsteinen (1974) an die 2005 geschlossene Papierfabrik ›Hartera‹.

Kirche Uznesenja Marijina

Die Fassade der Kirche Uznesenja Marijina hat eine Rosette aus der Renaissance, ein Portal aus dem Barock, Säulen aus dem Klassizismus und einen historistischen Giebel. Ihr leicht geneigter schiefer Turm weist noch romanische und gotische Elemente auf. Geht man von hier ein paar Schritte in Richtung Tiefgarage Stari Grad, sieht man das von den Architekten Saša Randić und Idis Turato entworfene Wohn- und Geschäftshaus (2009) mit Metallicfassade.

Am östlichen Ende der Užarska ulica gelangt man auf den **Jelačić-Platz**, von wo die klassizistischen Hausfassaden der ul. Fiumara und der herrliche **Adamić-Palast** zu sehen sind. Am Platz selbst führt über den Mrtvi kanal (Toter Kanal) eine 2002 erbaute Brücke, die an die gefallenen Soldaten des kroatischen Unabhängigkeitskriegs erinnert.

Kroatisches Nationaltheater

Über die Scarpina kommt man zum prachtvollen **Palast Modello**, der 1885 von dem Wiener Architektenatelier

Fellner und Helmer im Stil der Wiener Ringstraße gebaut wurde. Der Figurenschmuck an seiner Fassade stammt von dem Bildhauer Ignazio Donegani. Sein mit üppiger Stukkatur geschmückter Festsaal dient der Italienischen Kulturgemeinschaft (Circolo italiano di cultura) als Auditorium. Gegenüber liegt der **Große Markt**, ein Komplex von zwei Pavillons mit Plastiken des venezianischen Bildhauers Urbano Bottasso sowie einer Fischhalle.

Das **Kroatische Nationaltheater** wurde 1883 durch die Wiener Architekten Hermann Helmer und Ferdinand Fellner im Stil der Neorenaissance vollendet. Das Relief Apollos mit den Nymphen im Giebelfeld stammt von Wiener Bildhauern, die Allegorien des Dramas und der Musik am Mauerkranz von dem Venezianer Augusto Benvenutti. Die Deckenbemalung im Zuschauerraum schufen Franz Matsch sowie die Brüder Gustav und Ernst Klimt. Das Theater, das 1885 mit Verdis ›Aida‹ feierlich eröffnet wurde, trägt den Namen des bedeutenden kroatischen Dirigenten und Komponisten **Ivan Zajc**. An ihn erinnert die von Belizar Bahorić (1920–2002) geschaffene **Statue** in dem kleinen Park vor dem Opernhaus. Der **Brunnen** vor dem Theater ist eine Skulptur Dušan Džamonjas. In der Nähe befinden sich die 1790 im spätbarocken Stil erbaute orthodoxe **Nikolauskirche** mit einer schönen Ikonostase aus dem 18. Jahrhundert sowie – an der Riva Boduli – der 1717 von dem österreichischen Kaiser Karl VI. gegründete **Hafen** von Rijeka, der 1913 zu den zehn größten Seehäfen Europas gehörte.

Vom Korzo zum Bahnhof

Über die I. Henckea kommt man wieder zum Korzo und zum **Stadtturm**, den unter seiner Uhr ein Wappen ziert, das der österreichische Kaiser Leopold I. der Stadt 1659 verliehen hat: Beide Köpfe des Doppeladlers schauen hier nach rechts, nach Osten! Mit einer Kralle hält er eine Urne, aus der Wasser fließt. Wie die Inschrift (Indeficienter=unerschöpflich) er-

Der Palast Modello

Karte: hintere Umschlagklappe

klärt, soll das Wappen die grenzenlose Treue der Stadt zu den Habsburgern illustrieren. Deren Wappen und die Reliefs der österreichischen Kaiser Leopold I. und Karl VI. schmücken den Giebel des Torbogens.
Die von dem italienischen Architekten Francesco Matiassi entworfenen Fassaden des historistischen **Palasts Jadran** (Jadranski trg) der Reederei ›Adria‹ zieren Allegorien der Schifffahrt und der Seemacht Rijeka. Der **Palast Ploech** am Trg Žabica wurde von dem Triester Architekten Giacomo Zammattio im Stil des Wiener Historismus geplant. Sehenswert ist auch das historistische Gebäude des ehemaligen Luxushotels **Europa** (Riva 10), das nach Plänen des Architekten Giuseppe Bruni aus Triest erbaut wurde. Den historistischen **Palast Muchovich-Rinaldi** (1890) hat Architekt Vladimir Grubešić (geb. 1942) in seinen postmodernen Bau der Versicherung ›Euroherc‹ (Riva 8) integriert.
Die **Kapuzinerkirche der Jungfrau von Lourdes** beeindruckt mit einer prächtigen neogotischen Fassade. Der kostspielige Bau wurde 1929 mit Spendengeldern fertiggestellt. Ihre prächtigen Deckengemälde schuf der in Rijeka geborene Maler Romolo Venucci (1903–1946). Das barocke **Verwaltungsgebäude der ehemaligen Zuckerraffinerie** (Petra Krešimira 28) wurde 1752 errichtet. Der neoklassizistische **Bahnhof** entstand von 1889 bis 1891 nach Plänen des Budapester Architekten Ferenc Pfaff, der auch den Hauptbahnhof in Zagreb entworfen hat. Wenige Gehminuten vom Bahnhof liegt die im modernistischen Stil 1932 von den Architekten Vittorio Angyal und Pietro Fabbro errichtete **Synagoge** (Ivana Filipovića 9), deren Bau interessante Details aus dem Art déco aufweist (Di und Fr 17.15–19.30 Uhr und nach Anmeldung: irena.deze.starcevic@gmail.com).

Der Palast der Reederei Adria, heute das Hauptbüro der Jadrolinija

Abseits des Stadtkerns

An der Milutina Baraća stehen die rostigen Hallen der **ehemaligen Torpedofabrik** von Robert Whitehead und Giovanni Luppis, und in der **Marina Torpedo** ist noch eine Torpedo-Abschussrampe (1930) erhalten. Über das ›Industrielle Erbe Rijekas‹ informieren eine Panoramakarte und ein Kurzführer (kroatisch, englisch) des Vereins ›Pro Torpedo‹ (www.rijekaheritage.org).
Erwähnenswert ist auch das Dampfschiff **P/B Uragan** am Pier Istarsko pristanište, das aus einer Hamburger Werft stammt und nach dem Zweiten Weltkrieg als Reparation an Jugoslawien gelangte.

Kastell Trsat

139 Meter über dem Fluss Rječina erhebt sich der Berg Trsat mit dem Kastell, wo schon prähistorische Japoden, Römer, Frankopanen, Habsburger und Kapitäne aus Bakar ihre Spuren hinterlassen hatten, als 1826 der österreichische Feldmarschall Graf Laval Nugent die Reste einer Burg kaufte und neogotisch restaurieren ließ. Vor dem Eingang steht die Skulptur eines Markuslöwen, der ursprünglich aus Koper (Slowenien)

Im Kastell Trsat

stammt. Das **Mausoleum der Familie Nugent** ist im Stil eines griechischen Tempels errichtet. Sein Architrav trägt die Inschrift ›Mir junaka‹ (Friede den Helden). Der spätbarocke **Drache von Trsat**, der ihn bewacht, ist ein Werk des Wiener Bildhauers Anton Dominik Fernkorn (1813–1878). Heute befinden sich in der Burg, von der man eine schöne Aussicht auf Rijeka und die Kvarner Bucht hat, ein Sommertheater und Ausstellungsräume.

Sv. Majka Božja Trsatska

In der Nähe des Kastells steht die Wallfahrtskirche Sv. Majka Božja Trsatska, deren Vorgängerbau einer Legende zu verdanken ist, wonach Engel auf ihrem Weg nach Loreto 1291 das Haus der heiligen Familie (*casa sancta*) vorübergehend hier aufgestellt hatten. Als zur Zeit der Kreuzzüge der rege Handel mit Reliquien aus dem heiligen Land über den ostadriatischen Seeweg verlief, war der Trsat sicher eine wichtige Zwischenstation. Eine erste Kirche errichteten die Frankopanen als Feudalherren von Trsat hier Ende des 13. Jahrhunderts. 1453 ließ Graf Martin Frankopan die neue Kirche und das Franziskanerkloster bauen. Innen beeindrucken die **Grabmäler** der Frankopanen, des Uskokenkapitäns Petar Kružić und anderer Magnaten. Das gotische **Triptychon der heiligen Jungfrau von Trsat** auf dem Hauptaltar schenkte Papst Urban V. dem Wallfahrtsort 1367. Sehenswert sind auch die barocken **Altargemälde** des Schweizer Franziskaners Serafin Schön. Erwähnenswert sind außerdem eine gotische **Madonnenstatue** und die silbernen **Votivgaben** in der Votivkapelle sowie das kostbare **Reliquiar der Barbara Frankopan** aus dem 15. Jahrhundert in der Schatzkammer. Im Sommerrefektorium beeindruckt das Wandbild **Abendmahl der heiligen Familie** von Serafin Schön.

Vor der Kirche steht das Denkmal **Wallfahrer von Trsat**, eine Skulptur von Ante Jurkić, die an den Besuch von Papst Johannes Paul II. 2004 in Trsat erinnert.

Unweit der Kirche steht die **Halle des Pastoralen Zentrums** (2008), ein Projekt des Architekturbüros Randić-Turato aus Rijeka. Interessant ist, wie hier die Ziegelfassaden mit dem Gegensatz von Transparenz und Kompaktheit spielen.

Kastav

Ein Besuch der 377 Meter hoch über der Bucht von Rijeka liegenden Stadt Kastav lohnt sich schon wegen des herrlichen Blicks auf den Kvarner und das Učka-Gebirge. In den Gassen gibt es gute Restaurants, hübsche Läden und interessante Künstlerateliers.

Historisch zählte Kastav, wo bereits Illyrer und Römer siedelten, immer zu Istrien. Im Mittelalter gehörte die Stadt zu den Lehen des Bischofs von Pićan und später von Pula. 1399 war sie im Besitz der Grafen von Wallsee, die sie 1465 an

▶ Karte: hintere Umschlagklappe

die Habsburger vermachten. Bereits im 16. Jahrhundert gab es in Köstau (wie sein deutscher Name war) ein eigenes Stadtstatut und Selbstverwaltung. 1666 wurde der Stadtvogt Fran Morelli in einem Wassertümpel auf dem Stadtplatz Lokvin trg ertränkt, weil er eine zehnprozentige Steuer erheben wollte. Die Übeltäter wurden nie gefasst, weil sich die stolze Bürgerschaft kollektiv für schuldig erklärte. Vom 16. Jahrhundert bis 1773 hatten die Jesuiten das Sagen in der Stadt. Um 1700 wurde in Kastav die erste kroatischsprachige Schule Istriens eröffnet und 1866 der erste Lesesaal.

Vom Parkplatz geht man die Ulica Matka Laginje hinauf zum Stadtzentrum und kommt dabei an **Büsten** vorbei, die an Kastaver Persönlichkeiten erinnern, wie den Schriftsteller Vladimir Nazor, der hier zehn Jahre als Lehrer tätig war, oder an Matko Laginja, der als Abgeordneter der Gemeinde im k.u.k. Parlament saß. Daneben steht die im 16. Jahrhundert erbaute Kirche **Sv. Sebastijan i Fabijan** mit klassizistischer Vorhalle. Gegenüber liegt ein Platz mit den Resten der einstigen Bastion (Fortica), von wo man auf die Ostküste Istriens blickt. Weiter oben steht rechts die 1825 erneuerte **Renaissanceloggia**. Sie ist die größte und am besten erhaltene Loggia der Region Kvarner.

Atelier in Kastav

Am Stadttor **Voltica** (1731), in dem sich ein **ethnographisches Museum** befindet, wurde 1769 das Wappen der Jesuiten angebracht. Der Stadtplatz Lokvin trg ist nach dem Tümpel (Lokva) benannt, in den die aufgebrachte Bürgerschaft den Stadtvogt geworfen hatte. Ende des 17. Jahrhunderts wurde das Wasserloch mit einer Zisterne überbaut, hinter welcher sich das Kastell (der einstige Herrenhof) befand. Gegenüber steht die gotische Kapelle **Sv. Trojstvo** (heute Ausstellungsraum). Haus Nummer 3 ist Sitz des legendären Feinschmeckerlokals **Kukuriku**, in dem Sozialdemokraten, Liberale, istrischer IDS und Rentnerpartei die ›Kukuriku-Koalition‹ aushandelten, die von 2011 bis 2015 unter Premierminister Zoran Milanović regierte.

Die barocke Pfarrkirche **Sv. Jelana Križarica** hat einen freistehenden Glockenturm (1724) und besitzt innen ein sehenswertes Chorgestühl aus dem 17. Jahrhundert. Vom Kirchplatz hat man einen herrlichen Blick. Hinter der Kirche sieht man noch einen **Turm der einstigen Stadtmauer**. Erwähnenswert ist auch die imposante Ruine der unvollendet gebliebenen **Jesuitenkirche** (Crekvina) aus dem 18. Jahrhundert. Bei ihr beginnt der Wanderweg **Lužina**. Das **Heimatmuseum** (Matka Mandića 11) zeigt die Werkstatt des letzten Kesselschmieds der Region.

Gorski Kotar und Nationalpark Risnjak

Gleich hinter Rijeka erstrecken sich die Gebirgslandschaften des Gorski Kotar, dessen Gipfel im Nationalpark Risnjak

Landschaft im Gorski Kotar

bei Delnice bis zu 1528 Meter (Veliki Risnjak) ansteigen. In dem 6350 Hektar großen, bewaldeten Gebirgsmassiv leben wilde Tiere wie Braunbär, Wolf, Adler und Fuchs. Vom Luchs (kroatisch: ›ris‹) bekam der seit 1959 bestehende Nationalpark seinen Namen.

Im kostenpflichtigen Park gibt es den **Naturlehrpfad Leska** (4 Kilometer, Gehzeit etwa zwei Stunden), der bei **Bijela Vodica** beginnt. Der Bergwanderweg **Horvatova staza** (Gehzeit mindestens 4 Stunden) führt vom Eingang des Nationalparks bis zum Gipfel des **Veliki Risnjak**. 13 Kilometer nordöstlich von Delnice bildet bei Skrad der Wildbach Zeleni Vir die romantische Teufelsklamm **Vražji prolaz**, durch die man auf Stegen zur Höhle **Muževa hiža** wandern kann.

An der im 18. Jahrhundert unter den Österreichern gebauten alten Straße ›Karolina‹, die Rijeka mit Karlovac verband, liegt **Fužine** mit mehreren Seen und der Tropfsteinhöhle **Vrelo** am **Stausee Bajer**. Um den **Lokvarsko jezero** bei Lokve führen Wander- und Radwege. Nach Voranmeldung kann man dort einige schöne Tropfsteinhöhlen wie die 1200 Meter lange **Špilja Lokvarka** besuchen, die 1912 entdeckt wurde (Tel. mobil 099/8451931). Wenige Kilometer östlich des Wintersportorts **Mrkopalj**, wo 1914 die ersten kroatischen Skiwettrennen stattfanden, liegt **Begovo Razdolje** (1060 Meter), die höchste bewohnte Siedlung Kroatiens.

i Rijeka, Kastav und Gorski Kotar

Vorwahl: +385/51. **Postleitzahlen**: Rijeka 51000, Kastav 51215.

Touristisches Informationszentrum TIC, Korzo 14, Tel. 335882, www.visitrijeka.hr. TouristCard Rijeka & Opatija, Rabatte für Museen, Lokale etc.: www.touristcard.hr.

TIC Kastav, Trg Matka Laginje 5, Tel. 691425, www.kastav-touristinfo.hr.

Info punkt Gorski kotar, 51300 Delnice, Lujzinska 47, Tel. 812156, www.gorskikotar.hr.

Turistička zajednica Delnice, www.tz-delnice.hr.

Nationalpark Risnjak, Bijela Vodica 48, 51317 Crni Lug, Tel. 836133, http://risnjak.hr; Eintritt 6 Euro/3,50 Euro.

Autoverleih Rijeka: Dollar&Thrifty, Žabica 1, Tel. 325900.

Hertz, Flughafen Rijeka, Omišalj, Hamec 1, Tel. mobil 091/3110985.

Carpe diem, Krešimirova ul. 26A, Tel. 580108.

Busbahnhof, Trg Žabica 1, Tel. 66300, Tel. mobil 060/302010, www.autotrans.hr.

Flughafen Rijeka (RJK), 51513 Omišalj, Tel. 841222, www.rijeka-airport.hr. 26 km von der Stadt entfernt auf der Insel Krk (Shuttlebus, ca. 30 Min. Fahrt, in der Hochsaison Staugefahr!).

Karte: hintere Umschlagklappe

Wasserflugzeug: Rijeka-Rab, Rab-Novalja (Insel Pag), Rab-Split, Tel. 021/444888, www.ec-air.eu.

Bahnhof, Trg kralja Tomislava 1, Tel. 213333, Übersicht über die Verbindungen unter www.hzpp.hr.

Hauptbüro der Jadrolinija, Riva 16, Tel. 666111, Infos zum Fahrplan: Tel. mobil 060/321321, www.jadrolinija.hr.

Taxistand, beim Busbahnhof, Trg Žabica.
Taxi Rijeka, Tel. mobil 095/8875807.

Rijeka: **Bonavia**, Dolac 4, Tel. 357100, www.bonavia.hr; DZ 110 Euro. Luxuriöses Hotel im Zentrum.
Jadran, Šetalište XIII divizije 46, Tel. 216600, www.jadran-hoteli.hr; DZ 90 Euro. Direkt am Meer, mit eigenem Strand und Swimmingpool.
Continental, Šetalište Andrije Kačića Miošića 1, Tel. 372008, www.jadran-hoteli.hr/continental; DZ 90 Euro. Schönes historisches Hotel (erbaut 1888) im Zentrum Rijekas.
Neboder Rijeka, Strossmayerova 1, Tel. 373538, www.jadran-hoteli.hr/neboder; DZ 80 Euro. Hotel im Hochhaus mit Blick auf die Kvarner Bucht.
Youth Hostel, Šetalište XIII divizije 23, Tel. 406420, www.hfhs.hr; DZ mit Frühstück 52 Euro, Mehrbettzimmer ab 16 Euro/Pers.
Botel Marina, Adamićev gat, Tel. 410162, www.botel-marina.com; DZ 50 Euro. Originelles Hotelschiff im Zentrum. Mit Restaurant und Bar (8–23 Uhr).
Kastav: **Kukuriku**, Trg Lokvina 3, Tel. 691519, www.kukuriku.hr; DZ ab 120 Euro. Hotel mit Feinschmeckerrestaurant.
Gorski kotar: **Hotel Bitoraj**, 51322 Fužine, Sveti križ 1, Tel. 830005, www.bitoraj.hr (kr.); DZ 95 Euro. Adria-Bike-Hotel.
Risnjak, Delnice, Lujzinska cesta 36, Tel. 508160, www.hotel-risnjak.hr; DZ 85 Euro. Stilvolles Hotel mit guter Küche.
Agroturizam Japodi, 51315 Mrkopalj (bei Delnice), Sunger 3a, Tel. mobil 091/2103954, 091/7819230, www.japodi.com; DZ 60 Euro. Schöne Unterkunft mitten in der Natur.

Rijeka: **Kuća istarskog pršuta** (=Haus des istrischen Schinkens), Riva boduli 3a. Günstige istrische Küche (Carpaccio aus mariniertem Rahmsteak, Kalbsfilets).
Bistro Mornar, Riva boduli 5a. Preiswerte Hausmannskost.
Konoba Feral, Matija Gupca 5b. Günstige mediterrane Küche in historischem Ambiente.
Zlatna Školjka, Kružna 12. Günstige italienische Küche. Empfehlung: Šurlice mit Scampi und Trüffeln.
Volta 15, Pod voltom 15. Preiswerte Konoba.
Bracera, Kružna 12. Preiswerte Pizzeria.
Ri, Riva 6. Günstiges Selbstbedienungsrestaurant.
Priroda& Društvo, Užarska 14. Vegane Snacks und Smoothies.
Boonker, Riva 1. Pizza und Fingerfood im einstigen Bunker.
Trsat: **Konoba Tarsa**, Josipa Kulfaneka 10, Tel. 452089. Günstige mediterrane Küche.
Kastav: **Mala Riba**, Tometići 33a, Tel. 277945. Preiswerte Fischgerichte.
Gorski kotar: **Aerosteak Čavle**, Soboli 35. Fleisch und Vegetarisches, höhere Preise.
Eva, 51316 Lokve, Gorski raj, Tel. 831446; 12–22 Uhr, Montag Ruhetag. Grillgerichte.
Konoba Volta, 51322 Fužine, Dr. Franje Račkog 8, Tel. 830035. Moderate Preise. Pilz- und Fleischgerichte (Wildschwein). Als Dessert: Apfelstrudel mit Waldfrüchten.

Rijeka: **Cacao**, Riva 14. Kuchen, Eis, Schokolade und leckerer Tiramisu-Becher!

Dnevni Boravak, Ciottina 12a. Café mit Wohnzimmeratmosphäre.
Kastav: **Guitar caffe**, Put va zagrad 1, 691515. Hübsches Café am Rande der Altstadt.

Rijeka: **Bard Celtic café**, Trg Grivica 68. Originelle Bar mit irischem Bier und Whiskey. Rauchen erlaubt.
Jazz Tunel, Školjić 12. In der Bar treten kroatische und internationale Jazzmusiker auf (Di, Fr und Sa).
Boa, Ante Starčevića 8. Discothek im Zentrum mit DJ-Performances.
Palach, Kružna 8. Der älteste Rock-Klub Rijekas hat zwei Konzerträume.

Rijeka: **Naturkundemuseum**, Lorenzov prolaz 1, Tel. 553669, www.prirodoslovni.com; Mo–Sa 9–19, So 9–15 Uhr.
Museum der Stadt Rijeka, Muzejski trg 1/1, Tel. 336711, www.muzej-rijeka.hr (kr.); Mo–Fr 10–13, 16–19, Sa 10–13 Uhr.
Seefahrtsmuseum und Historisches Museum des Küstenlands, Muzejski trg 1, Tel. 213578, http://ppmhp.hr; Di, Do, Fr 9–16, Mi 9–20, Sa 9–13 Uhr.
Museum für moderne und zeitgenössische Kunst, Dolac 1/II, Tel. 492611, www.mmsu.hr; Sommer Di–Fr 11–20, Sa/So 11–14 und 18–21 Uhr.
Peek&Poke Informatikmuseum, Ivana Grohovca 2, Tel. mobil 091/7805709, www.peekpoke.hr; Sa 11–16 Uhr, So nach Anmeldung, Eintritt 2,60 Euro. In der Nähe der Kathedrale Sv. Vid, Ausstellung von Computern und Taschenrechnern aus den 70er und 80er Jahren.
Ikonensammlung in der orthodoxen Nikolauskirche, I. Henckea, Tel. 335399.

Rijeka: **Kroatisches Nationaltheater Ivan Zajc**, Uljarska 1, http://hnk-zajc.hr (kr.). Opern, Ballett und Theatervorstellungen. Kartenverkauf Verdijeva 5a, Tel. 337114.

Maskentreiben beim Karneval; Feb.
St.-Veits-Tage; 9.–16. Juni. Wallfahrten zu Ehren des Stadtheiligen, Konzerte, Vorstellungen, große Segelregatta.
Kastav: **Kastav Blues Festival**; Aug. Festival zu Ehren des 2007 in der Stadt verstorbenen amerikanischen Gitarristen Jerry Ricks, www.kastavbluesfest.com.
Weinfest Bela nedeja; 1. So im Okt.

Schöne Strände sind in **Ploče** (Kiesstrand) und **Kostanj** – der erste kroatische Strand für Menschen mit körperlichem Handicap.
Hundestrände: **Kantrida** (östlich vom Fußballstadion) und **Brajdica**.

Diving Centar Kostrena. Rožići 1, Tel.mobil 098/9818061, www.dckostrena.hr.

Kastav liegt am Europäischen Fernwanderweg **E6**. Bei Kastav führt ein **ökologischer Lehrpfad** durch den Lužina-Wald zur großen Karsthöhle **Sparožna jama**.
Schöne Spazier- und Radwege gibt es im 10 km südlich von Rijeka gelegenen **Kostrena**. Karte unter www.tzo-kostrena.hr.

Ein beliebtes Souvenir aus Rijeka ist der **Morčić**: Dieser Kopf eines ›kleinen Mohren‹ mit weiß-rotem Turban ist eine Variante des venezianischen Moretto und ziert Ohrringe und Halsketten.
La mamma, Petra Zrinskog 2, Trsat, Tel. 403313. Wein, Schnäpse, Honig, Marmelade, Olivenöl, Spezialitäten aus dem Gorski Kotar.
Manufaktura Souveniers, Riva 2. Wein, Öle, Käse, Schinken, Kosmetikartikel.
Großer Markt Placa, Vatroslava Lisinskog, Mo–Sa 6.30–14, So 6.30–12 Uhr.

Krankenhaus, Krešimirova 42, Tel. 658111.

▲ Karte: hintere Umschlagklappe

Die Riviera von Rijeka

Südlich des Industriegebiets von Rijeka erstreckt sich bis Karlobag das kroatische Küstenland (Primorje) mit zahlreichen Fremdenverkehrsorten und den Bergzügen Kapela und Velebit im Hinterland. Direkt am Meer verläuft von Rijeka bis Dubrovnik zur Grenze nach Montenegro der mit 658 Kilometer längste, sehr malerische, aber kurvenreiche Teil (D8) der Adriatischen Küstenstraße (Jadranska Magistrala). Parallel dazu ermöglicht die Autobahn A7 die weiträumige Umfahrung Rijekas und setzt sich seit 2013 mit der Umfahrung der Bucht Bakar bis zur Ausfahrt Križišće fort, wo man zur Insel Krk abzweigen kann. In den kommenden Jahren ist der Ausbau der Autobahn bis Žuta lokva (Senj) vorgesehen.

Bakar

Das in der Bucht Bakarski Zaljev gelegene Bakar geht auf die römische Siedlung Volcera zurück. Seit 1225 herrschten hier kroatische Adelsgeschlechter, erst die Frankopanen, von 1550 bis 1670 die Grafen Zrinski. Leider beeinträchtigen die Anlagen der Öl- und Erzindustrie (1849) und das Kraftwerk (1978) mit seinem 250 Meter hohen Schornstein das Erscheinungsbild des Orts, der mit kleinen Treppengässchen und den Häusern von Händlern und Kapitänen immer noch mittelalterlichen Charme besitzt.

In der Pfarrkirche **Sv. Andrija** aus dem Jahre 1830 sind außer dem Gemälde der heiligen Dreifaltigkeit von Girolamo da Santacroce einige glagolitische Inschriften sowie der Kirchenschatz mit einem romanischen Kreuz und einem Reliquiar der heiligen Ursula aus dem 17. Jahrhundert sehenswert.

In der unter Ban Petar Zrinski 1858 erbauten Kirche **Sv. Margareta** gibt es einen Barockaltar mit Altargemälde von Valentin Metzinger von 1757 sowie ein Bild der Muttergottes von einem oberitalienischen Meister aus dem 17. Jahrhundert.

Das im 16. Jahrhundert erbaute **Kastell** der Frankopanen liegt oberhalb des Orts. Beachtenswerte Gebäude sind auch das **Pfarrhaus** (1514), das **Hospiz** (1526) und das **Bischofspalais** (1526). Verwilderte Weinbauterrassen erinnern daran, dass in Bakar bis in die 1950er Jahre der

Die ehemaligen Thunfischleitern werden heute sportlich genutzt

Der Bootshafen von Kraljevica mit dem ehemaligen Hotel ›Liburnija‹ und dem Neuen Schloss

halbtrockene Schaumwein ›Bakarska vodica‹ (Bakarer Wässerchen) produziert wurde, der sogar am Wiener Hof getrunken worden sein soll.
Das benachbarte einstige Fischerdorf **Bakarac** an der Bucht von Bakar geht auf eine römische Soldatenstation zurück. Der Ort ist für die **Tunere** bekannt – Leitern, von deren Spitzen man noch 1980 nach Thunfischschwärmen Ausschau hielt.

Hreljin

Im Hinterland der Bucht von Bakar liegen die Ruinen des mittelalterlichen Hreljin. Nachdem 1732 die nach Kaiser Karl VI. benannte ›Karolina‹ (›Karlsstraße‹) fertiggestellt wurde, die von Karlovac nach Bakar führte, geriet der Ort ins Abseits. Die Bewohner gaben die Siedlung auf und zogen in den heutigen Ort Hreljin-Pikat. In der Ortsmitte stehen die Überbleibsel der gotischen **Georgskirche**, die **Marienkapelle** von 1699, Befestigungsmauern mit Ecktürmen, zwei Stadttore sowie die Reste von etwa 50 Häusern und der einstigen **Burg** der Frankopanen und Zrinski.

Kraljevica

Wie sein italienischer Name Porto Re (Königshafen) belegt, verdankt das 20 Kilometer südlich von Rijeka gelegene Kraljevica seine Gründung dem ehemals wichtigen Handelshafen. Schon die Illyrer und Römer hatten hier Siedlungen. Petar Zrinski ließ das viereckige **Neue Schloss** (Novi Grad) mit runden Ecktürmen 1650 im Stil der italienischen Spätrenaissance errichten. In seinem Festsaal soll 1671 die Verschwörung der kroatischen Adelsgeschlechter Zrinski und Frankopan gegen die Habsburger stattgefunden haben. Von hier sieht man den Hafen und die Werft, die 1729 von Karl IV. gegründet wurde und heute noch mit 480 Angestellten ein wichtiger Arbeitgeber in der Region ist. 1925 bis 1926 arbeitete dort auch Josip Broz Tito.
Direkt am Meer steht die **Villa Nirvana**, die Ende des 19. Jahrhunderts aus einer österreichischen Festung entstand, die den Zugang zur Bucht uvala Carevo kontrollierte. Heute ist hier das Kindererholungsheim ›Fortica‹ untergebracht. Das imposante, aber zerfallene Gebäude direkt am Meer (Obala Kralja Tomislava) war das **Liburnija**, das erste Hotel der Stadt, das 1904 der österreichische Graf Philipp Olschbauer im sezessionistischen Stil erbauen ließ. Wenig später kaufte er auch das seit 1891 auf der Halbinsel **Oštro** bestehende Strandbad und begründete damit den Tourismus in Kraljevica. Der 70 Meter hohe Leuchtturm **Lanterna** an der Spitze der Halbinsel wurde 1872 in Betrieb genommen und ist nach der Renovierung (2006) bewohnt.
Zu Beginn des 17. Jahrhunderts baute Fürst Petar Zrinski das frühbarocke dreistöckige **Alte Schloss** (Stari Grad) mit zwei Innenhöfen, Glockenturm (1790) und dem Wappen der Zrinskis am Hofbrunnen. Teil des Gebäudekomplexes ist die gotische Kirche **Sv. Nikola** mit einem Kirchturm von 1790. Vor der Kirche steht eine **Statue des heiligen Nikolaus** (2008) von Josip Diminić (geb. 1937). Das frühere Hotel ›Almis‹ im alten Hafen wurde 1840 als **Getreidespeicher** erbaut. Als es das Wohnhaus eines Kaufmanns und Schiffeigners war, verkehrten hier illustre Gäste wie Jan Neruda und August Šenoa. Während des Zweiten Weltkriegs stand die Stadt unter der Herrschaft der Italiener, die in Kraljevica von Sommer 1942 bis 1943 ein Konzentrationslager betrieben. In Baracken direkt neben dem Neuen Schloss waren um die 1000 Personen inhaftiert. Das **Denkmal für die Gefallenen des Volksbefreiungskriegs** (1949) auf dem Hauptplatz stammt von Zvonko Car (1913–1983).

Kraljevica

Vorwahl: +385/51.
Postleitzahl: 51262.
Turistička zajednica, Rovina bb, Tel. 282078, www.tzg-kraljevica.hr (kr.).
Post, Zrinski trg 11, beim Alten Schloss.
Erste Banka, Palih boraca 2.
Internet: **biser caffe bar**, Zrinski trg, Tel. mobil 091/1211592.

INA-Tankstelle, Kraljevica, Fara 9.

Hotel Kraljevica, Strossmayerova 33, Tel. 281250, www.hotel-kraljevica.hr; DZ 80 Euro. In der Nähe des Zentrums.
Ferienanlage Uvala Scott, Uvala Grabrova bb, Tel. 281226, www.jadran-hoteli.hr/uvala-scott; DZ 60 Euro.
Villa Dora, Šetaliste Vladimira Nazora 22, Tel. 282191, www.villa-dora.com; Apartments 130 Euro. Villa am Meer.
Bordada, Palih boraca 2, Tel. mobil 091/5893907, www.hostelbordada.com; DZ 40 Euro. Jugendherberge.

Campingplatz&Apartments Oštro, Oštro 16, Tel. 281218, www.jadran-hoteli.hr/ostro. Auf einer Halbinsel, mit Sand- und Kiesstränden.

Konoba Fra Krsto Frankopan, Tel. 282192. Gehobene Gastronomie im Neuen Schloss.
Pizzeria Petrus, Strossmayerova 27. Günstige Pizzen.
Restoran Frankopan, Fara 6. Am Stadteingang unterhalb der Straße Rijeka–Split. Sympathischer Familienbetrieb.
Sidro, Uvala Črišnjeva, Einfache Küche.
Domino, Dramalj, Braće Car 23, Tel. 786472. Günstige mediterrane Küche (Buzara).

Traditionelle Straßenfastnacht; Feb.

Ambulanz, Frankopanska ulica 9, Tel. 281232.
Apotheke, Strossmayerova 3, Tel. 281414.

Crikvenica

Crikvenica (12 000 Einwohner) an der gleichnamigen Riviera hat eine 120 Jahre lange touristische Tradition. Vom einstigen Glanz ist allerdings wenig erhalten. Gastronomie und Geschäfte haben sich darauf eingestellt, dass Badeurlauber den Ort mit seinen schönen, flachen Sand- und Kiesstrände in den Sommermonaten überfüllen.

Die Stadt ist in der Tabula Peutingeriana als römische Station ›Ad Turres‹ an der Straße von Aquileia nach Salona verzeichnet. Ausgrabungen belegen eine Keramikwerkstatt und eine größere römische Siedlung aus dem 1. Jahrhundert vor Christus. Seinen Namen erhielt Crikvenica (›Kirchlein‹) nach der Kirche (kroatisch: ›crkva‹) des Paulinerklosters, das Nikola Frankopan IV. 1412 an der Mündung der Dubračina ins Meer errichten ließ. Später bekam das Gebäude seinen markanten zylindrischen Eckturm (›Kaštel‹). Aus dem Kloster ging der 1448 unweit von Crikvenica in Grižane geborene Juraj Julije Klović (Giorgio Giulio Clovio) hervor, ein bedeutender Künstler der Renaissance, den Giorgio Vasari als ›Michelangelo der Miniaturmalerei‹ bezeichnete. 1895 kaufte Erzherzog Joseph das Kloster und ließ ein Militärkurhaus einrichten, ab 1898 war es Kindererholungsheim. Seit 1988 ist hier das Hotel ›Kaštel‹ untergebracht. Daneben steht die ursprünglich gotische Kirche **Uznesenja Marinjina**, die im 17. und 18. Jahrhundert barock erweitert wurde. Die Figuren auf dem Hauptaltar (1776) stammen von dem Paulinermönch Pavao Riedl. Erwähnenswert ist auch die Ikone der Muttergottes mit dem Kind (15. Jahr-

▲ Karte S. 245

Am Trg Stjepana Radića in Crikvenica

hundert). Vor der Kirche steht die **Marmorstatue der Muttergottes** (1933) von Zvonko Car. Weitere Plastiken des in Crikvenica geborenen Bildhauers sind die **Büste von Vladimir Nazor** beim Hotel Kaštel sowie die **Statue eines Fischers** (1982) am Hafen. Schon 1888 hatte Crikvenica ein Strandbad, und 1891 eröffnete als

erstes Hotel das ›Klotilda‹ im Zentrum (heute Apotheke ›Jadran‹). 1895 folgte das von den Wiener Hofarchitekten Fellner und Helmer im Stil der Belle Epoque entworfene ›Erzherzog Joseph‹ in der ulica Dr. Sobol, das 1900 in ›Therapia‹ umbenannt wurde und neuerdings **Kvarner Palace** heißt. Drei Jahre später entstand das Hotel ›Bellevue‹. 1906 wurde die Stadt Luftkurort und beliebtes Reiseziel ungarischer Adliger, die in noblen Quartieren abstiegen: im heute leerstehenden Jugendstilbau ›Miramare‹ (1906), in der **Villa Ružica** (1913) oder dem **Hotel Esplanade** (1929).

Später wurde nach Plänen von Stjepan Rovešnjak (1888–1958) und Zvonko Car die 1939 geweihte neoromanische Kirche **Sv. Antun Padovanski** erbaut, deren 35 Meter hoher Turm die Stadt markant überragt. Die russisch-orthodoxe Kirche **Sv. Nikola** entstand 1924 auf Betreiben von Russen, die vor der Oktoberrevolution geflohen waren. Sie ist seit Jahren geschlossen. Im **Petak-Park** in der Nähe der Riva können sich Kinder unter ›Maliks Baum‹ per Knopfdruck die Geschichte des sagenhaften Zwergen Malik vortragen lassen, der in einem Maulbeerbaum lebte (auch auf Deutsch). Unweit von hier hinterließ im **Park der kroatischen Kriegsveteranen** Zvonko Car mit dem expressiven Denkmal für die gefallenen Kämpfer des Zweiten Weltkriegs (1948) ein weiteres Beispiel antifaschistischer Denkmalsplastik.

An der malerischen Riviera südlich von Crikvenica reihen sich Küstenstädtchen und Badebuchten mit kristallklarem Wasser aneinander: **Jadranovo**, **Dramalj** mit der Halbinsel **Kačjak** (Kiesstrand) und **Selce**.

Crikvenica

Vorwahl: +385/51.
Postleitzahl: 51260.
Turistička zajednica, Trg Stjepana Radića 1c, Tel. 241051, www.rivieracrikvenica.com.
Lokale Touristeninformationen: **Dramalj**: 51265 Dramalj, Gajevo Šetalište 48, Tel. 786363; **Jadranovo**, 51264 Jadranovo, Tel. 246160; **Selce**: 51266 Selce, Šetalište Ivana Jeličića, Tel. 765165.
Crikvenica: **Post**, Ivana Skomerže 2.
Erste Banka, Trg Stjepana Radića 1.
Splitska Banka, Kralja Tomislava 4.
Zagrebačka Banka, Vinodolska 6.
Wechselstube, Braće Brozičević 2.
Internetcafé Cafébar Balustrada, Strossmayerovo 21.
Free-wifi-Zonen gibt es in Crikvenica am Trg Stjepana Radića, am Stadtstrand und am Bahnhof, in Dramalj am Strand Omorika, in Selce am Trg palih boraca, den Stränden Pola mora und Rokan sowie am Strand von Jadranovo.
Hotspots unter: https://wifispc.com/croatia.

▶ Karte S. 245

Busbahnhof, Nike Veljačića 3, Tel. mobil 060/300100, www.autotrans.hr. Buverbindungen nach Rijeka, Zagreb, Novi Vinodolski.
Taxi, Tel. mobil 099/2777774.

Kvarner Palace (vormals Therapia), Ulica braće dr. Sobol 1, Tel. 380000, www.kvarnerpalace.info; DZ 130 Euro. Wellnesshotel mit k.u.k. Ambiente.
Hotel Mediteran, Gajevo Šetalište 18, Tel. 785011; DZ/HP 90 Euro. Älteres Hotel mit guten Zimmern im Neubau.
Esplanade, Strossmayerovo šetalište 52, Tel. 785006; DZ 75 Euro. Historisches Hotel an der Strandpromenade. Hundefreundlich.
Zagreb, Strossmayerovo šetalište 42, Tel. 241744; DZ 70 Euro. Schönes kleines Hotel in Strandnähe.
Kaštel, Frankopanska 22, Tel. 241044, kastel@jadran-crikvenica.hr; DZ ab 55 Euro. Schönes Hotel im 1988 renovierten Paulinerkloster.

Selce: **Hostel Karlovac**, 51266 Selce, Emilia Antića 69, Tel. 76015; 764075, www.hostel-karlovac.hr. Jugendherberge.

Hotel Zagreb, Strossmayerovo šetalište 42, Tel. 241744, zagreb@jadran-crikvenica.hr; DZ 25–55 Euro. Schönes kleines Hotel in Strandnähe.

Hostel Stoimena, Šetalište Vladimira Nazora 75, p.p. 111, Tel. 241625, www.nazor.hr; Zimmer mit Frühstück ab 16 Euro/Pers. Jugendherberge am Meer.

Hostel Little Seahorse, Ive Lole Ribara 34, Tel. 677258, Tel. mobil 099/3347427, www.littleseahorse.eu; Übernachtung ab 17 Euro/Pers.

Tribalj: Balatura, 51243 Tribalj, Mali Sušik 2, Tel. +385/51/455340, www.hotel-balatura.hr; DZ ab 70 Euro. Romantisches Boutiquehotel für Vegetarier/Veganer.

Selce: **Autocamp Selce**, Jasenova 19, Tel. 764038, www.jadran-crikvenica.hr. Kleiner Platz in der Nähe von Crikvenica.

Dramalj: **Campingplatz Kačjak**, Kačjak 12, Tel. 786250, www.jadran-crikvenica.hr. An einem Sand- und Kiesstrand auf einer Halbinsel ca. 4 km von Crikvenica.

Crikvenica: **Corso,** Strossmayerovo šetalište 48. Beliebtes mediterranes Lokal.

Konoba Ognjišće, Kralja Tomislava 144. Einfache Grillspeisen, Pizza, Lasagne.

Rubin, Kralja Zvonimira 80. Authentische kroatische Küche.

Restoran Sabbia, Strossmayerovo šetalište 50b. Günstige Pizzen und Fischgerichte.

Konoba Dišpet, Strossmayerovo šetalište 56. Preiswerte Grill- und Fischgerichte.

Konoba Maslina, Vinodolska 6. Günstige Fisch und Fleischgerichte, Frühstück ab 5 Euro.

Galija, Gajevo Šetalište 1, Tel. 784710. Gute Küche, mit Bed & Breakfast.

Crikvenica: **Café Milman**, Braće Brozičević bb, Tel. 241122, www.milman.hr (kr.). Kaffeespezialitäten aus eigener Rösterei und sehr leckere Kuchen (Cappuccino-Torte!).

Café-Bar Hotel International, Ivana Skomerže 1, Tel. 241324. Die hoteleigene Konditorei ist berühmt für die Frankopan-Torte aus Blätterteig, Muskatnuss, Zimt, Mandeln und Trockenfrüchten, ein Rezept, das 1688 im Grazer ›Koch- und Artzney-Buch‹ veröffentlicht wurde.

Selce: **Cafe Kiss**, Trg palih boraca 2, Direkt am Bootshafen.

Crikvenica: **Balustrada Bar**, Strossmayerovo šetalište 21.

Bakaga Discotheque, Ivana Skomerže 1 (im Hotel ›International‹).

Stadtmuseum, Petra Preradovića 1 (Frankopanska), Tel. 781000, www.mgc.hr (kr.); Mo–Fr 8–16 Uhr. Paläontologische Sammlung und archäologische Funde aus einer antiken Keramikwerkstatt.

Atelier Zvonko Car (Memorijalni Atelje Zvonka Cara), Bana Jelačića bb, Tel. 242372. Das Atelier nahe dem Stadtstrand zeigt mehrere Skulpturen des 1982 verstorbenen Bildhauers.

Aquarium, Vinodolska 8, Tel. 241006. 30 Wasserbecken mit über 100 Fischarten aus der Adria und den tropischen Meeren.

Karneval; Jan./Feb. Die Zeit der Narren ›Maškare‹ an der Riviera von Crikvenica.

Ethno Selce; 2. Wochenende im Juli, Selce. Präsentationen ökologischer Produkte und Gerichte, alten Handwerks, traditioneller Tänze und Gesänge.

Ad Turres-Tag; 3. Wochenende im Juli. Crikvenica feiert seine römische Vergangenheit und lässt antikes Alltagsleben mit Spielen, Lesungen, Workshops und römischen Speisen wieder erstehen.

Schwimm-Marathon zwischen Šilo (auf der Insel Krk) und Crikvenica; 14. und 15. Aug.

Fischerwoche; Ende Aug., Crikvenica. Konzerte, Theatervorstellungen, Folklore, Ausstellungen und Workshops rund um das Thema Meer.

Crikvenica Tourist, → Radverleih. Informationen für Sportfischer und Fischfangerlaubnis.
Ausflüge mit Fischern, Tel. 241051.
Sportangelverein ŠRD Arbun – Crikvenica, Frankopanska 26a, Tel. 241373.

Rund um Crikvenica gibt es viele markierte Radwege. Eine Rad- und Wanderkarte der Region ist in den lokalen Touristenbüros erhältlich.
Crikvenica Tourist, Trg Stjepana Radića 1, Tel. 241516, www.crikvenica-tourist.hr. Radverleih.

Audax Equestrian Center, Rebecca Schoen-feld Vidas, Tribalj, Mali Susik, Tel. mobil 091/2704167, 098/9416948; Reitstunden (20 Euro/Std.), Ausritte (65 Euro/Std.)

Stadtstrand Gradska plaža. Rollstuhlgerecht, mit Wasserrutschen, Sandkästen, Spielplätzen, Verleih von Liegestühlen und Sonnenschirmen.
Hundestrand Podvorska mit Hundeduschen und Montys Dog Beach Bar (Eis, Snacks und Bier für Hunde).

Am Hafen von Crikvenica bieten Schnell- und Taxiboote Ausflüge zu den Inseln Krk und Rab und den Badebuchten bei Dramalj und Selce an.
Dramalj: **Nautique Ski Zentrum**, Gajevo Šetalište bb. Wasserski.
Jadranovo: **Ski taxi Ahel**, Uvala Grabrova, Tel. mobil 091/5283843. Wasserski, Wakeboard.

▶ Karte S. 245

Adrenalinpark, Klanfari 7, Crikvenica, Tel. mobil 098/259755, www.adrenalinpark.eu (kr.). Hochseilgarten, Trampolin, Paintball.
Paragliding Kvarner, Šmrika, Umejčina 11, Tel. mobil 095/8549995, www.paragliding-kvarner.com. Flüge mit linzensiertem Tandempilot.
Sportplätze Jeličić, Strossmayerovo šetalište bb, Tel. mobil 091/7260072. Badminton, Tischtennis, Basketball, Minigolf, Tischfußball, Billard und Scootervermietung.
Kačjak Zip Line, Šetalište braće Domijan, Tel. mobil 098/259755. 500 Meter lange Zip Line 35 Meter über dem Meer.

Liebespfad, 3 km, mit Kissing Spots (10 markierte Plätze zum Küssen). Von Crikvenica (Braće Car) entlang der Küste durch Kiefernwald nach Tribalj, Wanderkarten beim Touristenbüro.

Dive City, Braće Buchoffer 18, Tel. 784175, www.divecity.net.
Unterwasserclub Crikvenica, Frankopanska 28 b, Tel. 783004.
Selce: **Tauchzentrum Mihurić**, Šetalište Ivana Jeličića bb (Bucht Slana), Tel. 765462.

Beim Supermarkt **Konzum** (Braće Brozičević 3) bieten in der Hauptsaison **Marktstände** Souvenirs und Billigware an, aber auch Olivenöl, Honig, Käse und Schnäpse. Dort gibt es auch Bäckereien, eine Apotheke sowie die Markthalle (im Sommer Mo–Fr 6–21 Uhr).
Kredenca, Strossmayerovo Šetalište 38 und Frankopanska 25. Wein, Schnaps, Liköre, Honig, Kosmetik, Mode-Accessoires.

Poliklinika Katunar, Dr. Ivana Kostrenčića 10, Tel. 785132, 785164.
Apotheke, Trg Stjepana Radića 1.

Das Vinodol

Das Vinodol – eine kleine Welt für sich.
Österreichische Revue, 1867

Fast parallel zur Adria und vom Tourismus weitgehend unberührt erstreckt sich im Hinterland des kroatischen Küstenlandes (Primorje) das Vinodol. Seit der Steinzeit besiedelt, bekam es im 2. Jahrhundert vor Christus von den Römern, die in dem klimatisch günstig gelegenen Tal Wein anbauten, den Namen Vallis vinaria (Weintal), den die Kroaten mit Vinodol übersetzten. Neben Weißwein wie Weißburgunder, Chardonnay und der autochthonen Sorte Žlahtina werden hier auch Rotweine wie der Blaufränkische ›Frankovka‹ produziert. Der kroatisch-ungarische König Andreas II. (1177–1235) verschenkte das Vinodol 1260 an den Krker Fürsten Gvid Frankopan. Das ganze Mittelalter herrschten hier die kroatischen Adelsgeschlechter Frankopan und Zrinski, die viele Burgen, Kirchen und Klöster errichten ließen.

Drivenik

In Drivenik sind auf einem Hügel Reste einer bereits 1288 im Statut von Vinodol (Vinodolski zakonik) erwähnten **Festung** der Frankopanen erhalten. Ihre Ecktürme stammen aus dem 16. Jahrhundert. Die Burg hatte ursprünglich eine Zugbrücke. Von dort oben bietet sich ein herrlicher Blick auf das Vinodol und den **Süßwassersee von Tribalj**, der bei Sportanglern beliebt ist.
Etwas unterhalb der Burg steht die Pfarrkirche **Sv. Dujam,** die 1821 an der Stelle eines Vorgängerbaus aus dem Mittelalter errichtet wurde, und ihr gegenüber liegt die gotische Kapelle **Sv. Stjepan** mit einem Glockenstuhl aus dem 15. Jahrhundert. Hier befanden sich die barocken ›goldenen Altäre‹ und die gotische Pietá von Drivenik, die jetzt im Museum für Kunst und Handwerk in Zagreb aufbewahrt werden. Unten im Ort ist etwas versteckt in einer Grünanlage vor der Schule eine von Zvonko Car 1969 geschaffene **Bronzestatue** des Renaissancemalers **Julije Klović** sehenswert.

Grižane-Belgrad

Der kleine Ort Grižane-Belgrad liegt im Vinodol wenige Autokilometer nordöstlich von Crikvenica unter einem Felsen, auf denen die **Ruine einer Frankopanenburg** steht, die 1323 durch ein Erdbeben

Weingärten im Vinodol

zerstört wurde. Hier herrschte einst Fürst Martin Frankopan, der am Meer einen Hafen erbauen ließ, der als einer der Ursprünge für das spätere Crikvenica gilt.

Bribir

Auf dem Gipfel eines der bis zu 800 Meter hohen Berge des Vinodol liegt Bribir, wo die Frankopanen im 13. Jahrhundert eine Festung zum Schutz des Tals errichten ließen. Außer wenigen Resten der unter Bernardin Frankopan (1453–1529) erbauten Mauern ist ein viereckiger **Turm** aus dem Jahre 1302 erhalten, von dem man einen schönen Blick auf das Tal und Novi Vinodolski hat. Ab dem 16. Jahrhundert herrschten die Grafen Zrinski in Bribir. 1848 wurden die Stadtmauern und Tore abgetragen, an der Stelle des Kastells entstand eine Schule.

Die Pfarrkirche **Sv. Petar i Pavao** wurde 1424 errichtet, im Barock vergrößert und umgestaltet, 1944 durch Feuer zerstört und erst in den 80er Jahren des 20. Jahrhunderts wieder aufgebaut. Innen hängen das Renaissancerelief ›Muttergottes mit Kind‹ (um 1490), das dem florentinischen Bildhauer Gregorio di Lorenzo (1436 -1504) zugeschrieben wird, und das Altarbild ›Fußwaschung‹ von Jacopo Palma il Giovane. Sehenswert sind auch ein Renaissance-Sakramentshäuschen mit schmiedeeisernem Gitter sowie der marmorne Hauptaltar des barocken Bildhauers Antonio Michelazzi (1707–1772), der in Rijeka eine Werkstatt hatte.

Oči Vinodola

Das Vinodol ist eine Region für Naturfreunde, Bergwanderer und Mountainbiker: Faszinierende Blicke auf die Landschaften des Primorje bieten die Oči Vinodola (Augen von Vinodol), eine Reihe von bis zu 781 Meter hoch liegenden Aussichtspunkten im Hinterland: Mahavica, Pridva, Slipica und Gradina. Vom Aussichtspunkt **Kuk** (301 Meter) hat man eine gute Sicht auf die gesamte Riviera von Novi Vinodolski, die Kvarner Bucht, den Velebit und das Učka-Gebirge. Vom Parkplatz beim Dorf **Omar** (Luka Krmpotska) gelangt man zur **Staklena Kapelica** (Glaskapelle), die Anfang des 20. Jahrhunderts im sezessionistischen Stil erbaut wurde. An einem 800 Meter langen Spazierweg liegen zehn thema-

Blick vom Aussichtspunkt Kuk auf die Kvarner Bucht

Karte: vordere Umschlagklappe

Strand in Novi Vinodolski

tisch unterschiedliche **Nebeski Labirinti** (Himmlische Labyrinthe), die eine Esoterikerin aus Crikvenica mit Natursteinen in neunmonatiger Arbeit in die ohnehin mystisch anmutende Landschaft gelegt hat. Das Abschreiten der gewundenen Wege soll laut Hinweistafeln in Kroatisch und Englisch ›positive Veränderungen‹ bewirken. Die karge Gegend, in der man bisweilen von freilaufenden Pferden überrascht wird, hat einen ganz eigenen Reiz. Auch vom Aussichtspunkt **Sviba** (753 Meter) an der Straße Novi Vinodolski–Breze bieten Karstwiesen, Velebit, Kvarner Bucht und das Učka-Massiv einen überwältigenden Anblick!

Novi Vinodolski

Vielleicht haben bereits die Römer die 1598 von den Venezianern zerstörte Festung Lopsica im südlichen Teil von Novi Vinodolski (5282 Einwohner) gebaut. Das Küstenstädtchen liegt am südlichen Ende des langgezogenen Vinodol. Im späten Mittelalter war die Stadt der Hauptsitz der aus Krk stammenden Frankopanen. In ihrer im 13. Jahrhundert erbauten Burg **Novi Grad** am Hauptplatz versammelten sich am 6. Januar 1288 die Vertreter von neun Städten der Region und unterzeichneten das in glagolitischer Schrift verfasste Statut von Vinodol. Dieses älteste kroatische Gesetzbuch sicherte den Bauern gewisse Rechte und beschränkte die Macht der Feudalherren. Von dem Kastell, das 1761 zum großen Teil abgerissen wurde, sind nur der eindrucksvolle Renaissance-Wehrturm Kvadrac und der Palast mit Innenhof erhalten. Heute befindet sich hier das **Volksmuseum** und die **Galerie Novi Vinodolski** mit interessanten Sammlungen. In der Grünanlage am Platz steht ein **Denkmal für die Gefallenen des Volksbefreiungskriegs** (1951) von Želimir Janeš (1916–1996), ein typisches Beispiel für die antifaschistische Denkmalplastik Jugoslawiens.

In der 1520 erbauten und im 18. Jahrhundert barockisierten Pfarrkirche **Sv. Filip i Jakov** in der Oberstadt steht ein von Paulinermönchen geschnitztes Chorgestühl aus dem 17. Jahrhundert. In dem Grab vor dem Hauptaltar ist Bischof Kristof von Modruš bestattet. Nur durch eine List soll der Kirchenmann den Türken entkommen sein: Als diese 1493 seinen Heimatort in der Lika einnahmen, ließ er sein Pferd verkehrt herum beschlagen und täuschte so seine Verfolger.

In der gotischen Kapelle **Sv. Trojica** in der Ulica Sv. Trojica (oberhalb des Stadthafens) befindet sich eine **Sammlung sakraler Kunst**. Neben Messbüchern aus der Mitte des 15. Jahrhunderts sind wertvolle Reliquiare und Kelche ausgestellt sowie das barocke Altarblatt ›St. Nepomuk‹ von Valentin Metzinger (1699–1759). In der Altstadt gibt es viele enge Gassen, Tore und malerische Winkel. Dank seines milden Klimas, der immergrünen Vegetation und des glasklaren

Meerwassers wurde Novi Vinodolski bereits 1878, kurz nach Opatija, zu einem beliebten Fremdenverkehrsort. 1889 wurde in der südlich gelegenen Bucht **Lišanj** eine Badeanstalt eingerichtet und drei Jahre später als erstes Hotel der Stadt das luxuriöse ›Lišanj‹ erbaut, das der Zagreber Architekt Ignjat Fischer (1870–1948) im Stil der Neorenaissance entworfen hat.

In der Nähe des Hafens befinden sich auf dem Friedhof wenige **Reste eines Paulinerklosters** aus dem 15. Jahrhundert. Nach den Reformen Kaiser Joseph II. wurde das Kloster aufgelassen und Anfang des 20. Jahrhunderts zerstört. Die sehenswerten Kapitelle der Klosterkirche sind im Stadtmuseum ausgestellt. Auf dem Friedhof ist der in Novi Vinodolski geborene Dichter Ivan Mažuranić (1840–1890) bestattet, ein wichtiger Vertreter der kroatischen Romantik und zeitweise kroatischer Banus. Sein Bildnis ziert die 100-Kuna-Banknoten.

Vom nördlichen Stadtstrand, der in der Hauptsaison sehr frequentiert ist, sieht man das malerisch in der Bucht liegende Inselchen **Sv. Marina** mit dem gleichnamigen gotischen Kirchlein und einer Thunfischleiter (*tunera*).

Novi Vinodolski und Vinodol

Vorwahl: +385/51.

Postleitzahl: 51250.

Turistička zajednica, Kralja Tomislava 6, Tel. 244306, www.tz-novi-vinodolski.hr.

Turistička zajednica općine Vinodolske/ Tourismusverband der Gemeinde Vinodol, Bribir 1, 51253 Bribir, Tel. 248730, www.tz-vinodol.hr.

Post, Kralja Tomislava 31B.

Free-Wifi-Zonen gibt es in Novi Vinodolski am Korzo, der Krešimirova obala, Povile und Smokvica.

INA-Tankstelle, Kralja Tomislava bb.

Taxi, Tel. 245884.

Novi Vinodolski: **Tamaris**, Kralja Tomislava 14, Tel. 792280, www.tamarishotels.com; DZ 120 Euro, Apartment 140 Euro. Modernes Hotel mit Pool in Strandnähe.

Lišanj, Lišanjska 1, Tel. 665600, www.hotel-lisanj.com; DZ ab 60 Euro. Direkt am Stadtstrand, 10 Min vom Zentrum.

Novi Spa Hotels&Resort, Tel. 668417, www.novi.hr; DZ 115 Euro. Hotel- und Apartmentanlage mit Außen- und Innenpools, Wellness-Zentrum, Animation.

Maestral, Korzo Hrvatskih Branitelja 45, Tel. 245911, www.maestral.de; DZ 60 Euro. Familienhotel mit Restaurant, 50 m vom Strand und 200 m vom Zentrum entfernt.

Bribir: **Villa Vallis**, 51253 Bribir, Kričina 20, Tel. 248811, http://villa-vallis.com; Apartment ab 90 Euro. In den Bergen.

Autocamp Klenovica, Klenovica bb, 51252 Klenovica, Tel. 796251, www.camp-klenovica.com. Großer Platz an Kiesstrand.

Novi Vinodolski: **Buffet Bonaca**, Obala Petra Krešimira IV. bb. Leichte mediterrane Gerichte zu fairen Preisen; Meerblick.

Lucija, Vinodolska 6. Rustikale Konoba im Zentrum, leckere Spezialitäten (Peka-Gerichte!), etwas teurer.

Pizzeria Colibri, Stari Grad 119, Günstige Pizzen, Omelette, Palatschinken.

Mate, Korzo hrvatskih branitelja 40c. Stilvolle Konoba in der Altstadt.

Vinodol, Obala Petra Krešimira IV 1b. Fisch-, Fleisch- und Nudelgerichte, Pizza, hausgemachtes Eis.

Bribir: **Studec**, Vinska cesta 2, Pod Sveti Mihovil, Tel. 248888; 12–22 Uhr. Konoba in den Weinbergen. Unbedingt probieren: Essen unter der Haube (Peka, nach Vor-

▲ Karte: vordere Umschlagklappe

bestellung), Birbirski Šuljki (Nudeln) und Bribirksi presnoc (Kuchen).
Vagabundina Koliba, Ravno 7, Tel. 248708. Berghütte (864 Meter). Käse in Öl, Brennessel-Kroketten, traditionelle Gerichte.
Klenovica: **Buffet Lovački dom Zvonko**, Gornje Krmpote bb, Tel. 793701, Tel. mobil 091/7538813. Uriges Jägerheim; Wirt Zvonko serviert als Spezialität Wildgulasch mit Brennnessel-Kroketten.

Bistro & Caffe Marina, Obala Kneza Branimira bb. Café direkt am Yachthafen.

Caffe Bar Kaktus, Korzo Vinodolskog 44.

Vinarija Pavlomir, Novljansko polje bb; Tel. mobil 098/443439. Verkostung und Verkauf von Weißweinen (Žlahtina, Muskat, Chardonnay) und Rotweinen (Frankovka, Cabernet Sauvignon), 2,50–8,50 Euro/Liter.

Volksmuseum und Galerie, Trg Vinodolskog zakona 1, Tel. 244266; Sept.–Juni tägl. 9–12, Juli und Aug. Mo–Sa 9–12 und 19–21 Uhr, So 9–12 Uhr, 1,60 Euro/90 Cent. Archäologische, numismatische, ethnographische und historische Sammlung, sakrale und weltliche Kunst.

Mittelalterfest in Drivenik; Ende Mai.
Sommerkarneval Mesopust, Novi Vindolski; Anfang Juli. Fest mit dem Volkstanz ›Kolo‹, der von zweistimmigen Gesängen und Klängen der ›Sopila‹ (Holzblasinstrument) begleitet wird.
Weinfest Ruža Vinodola (Rose des Vinodol), Drivenik; Anfang August.

Novi Vinodolski: **Ranch Predrag Rubčić**, Novljansko polje bb, Tel. mobil 091/9532902, www.rekreativnojahanje.blogspot.de. Reiten für Anfänger und Fortgeschrittene, ca. 14 Euro/Stunde.

Paragliding Club Flumen, Kontakt: Marko Hrgetić Grga, Tel. mobil 095/8143976. Flüge über Tribalj.

Der Süßwassersee **Tribalj** ist reich an Karpfen, Welsen, Zander, Aalen.
Športsko-ribolovno društvo Šaran, Tribalj, Tel. 798392, www.saran-tribalj.hr.

Hafenamt, Trg Vinodolskog zakona 5, Tel. 244780.
Navitech Yacht Service, Dubrova 20, Tel. 792073, www.navitech.hr. Sommerliegeplätze, Winterlager, im Stadthafen: Jachtservice, 20-t-Kran, 15 Transitliegeplätze.
Bartelo Mali, Tel. 099/2124789. Bootsausflüge, Fischpicknick, Nachtfahrten.

Rundwanderweg **Weg der Steinstufen** (4,5 km) von Grižane auf den Gipfel des ca. 600 m hohen **Karlova Peć**.
Wanderkarten im Touristikbüro (Turistička zajednica) in Bribir, Novi Vinodolski oder Crikvenica.

Badestrand Lišanj, in der gleichnamigen Bucht. Mit Felsen, Sand, Kies oder Betonflächen, schöner Bereich für Kinder.
Naturbelassene Felsen- oder betonierte Strände am Nordrand von Novi Vinodolski. Verleih von Liegestühlen und Sonnenschirmen unterhalb des Restaurants ›Bonaca‹.

Bribir: **Plodovi Vinodola**, Bribir 34, Tel. 422549. Lavendel, Wein (Žlahtina).

Ambulanz, Kralja Tomislava 24, Tel. 792200.

Senj

›In Triest wird die Bura geboren, in Rijeka plustert sie sich auf, aber in Senj erreicht sie ihre volle Kraft‹, sagt ein kroatisches Sprichwort. Und richtig: Durch die am Fuße der Gebirge Kapela und Velebit liegende Küstenstadt Senj fegt der Fallwind Bura oft sehr heftig. Besonders im Winter stürzt kalte Gebirgsluft von den Felsen durch eine enge Schlucht und erreicht eine Geschwindigkeit bis zu 200 Stundenkilometern.

Geschichte

Ähnlich bewegt ist die Geschichte der ältesten Stadt der nördlichen Adria, die auf eine bereits im 5. Jahrhundert bestehende liburnische Siedlung am nahegelegenen Berg Kuk zurückgeht. Die im 1. Jahrhundert vor Christus von den Römern am Meer gründete Siedlung Senia lag am Ende eines wichtigen Gebirgspasses, der das Küstengebiet mit dem Binnenland verband und wurde deshalb zu einem zentralen Hafen und Handelsplatz. Während der Völkerwanderung wurde die antike Stadt zerstört, auf ihren Ruinen gründeten die Kroaten eine neue Siedlung und befestigten sie im 12. Jahrhundert mit Wällen und Türmen. Bereits 1154 bestand hier ein Bistum. 1248 erlangte der hiesige Bischof von Papst Innozenz IV. die Erlaubnis, die glagolitische Schrift und kroatisch-kirchenslawische Sprache in der Liturgie zu verwenden. Damit wurde zum ersten Mal – über 700 Jahre vor dem 2. Vatikanischen Konzil – einem katholischen Bischof gestattet, die Messe in einer anderen Sprache als Latein zu lesen! Im 10. Jahrhundert war Senj ein wichtiges Zentrum des glagolitischen Schrifttums, worauf man heute noch stolz ist. 1493 wurde sogar eine glagolitische Druckerei gegründet und bereits ein Jahr später ein glagolitisches Messbuch gedruckt. Glagolitische Inschriften findet man an einigen Gebäuden der Altstadt – etwa am Türsturz des Hauses in der Ulica Ive Hreljanovića 4.

Eine erste wirtschaftliche und kulturelle Blüte erreichte Senj während der Regentschaft der Frankopanen (1271–1469). Danach kam die Stadt unter die Herrschaft Ungarns und ab 1526 Habsburgs. Noch 1522 hatte der legendäre Hauptmann Petar Kružić (1491–1537) den Türken bei Senj eine große Niederlage zugefügt. Mit dem Vordringen der Osmanen kamen viele Flüchtlinge aus dem türkisch besetzten Gebieten Dalmatiens, Bosniens und der Herzegowina nach Senj. Nachdem 1537 die Festung Klis bei Split an die Türken gefallen war, flüchteten die überlebenden ›Uskoken‹ (›Entsprungene‹) und verschanzten sich hier in der Festung Nehaj. Senj wurde zum Hauptort der Militärgrenze gegen-

Uskokenkopf in der Festung Nehaj

▲ Karte: vordere Umschlagklappe

über dem Osmanischen Reich und den Gebieten Venedigs. Die berüchtigten Senjer Uskoken kämpften gegen die Türken, überfielen Küstenstädte und enterten auch venezianische Handelsschiffe und päpstliche Galeeren. Schließlich beschloss die Serenissima, dem ›Seeräubernest‹ Einhalt zu gebieten: 1615 kam es zum venezianisch-österreichischen ›Uskokenkrieg‹. Nach dem Frieden von Madrid (1617) wurden die Freibeuter aus Senj verbannt und in das Žumberak-Gebirge westlich von Zagreb umgesiedelt.

Ende des 18. Jahrhunderts wurde die ›Jozefina‹ gebaut, ein wichtiger Verkehrsweg, der die Stadt und die Küste mit dem Hinterland (Karlovac) verbindet. Senj wurde zum Umschlagplatz für den Handel mit Salz, Getreide und Holz und prosperierte wirtschaftlich und kulturell, verlor aber nach dem Bau der Eisenbahnlinie Zagreb–Rijeka 1873 an Bedeutung. Im Zweiten Weltkrieg wurde Senj mehrfach bombardiert, da hier der Versorgungshafen der deutschen Marine war. Dabei wurden fast 80 Prozent der Gebäude der Stadt beschädigt oder vollständig zerstört.

Wegen der rauen Bura wählen nur wenige Urlauber Senj als Erholungsort. Dabei hat die Stadt Charme und einige Sehenswürdigkeiten.

Stadtrundgang

Auf dem Pavlinski Trg beim Hotel Libra steht dass monumentale Denkmal **Auf ewiger Wache** (1957). Der Bildhauer Ivan Vukušić (1922–1981) stellte hier drei Seeleute in heroischer Pose dar. An der Uferstraße reihen sich Hotels, Banken, Wechselstuben, Geschäfte, Cafés und Restaurants. An ihrem nördlichen Ende findet sich die Touristeninformation. Von der Stadtbefestigung aus dem 13. Jahrhundert sind noch Mauern und einige der ehemals 13 **Türme** erhalten: **Šabac** und **Naša** (an der Uferstraße) und in der Stara Cesta der mit Mitteln des Medicipapstes Leo X. (1513–1521) erbaute und nach ihm benannte runde **Leonova Kula** sowie der Turm **Lipica** (um 1541). Wie die mit der Kaiserkrone geschmückte Inschrift ›JOSEPHINAE FINIS‹ auf dem **Großen Tor** (Vela Vrata) verkündet, endet hier die 1779 unter Joseph II. gebaute Straße ›Jozefina‹. Die Entfernungen zu wichtigen Städten der einstigen Donaumonarchie sind am linken Türsturz in ›germanischen‹ Meilen (1 Meile=7,856 Kilometer) eingemeißelt. Danach sind es nach Zagreb 21 Meilen (164 Kilometer). Auf der auch Cilnica genannten **Velika placa**, dem größten Platz der Stadt steht ein klassizistischer **Brunnen** (1845). Die nordöstliche Seite des **Platzes** nimmt das 1330 von den Krker Fürsten errichtete **Kastell** ein, das später Sitz des Stadthauptmanns war. Sein klassizistisches Aussehen erhielt es Ende des 18. Jahrhunderts. Ende des 19. Jahrhunderts wurde es das bischöfliche Konvikt Ožegovićanum. Nach seiner Verstaatlichung Ende der 1950er Jahre verwahrloste der Komplex. Auf der nördlichen

Der Hafen von Senj

Die Festung Nehaj

Seite des Platzes steht in der Mitte die im 19. Jahrhundert säkularisierte Kirche **Sv. Duh**. Westlich von ihr befand sich das Franziskanerkloster mit Kirche (1558), deren Bombardierung im Zweiten Weltkrieg nur der Glockenturm überstand.

An der teils aus Naturstein, teils aus Backstein bestehenden Fassade der 1169 einschiffig erbauten Kathedrale **Sv. Marija** am **Cimiter-Platz** erinnern romanische Blendarkaden an norditalienische Vorbilder. 1497 wurde die gotische Sakristei angebaut, Mitte des 18. Jahrhunderts kamen zwei barocke Seitenschiffe hinzu. Innen sind das gotische Wandgrab des Bischofs Ivan Cardinalibus (1392) sehenswert sowie ein Renaissancerelief der heiligen Dreifaltigkeit (1491), auf dem sich das älteste datierte kroatische Wappen (ein Schachbrett) befindet. Rechts neben dem Altar der Muttergottes der sieben Schmerzen (1754) mit Figuren von Pavao Riedl steht die aus Carrara-Marmor geschaffene Büste des Senjer Bischofs Mirko Ožegović (1876). Erwähnenswert ist auch der barocke Marmoraltar mit Engel-Skulpturen. Die Kirche wurde bei der Bombardierung 1943 schwer beschädigt und von 1949 bis 1950 wieder aufgebaut. Neben der Kirche steht eine **Bronzebüste von Blaž Baromić**, der 1494 in Senj die glagolitische Druckerei gründete, eine Figur des 1933 geborenen Bildhauers Stipe Sikirica. In der Nordwestecke des Cimiter-Platzes präsentiert sich der dreistöckige **Vukasović-Palast** im Übergangsstil von Spätgotik zu Renaissance. Hier ist das **Stadtmuseum** untergebracht, mit archäologischen, hydroarchäologischen, numismatischen, ethnographischen und naturkundlichen Sammlungen sowie Ausstellungen zur Stadtgeschichte, Glagoljica und zur glagolitischen Druckerei.

An der nördlichen Ortseinfahrt steht die **Skulptur einer Sonnenuhr**, die den 45. Breitengrad (›Parallele‹) markiert – von hier sind es zum Äquator wie zum Nordpol jeweils genau 5000 Kilometer.

Festung Nehaj

Die Festung Nehaj (Fürchte nichts!) auf dem 60 Meter hohen Hügel Trbušnjak ließ General Ivan Lenković 1558 nach dem Vorbild süditalienischer Stauferburgen errichten. Dazu wurden außerhalb der Stadtmauern Häuser, Kirchen und Klöster abgerissen und ihre Steine verwendet. Der 18 Meter hohe würfelförmige Bau hat 3,30 Meter dicke Mauern

▲ Karte: vordere Umschlagklappe

und ist nach den Himmelsrichtungen ausgerichtet. An allen vier Ecken hat die Burg vorspringende Mauertürme und zusätzlich einen Mauerturm über dem Eingang. Im ersten Stock befanden sich die Räume der Offiziere und des Kommandanten. Im zweiten Stock standen die schweren Geschütze. Eine Ausstellung dokumentiert die Geschichte der Uskoken von Senj. Im Roman ›Die rote Zora und ihre Bande‹ von Kurt Held war die Burg Unterschlupf der Kinder. Der Keller der Burg beherbergt heute ein Restaurant.

Die Umgebung von Senj

Starigrad liegt 26 Kilometer von Senj in einer schönen kleinen Bucht des Velebitgebirges. Früher lebten hier Fischer, aber auch Seeräuber. Von der Burgruine nordwestlich des unteren Dorfs hat man einen herrlichen Fernblick. Weiter südlich kommt man nach **Stinica**, wo die Fähren nach Mišnjak auf der Insel Rab ablegen.

In **Jablanac** sind in der Pfarrkirche Sv. Josif aus dem 18. Jahrhundert barocke Stuckfiguren aus der Werkstatt der Brüder Clemente und Giacomo Somazzi sehenswert. Bis 2012 gab es hier einen Fährhafen, der das Festland mit der Insel Rab verband.

Der kleine Küstenort **Karlobag** am Fuße des Velebit ist über die Passstraße, die über den 928 Meter hohen Pass **Oštarijska vrata** führt, so sehr mit dem kontinentalen Hinterland verbunden, dass die Architektur des Städtchens wenig mediterran anmutet. Nachdem das römische Vegium zur Zeit der Völkerwanderung verfallen war, gründeten die Kroaten Anfang des 7. Jahrhunderts westlich der antiken Stadt die Siedlung Skrissa, die später den Namen Bag erhielt. 1525 wurde Bag von den Türken zerstört. Allein die Festung blieb bestehen. 1579 errichtete der österreichische Erzherzog Karl hier eine neue Stadt, die 1580 zu seinem Andenken Karlobag genannt wurde. Doch bereits 1592 eroberten die Venezianer die Festung und zerstörten die Stadt. Diesmal verhalf Karl VI., der Vater Maria Theresias, dem Ort zu einer neuen Blüte: Auf sein Betreiben wurden der Hafen und die Straße nach Gospić gebaut. Sein Enkel Joseph II. gliederte Karlobag 1776 in die Militärgrenze (Vojna krajina) ein und ließ 1786 die zweite Passstraße über den Velebit bauen. Im Ort ist das **Kapuzinerkloster** mit der Kirche **Sv. Josip** aus dem Jahre 1713 erwähnenswert. Die Barockkirche **Sv. Karl Boromejski** von 1776 ist heute eine Ruine.

Senj

Vorwahl: +385/53, **Postleitzahl**: 53270.
Turistička zajednica: Stara Cesta 2, Tel. 881068, www.tz-senj.hr.
Post, Obala dr. Franje Tuđmana 3.
Erste Banka, Obala dr. Franje Tuđmana 4.
Internet: Turističa zajednica, Hotel Libra, Stadtbibliothek.

Busbahnhof, Obala dr. Franje Tuđmana 8, Tel. +385/53/881235. Busse Zagreb–Senj 4x tägl. in der Urlaubssaison.
Branimir Taxi, Tel. 882295.

Fähranleger Stinica: Fähren nach Mišnjak (Insel Rab), Rapska plovidba, Tel. +385/51/724122, www.rapska-plovidba.hr; 2/1 Euro, PKW 11–18 Euro.

Hotel Art, Obala kralja Zvonimira 15, Tel. 884377, www.hotel-art-senj.com; DZ 60 Euro. Schlichtes Hotel in zentraler Lage am Hafen.
Hotel Libra, Obala dr. Franje Tuđmana 8, Tel. 881051, www.hotel-libra.hr; DZ ab 80 Euro. In Strandnähe.

Campingplatz Bunica V, Bunica 9, Tel. 616718. Der kleine Campingplatz ist wegen seiner Lage in einer schönen Bucht begehrt.
Škver, Škver bb, Tel. 885266. Nur 5 Min. vom Stadtzentrum.
Ujča, Ujča 146/A, Tel. 884626, www.camp-ujca.com. 45 Einheiten in schöner Bucht mit Kiesstrand (4 km von Senj).

Lavlji dvor, Petra Preradovića 2. Gute Pizzen, Nudel-, Fisch- und Fleischgerichte. Urige Konoba mit Renaissanceinnenhof.
Restoran Krešimir, Obala Kralja Zvonimira 10. Im Stadtzentrum, am Meer; Fleisch- und Fischgerichte zu moderaten Preisen.
Konoba Stari Grad, Uskočka 12. Schönes Ambiente, günstige Menüs.
Ivka, Mile Magdića 12. Konoba mit uriger Atmosphäre.
Kod Veska, Hrvatska 14. Typische kroatische Konoba.
Gostionica Jablan, Senjska Draga 19 (6 km von Senj). Nudel- und Grillgerichte.
Meduza, Mundaričevac bb. Snackbar am nördlichen Stadtstrand.

Caffe Bar Nehaj, Pavlinski trg 16. Leckeres Eis, Gebäck und Kuchen.

Mališa, Križ 14. Trendige Nightbar.
Magnus, Kolan 10. Große Diskothek.

Stadtmuseum, Milana Ogrizovića 5, Tel. 881141; Juli/Aug. Mo–Fr 7–15 Uhr und 18–20 Uhr, Sa 10–12 Uhr und 18–20, So 10–12 Uhr, sonst Mo–Fr 7–15 Uhr.

Uskokentage; Anfang Juni. Mittelalterliche Ritterturniere.
Sommerkarneval; Anfang Aug. Maskenumzug mit Teilnehmern aus aller Welt.

Themenweg Die Stadt der roten Zora: Nach einem Aufenthalt in Senj schrieb Kurt Held (Kurt Kläber, 1897–1959) den Roman ›Die rote Zora und ihre Bande‹ (1941), der von Waisenkindern handelt, die in der Festung Nehaj ihr Versteck haben. 1978 wurde nach dem Roman eine 13-teilige Fernsehserie gedreht, deren Drehorte eine Broschüre vom Touristenverband beschreibt.
Informationen über die vielen **Bergpfade** und **Wanderwege** in der Region Senj erhält man im Touristikbüro Senj.
Taxi boat Pasadur, Tel. 98237145. Schiffsausflüge von Sveti Juraj nach Goli Otok und Lukovo (10–17.30 Uhr).
Eine Karte informiert über schöne **Radwege**, www.tz-senj.hr/de/angebot/radwege.

Prva draga: Schöner Kiesstrand am nördlichen Stadtrand.
Neben dem Strand **Škver** (Kies- und Betonflächen) liegt ein einfacher Übernachtungsplatz für Wohnmobile und Wohnwagen. Südlich von Senj gibt es kleinere Kiesstrände und den **Hundestrand Vlaška**.

Fischereiamt, Obala dr. Franje Tuđmana 6, Tel. 882697.

Kuća rada, Trg Cilnica 4, Tel. mobil 095/90372240. Bilder, Keramik und originelle Souvenirs aus Schwemmholz.
Spezialitäten der Region sind der **Krasnarski sir** (ein Hartkäse aus Kuhmilch), der **Škripavac** (Quietscher), ein Weichkäse, der beim Hineinbeißen ›quietscht‹, sowie **Honig** und **Kräuterschnaps** aus dem Velebit.

Ambulanz, Stara cesta 43, Tel. 881622, 881131.
Apotheke, Obala Kralja Zvonimira 4.

Karte: vordere Umschlagklappe

Nationalpark Nord-Velebit

Senj ist idealer Ausgangspunkt für Ausflüge in den Nördlichen Velebit. Auf der Straße Richtung **Vratnik-Pass** gelangt man zu einem klassizistischen **Brunnen**, den Major Josip Kajetan Knežić, der Ingenieur der Jozefina-Straße entworfen hat. Während der Bauarbeiten wohnte der Major in der Nähe in einer Hütte, weshalb der Ort nach ihm **Majorija** heißt. Hinter der ebenfalls von ihm konzipierten klassizistischen Rundkapelle **Sv. Mihovil** (1839) wurde Knežić 1848 in einem Steingrab bestattet.

Das einstige ›Motel Vratnik‹ am Pass oberhalb von Senj verfällt zusehends. Auch die Reste einer italienischen Festung und eines Tobruk-Bunkers aus dem Zweiten Weltkrieg sind wenig einladend. Dafür bietet sich hier ein herrlicher Blick auf die Stadt und die Adria!

Vom Pass Vratnik führt der 57 Kilometer lange **Premužić-Wanderweg** bis zum Pass **Baške Oštarije** (929 Meter), unterwegs gelangt man zu den **Rožanski** und **Hajdučki kukovi**, faszinierenden Bergkuppen aus weißen Kalkfelsen.

Auch von dem kleinen Küstenort **Sveti Juraj** lässt sich das nördliche Velebit-Gebirge gut erkunden: Von der E65 zweigt man in Richtung Krasno polje ab und erreicht nach neun Kilometern das Bergdorf **Oltari** (1027 Meter). Von hier führt ein markierter Waldweg (auf das Schild ›Zavižan‹ achten!) zu einem Bergsattel zwischen Veliki Zavižan (1676 Meter) und Vučjak (1645 Meter), an dessen Südhängen sich der **Botanische Garten Velebit** (Velebitski botanički vrt) erstreckt. Auf einer etwa dreistündigen Wanderung kann man über 300 verschiedene Pflanzen des Velebits kennenlernen. Wunderbar ist auch die Aussicht von dem 820 Meter hoch gelegenen **Krivi put** am Südrand des Velebit.

Etwa 35 Kilometer südlich von Senj liegt in 800 Meter Höhe auf einem Bergsattel des Velebits der Wallfahrtsort **Krasno** mit einer barocken Marienkirche.

Wenige Autominuten östlich liegt **Kuterevo** (559 Meter) mit dem sehenswerten **Bärenrefugium**, einer Schutzstation mit vier naturnahen Gehegen für verwaiste kleine Braunbären.

Nationalpark Nord-Velebit

Vorwahl: +385/53.

Nationalpark Nord-Velebit, Verwaltung: Krasno 96, 53274 Krasno, Tel. 665380, www.np-sjeverni-velebit.hr.

Hotel Degenija, 53274 Krasno, Krasno 58, Tel. 851205, www.degenija-krasno.hr (kr.); DZ 65 Euro. Hotel in 1000 m Höhe.

Apartmani Manjan, Krasno 109, Tel. 851014, http://bistro-manjan.hr (kr.); DZ 30 Euro. Freundliche, helle Apartments.

Planinarski dom Zavižan, auf dem Berg Veliki Zavižan (bei Oltari), Tel. 614203. Berghütte (Bewirtung und Übernachtung).

Planinarska kuća, in Nähe des Veliki Alan, Tel. mobil 099/5154999, www.hps.hr/alan (kr.). Berghütte.

Konoba Jure, 53574 Krasno, Kula 165. Landgasthof mit rustikaler Küche.

Bistro Libertas, 53574 Krasno. Kleine Gerichte und Kaffee.

Bärenrefugium (Velebitsko utočiste za mlade medvjede Kuterevo), 53225 Kuterevo, Pod crikvom 103, Tel. 799222, www.kuterevo-medvjedi.org (kr.), kuk-kuterevo@gs.t-com.hr. Besichtigung im Frühjahr, Sommer und Herbst, möglichst am frühen Vormittag oder späten Nachmittag.

Käserei Sirana Runolist, Krasno, Krasno 110, Tel. 851220. Käsespezialitäten des Velebit.

Die Adria mit ihren ruhigen Buchten, mit den ihrem Schoße entsteigenden Eilanden und ihren malerischen Gestaden; die anmutigsten Hügel und Täler mit der üppigsten Flora, die herrlichsten Wälder und ein italischer Himmel gewähren uns ein schönes, liebliches Ganze, das nur in wenigen Regionen so vereint sich findet [...]

Jakob Löwenthal (1807–1882): Der Istrianer Kreis oder die Halbinsel Istrien und die Inseln des Quarnero (1840)

Badebucht an der Südwestküste Krks

DIE INSELN DER KVARNER BUCHT

Kvarner Bucht

Die Kvarner Bucht (ital. Quarnero) liegt im nördlichen Teil der kroatischen Adria, zwischen der Halbinsel Istrien im Westen und dem kroatischen Küstenland (Primorje) im Osten. In der Antike wird der Kvarner als Sinus Flanaticus erwähnt, als Bucht vor dem römischen Flanona (Plomin) an der Ostküste Istriens. Der heutige Name geht auf das lateinische Wort ›quaternarius‹ (je vier) zurück und verweist darauf, dass die Bucht von Inseln in vier kleinere Bereiche geteilt wird: die Bucht von Rijeka, den Kvarner im engeren Sinne – das Seegebiet zwischen Istrien und den Inseln Cres und Unije –, den Kvarnerić, der im Westen von Cres und Lošinj und im Osten von Krk und Rab begrenzt wird, sowie den Velebit-Kanal zwischen Krk und Rab und dem Festland. Da hier die Bura über den Vratnik-Pass bei Senj be-

Die Inseln der Kvarner Bucht

Küste bei Glavotok auf Krk

sonders stürmisch vom Velebit-Gebirge herunterfegt, gehört der Velebit-Kanal zu den gefährlichen Gewässern.
Bereits 1200 vor Christus siedelten sich illyrische Liburner an der Küste des Kvarner an, und die Griechen gründeten Kolonien. Nach den Römern hinterließen auch Ostgoten, Slawen, Franken, Byzantiner, Ungarn, Venezianer und Österreicher hier ihre Spuren. Die Kvarner Bucht zählt zu den mildesten Regionen der Adria. Durch das hohe Massiv des Učka-Gebirges ist sie von den kalten Nordwinden geschützt. Hier vereinen sich Mitteleuropa und Mittelmeerraum. Neben Pflanzen, die man auch in Dalmatien antrifft (Palmen, Agaven, Bambus) finden sich noch viele Arten aus nördlicheren Gefilden. Mit mehr als 2700 Pflanzenarten beheimatet die Region die reichste Flora Kroatiens. Hier nisten noch einige der vom Aussterben bedrohten Vogelarten Europas: Grauadler, Graufalken, Weißkopf-Gänsegeier, Streifenadler, Birkhühner und Eulen. In den Gewässern um Cres und Lošinj wurden rund 140 Delphine gezählt.
Die größte Stadt am Kvarner ist die Hafenstadt Rijeka. Bewohnte Inseln in der Kvarner Bucht sind Krk, Cres, Lošinj, Rab, Unije, Vele und Male Srakane, Susak und Ilovik. Daneben gibt es kleinere unbewohnte Inseln wie Veli und Mali Plavnik, Prvić, Grgur und Goli Otok.
Jede Insel hat ihren eigenen Charakter. Leute, die von den Kvarner Inseln kamen, galten wegen ihrer Armut als geizig und wurden von den Bewohnern des Festlands als ›Boduli‹ verspottet. Witze karikieren die Knausrigkeit der Bewohner Krks. ›Ein Bodul kauft einen teuren Wein und steckt ihn in den Rucksack. Er geht die Treppe seines Hauses hinauf, stolpert und fällt hin. Als er spürt, dass sein Rücken nass wird, denkt er: Hoffentlich ist es Blut!‹ Der einstige Spitzname, der vielleicht auf das venezianische ›bodoleto‹ (Dickerchen) oder das romanische ›vadum‹ (seicht) zurückgeht, wird heute von Inselbewohnern mit Stolz verwendet.

Insel Krk

Die Insel Veglia (Krk) gehört nebst Arbe (Rab) wohl ohne Zweifel unter die schönsten und fruchtbarsten Inseln Dalmatiens; dies versichern die Einwohner, und ich bin geneigt, es zu glauben, denn nur der nördlichste Theil und die Ostküste sind kahl, alles Uebrige ist bebaut und bewaldet.
Ernst Friedrich Germar: Reise nach Dalmatien und in das Gebiet von Ragusa, Leipzig und Altenburg 1870.

Im Gegensatz zum Osten der Insel mit kahlen Karstbergen ist Krk im Nordwesten und Süden sehr fruchtbar: Bei Vrbnik und um Baška werden Mais, Wein und Oliven angebaut. Die 38 Kilometer lange und bis zu 21 Kilometer breite Insel hat nach neuester Messung (2009) mit 405,78 Quadratkilometern die gleiche Fläche wie die Insel Cres. Seit 1980 ist Krk mit der Krčki most, einer 1450 Meter langen, mautpflichtigen Brücke mit dem Festland verbunden (Gebühren 5–10 Euro). Die imposante Stahlbetonbrücke besteht aus zwei 67 Meter hohen Bögen über den Tihi-Kanal (390 Meter) bis zur Insel Sv. Marko und von dort über den Burni-Kanal (244 Meter). Bei ihrer Eröffnung war sie die am weitesten gespannte Betonbogenbrücke der Welt – erst 1997 wurde sie von der Wanxian Bridge (Weite: 420 Meter) in China übertroffen.

Agrotourismus bei Krk-Stadt

Karte S. 262

Geschichte

Die ersten bekannten Siedler Krks waren illyrische Japoden, die im 4. Jahrhundert von liburnischen Kurikten verdrängt wurden. Ihr Stammesname soll ›Bewohner einer steinigen Insel‹ (Kur-ikt) bedeuten und ist wahrscheinlich der Ursprung für den Namen der Insel ›Kurik‹, woraus das kroatische ›Krk‹ wurde. Mit ihren wendigen Booten (Liburnen) trieben sie Handel und profitierten von der Lage der Insel auf der antiken Bernsteinstraße vom Baltikum nach Griechenland. Auf strategisch wichtigen Anhöhen bauten sie Wallburgen, auf die auch slawische (Gradec, Gradina) oder ursprünglich romanische (Kastrum, Kastel, Kaštel) Ortsnamen zurückgehen. Während des römischen Bürgerkriegs 49 vor Christus fand in den Gewässern vor der Nordküste Krks die Seeschlacht zwischen den Flotten von Pompejus und Julius Caesar statt, aus der Pompejus mit Unterstützung liburnischer und histrischer Kämpfer siegreich hervorging.

Um 9 nach Christus eroberten die Römer die Insel, gründeten Städte wie das in der Sepen-Bucht bei Omišalj liegende ›Fulfinum‹ und verliehen dem Eiland wegen seines Naturreichtums den Namen ›Insula aurea‹ (Goldene Insel). Nach dem Untergang des Römischen Reichs geriet Krk unter die Herrschaft der Byzantiner, die es ›Vekla‹ nannten, wovon sich das italienische ›Veglia‹ ableitet. Zum Schutz der Seewege bauten sie Kastelle wie die Festung Corinthia über der Bucht Vela Luka bei Baška. Ab 925 war Krk kurze Zeit Teil des kroatischen Königreichs und entwickelte sich zum bedeutenden Zentrum glagolitischen Schrifttums, wovon die berühmte Tafel von Baška (um 1100) und viele Inschriften an Hauswänden und Kirchen in Vrbnik, Omišalj oder Dobrinj zeugen.

Im Jahr 1001 besetzte Venedig die Insel zum ersten Mal. Seitdem ist die Geschichte Krks über 700 Jahre lang mit der Lagunenstadt verbunden. Von 1118 wurde Krk von dem kroatischen Fürstengeschlecht der Frankopanen regiert, die als Vasallen Venedig tributpflichtig waren, aber in kurzer Zeit zu einem so mächtigen Adelsgeschlecht aufstiegen, dass ihnen die Venezianer 1251 bis 1260 die Regierungsgewalt entzogen. Ab 1480 setzte die Serenissima einen Verwalter (Providur) ein und übte ihre Macht bis 1797 unmittelbar aus. Nach dem Fall Venedigs wurde die Insel Teil der Illyrischen Provinzen Napoleons und kam nach 1813 unter die Regierung Österreichs. Die Habsburger schlugen Krk und die anderen Inseln der Kvarner Bucht 1822 Istrien zu, spalteten die Insel damit von Dalmatien ab und unterstellten sie der direkten Verwaltung Wiens. Nach kurzer italienischer Herrschaft von 1918 bis 1920 und der Zugehörigkeit zum Königreich der Serben, Kroaten und Slowenen

Volkskunstmuseum in Omišalj

(später: Königreich Jugoslawien) wurde Krk im Zweiten Weltkrieg von den Italienern und den Deutschen besetzt. Nach 1945 gehörte die Insel zu Jugoslawien und wurde nach 1991 Teil der selbständigen Republik Kroatien.

Das Zusammenleben von Romanen und Slawen seit dem 7. Jahrhundert und die lange Zeit venezianischer oder italienischer Oberherrschaft hat Architektur, Kunst, Kultur und Sprache der Bevölkerung Krks geprägt: Viele Bewohner der Insel sprechen einen čakavischen Dialekt mit Wörtern, die auf venetische oder italienische Wurzeln zurückgehen.

Insel Krk

Turistička zajednica Insel Krk, Trg Sv. Kvirina 1, Tel. 221359, www.krk.hr, tz-otoka-krka@ri.t-com.hr.

Brücke zum Festland: mautpflichtig; 4,70 für PKW, 2,80 Euro für Motorrad (hin und zurück). Informationen unter: www.hac.hr/cestarina/cjenik/krcki-most (kr./engl.)

Tankstellen gibt es in Omišalj, Malinska, Krk, Valbiska, an der Hauptstraße zwischen Malinska und Krk (24-Stunden-Dienst) sowie zwischen Krk und Punat.

Flughafen Rijeka (RJK), 51513 Omišalj, Tel. 841865, www.rijeka-airport.hr.

Autofähren: Valbiska (Krk)–Merag (Cres); im Sommer alle 1–2 Std., www.jadrolinija.hr.

Valbiska (Krk)–Lopar (Rab); ca. 4x tägl.

Bootsfahrten an der Küste Krks, zu benachbarten Inseln Prvić, Goli otok, Sv. Grgur, Rab oder zur Insel Plavnik (Nistplätze der Gänsegeier) werden an den Häfen in Malinska, Punat und Stadt Krk angeboten.

Taxiboote zwischen Crikvenica und Šilo verkehren mehrmals täglich.

Turistička Agencija Gaber, Stjepana Radića 30, Tel. 221676, www.krk-info.com. Vermittlung von Ferienhäusern und günstigen Unterkünften auf der ganzen Insel.

Auf der Insel gibt es ein 95 Kilometer langes Fahrradwegenetz und über 300 Kilometer markierte Wanderwege – die teilweise eher für Mountainbiker geeignet sind.

Ein asphaltierter Radweg führt entlang der Hauptstraße von Malinska nach Punat sowie von Vrbnik nach Šilo. Karten bei den lokalen Touristeninformationen.

Supermärkte (Plodine: Konzum, Lidl) gibt es meist außerhalb größerer Städte bei Krk, Malinska, Omišalj und Punat.

Der Norden

Omišalj

Das kleine Omišalj (Castelmuschio) liegt gegenüber von Rijeka hoch über einer Bucht an der Nordwestküste der Insel – eigentlich malerisch, wäre da nicht eine Ölraffinerie in eben jener Bucht.

Geht man in dem Örtchen spazieren, offenbaren seine Gärtchen, originellen Ateliers und mittelalterlichen Gebäude aber doch einigen Charme: Am alten Stadtplatz stehen die gotische Kapelle **Sv. Jelena**, der Glockenturm und die Loggia aus dem 16. Jahrhundert. An der Kirche **Uznesenja Marijina** stammen das Portal und das Flechtbandornament in der Lünette noch vom romanischen Vorgängerbau. Ihre Kuppel, Chor und Kapellen erhielt sie im 16. Jahrhundert Über der gotischen Rosette an der Fassade sieht man das Relief eines Löwen, unter ihr eine glagolitische Inschrift. In der Kirche sind ein hölzernes Polyptychon (1410) des italienischen Renaissancemalers Jacobello del Fiore (1370–1439) und ein reich geschmückter Schnitzaltar aus der

Sv. Antun Padovanski in Omišalj

Karte S. 262

Spätrenaissance sehenswert. Seine Reliefs kommen aus der Werkstatt Paolo Campsa de Bobotis.
Der **Glockenturm** und die **Loggia** neben der Kirche stammen aus dem 16. bis 17. Jahrhundert. Der Name des Platzes ›Smitir‹ ist eine kroatische Verballhornung des lateinischen ›cemeterium‹ und verweist darauf, dass früher neben der Kirche ein Friedhof lag.
In Omišalj ist der Schreiber und Miniaturenmaler Vid Omišljanin geboren, der 1396 für den istrischen Ort Roč ein glagolitisches Brevier abgeschrieben und illustriert hat, das heute in Wien aufbewahrt wird.
Im nördlichen Stadtteil Dubec steht die Kapelle **Sv. Antun Padovanski** aus dem 16. Jahrhundert mit schöner Vorhalle, und unweit davon führt von einem Aussichtspunkt mit Blick auf Rijeka eine Treppe durch den Park Dubec hinunter zu den Stränden **Jadran** und **Učka** mit dem einst schönem Hotel (1933), das leider dem Verfall preisgegeben ist.

Fulfinum

In der Sepenbucht unweit von Omišalj prallen Gegenwart und Vergangenheit aufeinander: Die unschönen Silos der Ölraffinierie stehen in Sichtweite der Reste der einstigen Römerstadt Fulfinum aus der ersten Hälfte des 1. Jahrhunderts. Freunden der Archäologie ist die Besichtigung der Fundamente von Forum, Häusern, Thermen und Geschäften zu empfehlen.
Neben dem Grabungsgelände steht die imposante **Ruine einer Basilika** aus dem 5. Jahrhundert. Sie dürfte im Mittelmeerraum die größte Kirche aus dieser Zeit sein und gehört zum frühchristlichen Komplex ›Mirine‹, der größtenteils noch nicht erforscht ist. Das **Museum** in der Kirche informiert über seine Geschichte und die archäologischen Arbeiten.

Fischerskulptur im Hafen von Nijvice

Njivice

Nur wenige Autominuten südlich von Omišalj liegt Njivice, das einst ein kleines Fischerdorf war. Daran erinnert im Hafen die von Zlatko Čular (geboren 1935) geschaffene **Skulptur eines alten Fischers** (1989). Seit den 1930er Jahren entwickelte sich Njivice zu einem beliebten Fremdenverkehrsort. Zahlreiche **Sand- und Kieselstrände** laden zum Baden ein: Im Ortskern oder in der **Kijac-Bucht** (offizieller Hundestrand), zu der vom Zentrum ein schöner 1,2 Kilometer langer Spazierweg führt.
In der 1905 an der Stelle eines älteren Gotteshauses errichteten Kirche **Rođenja Blažene Djevice Marije** befindet sich ein sehenswerter Teil einer frühromanischen Altarschranke, auf dem eine Taube und das Kreuz mit Flechtornamentik dargestellt sind. Die Sakristei birgt ein Altargemälde (1586).

Omišalj und Njivice

Vorwahl: +385/51.
Postleitzahl: 51512.
Turistička zajednica općine Omišalj, Prikešte 11.
Turistička zajednica Njivice, Ribarska obala 10, Tel. 846243, www.tz-njivice-omisalj.hr.
Post, Prikešte 9 (Omišalj); Ribarska obala 9 (Njivice).

Omišalj: **Delfin**, Stran 22, Tel. 867780; DZ ab 60 Euro. Unschöner Blick auf Öldepot.
Bed&Breakfast Eva, Zagradi 4, Tel. 841041; DZ ab 50 Euro.
Marina & Primorka, Zagradi 39, Tel. 842126; DZ ab 40 Euro. Einfaches Hotel, Hunde erlaubt.
Njivice: **Hotel Miramare**, Ribarska obala 4, Tel. 867740, www.miramarenjivice.hr; DZ 100 Euro. Kleineres Hotel im Zentrum.
Hotel Beli Kamik, Primorksa cesta 40, Tel. 846720, www.njiviceresort.hr; DZ 90 Euro. Großes Hotel in Meernähe, Hunde erlaubt.

Njivice, Primorska cesta bb, Tel. 846168, www.kampnjivice.com. Großer Platz mit Eichenwald am Meer.

Omišalj: **Konoba Ulikva**, Put Dubca 20. Preiswerte mediterrane Küche.
Njivice: **Rivica**, Ribarska obala 13. Fischgerichte, Fischcarpaccio, Hummer.
Pizzeria Bukaletta, im Camp Njivice. Pizza, Nudelgerichte, Salate.

Omišalj: **Caffe Bar ›Caffe‹**, Prikešte 20/1. Köstliches Eis, Kuchen und gute Kaffees.
Njivice: **Fontana**, Ribarska obala 22, Tel. 846898; Dependance: Pape Ivana Pavla 1. Leckeres Eis und Limonade. Auf der Terrasse werden Fleisch- und Fischgerichte serviert.

Njivice: **Plava Terasa**, Primorska cesta bb, Tel. 847800. Romantische Loungebar. Terrasse am Meer, Tanzmusik.

Omišalj: **Spomen dom krčkog folklora**, Prikešte 20; 10–12 und 19–22 Uhr, Eintritt frei. Volkskunst der Insel Krk (Trachten, Musikinstrumente).
Malakologische Sammlung, Alte Loggia/Stadtplatz; 10–12 und 19–22 Uhr, Eintritt frei.

Abend der antiken Küche; im Juli in Mirine-Fulfinum. Musik, Straßenkunst, antike Speisen.
Stomorina (Heilige Maria); 15. Aug. in Omišalj. Mariä Himmelfahrt wird mit Musik, Tanz und Bewirtung gefeiert.

50 Kilometer Radwege von Njivice nach Omišalj und Malinska.
Njivice: **Rent a Boat**, **Rent a Scooter**, **Rent a Bike**, Primorksa cesta bb, Tel. mobil 091/8983893, www.sportmar.hr.
Rent a Boat, **Rent a Scooter**, **Rent a Bike**, Tel. mobil 098/261237, www.sportmar.hr.

Konjički Klub Njivice, Kralja Zvonimira 114, Tel. mobil 098/1334808.

200 Meter langer Kiesstrand im Zentrum von **Njivice**, südlich vom Zentrum 800 Meter lange Betonflächen.
300 Meter langer Kieselstrand im Ortsteil **Kijac** (dort auch offizieller Hundestrand). FKK-Strand: **Pesja**.

Njivice: **Bootsverleih**, Omladinska 12, Tel. 847264, www.biboote.com. Motorboote.
Sportmar, Primorska cesta bb, www.sportmar.hr. Motor- und Tretboote.

▶ Karte S. 262

Sport&Fun-Park Njivice, Primorska cesta bb, www.sportmar.hr. Minigolf, Trampolin, Badminton, Tischtennis.

Omišalj: **Supermarkt**, Medermuniće 2. **Bäckerei**, Njivičina 6. Neben der Bäckerei steht die neue **Markthalle**, in der Fleisch, Fisch, Obst und Gemüse angeboten werden.
Sirana Arabeska, Buč 3, Tel. 841847, mobil 091/2841514. Schafskäse und Käseprodukte direkt vom Erzeuger.

Der Westen

Malinska

Der Badeort Malinska (Malinsca) liegt gut geschützt vor der rauen Bura und anderen Winden an einer bewaldeten Bucht auf der Westseite der Insel. Der Ortsname geht auf eine Wassermühle (malin, mlin) zurück, die hier im 15. Jahrhundert gebaut wurde. Bis Anfang des 19. Jahrhunderts war Malinska nur ein kleines Dorf, aber auch der wichtigste Hafen der Insel für den Holzexport. Touristische Bedeutung erlangte der Ort, nachdem seit 1866 die Dampfschiffe des Triester Lloyd auf ihrer Fahrt nach Dalmatien auch Malinska anliefen. Zunächst kamen österreichische und ungarische Aristokraten, unter ihnen der österreichische Thronfolger Rudolph von Habsburg, um Schnepfen und andere Vögel zu jagen.
Ihren Höhepunkt erreichten die Besucherzahlen in den 1970er Jahren. 1971 wurde der große Hotelkomplex ›Haludovo‹ erstellt. Das von Architekt Boris Magaš (1930–2013) geplante staatliche Prestigeobjekt mit etwa 2500 Betten beherbergte berühmte Gäste wie Saddam Hussein und Olaf Palme. In Erwartung zahlreicher reicher amerikanischer Gäste hatte man sogar unweit von Malinska den heutigen Flughafen Rijeka gebaut. Nach der Privatisierung in den 90er Jahren wurde die einst exklusivste Hotelanlage der östlichen Adria 2002 geschlossen, an eine russisch-armenische Offshore-Kompanie verkauft und verkommt zusehends zur Betonruine. In den Sommermonaten ist das Zentrum von Malinska wieder sehr frequentiert.

Porat

Nicht weit vom Zentrum Malinskas liegt Porat, wo es noch zu venezianischer Zeit einen Hafen (Porto) gab, wovon sich der kroatische Ortsname ableitet. In der 1480 erbauten und um 1557 geweihten Franziskanerkirche **Sv. Marija Magdalena**

Malinska ist bekannt für Spaß im und auf dem Wasser

hängt ein herrliches Polyptychon (1556) von Girolamo und Francesco da Santacroce. Im Atrium des Klosters richtete der Kulturwissenschaftler Branko Fučić ein **Lapidarium** mit Kopien glagolitischer Inschriften ein. Das **Klostermuseum** informiert über die Geschichte der Franziskaner in der Region.

Glavotok

Glavotok (›Kopf der Insel‹), am westlichsten Teil der Insel, war im 14. Jahrhundert Besitz der Fürsten Frankopan, die hier eine Sommerresidenz hatten. 1473 schenkte Ivan Frankopan das Grundstück franziskanischen Glagolitermönchen. 1507 errichteten Franziskaner-Tertianer hier ein **Kloster** und die gotische Kirche, die im 17. Jahrhundert erweitert wurde. Innen gibt es einen wertvollen Marmoraltar mit dem Gemälde der Jungfrau Maria mit dem Kind und Heiligen, das Matteo da Verona (1544–1618) zugeschrieben wird. Die barocken Seitenaltäre (1760) stammen von dem venezianischen Bildhauer Giuseppe Bisson. Das Kloster besitzt eine reiche **Sammlung glagolitischer Handschriften und Wiegendrucke** (Tel. 051/862102; 10–12 und 15–17 Uhr).

Geht man vom Kloster aus vier Kilometer am Meer entlang, gelangt man in der Bucht **Čavlena** zum 1100 erbauten altkroatischen Kirchlein **Sv. Krševan**, einem kleeblattförmigen Gebäude mit drei gewölbten Apsiden (von Glavotok aus führt auch eine Schotterstraße dorthin). Der **Strand von Glavotok** bietet gute Bademöglichkeiten, Campingplatz und Ferienhäuser.

Malinska und Glavotok

Vorwahl: +385/51.
Turistička zajednica Malinska, Obala 46; Tel. 859207, www.tz-malinska.hr.
Post, Obala 48.

Vila Rova, Rova 28, Tel. 866100, www.hotel-vila-rova.com; DZ 140 Euro. Mit eigenem Badestrand.
Pinija, Porat, Porat bb, Tel. 866333, www.hotel-pinia.hr; DZ ab 115 Euro.
Malin, Kralja Tomislava 23, Tel. 850234, www.hotelmalin.com; DZ ab 80 Euro. Hunde erlaubt.
Hotel Adria, Obala 40, Tel. 859311, www.hotel-adria.com.hr; DZ ab 60 Euro. Im Hafen.

Camping Glavotok, Tel. 867880, www.kamp-glavotok.hr; Stellplatz ab 8 Euro, 8 Euro/Pers. Schöner Platz mit ökologischer Pflanzenkläranlage.

Konoba Bracera, Kvarnerska 1, www.konoba-bracera.com. Origineller Familienbetrieb (Fischer!). Frische und günstige Fische, Teigwaren, Kuchen und Brot nach alten hauseigenen Rezepten. Traditionelle Gerichte unter der Peka (Glocke).
Mulino, Kralja Tomislava 23, Tel. 850234, www.hotelmalin.com. Gemischte Fischplatte, Fischsuppe, Menü ab 10 Euro.
Mandrač, Rova 22. Pizzeria.
Bistro Toni, Porat, Žubra 41. Fischplatten, Steaks, Spanferkel, Palatschinken.
Pod Prevolt, Milohinići 21 b, Tel. 862149. Hausgemachte Šurlice und frischgebackenes Weißbrot. Gerichte unter der Peka (auf Vorbestellung), Menü ab 17 Euro.
Tri Maruna, Poljica 17, Tel. mobil 095/8741129, Urige Konoba. Köstliche Gerichte (Lamm, Šurlice, Wildschwein, Gulasch) zu höheren Preisen.

Caffe Bar Gogo, Obala 21 und 30, Leckeres Eis und kühle Säfte in Strandnähe bzw. am Stadthafen.

Club boa, Malinska, Dubašljanska ulica 76. Nachtclub.

Karte S. 262

Während der Sommermonate viele Veranstaltungen, Auftritte traditioneller Klapas und Tanzgruppen. Im Kloster Porat und in der Kirche Sv. Apolinar klassische Konzerte.

Bike Rental, Lina Bolmarčića 18, Tel. mobil 095/8130707.

Feinkieselstrand **Rupa** im Zentrum. Betonierte Liegeflächen, gutes Sport- und Freizeitangebot.
Hundestrand beim Hotelkomplex Haludovo/Ribarsko selo.
FKK-Strand **Rajska Plaža** (1,5 km von Malinska). Kaum Infrastruktur, felsiger Zugang zum Meer (Gummischuhe empfehlenswert!).
Sehr schöne Badebuchten (Kiesel) gibt es bei **Glavotok**.

Malinska: viele Wander- und Radrouten, **Paradiesweg** (Rajska cesta) von Malinska nach Njivice oder Weg von Malinska nach Porat.

Im Ort **Gabonjin** gibt es Straßenschilder in lateinischer und glagolitischer Schrift. Ein markierter **Weg der Glagoliter** führt auf den 252 Meter hohen Hügel Sv. Petar.

Segelschule Y.C. Malinska, Obala 46, Malinska. Verleih von Tretbooten und Strandliegen.
Nautika-M, N. Tesle 5, Tel. 859014, www.litus.hr. Bootsausflüge und Fischerpicknicks.

Correct diving Malinska, Brzac 33, Malinska, Tel. 869289, 862148 (Sommer), www.correct-diving.com. Nachttauchen, Wracktauchen und Apnoetauchen, Tauchkurse für Einsteiger und Kinder.
Dive Center Submalin, Hotel ›Malin‹ (→ Hotels), http://submalin.com.

Obst-, Gemüse und Fischmarkt beim Grünen Markt (am großen Parkplatz) und großer **Obst- und Gemüsestand Šantek** (8–21 Uhr) an der Kreuzung der D102 zur Straße nach Gabonjin.

Der Osten

Dobrinj

Etwas beschaulicher und ruhig als in den Küstenstädtchen geht es in dem 200 Meter hoch über der Bucht von Soline thronenden Dobrinj (Dobrigno) zu, das in einer fruchtbaren Landschaft liegt.

Der Ort ist die älteste slawische Siedlung der Insel Krk und wurde 1100 in der Schenkungsurkunde des Fürsten Dragoslav namentlich erwähnt. Es war eines der vier mittelalterlichen Kastelle Krks und ein bedeutendes Zentrum glagolitischen Schrifttums. Aufgrund seiner Lage auf einem steilen Hang brauchte Dobrinj keine Stadtmauern, es wurde durch die Außenwände der Häuser am Stadtrand geschützt.

Am besten stellt man sein Fahrzeug bei den Parkplätzen beim Friedhof ab, wo sich auch die Ambulanz befindet. An zwei alten **Tennen** vorbei kommt man zum Hauptplatz **Placa**. An der Stützmauer an seiner westlichen Seite ist eine steinerne **Konsole** in Form eines Pferdekopfes (1509) erwähnenswert, die während der venezianischen Zeit als Längenmaß (63,5 cm) diente. Die zwei Vertiefungen neben der Treppe waren **öffentliche Hohlmaße** für Getreide und Öl zur Festsetzung der Steuer. An der Mauer sieht man auch eine moderne Darstellung der Silhouette Dobrinjs und weiter hinten einen alten Mahlstein. Ganz vorne befindet sich die **Galerie Infeld**, in der alljährlich renommierte Ausstellungen

Aussicht von Dobrinj

kroatischer und internationaler Kunst der Gegenwart stattfinden. An der Ecke des Hauses gegenüber befindet sich ein **Maskeron** von 1738, die Darstellung eines Männerhaupts. Vor dem Rathaus ist in das Pflaster eine **Windrose** mit den Angaben der Entfernungen zu den Nachbarorten eingelassen.

Im **ethnographischen Museum** in der Straße links neben dem Rathaus sieht man neben einer historischen Küche Trachten und Gerätschaften aus dem früheren Leben der Bauern und Fischer. Besondere Aufmerksamkeit verdienen die traditionellen Blasinstrumente Sopile (Flöten) und Dvojnice (Doppelflöten) sowie die Peka (oder im Dialekt ›Pekva‹) genannten glockenförmigen Deckel aus Ton oder Gusseisen, unter denen Fleisch und Gemüse gegart werden.

Über dem Hauptplatz steht die säkularisierte Kirche **Sv. Antun**, in der eine **Sammlung sakraler Kunst** untergebracht ist. Neben gotischen Skulpturen, Prozessionskreuzen, glagolitischen Schriften und Messbüchern ist das silberne Kopfreliquiar der heiligen Ursula sehenswert. Neben der Kirche liegen der kleine Park **Jardin** und der Aussichtspunkt **Zemjin**, von dem man einen herrlichen Blick auf die Bucht Soline, auf Rijeka, Opatija und das Učka-Gebirge hat. Am Park steht ein imposanter **Campanile**, dem kein gutes Los beschieden zu sein scheint: Ursprünglich im 16. Jahrhundert errichtet, wurde er 1720 vom Blitz getroffen und stark beschädigt. Der Neubau von 1726 wurde durch eine Explosion im Zweiten Weltkrieg fast gänzlich zerstört. Dieses Ereignis ist auf einem Bronzerelief am unteren Stockwerk des Turms festgehalten. Nach dem Wiederaufbau schlug vor 30 Jahren erneut ein Blitz in ihn ein.

Die Pfarrkirche **Sv. Stjepan** im nördlichen Teil der Altstadt erhielt 1602 ihre spätgotische Gestalt und die typische große Vorhalle, die den ungewöhnlichen Namen ›cergan‹ hat. Im 18. Jahrhundert wurde die Kirche barockisiert und dreischiffig ausgebaut. Im Inneren ist ein holzgeschnitztes bemaltes Relief von 1602 sehenswert. Marmoraltäre, Kanzel und Taufstein stammen von 1903.

In der Nähe befindet sich bei der einstigen Kapelle Sv. Lovre das **Haus der Familie Barbalić** (Dobrinj 44), deren **ethnographische Sammlung** mit über 1300 Ausstellungsstücken das frühere

Kopfreliquiar der heiligen Ursula

▲ Karte S. 262

Die Bucht von Soline, auf dem Hügel liegt Dobrinj

Leben der Bewohner Dobrinjs dokumentiert. Sehenswert sind eine historische Küche mit Geschirr und Feuerstelle (*komin*), landwirtschaftliches Gerät sowie Trachten und traditionelle Musikinstrumente.

Die Umgebung von Dobrinj

Ein Schild an der Straße von Dobrinj nach Kras weist den Weg zu den Überresten des Dorfs **Dolova**. Vom Parkplatz führt ein kurzer Spaziergang zu dem Ort, dessen Ruinen verwunschen im Wald liegen. Leider gibt es hier seit 1981 keine Bewohner mehr – einst sollen hier die schönsten Mädchen Dobrinjs gelebt haben!

Wenige Kilometer von Dobrinj steht in Nähe des Ortseingangs von **Vid** die nach dem Pestheiligen Vitus (Veit) benannte altkroatische Kirche **Sv. Vid**.

Die Bucht **Soline** unterhalb von Dobrinj bietet besonderen Badespaß: Der Heilschlamm im seichten Wasser dient für Fangopackungen. Kinder und Jugendliche haben Freude an Schlammschlachten. Von dem schwarz-grauen Schlick kann man sich unter solarbetriebenen Duschen (etwa 30 Cent pro halbe Minute) befreien. An der Uferpromenade (Mula) von Soline stehen zwei Steinblöcke. Der Abstand zwischen ihnen diente als Metermaß, mit dem die Holzbalken gemessen wurden, die man nach Rijeka oder Crikvenica lieferte.

Šilo ist heute ein in den Sommermonaten stark frequentierter Badeort. Anfang des 20. Jahrhunderts wurde hier die Krker Dampfschiffgesellschaft gegründet. Dampfschiffe und später Fähren verbanden den Ort mit Crikvenica. An der Promenade erinnert ein Anker an den Untergang des griechischen Frachtschiffs ›Peltastis‹ am 8. Januar 1968. Von zwölf Mitgliedern der Besatzung wurden lediglich vier gerettet. Das Wrack liegt in 33 Meter Tiefe und ist ein beliebtes Ziel für Taucher. An der Punta Šilo ist eine **Thunfischleiter** (Tunera) sehenswert, auf der man früher nach den Fischschwärmen Ausschau hielt.

Bei **Rudine** beeindruckt die kleine, nur 110 Meter lange **Höhle Biserujka** (Perlenhöhle) mit Stalaktiten, Stalagmiten und Stalagnaten (zwölf Meter unter der Erdoberfläche). Ihren Namen verdankt sie einer Legende: Piraten sollen einst in der Höhle ihre Schätze versteckt haben. Von der Höhle führt ein Weg hinunter zur schönen Badebucht **Uvala Slivanjska** mit den Überresten eines in den 1950er Jahren begonnenen, aber nie fertiggestellten Hotels. In der Nähe markiert eine nur von Booten aus sichtbare ungelenke Zeichnung, wo im Meer unter den Klippen zwei unglücklich Verliebte ihr Leben gelassen haben sollen.

In **Klimno** beeindruckt an der Promenade ein großer Anker. Gegenüber steht die kleine romanische Kirche Sv. Klement mit einem sehenswerten Schnitzaltar aus der Renaissance, der der Werkstatt Paolo Campsa de Bobotis zugeschrieben wird. Etwas weiter links von dem Gotteshaus weist ein Schild den Weg zu einer alten glagolitischen Inschrift an einem malerischen Nachbarhaus (Klimno 25).

In der Biserujka-Höhle

Dobrinj und Umgebung

Vorwahl: +385/51.
Postleitzahl: 51515.
Turistička zajednica Dobrinj, Stara cesta bb, Šilo, Tel. 852107, www.tzo-dobrinj.hr.
Post, Dobrinj 64.

Privatzimmer in Dobrinj und Šilo DZ ab 21 Euro, Vermittlung: www.krk-reisen.de, www.siloturist.com, www.paralela-klimno.com.

Tiha, Konjska bb, 500 m vom Ort Šilo, Tel. 1852120, www.campsilo.com; 2 Pers./Zelt 17 Euro. Campinglatz an langem Kiesel- und Felsstrand.

Dobrinj: **Zora**, Dobrinj 71, Tel. 848250. Hausgemachte Šurlice (Nudeln) mit Gulasch, Presnoc (Kuchen aus frischem Schafskäse). Faire Preise; Reservierung empfehlenswert.
Portić, Šilo, im alten Hafen, Tel. 852170. Fischgerichte.
Šilo: **Ankora**, Na Vodici. Fisch- und Fleischgerichte direkt am Meer.
Bistro Roko, Stara cesta 1. Einfache Gerichte.
Bistro Macao, Stara cesta 3, Günstige Fleisch- und Fischgerichte in nettem Ambiente.
Gostinjac: **Compania**. Günstig und lecker!
Klimno: **Žal**, Klimno 44, Tel. 853142. Direkt am Meer, günstige mediterrane Küche.

Šilo: **Ago**, Stara cesta 1. Eisdiele.

Dobrinj: **Ethnographisches Museum**, neben dem Rathaus von Dobrinj; 9–13 und 18–22 Uhr, Eintritt frei.
Ethnographische Sammlung der Familie Barbalić, Dobrinj 44, Tel. 213578; Juni-Sept. 9–12 und 17–21 Uhr, Eintritt 70 Cent.
Galerie Renato Grubiša, Dobrinj 144, Tel. 848164. Der Künstler aus Rijeka verbindet in mediterranen Motiven Malerei und Plastik.

Stefansfest Stipanja; 3. Aug. Mit folkloristischem Programm.

Karte S. 262

In **Šilo** gibt es schöne Kiesstrände und den Sandstrand **Pećine**. Sandstrand in Šilo. In der seichten Bucht **Uvala Soline** kann man im warmen Heilschlamm baden.

Von Šilo führt eine Wanderung nach **Klimno** (7 Std.) und eine nach **Dobrinj** (3 Std.).

Tropfsteinhöhle Biserujka, bei Rudine, nördlich von Šilo; Tel. mobil 098/211630, www.spilja-biserujka.com.hr; Führungen alle 15 Min., 3,40/2 Euro.

Arzt, Nova Cesta 17, Šilo, Tel. 852354.
Apotheke, Stara Cesta 4, Šilo, Tel. 852161.

Stadt Krk

Wie die ganze Insel blickt die an der Südwestküste gelegene Hauptstadt Krk (5600 Einwohner) auf eine bis zu 15000 Jahre alte Geschichte zurück. Ihre ersten Bewohner waren Japoden, die im 4. Jahrhundert vor Christus von den Liburnern verdrängt wurden. Der Grundriss der Altstadt mit der Nordsüd-Achse Cardo und Westost-Achse Decumanus stammt noch von den Römern, die ihr den Beinamen ›Splendidissima civitas Curictarum‹ (Prächtigste Stadt) verliehen. Noch unter den Römern nahmen Bewohner der Stadt im 3. Jahrhundert das Christentum an. Im 5. Jahrhundert wurde Krk Bischofssitz. Als im 7. Jahrhundert Awaren und Slawen die Insel bevölkerten, blieb die Stadt vor Verwüstungen weitgehend verschont.

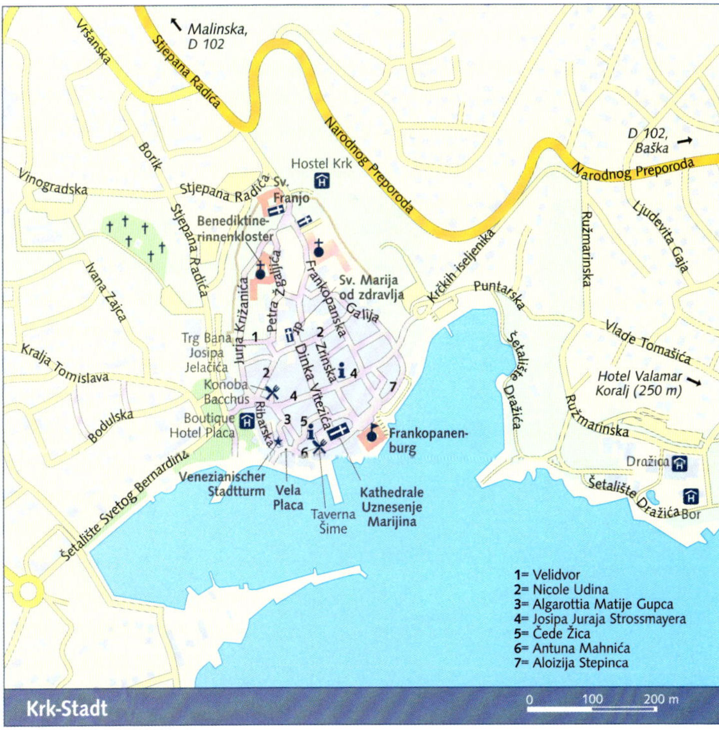

Krk-Stadt

Das historische Zentrum hat sich seinen mittelalterlichen Charakter bewahrt. Beim Schlendern durch die verwinkelten Gassen der Altstadt kann man sich kaum verlaufen: Alle Straßen, die in der Mitte eine Steinreihe in Längsrichtung haben, sind Hauptverbindungswege, alle anderen enden in Sackgassen oder Hinterhöfen.

Stadtspaziergang

Im Norden am oberen Tor steht die gotische einschiffige Franziskanerkirche **Sv. Franjo** mit Kunstwerken der italienischen Früh- und Hochrenaissance, die zum Teil erst jetzt der Öffentlichkeit zugänglich gemacht werden: ein Gemälde der Muttergottes mit Kind von Vittore Carpaccio (1460–1520), ein Triptychon des Holzschnitzers Paolo Campsa sowie eine Sacra conversazione (1531) von Bernardino Licinio (1489–1565). Die Holzkanzel an der linken Seite ist mit aufwendigen Intarsien verziert. Sehenswert ist auch der Kreuzgang im Kloster.

Am nahegelegenen **Trg Krčkih glagoljaša** (Platz der Krker Glagolitermönche), dem Schnittpunkt zweier Hauptstraßen (Cardo und Galija) war einst das religiöse Zentrum der Stadt, das ›kleiner Vatikan‹ genannt wurde. Hier steht die romanische Kirche **Sv. Marija od zdravlja**. Das dreiflügelige Gotteshaus war einst dem Erzengel Michael geweiht und gehörte zu einem Benediktinerkloster aus dem 11. Jahrhundert. Etwas weiter Richtung Zentrum bildet die vom Architektenduo Randić-Turato aus Rijeka entworfene Grundschule **Fran Krsto Frankopa** seit 2005 das größte Gebäude der Altstadt, einen markanten Kontrast zu den Resten der Stadtmauer. Im Nordwesten des oberen Stadtteils steht das im 13. Jahrhundert gegründete **Benediktinerinnenkloster** mit der Kirche **Sv. Marija Anđeoska**. 1780 wurde die Kirche barockisiert.

Unten, an der südwestlich gelegenen **Vela Placa** (Großer Platz) steht der **venezianische Stadtturm** aus dem 16. Jahrhundert. An seiner östlichen Mauer befinden sich oben die Wappen des Dogen Agustino Barbarigo (1420–1501) und darunter eine Uhr (1538), die 24 Stunden anzeigt. Den sechseckigen **Brunnen** aus dem

Blick auf die Stadt Krk

Karte S. 275

16. Jahrhundert in der Mitte des Platzes ziert der venezianische Markuslöwe. Vor der Galerie Stanić auf der Südseite der Vela Placa sieht man eine **Kopie des römischen Grabsteins** aus dem 4. Jahrhundert, auf dem Krk als ›prächtigste Stadt‹ (Splendidissima civitas Curictarum) bezeichnet wird. Daneben hat man im Keller des Nachtclubs ›Volsonis‹ römische Mauern, Grabmäler und den Opferaltar eines Venustempels ausgegraben.

In der benachbarten Ribarska ulica 7 wurden im Keller des **Hauses Vasilić** Reste einer römischen Therme aus dem 1. Jahrhundert gefunden. Auf ihrem Mosaikfußboden stellt eine mythologische Szene den Meeresgott Triton mit Delphinen und anderen Meereswesen dar.

Auf den Fundamenten einer römischen Therme wurde auch die romanische Kathedrale **Uznesenja Marijina** errichtet. Innen hat die mehrfach umgebaute dreischiffige Kirche 14 Säulen mit korinthischen und frühchristlichen Kapitellen. Im linken Seitenschiff kam in der Gotik eine Kapelle hinzu, deren Kreuzrippengewölbe die Wappen der Familie Frankopan zieren. Im Mittelschiff stehen hübsche Lesepulte aus der Renaissance. Das Gemälde der ›Grablegung‹ stammt von Giovanni Antonio da Pordenone (1434–1539). Mit der Fassade der Kathedrale verbunden ist die zweistöckige frühromanische Kirche **Sv. Kvirin**, in deren oberen Räumen (Eingang durch den Kirchturm) eine sehenswerte **Ausstellung sakraler Kunst** untergebracht ist.

Südlich der Kathedrale befindet sich in der ul. Antuna Mahnića der **Bischofspalast** mit einer **Sammlung italienischer Gemälde** aus dem 15. und 16. Jahrhundert (Tel. 051/ 221341). Besonders erwähnenswert ist das Polyptychon der heiligen Lucia, bei dem der venezianische Maler Paolo Veneziano byzantinische und gotische Formensprache vereinigte.

Die Kathedrale Uznesenje Marijina

Östlich der Kathedrale liegt der **Kamplin-Platz** (Trg Kamplin), auf dessen Feld (Campo) im Mittelalter Ritterspiele abgehalten wurden. Heute finden im Sommer auf der Zisterne Kulturveranstaltungen statt. Dahinter erhebt sich die vom 12. bis 15. Jahrhundert erbaute **Frankopanenburg** mit dem zylindrischen Turm (1197), der als Gerichtssaal diente. Die Frankopanen führten ihren Namen auf das lateinische ›Frangipan‹ zurück: Zwei ihrer Vorfahren sollen mit Bedürftigen ihr Brot (*pane*) geteilt (*frangere*=brechen) haben. Das kroatische Adelsgeschlecht herrschte von 1118 bis 1480 über die Insel Krk und die Kvarner Bucht. Danach gerieten ihre Ländereien unter die direkte Verwaltung Venedigs, wovon die Inschrift zeugt, die um 1500 unter dem stark verwitterten Markuslöwen am venezianischen Rundturm angebracht wurde: ›Aureae Venetorum libertati‹ (Der goldenen Freiheit der Venezianer). Vom Kastell aus hat man einen herrlichen Blick auf die Krker Altstadt!

Die Kirche Sv. Dunat in der Bucht von Punat

Von der mittelalterlichen Stadtbefestigung aus dem 15. bis 16. Jahrhundert sind große Teile der **Stadtmauer** erhalten geblieben. An der südwestlichen Meerseite steht ein sechseckiger **Turm** (1407), in dessen Mauer das Grabmal eines römischen Ehepaars aus dem 1. Jahrhundert eingelassen wurde. Darüber befindet sich das alte Wappen der Frankopanen, ein sechseckiger Stern. Zum Meer hin schaut auch das kleine **Stadttor** (1398), über dem sich ein Relief mit der Darstellung des Stadtpatrons Quirinus befindet.

Die Umgebung von Krk-Stadt

Wenige Autominuten östlich der Stadt Krk steht an der vielbefahrenen Straße in der Bucht von Punat die frühromanische Kirche **Sv. Dunat**. Der rustikal wirkende kreuzförmige Kuppelbau stammt möglicherweise bereits aus dem frühen 9. Jahrhundert und gilt als bedeutendes Beispiel altkroatischer Architektur. Als am 3. Oktober 1945 ein in einem nahegelegenen Gasthaus untergebrachtes Waffenlager der Partisanen explodierte, wurde die Kuppel der Kirche schwer beschädigt. Drei Jahre später wurde sie restauriert.

Punat

Unzählige Olivenhaine umgeben das Städtchen Punat, und zahlreiche Boote und Jachten liegen in seiner windgeschützten Bucht. Hier befindet sich eine der besten **Ölmühlen** der Insel Krk und der größte **Jachthafen** an der kroatischen Adria. Von der langen Tradition der Ölproduktion in Punat zeugt eine historische Olivenmühle aus dem 17. Jahrhundert, die in der heutigen **Galerie Toš** zu sehen ist.

Doch der Ort ist noch älter: Bereits Illyrer, Griechen und Römer siedelten hier. 1480 wird sein auf das lateinische Pons (›Brücke‹) zurückgehender Name Villa di Ponte erstmals erwähnt. Er verweist da-

▲ Karte S. 262/275

rauf, dass der Ort einst mit einem Steg mit der Halbinsel Prniba verbunden war. Die Brücke nutzten die Einwohner der Stadt Krk wahrscheinlich, um ihre Felder in der Umgebung Punats zu erreichen. Die für den Ort typischen Häuser mit den vorgebauten Gewölben und Terrassen stammen aus dem 18. Jahrhundert. Die Einwohner Punats lebten von Landwirtschaft, Fischfang und Schiffsbau. 1922 wurde die Werft gegründet, aus der im Laufe der Zeit der größte Jachthafen (Marina) Kroatiens entstand. Heute ist Punat mit 1860 Einwohnern die zweitgrößte Stadt der Insel.

In der 1773 erbauten und 1934 modern umgestalteten Pfarrkirche **Sveta Trojica** steht ein barocker Hauptaltar, den der Bildhauer Pavao Riedl für die ehemalige Nikolauskirche in Senj geschaffen hatte. Das spätbarocke Altarblatt stammt von dem venezianischen Maler Domenico Fedeli Magiotto (1712–1794). Erwähnenswert ist auch eine Holzfigur der heiligen Anna Selbdritt aus dem 15. Jahrhundert.

In den Grünanlagen an der Uferstraße (Obala) erinnert eine **Statue des Erzengels Gabriel** (1930) an die Gefallenen des Ersten Weltkriegs und die **Skulptur einer Arche** (1979) von Zvonimir Kamenar an die Gefallenen des Zweiten Weltkriegs. Zum Gedächtnis an den kroatischen Unabhängigkeitskrieg steht vor der Post die gläserne **Spirale des Lebens** (2011) von Nenad Kocijan, einem Architekten aus Rijeka.

Insel Košljun

Im Hafen von Punat, an der Uferpromenade, liegen die Schiffe und Boote, mit denen man zu der 750 Meter von Punat entfernten Insel Košljun übersetzen kann. Auf dem kleinen Eiland in der Bucht von Punat gründeten im 12. Jahrhundert Benediktiner ein Kloster, das die Franziskaner 1447 übernahmen. 1523 erbauten sie mit Hilfe der Frankopanen die spätgotische **Klosterkirche**, die Anfang des 18. Jahrhunderts barockisiert wurde. Innen beeindruckt im Chorraum das Polyptychon (1535) von Girolamo da Santacroce mit der Himmelfahrt Mariens. In den Gesichtern des heiligen Johannes des Täufers und der heiligen Katharina verewigte Santacroce die Wohltäter des Klosters, Fürst Ivan (Johannes) Frankopan und seine Tochter Katarina. Am Triumphbogen zieht das monumentale Gemälde des Jüngsten Gerichts (1643) von Francesco Ughetto mit dramatischen Szenen und einer Vielzahl von Personen die Blicke auf sich. Die 14 Stationen des Kreuzwegs an den Seitenwänden (1960) stammen von Ivo Dulčić (1916–1975). Im **Museum des Klosters** sind glagolitische Handschriften und Wiegendrucke, eine ethnographische Sammlung sowie sehenswerte Gemälde ausgestellt.

Kreuzgang im Franziskanerkloster

Stadt Krk und Punat

Vorwahl: +385/51.
Postleitzahl Stadt Krk: 51500.
Turistička zajednica Stadt Krk, Vela placa 1/1, Tel. 221414, www.tz-krk.hr.
Turistički informativni centar, J.J. Strossmayera 9, Tel. 220226; www.tz-krk.hr; tägl. 8–22 Uhr.

Taxi Krk: Reguläres Taxi und stündlich Fahrten mit dem Taxibus nach Dražica, Politin, Ježevac und ins Zentrum. Abfahrt von der **Portapizana** (Östliches Stadttor), Tel. mobil 098/258502, 091/2526785; Ticket ca. 1 Euro.

Krk-Stadt: **Hotel Valamar Koralj**, V. Tomašića 38, Tel. 655400, www.valamar.com; DZ/HP 165 Euro. Direkt über einer Badebucht, in Stadtnähe.
Hotel Dražica, Ružmarinska 6, Tel. 655755, www.hotelikrk.hr; DZ 120 Euro. Südöstlich vom Zentrum in Strandnähe.
Hotel Bor, Šetalište Dražica 5, Tel. 220200, www.hotelbor.hr; DZ 90 Euro. Schöne Lage am Strand, 600 m vom Stadtzentrum entfernt, ein rollstuhlgerechtes Zimmer; Hunde erlaubt.
Boutique Hotel Placa, Ribarska 5, Tel. 587429, www.hotel-placa.com; DZ ab 70 Euro. Schönes kleines Hotel im historischen Stadtzentrum.
Hostel Krk, Dr. D. Vitezića 32, Tel./Fax 220212, www.hostel-krk.hr; Übernachtung mit Frühstück 20 Euro. In der Altstadt.
Dvori Svetog Jurja, 51500 Krk-Vrh, Bok Od Brozića 100, Tel. mobil 091/5053391, www.krk-agroturizam.com; Ferienhaus (bis 6 Pers.) 200 Euro/Tag. Konoba und Zimmervermietung (Agrotourismus) inmitten von Olivenhainen (Anfahrt über Schotterweg).
Punat: **Hostel Halugice**, 51521 Punat, Novi put 8, Tel./Fax 854037; Bed & Breakfast 20 Euro.

▶ Karte S. 275

Campingplatz Ježevac, Plavnička 37, Tel. 465000, jezevac@zlatni-otok.hr, www.camping-adriatic.com/de/jezevac-camp-krk; 2 Pers./Zelt 22 Euro. Ca. 1 km vom Stadtzentrum Krk, Felsstrände und auch Abschnitte mit Sand, von Wald umgeben.
Mini Camp Marta, 51500 Krk, Skrbčići 29, Tel. 863126, www.camp-marta-krk.com; 2 Pers./Zelt ca. 14 Euro. Kleiner familiärer Platz an der Westküste.

Marina Punat, Puntica 7, Tel. 654111, www.marina-punat.hr. Jachthafen mit Schiffswerft (Jachtservice). 850 Liegeplätze im Wasser und 400 Plätze zu Lande; Jachtcharter.
Bootshafen Punat: Taxiboote zur Klosterinsel Košljun, Bootsausflüge (mit Picknick) zum ›Goldstrand‹, nach Plavnik, Rab, Sv. Grgur, Goli Otok: M/B Košljun, Tel. mobil 095/5706724.

Stadt Krk: **Taverna Andreja**, Vela Placa 6. Familienrestaurant, Fisch- und Fleischgerichte.
Bistro Terasa Diana, S. Radića bb, www.terasa-diana.hr. Nationale und internationale Gerichte im Ambiente der alten Stadtmauern.
Bacchus, J.J. Strossmayerovo 3. Etwas versteckt liegende Konoba. Günstige Nudel- und Fischgerichte.
Taverna Šime, Antuna Mahnića 1. Fisch- und Grillgerichte nach originellen Rezepten, Qualitätsweine.
Sandwich Bar Obelix, Strossmayera 14, Für den kleinen Hunger.
Karaka, Senjska ulica bb, Tel. 845480, www.restoran-karaka.com. Restaurants beim Strand Plav und beim Campingplatz Ježevac. Mediterrane Küche und Pekagerichte.
Punat: **Konoba Sidro**, Obala 18, Tel. 854235. Traditionelle Küche in schöner Atmosphäre.

As Janos, Obala 110 a, Tel. 854555. Pizzeria, Hausmannskost.
Konoba Marea, 51517 Kornić, Placa 13, Hausmannskost (9–18 Euro).

Stadt Krk: **Caffetaria XIII. st.**, Vela placa 1. Bar und Konditorei im alten Stadtturm. Kaffee, Säfte, Cocktails, Wein; Kuchen, Eis sowie herzhafte Häppchen.
Katarina, Matije Gupca 2. Die Konditorei und Pizzeria mit Gartenterasse bietet köstliches Eis und leckere Torten. Empfehlenswert sind Cremeschnitten und die Nusstorte ›boem kocka‹!
Casa del Padrone, Šetalište Sv. Bernardina bb. Hausgemachtes Eis und Kuchen, am Bootshafen.
Gelateria Venezia, Punat, Obala 59. Reiche Auswahl an Eissorten.

Stadt Krk: **Volsonis**, Vela Placa 8, Tel. 880249, www.volsonis.hr; Fr und Sa 23–5 Uhr, Mo und Do 21.30–1 Uhr. Im Keller der Cocktailbar gibt es einen antiken Opferstein. Im ›Secret Garden‹ dient ein alter Betonmischer als Springbrunnen. DJs und Live-Musik (Soul, Techno).
Casa del Padrone, Šetalište Sv. Bernardina bb., Tel. mobil 099/702720, http://krcki-dvori.hr (kr.). Loungebar, Livemusik, Tanzparties.
Punat: **Onyx**, I. G. Kovačića 24, Nightclub.

Fortis-Museum und Galerie, Dr. Dinka Vitezovića bb. Kunst- und Souvenirladen mit Bildergalerie und Sammlung antiker Gegenstände.
Leut, Trg Sv. Kvirina 1A, Tel. mobil 098/9328499, www.leut2.leut-krk.hr. Ausstellung von Schiffsmodellen.
Aquarium und Museum, Matije Gupce 1; 3,50/2 Euro. Aquarien, Ausstellung und Film über Fische und Meerestiere.
Galerija Toš, Punat, Klančić 18. Ausstellungen in alter Ölmühle.

Stadt Krk: **Krčki Sajam**; 8.–10. Aug. **Laurentius-Markt** mit Folkloreveranstaltungen, Verkaufsständen und großem Feuerwerk. Während der Sommermonate finden **klassische Konzerte** und ein **Jazzfestival** statt.
Punat: **Croatia Cup**; Mai. Internationale Segelregatta.
Glagoljica-Schule in Punat; Mitte Aug., Galerija Toš.

Kiesel- und Felsstrände **Plaža Porporela Ježevac** und **Dražica** in Nähe der Stadt Krk. **Plaža Dunat**, im südlichen Stadtteil von Krk (bei Kornić). **Hundestrand Redagara**, in der Nähe des Hotels ›Koralj‹.
Stadtstrand Punat. Der flache Strand ist ideal für Familien mit kleinen Kindern, Nichtschwimmer und ältere Urlaubsgäste. Zu den Stränden fährt ein kleiner Zug. Mit dem Boot erreicht man von Punat aus die einsamen Badebuchten bei **Stara Baška**. Vom **FKK-Strand Konobe** ca. 3 km von Punat hat man einen herrlichen Blick auf die umliegenden Inseln.

Hafen Stadt Krk, Obala hrvatske mornarice: Ganztägige Bootsfahrten zu benachbarten Inseln (Prvić, Goli otok, Rab), zur Insel Plavnik mit der ›Liebeshöhle‹, zur Möweninsel Zečevo und zu schönen Badebuchten an der Südwestküste Krks (Golden Beach/Zlatna plaža, Vela Luka). Anbieter: **CroatiaExkursions**, Tel. mobil 099/3377771; **Obelix**, Tel. 604248, **Vojga**, Tel. mobil 098/283257.
Oliven-Rundwanderweg. Auf der 9,5 km langen Strecke von Krk über Kornić, Muraj und Lakmartin informieren zehn Schautafeln über den Anbau von Olivenbäumen und die Ölproduktion.

Dive center Krk, Kornić, Dunat 50, Tel. 867303, www.dive-center-krk.de. Tauchkurse, Bootsausflüge.

Hang-Loose-Diving, Tel. mobil 091/ 5414123, www.hang-loose-diving.de.

Punat: **Uljara Punat**, Kanajt 13, Tel. 654230, www.kvarner-punat.hr. Eine der besten Ölmühlen der Insel.

Stadt Krk: **Market Maja**, J. J., Strossmayera 18. Lebensmittelgeschäft in der Altstadt.

Nono, Krčkih iseljenika 8, www.nono-krk.com. Olivenöle.

Krčanka, Strossmayera 11a, Geschmackvolle Töpferware.

Mariolina, Dr. Dinka Vizetića 19, Tel. 222346. Hausgemachte Nudeln (unter anderem Ravioli, Rezanci, Šurlice) und Holzofenpizza.

Vrh: **Kuća Krčkog pršuta**, Vrh, Bok od Brozića 40, Tel. 686098, www.kuca-krckog-prsuta.com. Im ›Haus des Krker Schinkens‹ wird in künstlichem ›Bura-Wind‹ Fleisch luftgetrocknet. Verkauf und Verkostung in hauseigener Taverne.

Ambulanz, Vinogradska 2b, Krk, Tel. 221155.

Ambulanz für Touristen, Pod Topol 2/ Obala, Punat.

Apotheke, Krk, Vela placa 3.

Der Süden

Draga Baščanska

Fährt man von Punat weiter in Richtung Baška, passiert man die reizvolle Landschaft der fruchtbaren Talsenke Draga Baščanska und kommt an Skulpturen des 2009 eröffneten **Glagolitischen Wegs von Baška** vorbei, der mit dem großen Buchstaben ›A‹ auf dem Berg Treskavac beginnt und an der Uferpromenade von Baška endet. Diese altkroatische Schrift hatte im Kloster des nahegelegenen **Jurandvor** ein wichtiges Zentrum. Seinen Glockenturm schmücken im oberen Stockwerk die vier Evangelistensymbole und unten, links vom Eingang, ein Schachbrett (vor 1494), wie es sich später auch im kroatischen Wappen findet.

Der Buchstabe ›L‹ auf dem Glagolitischen Weg

Karte S. 262

In der von Benediktinern auf den Resten einer römischen Villa errichteten frühromanischen Kirche **Sv. Lucija** ist eine Kopie der Tafel von Baška (um 1100) sehenswert, deren glagolitische Inschrift eines der ältesten schriftlichen Zeugnisse kroatischer Sprache ist und als nationales Kulturdenkmal gilt. Seit 1933 wird das Original der Tafel, deren Abbild den 100-Kunaschein ziert, in der Kroatischen Akademie der Wissenschaften und Künste in Zagreb aufbewahrt. Eintrittskarten für den Klosterkomplex (3,40 Euro), Souvenirs und Erfrischungen erhält man in der unterhalb der Kirche gelegenen ›Rezeption‹. Im ehemaligen (rekonstruierten) Refektorium berichtet ein 20-minütiger Film über Geschichte und Bedeutung der Tafel von Baška und die Baugeschichte des Klosters.

In der Nähe thront bei **Batomalj** auf einem Berg 127 Meter über der Talsenke die Wallfahrtskirche **Sv. Majka Božja**

Gorička, wo die Benediktiner von Jurandvor bereits im 11. Jahrhundert ein Marienheiligtum bauten. Die heutige Kirche stammt aus dem 15. Jahrhundert, ebenso die Marienstatue des Hauptaltars, die im 17. Jahrhundert barockisiert wurde. Zu dem friedlichen Ort, von dem man einen herrlichen Blick auf das Karsttal Baščansko polje und Baška genießt, gelangt man auf einer schmalen Straße oder über eine Votivtreppe (237 Stufen) mit Kreuzwegstationen, deren 14 Bronzereliefs von dem Zagreber Bildhauer Tomislav Kršnjavi (geb. 1975) stammen.

Die letzten Mauerreste von Corinthia

Baška

Baška (Bescanuova) liegt malerisch in einer weiten Bucht zu Füßen des Obzova-Bergs (569 Meter). Ähnlich wie in Senj am Festland gegenüber weht hier die Bura oft sehr stark. Heftige Wellen haben westlich der Altstadt einen schönen, zwei Kilometer langen, flach abfallenden Kieselstrand gebildet, der Windsurfer anlockt und im Sommer oft sehr frequentiert ist. 2016 erlebte der Tourismus in Baška mit mehr als einer Million Übernachtungen ein Rekordjahr. Direkt am Strand reihen sich Restaurants, Cafés und Souvenirläden aneinander.

Die Gründung eines ›Verschönerungsvereins‹ gab 1903 den Startschuss zur Entwicklung Baškas zum Touristenort. Drei Jahre später wurde das erste Hotel eröffnet und 1908 das erste Strandbad. Mit dem Bau eines modernen Hotels (1911) und mit einer Broschüre mit dem Slogan ›Vom Zimmer direkt ins Meer‹ lockte der Tscheche Emil Geistlich vor rund 100 Jahren 700 Landsleute als Urlauber nach Baška. Zum Dank stellte man am Ortseingang eine Bronzebüste für den ›Begründer des Tourismus in Baška‹ auf. Noch außerhalb der Altstadt steht oberhalb der Bucht das 2010 renovierte Denkmal für die Gefallenen des Zweiten Weltkriegs (1950). An die ›Verteidiger im Heimatkrieg‹ erinnert vor der Ambulanz in der Kralja Zvonimira eine Skulptur (2011) des aus Baška stammenden Bildhauers Tomislav Bilen, der im kroatischen Unabhängigkeitskrieg mitkämpfte.

In der barocken Kirche **Sv. Trojstvo** (1722) mit frühromanischen Kapitellen erstaunt an der rechten Seitenwand des Chors das Gemälde ›Letztes Abendmahl‹ von Jacopo Palma il Giovane mit ungewöhnlicher Perspektive. Das Gemälde der ›Krönung Mariens‹ am Hauptaltar aus dem 18. Jahrhundert stammt vom Krker Maler Fran Jurić (1693–1755). Im nördlichen Seitenschiff hängt das Altarblatt einer Sacra Conversatione (um 1517) des spanischen Malers Juan Boschetus. Das geschnitzte Triptychon (1514) mit der Muttergottes mit Kind und Heiligen ist ein Meisterwerk des venezianischen Renaissanceschnitzers Paolo Campsa de Boboti.

Das kleine **Heimatmuseum** neben der Kirche zeigt eine volkskundliche Sammlung mit historischen Trachten und Hausrat. Ein Raum ist der tschechischen Ärztin Zdenka Čermakova (1884–1968) gewidmet, die ab 1910 in Baška eine Praxis hatte.

›Vom Zimmer ins Meer‹: Aussicht in Baška

Die Umgebung von Baška

Der Wanderweg Nr. 7 **Weg zum Mond** (Put do mjeseca; etwa zwei Stunden Gehzeit, 5,5 Kilometer) führt vom Ortszentrum hinauf zum Friedhof Sveti Ivan (15. Jahrhundert). In der Nähe befinden sich die Ruinen der Burg Bosar und der Kirche Heiliger Geist (Sv. Duh) sowie die Reste der mittelalterlichen Siedlung, die 1380 von den Venezianern zerstört wurde. Weiter führt der Steinpfad zum 380 Meter über dem Meer gelegenen Plato Mjeseca (Plateau des Mondes), von dem aus man einen herrlichen Blick hinüber zum Festland mit dem Velebit-Massiv und Richtung Süden auf die Insel Rab hat. Auf den Hochebenen um das Tal von Baška gibt es zahlreiche ›Mrgari‹, Schafpferche, die aus Trockenmauern errichtet wurden. In den Abteilungen der blumenartigen Gebilde wurden Herden gesammelt und den einzelnen Besitzern zugeordnet.

Mit dem Taxiboot (etwa 7 Euro) in knapp 15 Minuten oder zu Fuß in drei Stunden (ausreichend Wasser mitnehmen!) kommt man zum Strand **Vela luka** (Großer Hafen). Ein Wanderweg führt vom Campingplatz Bunculuka steil bergauf über einen 300 Meter hohen Bergsattel. Abenteuerlustige wählen den Weg entlang an der Küste und klettern über die Felsen in einer sehr engen Schlucht. Belohnt wird man mit einer herrlichen Badebucht mit Kiesstrand und kleinem Restaurant. Nördlich der Bucht stehen auf einem Hügel die wenigen erhaltenen Mauern von **Corinthia**, einer byzantinischen Festung aus der Zeit Kaiser Justinians (527–565). Ein schöner Stand ist auch die Bucht **Uvala Orpna** bei Stara Baška. Der **Goldstrand** (Zlatna plaža oder Plaža Biškupići) zwischen Punat und Stara Baška ist nur mit dem Boot zu erreichen. Der Kiesstrand mit glasklarem Wasser bekam seinen Namen nach der steilen goldfarbenen Felswand, die ihn umgibt.

Insel Prvić

Nur wenige Seemeilen von der südlichen Küste Krks getrennt liegt Prvić (die Erste). Auf der größten unbewohnten Insel der Kvarner Bucht erreicht die vom Velebit kommende Bura durchschnittlich an 203 Tagen im Jahr Orkanstärke! Südlich von Prvić liegt – schon vor der Nordküste Rabs – die grüne Insel **Sv. Grgur**, auf die früher die Einwohner von Lopar ihre Schafe zum Weiden brachten. Von 1948 bis Ende der 70er Jahre gab es hier ein jugoslawisches Frauenstraflager, von dem einige Ruinen und Bunker erhalten sind. Am Steilhang oberhalb der Bucht wurden von Inhaftierten mit Steinbrocken der riesige Schriftzug ›Tito‹ und ein Stern ausgelegt.

Bootsausflüge nach Prvić starten von vielen Häfen (Stadt Krk, Lopar, Senj).

Insel Goli otok

Die benachbarte Insel Goli otok macht ihrem Namen (Nackte Insel) alle Ehre: Auf der ursprünglich vollkommen kahlen Karstinsel waren ab 1948 politische Gefangene inhaftiert, nach dem Bruch mit der Sowjetunion bis 1958 vorwiegend sogenannte ›Kominformler‹, stalinistische Gegner des Tito-Regimes, später Dissidenten wie Oppositionelle des kroatischen Frühlings.

Man schätzt, dass bis zu seiner Schließung 1988 12 000 bis 16 500 Verurteilte die Hölle dieses Lagers auf dem ›kroatischen Alkatraz‹ durchgemacht haben. Mindestens 300 von ihnen starben infolge der schweren Arbeit in Steinbrüchen und Industrieanlagen oder nach Misshandlungen.

Mit einem Elektrobähnchen kann man die Reste der Schlafbaracken, Fabrikhallen und Verwaltungsgebäude abfahren. Bootsausflüge nach Goli Otok werden von vielen Häfen (Krk, Lopar, Sv. Juraj) angeboten.

Baška

Vorwahl: +385/51.
Postleitzahl: 51523.
Turistička zajednica općine Baška, Zvonimirova 114, Tel. 856817, www.tz-baska.hr.

Taxiruf, Tel. mobil 091/2544753.

Tamaris, E. Geistlicha 54, Tel. 864200, www.baska-tamaris.com; DZ 125 Euro. Kleines Familienhotel direkt am Kiesstrand.
Corinthia, E. Geistlicha 35, Tel. 6565111, www.hotelibaska.hr; DZ ab 100 Euro.
Heritage Hotel Forza, Kralja Zvonimira 98, Tel. mobil 099/3057530; DZ 160 Euro. Stilvolles kleineres Hotel in Zentrumsnähe.
Privatunterkünfte: www.tz-baska.hr.

Bunculuka, E. Geistlicha 39, Tel. 856806, www.hotelibaska.hr. FKK-Platz mit Kiesstrand, von Kiefern umgeben.
Zablaće, direkt am Kiesstrand Vela plaža, www.hotelibaska.hr.

Francesca, Zvonimirova 56. Lamm und Fisch, Steaks. Leckere Desserts.
Garofulin, Palada 60a, Bruschette, kalte Platten (Käse, Schinken, Fisch), Sangria, Cocktails.
Žiraffa, Palada 59. Originelle Pizzen zu günstigen Preisen.

Caffe Bar Marinero, Palada 75.

Porto Club, Emila Geistlicha bb, www.portoclubbaska.com. Angesagte Loungebar am Vela plaža, abends DJs oder Live-Musik.

Aquarium Baška. Stepana Radića 26, Tel. mobil 098/211630. Im Ortszentrum, über 400 Muschel- und Schneckenarten sowie 100 Fischarten in 20 Aquarien.

Schwarzes Schaf (Crna Ovca); Anfang Mai. Mischung aus Sport-, Kultur- und Gastronomieveranstaltung.
Fischertag; 2. Sonntag im Aug. Wettfischen/Wettrennen mit Fischernetzen.

Splendido, Kralja Zvonimira 148, Tel. 856116.
Touristikagentur Igen, Draga Baščanska 1/b, Tel. 844095, www.igen.hr. Auto-, Fahrrad- und Motorradverleih.

Sportzentrum Zablaće: Fußball, Tennis, Tischtennis und Minigolf.
Kletterstellen bei Baška, www.krkcroatia.net/climbing-krk.

Vela Plaža Baška, Kiesstrand mit Tretboot- und Rollerverleih sowie verschiedener Sportausrüstung.
Bunculuka: großer FKK-Strand mit Campingplatz.

In der Draga Baščanska und um Baška gibt es viele Wander- und Fahrradwege, auch zu schönen Stränden; Karten bei der Turistička zajednica oder zum Download unter www.turm-krk.de.
Taxi&Rent a Boat Lord, Tel. mobil 091/5425142.
Taxi Boat Tigar, Tel. mobil 097/7909872.

Squatina Diving, Zarok 80, Tel. 856034, www.squatinadiving.com.

Touristische Ambulanz, im Hotel ›Corinthia‹, E. Geistlicha 39, Tel. mobil 099/6094077.

▶ Karte S. 262

Vrbnik

›Vrbnik, du, hoch über dem Meer, du steiler Fels‹, besingt ein Volkslied aus dem 19. Jahrhundert das Städtchen, das auf einem Berg 48 Meter über dem Meer zu schweben scheint. Es ist eines der ältesten Siedlungen der Insel Krk. Nach den Illyrern und Römern haben sich hier auch früh Kroaten angesiedelt. Der Name Vrbnik (Verbenico) wurde in der Schenkungsurkunde (1100) von Fürst Dragoslav erstmals erwähnt. Schon 1388 hatte die Stadt ein in glagolitischer Schrift verfasstes Stadtrecht, das ›Vrbniker Statut‹. Rund um die Stadt und besonders im ausgedehnten Karsttal **Vrbničko polje** liegen die Weingärten, wo in subtropischem Klima der berühmte Weißwein Žlahtina und Rotweinsorten wie Plavac Mali und Kurykta nigra gedeihen.

Die Besichtigung beginnt man am besten am **Trg Sv. Ivan**, wo es einen Parkplatz (Parkschein 65 Cent pro Stunde) gibt sowie ein Geldinstitut, ein Lebensmittelgeschäft, Kioske und eine Würstchenbude. Auf der linken Seite befindet sich ein Denkmal für die gefallenen Bürger Vrbniks ›aller Kriege‹, daneben steht die gotische **Bruderschaftskirche** des Stadtheiligen, Johannes des Täufers. Die Ulica Vitezićeva hinauf kommt man zu der kleinen Kirche **Sv. Antun Padovanski** mit volkstümlichen Bildern aus dem Leben des heiligen Antonius von Padua. Etwas weiter oben steht die 1561 erbaute Kapelle **Sv. Martin**, die Grabstätte von Dinko Vitezić, einem Rechtsanwalt und bedeutenden kroatischen Politiker aus dem 19. Jahrhundert. Seinem Andenken ist die glagolitische Inschrift über dem Eingang gewidmet.

Nach wenigen Schritten erreicht man die spärlichen **Reste des einstigen großen Stadttors** aus venezianischer Zeit und den früheren Hauptplatz **Placa** (Placa Vrbničkog statuta) mit der Konoba ›Placa‹, einem Souvenirladen und dem Gebäude des ehemaligen Fürstenpalastes (Placa Vrbničkog statuta 4), in dem sich die Turistička zajednica und die **Bibliothek der Familie Vitezić** befinden. Hier sind seltene Bücher zu sehen, glagolitische Missale und Breviere sowie ein 1718 in Nürnberg gedruckter Atlas. In einer ethnographischen Abteilung sind Trachten, Schmuck und Gegenstände des Alltagslebens der früheren Bewohner Vrbniks ausgestellt.

Geht man rechts von dem Gebäude durch die Ulica Potočina, kommt man

Terrasse des Restaurants Nada in Vrbnik

Weinkeller in Vrbnik

bei Haus Nr. 21 zum **Klanćić**, einer Gasse, die an ihrer schmalsten Stelle nur 43 Zentimeter misst und vom örtlichen Touristikbüro als ›engste Straße der Welt‹ bezeichnet wird. Vrbnik ist bekannt für seine verwinkelten, schmalen Gässchen und mit Bögen überwölbten Durchgänge. Beim Haus 14 gibt es einen ähnlichen Engpass beim Grškovićev prolaz.

Die Votivkirche **Majka Božja od zdravlja** (na Gospoji) wurde 1859 nach einer Choleraepedemie erbaut. Auf dem Altar steht eine gotische Figur der Muttergottes mit dem Jesuskind. Im Park hinter dem kleinen Gotteshaus steht das von Stipe Sikirica 1994 geschaffene **Denkmal für den in Vrbnik geborenen Mönch Blaž Baromić**, der als erster Buchdrucker Kroatiens 1494 in Senj ein glagolitisches Messbuch gedruckt hat. Ein steinernes Buch trägt die Inschrift ›Ich, der Priester Blaž Baromić, habe dies gedruckt.‹ Vom Park aus hat man bei gutem Wetter eine herrliche Aussicht auf das Festland mit Crikvenica, Selce und Novi Vinodolski. Einen ebenso guten Blick hat man vom Aussichtspunkt **Ribarnica**, den man vom Park aus über den Šenoin put und die Straße Pod Keštel an der alten Stadtmauer entlang erreicht. Etwa 50 Meter vom Aussichtspunkt entfernt befindet sich in der Glavača der **Hof des Fürsten Bartol** aus dem 14. Jahrhundert. Von dort kommt man zum Trg Opijca, von wo man durch die enge Gasse Klančić wieder zurück zum Hauptplatz gelangt.

Auf der Spitze des Hügels von Vrbnik steht die auf romanische Anfänge zurückgehende Pfarrkirche **Sv. Marija od Uznesenja**. An ihrer Fassade finden sich interessante glagolitische Inschriften. Im Glockenturm (1527), der bestiegen werden kann, gibt es eine kleine Ausstellung archäologischer und numismatischer Funde sowie religiöser Kunstwerke aus Gotik, Renaissance und Barock, darunter eine geschnitzte Muttergottes mit Kind von Paolo Campsa aus dem 16. Jahrhundert.

Denkmal für den Mönch Blaž Baromić

▶ Karte S. 262

Vrbnik

Vorwahl: +385/51.
Postleitzahl: 51516.
Turistička zajednica općine Vrbnik, Placa Vrbničkog statuta 4, Tel. 857479. www.vrbnik.hr.
Post, Varoš 21.
Bank mit Bankautomat: Trg Sv. Ivana.

Vinotel Gospoja, Frankopanska 1, Tel. 669350, www.gospoja.hr; DZ ab 170 Euro. Boutique-Hotel mit Wellness und Spa.
Argentum, Supec 68, Tel. 857370, www.hotel-argentum.net; DZ ab 75 Euro. Einfaches Hotel mit schönem Blick.

Konoba Žlahtina, Trg Pred Sparov zid 9, Tel. 857017. Winzerlokal mit guter Küche und großer Terrasse.
Nada, Glavača 22, Ulica Zagradi 4, Tel. 857065, www.nada-vrbnik.hr. Mediterrane Küche (Fisch, Lamm), Weißwein (Žlahtina) aus eigener Kellerei. Terrasse mit Blick auf das Meer und den Velebit.
Konoba Placa, Placa Vrbničkog statuta 6. Einfaches Lokal am Hauptplatz.
Pizzeria Morska Vila, Pod Keštel 12. Holzofenpizza, Blick auf Meer und Festland.

Morska Vila, Pod Keštel 12. Kaffee und kalte Getränke auf kleiner Terrasse mit Blick auf die Adria und den Velebit.

Wine-Coffee-Bar, Glavača 7.

Vrbnik: Butiga Gospoja, Vitezićeva 9, Tel. 857201. Weinverkostung: Žlahtina, Dessertwein Misno vino, Schnäpse.
Katunar, Sveta nedilja bb, Tel. 857393, www.katunar.hr. Kellerei, keltert Weiß- (Žlahtina, Chardonnay) und Rotweine (Kurykta nigra). Sehenswert sind ›Vinorelle‹, mit Wein gemalte Aquarelle kroatischer Künstler.
Wine Shop Nada, Glavaca 22, Tel. 857065, www.nada-vrbnik.hr. Weißwein (Žlahtina), Rotwein (Brajdica), Liköre, Schnäpse und Valomet-Sekt, der 30 Meter tief auf dem Meeresgrund gelagert wurde.

Bibliothek der Familie Vitezić, Placa Vrbničkog statuta 4, Tel. 857479; Mo–Fr 13–14, Sa/So 11–13 Uhr, Eintritt: 90 Cent.

Karfreitag: Mittelalterliche Passionsgesänge in der Pfarrkirche.
Johannestag; 24. Juni. Feierlicher altkirchenslawischer Gottesdienst, am Abend großes Fest auf dem Škujica-Platz.
Tag der offenen Weinkeller; 5. Juli.
Weintage; Ende August. Mit Verkostung von Weinen unterschiedlicher Regionen Kroatiens.

Zgribnica: Kleiner Kies- und Felsenstrand unterhalb der Altstadt, Verleih von Liegestühlen und Sonnenschirmen.
Potovošće, 2 km südlich von Vrbnik. Kieselstrand in einer ruhigen Bucht.
Kozica: Kiesstrand ca. 10 Gehminuten vom Parkplatz am Ende der Stupec-Straße.
Hundestrand Mala Javna (Strand Sv. Marek bei Risika).

Dive Loft Krk, Namori 4, Tel. 857281, www.hausriff-tauchen.de.

Bäckerei, Trg Sv. Ivana 6.
Aura, Trg Vrbničkog statuta 4. Feinkostladen: Wein, Honig, Marmeladen, Olivenöle und Produkte aus Trüffeln.
Ernesta Trade, Poljana 23, Schmuck.
Galerija Perica, J. A. Petrisa 22. Keramik, Bilder und Schmuck.
Dina Lenković, Opjica 8, www.dina-lenkovic.com. Galerie der surrealistischen Malerin (geb. 1951) aus Zagreb.

Insel Cres

...die langgezogene Insel Cres mit ihren reichen Olivenhainen und niedrigen Weinstöcken. Wald erstreckt sich bis zu den Gipfeln, denen gegenüber man in großer Ferne die azurblauen Riesen der Lika sieht, das Kapela-Gebirge und den Velebit und ihre steinigen Karst-Kinder.
Eugen Kumičić, Jelkas Basilienkraut, 1881

Wilder und landschaftlich aufregender als Krk ist die 68 Kilometer lange und zwei bis zwölf Kilometer breite Insel Cres (Cherso), deren Norden und Osten kahl und steinig sind, während sich im Süden und Westen fruchtbare Felder und Olivenhaine ausdehnen. Mit 405 Quadratkilometern Fläche konkurriert Cres mit Krk um den Titel der größten Insel Kroatiens. Mit der Insel Lošinj, von der sie nur durch einen neun Meter breiten Kanal getrennt ist, bildet sie eine natürliche Schranke zwischen der Kvarner Bucht und dem offenen Mittelmeer. Beide Inseln wurden in der Antike ›Absyrtides‹ genannt, nach dem griechischen Helden Apsyrtes der Argonautensaga, der von Jason getötet wurde. Medea zerstückelte den Leichnam und warf seine Glieder ins Meer, aus denen die Apsyrtides-Inseln entstanden sein sollen. Funde verweisen auf erste Siedlungen in prähistorischer Zeit. Später bevölkerten Römer, Byzantiner und Sarazenen die Insel, die häufig wechselnden Herrschern unterstand. Am längsten war sie im Besitz Venedigs (1407–1797). In neuerer Zeit wurde die Insel von Österreichern, Franzosen und Italienern regiert, bis sie ab 1945 jugoslawisch wurde und seit 1991 Teil der Republik Kroatien ist.

Küstenstraße auf Cres

▲ Karte S. 262

Cres überrascht mit ursprünglicher Natur, seltenen Vögeln wie dem Gänsegeier, vielen endemischen Pflanzen und einer Vielzahl von Heilkräutern. Eine geologische Besonderheit ist der **Vransko jezero** in der Mitte der Insel, ein Süßwassersee, dessen Wasseroberfläche sich 13 Meter über dem Meeresspiegel befindet, während sein Grund fast 62 Meter unter dem Meeresspiegel liegt. Sein Wasser dient als Trinkwasserreservoir der Inseln Cres und Lošinj – das Angeln ist verboten, das Ufer darf nicht betreten werden. Um den See führt ein unbefestigter schmaler Weg, den man nur mit geländegängigem Wagen befahren sollte – es gibt keine Wendemöglichkeit!

Porozina

Von Brestova (Istrien) setzt die Fähre in 20 Minuten hinüber nach Porozina (Faresina). Der kroatische Ortsname verweist darauf, dass es einst auf der Anhöhe über dem Fähranleger einen Leuchtturm (*pharos*) gab. Heute stehen hier die **Reste der gotischen Kirche** und des Klosters **Sv. Nikola** aus dem 16. Jahrhundert. Hier beginnt die Hauptstraße, die über 58 Kilometer die Insel Cres bis Osor durchzieht. Zunächst schlängelt sie sich durch Eichen- und Hainbuchenwälder die steilen Karstberge hinauf. Die Pfarrkirche des netten Bergdorfs **Dragozetići** birgt ein schönes spätgotisches Polyptychon. In der Gegend werden Schafe und Ziegen gehalten, unzählige Pferche prägen das Bild der Landschaft. Je weiter die Straße ansteigt, desto atemberaubender werden die Ausblicke. Bei **Križić** erreicht man bei fast 500 Metern Höhe über dem Meer die Spitze des Kamms, von wo sich nun auch der Blick nach Osten hinüber zu den Inseln Krk, Plavnik und Rab und auf das Festland mit dem Velebit auftut.

Beli

Die Fahrt in den Norden der Insel führt über eine enge Straße, die sich einen hohen Bergkamm hinaufzieht. Das kleine Beli auf der nordöstlichen Seite der Insel liegt traumhaft auf einem steilen, bewaldeten Hügel, der sich 130 Meter über dem Meer erhebt. Der Ort geht auf eine urgeschichtliche Wallburg zurück, die Römer nannten ihn ›Caput insulae‹, die Kroaten errichteten hier im frühen Mittelalter eine befestigte Stadt (*castrum*). Auf den Resten der Stadtmauern wurden später Wohnhäuser gebaut. Einer Legende nach soll sich der ungarische König Bela IV. im 13. Jahrhundert in Beli vor den Mongolen versteckt haben, worauf der steinerne Kopf des ›König Abel‹ über einem Hauseingang verweise.

Den Charme alter Zeiten hat sich Beli bewahrt: Auf dem kleinen Platz hinter der Stadtloggia steht ein Haus, dessen äußerer Treppenaufgang mit gedeckter Terrasse (*balatura*) ein Beispiel alter Wohnarchitektur ist. Durch winklige Gassen gelangt man zu dem Plateau am höchsten Punkt der Stadt, einem Platz mit öffentlicher **Zisterne**. Hier befinden sich die Büste des in Beli geborenen Kunsthistorikers und Dichters Andro Vid Mihičić (1896–1992) und zwei Gotteshäuser. Die ursprünglich romanische Pfarrkiche **Blažene Marije Djevice** wurde im 18. Jahrhundert vergrößert. Im steineren Sitz der Kirchenloge ist ein Fragment mit altkroatischem Flechtwerkornament erhalten, im Kirchenschiff finden sich Grabplatten mit glagolitischen Inschriften. In der Sakristei der kleinen romanischen Kirche **Sv. Marija** befindet sich eine Sammlung wertvoller gotischer Prozessionskreuze. Auf dem Friedhof steht die gotische Kirche **Sv. Antun opat** vom Beginn des 15. Jahrhunderts.

Gasse in Beli

Eine steile Straße führt nach **Podbeli**, den kleinen Hafen mit Badestrand und Campingplatz unter einem Olivenhain. Die alte Brücke unterhalb der neuen Zufahrtsstraße stammt möglicherweise in ihren Anfängen noch aus der Römerzeit. In der alten Schule von Beli befindet sich das **Besuchercenter** (Centar za posjetitelje) mit einer **Aufzuchtstation für Gänsegeier**. Eine Ausstellung informiert über die bedrohten Greifvögel und die Natur der Insel Cres. Bei der Schule beginnt auch der zwölf Kilometer lange Öko-Lehrpfad **Ekostaza Tramuntana** (Gehzeit 3 bis 4 Stunden) mit 20 Steinskulpturen (1997), auf die Ljubo de Karina glagolitische Buchstaben und Verse von Andro Vid Mihičić eingemeißelt hat. Hier gibt es auch sieben aus Steinen oder Pflanzen gebildete Labyrinthe.

Gänsegeier in der Kvarner Bucht

Der Gänsegeier (Gyps fulvus) ist eines der seltenen Naturphänomene in der Kvarner Bucht. Nur noch etwa 110 Vogelpaare leben an den Steilküsten der Inseln Cres, Prvić, Rab und Krk und den Felsen des nördlichen Velebit. In der Tramuntana, im Norden der Insel Cres, gibt es zwei Vogelreservate: Im zentralen Gebiet Podokladi und im nördlichen Kruna leben rund 70 nistende Pärchen. Das Reservat auf Tramuntana heißt nach den gleichnamigen Felsklippen bei Pod Beli. Die Gänsegeier bauen hier ihre Nester auf steilen Felsklippen direkt über dem Meer - manchmal in weniger als zehn Metern Höhe über der Meeresoberfläche.
Die Vögel werden von den Einwohnern Belis im Dialekt Orli (Adler) genannt. Mit einer Flügelspannweite bis 2,80 Meter gehören sie zu den größten Vogelarten, erreichen ein Gewicht von bis zu 15 Kilogramm und werden fast 60 Jahre alt. Sie leben in Kolonien, nisten und suchen gemeinsam Nahrung. Gänsegeier ernähren sich nur von toten Tieren und verhindern damit Viehepidemien. Ohne die traditionelle Schafzucht, bei der die Schafe das ganze Jahr über draußen bleiben, gäbe es heute keine Gänsegeier. Diese Wechselbeziehung zwischen Tier und Mensch hat besonders auf Cres eine lange Tradition.
Heute sind Gänsegeier eine gefährdete Tierart, weil sie mit dem Rückgang der Schafzucht ihre Nahrungsgrundlage verlieren, ihre Nistplätze durch den Tourismus beeinträchtigt werden und viele Jungvögel ins Meer fallen. Von 1993 bis 2013 sorgte das Umweltzentrum Caput Insulae-Beli (ECCIB) für den Schutz des natürlichen und kulturhistorischen Erbes der Insel Cres und zeigte in der einstigen Volksschule von Beli Ausstellungen zur biologischen Vielfalt des Archipels von Cres und Lošinj sowie zu Umwelt und Natur Belis und der Tramuntana. Man kümmerte sich dort auch um junge Geier, die aus der See gerettet wurden, sowie um kranke und verletzte Vögel, die man in einem Freigehege hielt, bis sie sich wieder der Freilandkolonie anschließen konnten. Diese Arbeit wurde vom Birds of Prey Conservation Center südlich von Senj fortgesetzt, das Ende 2016 aus finanziellen Gründen schließen musste. Inwiefern das 2016 eröffnete Besucherzentrum Beli die Arbeit der Auffangstation des ECCIB fortsetzt, ist derzeit nicht sicher.

Die Gänsegeier in der Kvarner Bucht sind vom Aussterben bedroht

Stadt Cres

Cherso, das Städtchen, das wir noch vor Sonnenuntergang erreichten, möcht' ich die Olivenstadt benennen; so freundlich ragt es mit seiner tief einschneidenden, fast zum Landsee sich gestaltenden Bucht zwischen den rings mit Oelbäumen bedeckten Hügeln hervor, wenn man die letzte Strecke abwärts steigend in das Thal blickt, das die Venezianer stets als unerschöpfliches Oelkrüglein betrachtet.

Heinrich Wilhelm August Stieglitz, Istrien und Dalmatien, Stuttgart und Tübingen 1845

Die Stadt Cres liegt in einer hübschen Bucht auf der fruchtbaren Westseite der Insel. Schon zu römischer Zeit erlangte das antike Crepsa Stadtrecht. Nach dem Niedergang des Weströmischen Reichs ließen sich die Goten nieder, dann kam die Stadt unter die Herrschaft von Byzanz und wurde im 10. Jahrhundert Teil des kroatischen Königreichs. Die längste Zeit regierten hier die Venezianer (1000–1797), später Österreicher, bis die Stadt 1918 von den Italienern besetzt wurde. Mit dem Vertrag von Rapallo wurde sie Jugoslawien zugesprochen.

Stadtrundgang

Vor dem Eingang zur Stadt steht auf der Šetalište 20. travnja ein **Denkmal für die Gefallenen des Zweiten Weltkriegs** aus der Tito-Ära (1975). Es stammt von dem 1935 geborenen Creser Maler und Bildhauer Mate Solis. Dahinter erstreckt sich die **Stadtmauer**, an deren südlichen Ende das kleine Tor **Bragadina** erhalten ist. Im Norden steht das Stadttor **Marcella**. Beide Tore sind nach venezianischen Patriziern benannt, die als ›Fürsten und Kapitäne‹ Cres und Osor verwalteten und deren Familienwappen unter dem Markuslöwen die Tore aus der Hochrenaissance schmücken.

Am Bootshafen **Mandrać** liegt der Hauptplatz mit **Stadtloggia** und **Uhrturm** aus dem 16. Jahrhundert. Durch sein Tor (Sv. Mikula) gelangt man zur Pfarrkirche **Sv. Marija Snežna** aus dem 15. Jahrhundert mit einem freistehenden Glockenturm. Am reich verzierten Renaissanceportal befinden sich aufwändige Reliefs und Skulpturen. In der Kirche ist eine spätgotische Pietà sehenswert. Zwei Gemälde von Alvise Vivarini (1446–1505) haben die Feuersbrunst von 1826 überdauert und sind in der Kunstsammlung im Pfarrhof ausgestellt.

Der **Palast der Familie Petris** ist ein architektonisches Meisterwerk aus Spätgotik und Renaissance. Hier wurde der Philosoph und Schriftsteller Franciscus Patricius (Petris) geboren (1529–1597), ein bedeutender Vertreter des Neuplatonismus, dessen Denkmal auf dem Platz die Zagreber Bildhauerin Marija Ujević-Galetović 1997 schuf. Im Palast zeigt das **Stadtmuseum** Funde aus der Antike, mittelalterliche Skulpturen und Dokumente der Stadtgeschichte. Gegenüber liegt das **Fontego**, der einstige Getreidespeicher. Von dem Vorgängerbau zeugt an seiner Westfassade noch das spätgotische Relief mit der Figur des heiligen Isidor. In der Nähe steht die Kirche **Sv. Izidor** mit einer schönen romanischen Apsis, an der hängende Blendarkaden erhalten sind.

Die gotische Kirche des **Franziskanerklosters** birgt ein geschnitztes Chorgestühl und eine Renaissancekapelle, in der die Grabplatte mit dem Porträt eines Franziskanermönchs erwähnenswert ist. Das Kloster hat zwei Kreuzgänge aus dem 15. Jahrhundert, vom kleineren kommt man in das **Klostermuseum**, das ein glagolitisches Messbuch (1494), Kunstwerke aus Gotik und Barock und eine ethnographische Sammlung zeigt. Beachtenswert ist der im 17. Jahrhundert errichtete Glockenturm des Klosters, der

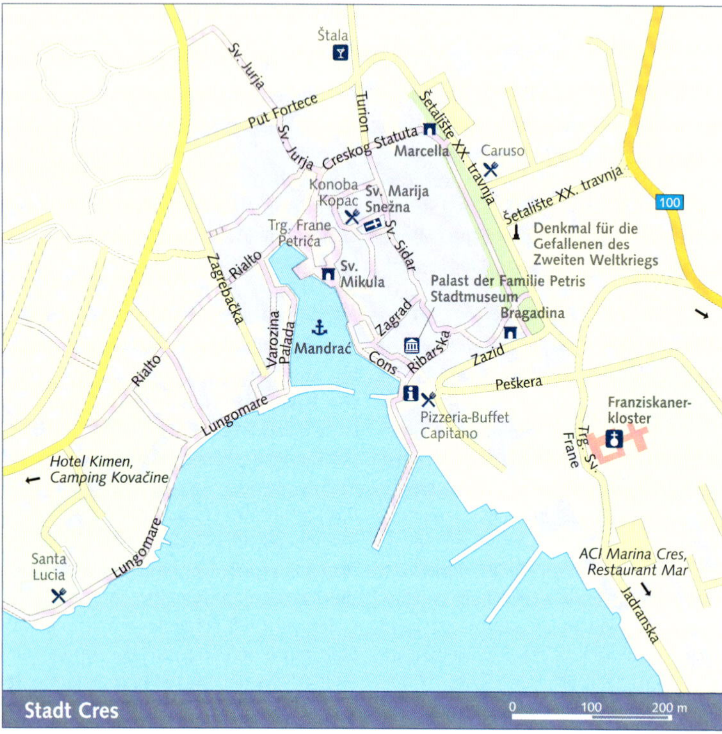

Stadt Cres

mit fröhlichen und missmutigen Gesichtern dekoriert ist: Allegorien milder Winde und der rauen Bura.

Valun

Südlich von Cres geht es an einer großen Marina vorbei nach acht Kilometern bei der Abzweigung nach rechts zu den Orten Valun und Lubenice. An der Südseite des Creski Zaljev (Bucht von Cres) liegt malerisch der einstige Fischerort Valun, der sich wegen des kristallklaren Wassers an seinen Stränden zu einem beliebten Badeort entwickelt hat. Bekannt wurde er auch in den 1980er Jahren durch die deutsch-österreichische Fernsehserie ›Der Sonne entgegen‹ mit Heidi Kabel und Josef Meinrad. Am kleinen Hafen laden Cafés und Restaurants zum Verweilen ein. Besonders schön ist die Konoba **Juna**, eine alte Ölpresse, deren Mühlstein noch erhalten ist. Auf ihrer Terrasse befindet sich das **Lapidarium von Valun**, das Kopien glagolitischer Inschriften aus Istrien, der Kvarner Bucht und Dalmatien zeigt. Das Original eines der ältesten schriftlichen Dokumente altkroatischer Sprache sieht man in der Sakristei der Kirche **Sv. Marija**. Die zweisprachige Inschrift stammt aus dem späten 11. Jahrhundert und ist in lateinischer und glagolitischer Schrift verfasst.

Malerische alte Dorfarchitektur findet sich im Weiler **Zbićina**, wo im Sommer allerorten Knoblauchkränze hängen und im kleinen **Pernat**, von wo man zu der verlassenen Hirtensiedlung **Grabrovice** wandern kann.

Lubenice

So romantisch wie die Lage des Bergdorfs 378 Meter über dem Meer ist vielleicht auch die Herkunft des Namens von Lubenice: Von hier sollen sich zwei unglücklich Verliebte (Zaljubleni) von den Klippen geworfen haben.

Von der einstigen Bedeutung des heute mit zwölf Einwohnern winzigen Orts, in dem einige Steinhäuser wie das alte Pfarrhaus bereits verfallen sind, zeugen vier Kirchen. Vor dem Ortseingang am Parkplatz stehen die Ruine der romanischen Kirche **Sv. Nedjelja** und die Kirche **Sv. Antun opat** aus dem 15. Jahrhundert. Vor dem Glockenturm ist ein Aussichtspunkt, von dem man den besten Blick auf das Städtchen und die steilen Felsen hat, unter denen die kleine Kiesbucht **Sv. Ivan** liegt. An den Turm (1791) lehnt sich eine **Loggia** (1802), in der man Erfrischungen und kleine Gerichte bekommt. In der Pfarrkirche **Sv. Marija** aus dem 18. Jahrhundert wird eine gotische Nikolausstatue aufbewahrt. Die Galerie im alten Schulhaus zeigt Kunst- und Fotoausstellungen und dokumentiert Kultur und Natur der Gegend, die von der Schafzucht geprägt ist. Über diese kann man sich auch rund um Lubenice auf den Wanderwegen und auf dem Lehrpfad **Hibernica** informieren.

Martinšćica

Weiter südlich an der Westküste von Cres liegt Martinšćica mit knapp 155 Einwohnern. Seinen Namen erhielt der beliebte Badeort nach der mittelalterlichen Kirche **Sv. Martin** über dem Meeresstrand, die im 19. Jahrhundert umgebaut wurde. Das Franziskanerkloster **Sv. Jeronim** birgt in seiner Kirche aus dem 16. Jahrhundert auf dem Hauptaltar ein Renaissancegemälde des venezianischen Malers Baldassare d'Anna (1560–1639) und an den Wänden Bilder venezianischer Schule aus dem 17. Jahrhundert. Die **Klostersammlung** zeigt Votivbilder Creser Seeleute in historischen Trachten. Neben dem Kloster errichtete die Patrizierfamilie Sforza im 17. Jahrhundert ein zweistöckiges **Landhaus** mit schönen offenen Arkaden an der Fassade.

Osor

Osor liegt ganz im Süden an einer Meerenge zwischen den Inseln Cres und Lošinj, die wahrscheinlich bereits von

Traumhafte Lage: Lubenice

Die Bucht von Martinšćica

den Römern durch einen künstlichen Kanal schiffbar gemacht wurde. Heute wohnen hier nur etwa 80 Menschen. Dabei erlebte der Ort bereits in der Antike eine erste Blüte und hatte zeitweise bis zu 30 000 Einwohner. Im 6. Jahrhundert war Osor sogar Bischofssitz und bis ins 15. Jahrhundert Hauptstadt beider Inseln. Mit dem Aufstieg Venedigs und der Verlagerung der Schiffsrouten von der Küste aufs offene Meer verlor Osor an Bedeutung. Mehrere Pest- und Malariaepidemien im 16. Jahrhundert besiegelten den Untergang der Stadt.

Die Kathedrale **Marijina Uznesenja** aus der zweiten Hälfte des 15. Jahrhunderts hat eine schöne Renaissancefassade und einen barocken Glockenturm. Unter dem Hauptaltar der Kirche befindet sich das Grab des Stadtheiligen Bischof Gaudentius, durch dessen Fürbitte die Inseln Cres und Lošinj von giftigen Schlangen befreit worden sein sollen – tatsächlich gibt es hier keine giftigen Reptilien! In der Kirche ist eine ›Verkündigung‹ des venezianischen Renaissancemalers Palma il Giovane sehenswert.

▲ Karte S. 262

An der Westseite der Kathedrale steht die spätgotische Kirche **Sv. Gaudencije** mit Fresken aus dem 15. Jahrhundert sowie einem Altarbild mit einer historischen Ansicht Osors aus dem 19. Jahrhundert.

Das ehemalige mittelalterliche **Rathaus** mit Loggia beherbergt das **Stadtmuseum** mit Lapidarium mit Funden aus prähistorischer und antiker Zeit. Erwähnenswert ist der steinerne Kopf des Kaisers Augustus aus dem Jahre 30 vor Christus. Schräg gegenüber steht der **Bischofspalast** mit einer sehenswerten **Sammlung sakraler Kunst**.

Seit 1975 finden in Osor im Sommer klassische Konzerte statt. Darauf verweisen in der Stadt zahlreiche **Skulpturen zum Thema Musik**, Kopien von Werken bedeutender kroatischer Bildhauer wie Ivan Meštrović, Fran Kršinić und Vanja Radauš. Die Statue des Komponisten Jakov Gotovac vor dem Turm der Kathedrale stammt von Marija Ujević-Galetović.

Die Büsten weiterer Komponisten befinden sich an der Stadtmauer. In der

Hauptstraße erinnert ein bronzener Marder (1998) von Belizar Bahorić daran, dass die Kuna in Osor bereits 1018 als Zahlungsmittel erwähnt wurde und man damals in Kroatien mit Fellen des Marders (*kuna*) Tauschhandel trieb.

Punta Križa

Ganz anders als die gebirgigen Landschaften im Norden ist der äußerste Süden von Cres mit der flachen Halbinsel Punta Križa, die mit üppigem Buschwald (Macchia) bewachsen ist. In der einsamen Gegend kreuzen bisweilen Damhirsche oder Wildschweine die Fahrbahn. Hier finden sich nur wenige Hirtensiedlungen, einige Buchten mit Autocamps wie dem Platz ›Baldarin‹ bei **Bokinić**, an dessen Uferpromenade sich Restaurants, Cafés und kleine Läden reihen.

In der Bucht Uvala Martinšćica wurden bei einem Bergrutsch die **Reste einer römischen Villa** mit Bodenmosaik freigelegt. In der Nähe der Villa stehen auch die Ruinen der frühchristlichen Kirche Sv. Martin. Auf Fundamenten einer frühchristlichen Kirche steht die romanische Kapelle **Sv. Andrija** auf dem Friedhof in der Jadišćica-Bucht. Innen birgt sie gotische Holzskulpturen aus dem 15. Jahrhundert.

Abendstimmung in Osor

Insel Cres

Vorwahl: +385/51.
Postleitzahl Stadt Cres: 51557.
Turistička zajednica Cres, Cons 10, Tel. 571535, www.tzg-cres.hr.

Autofähren: Merag (Cres)–Valbiska (Krk); alle 90 Min., Überfahrt 25 Min.
Porozina (Cres)–Brestova (Istrien); alle 90 Min., Überfahrt 20 Min; 2/1 Euro, Auto 12 Euro.
Jadrolinija Rijeka, www.jadrolinija.hr.

Beli: **Pension Tramontana**, Beli 2, Tel. 840519, www.beli-tramontana.com; DZ 80 Euro. Mit gutem Restaurant; organsierte Ausflüge zu den Gänsegeiern.
Stadt Cres: **Hotel Kimen**, Melin I/16, Tel. 573305, www.hotel-kimen.com; DZ 90–120 Euro. Einfach, aber gut, 50 m zum Strand.
Martinšćica: **Hotel Zlatni Lav**, Tel. 574020, www.hotel-zlatni-lav.com; DZ 90 Euro. 150 m zum Strand.
Osor: **Buffet Osor**, Osor 28, Tel. 237135, www.ossero.com; DZ 60 Euro.
Vermittlung von **Ferienwohnungen** und **Gästezimmern**: www.apartmani-hrvatska.com, www.adriatic.hr.

Stadt Cres: **Camping Kovačine**, Melin 1, Nr. 20, Tel. 573150, www.camp-kovacine.com; 2 Pers./Zelt ab 26 Euro. 18 ha großer Platz mit Nadel- und Olivenbäumen, nahe der Stadt.
Martinšćica: **Camping Slatina**, Martinšćica 92, Tel. 574127, www.camp-slatina.com. Zählt zu den besten Campingplätzen Kroatiens.

Valun: **Zdovice**, Valun bb, Tel. 571161. Kleiner idyllischer Campinglatz an einem Kieselstrand – nur Zelte!

Osor: **Camping Bijar**, Osor bb, Tel. 237147, www.camp-bijar.com. Kleiner Platz im Kiefernwald am Meer.

Punta Križa: **Baldarin**, Tel. 235680, www.camp-baldarin.com. Der Campingplatz an den Badebuchten Bokinić und Lučica ist bei FKK-Urlaubern sehr beliebt.

ACI Marina Cres, Stadt Cres, Obala sv. Benedikta 3, Tel. 571622, www.aci-marinas.com. Ganzjährig geöffnete Marina südlich der Altstadt.

Stadt Cres: **Konoba Kopac**, Osorska 14, Fisch- und Fleischplatten zu erschwinglichen Preisen.

Pizzeria-Buffet Capitano, Cons 11. Preiswerte Pizza, Grillgerichte.

Santa Lucia, Lungo Mare Sv. Mikule 4, Fischspezialitäten, Vegetarisches, Menü ab 15 Euro.

Loznati: **Konoba Bukaleta**, Loznati 9a, Tel. mobil 099/481120. Gegrilltes Lammfleisch.

Belej: **Leut**, Belej 49, Tel. 524142. Spanferkel und Nudelgerichte.

Valun: **Toš Juna**, Valun bb. Die Konoba bietet Grillgerichte und Pfannkuchen.

Taverne Na moru, Valun 65, Tel. 525056. Kleines Familienrestaurant direkt am Meer, günstige Fischgerichte und Lammspezialitäten und schöner Blick auf die Kvarner Bucht.

Lubenice: **Hibernicia**, Lubenice 17, Tel. 525040, Lammragout mit Gnocchi. Reservierung empfehlenswert.

Osor: **Konoba Bonifačič**, Osor 76. Schönes Gartenlokal, frisch gemachte Hausmannskost zu angemessenen Preisen.

Stadt Cres: **Štala**, Turion 3. Bar und Dancefloor.

▶ Karte S. 262/294

Martinšćica: **Bar Timun,** Martinšćica 92. Café, Livemusik und Cocktails.

Sommerfestival; 3.–5. Aug., Stadt Cres. Mit Fußball- und Handball-Turnieren, Konzerten und kulinarischem Angebot.

Fischernacht; 8. Aug.

Abende der klassischen Musik; Juli und Aug. in Lubenice und Martinšćica.

Besucherzentrum Beli. Das Museum informiert über Flora und Fauna der Insel Cres. In großen Volieren kann man Gänsegeier aus nächster Nähe beobachten.

Valun: zwei Kiesstrände mit glasklarem Wasser, einzelne Abschnitte FKK-Strand.

Sv. Ivan, unter den Felsen von Lubenice. Weißer Kiesstrand, nur zu Fuß oder mit dem Boot zu erreichen (wenig Badegäste). Viele – nur zu Fuß erreichbare – Strände gibt es zwischen der Stadt Cres und der Bucht von Ustrine, ins der **Bucht Meli** ist der flache Strand für Familien mit Kleinkindern besonders geeignet.

Sehr schön ist der mit der blauen Flagge ausgezeichnete Strand **Slatina** in Martinšćica.

Stadt Cres: **Padi Diving Cres**, auf dem Campingplatz Kovačine, Tel. 571706, www.divingcres.de.

Martinšćica: **Agram Sub**, Campingplatz Slatina, Tel. mobil 099/3232305, 098/1932720.

Ruta, Cres, Drevenik 28, Tel. mobil 098/313029, http://ruta-cres.hr. Vesna Jakić filzt Pantoffeln, Hüte, Jacken, Kissen, Taschen und Puppen.

Stadt Cres: **Ambulanz**, Tel. 571116.

Insel Lošinj

Jetzt, beim Betreten der Insel Lošinj, gleiten Sie über die Straße fast in Höhe des Meeresspiegels (...) Sie entdecken eine andere Insel, die lang und schmal ist, und weit draußen im Meer liegt, so dass sie Ihnen von Zeit zu Zeit vorkommt wie ein schmaler Steg in der Weite des Meeres.
Branko Fučić, Apsyrtides, 1995.

Von ihrer Nachbarinsel Cres trennt Lošinj nur ein schmaler Kanal, und doch hat die südlicher liegende Insel dank wärmeren Klimas einen ganz anderen Charakter: Die vielen grünen Kiefern- und Pinienwälder, Palmen und üppig blühende Agaven, Oleander und Zitrusbäume verleihen ihr fast lieblichen Charme. Lošinj zählt mit über 2500 Sonnenstunden im Jahr zu den sonnigsten Gegenden Kroatiens. Kein Wunder, dass die Insel mit ihren schönen natürlichen Buchten auf eine lange touristische Tradition zurückblickt.

Nerezine

Nachdem man die Drehbrücke passiert hat, fährt man am Fuße des Gebirgszugs **Osoršćica** entlang, der sich von Nordwesten nach Südosten erstreckt und mit der **Televrina** (588 Meter) und dem **Sv. Mikula** (557 Meter) seine höchsten Gipfel erreicht. Unterhalb der Televrina liegt Nerezine, der größte Ort an der Nordostküste Lošinjs, den Dokumente des 15. Jahrhunderts erwähnen. Außerhalb des Ortskerns steht das Anfang des 16. Jahrhunderts erbaute **Franziskanerkloster** mit schönem Glockenturm und Kreuzgang. In der einschiffigen Klosterkirche befindet sich auf dem Hauptaltar ein Gemälde der venezianischen Malerei des 16. Jahrhunderts, das neben anderen den heiligen Franz von Assisi und Bischof Gaudentius, den Schutzpatron der Inseln Cres und Lošinj, darstellt. In der Seitenkapelle gibt es eine sehenswerte venezianische Ikone

der Muttergottes mit dem Kind, die im 15. Jahrhundert im Übergangsstil von Gotik zu Renaissance entstand.

Von Nerezine kann man auf dem **Wanderweg des heiligen Gaudentius** in 3,5 Stunden zum Gipfel der Televrina hinaufwandern. Der Pfad wurde ursprünglich für den Thronfolger von Österreich, Erzherzog Rudolf, angelegt, der ihn am 28. März 1887 ging. Damals förderte der Wiener Hof die Entwicklung des Fremdenverkehrs auf Lošinj sehr.

Mali Lošinj

Der Name ›Klein Lošinj‹ täuscht: Mali Lošinj ist der größte Ort der Insel, wurde aber 1398 zur Unterscheidung vom früher entstandenen Veli Lošinj (Groß Lošinj) ›Kleines Dorf‹ genannt. Im 15. Jahrhundert errichteten die Venezianer in Mali Lošinj zum Schutz gegen Piraten einen Fluchtturm. Der Aufschwung von Seefahrt und Schiffbau verwandelte den Ort seit dem 18. Jahrhundert in eine prosperierende Stadt, die Osor als Verwaltungszentrum ablöste. Zahlreiche Werften entstanden, und reiche Seeleute ließen sich spätbarocke oder klassizistische Kapitänshäuser inmitten von Gärten mediterraner Vegetation bauen. 1854 wurde die staatliche Marineschule gegründet. Als die Habsburger die Stadt 1892 zum Kurort erklärten, zog sie viele österreichische und ungarische Gäste an. Prachtvolle Villen entstanden.

Bis heute ist Mali Lošinj ein beliebtes Reiseziel. An einer breiten Bucht befindet sich der **Hafen**, den nette Cafés und Restaurants säumen. Für den Platz hat der Bildhauer Matko Vinković aus Rijeka 1960 einen schönen **Brunnen mit zwei Delphinen** entworfen, der daran erinnert, dass in den Gewässern um Lošinj über 100 Delphine beheimatet sind. Etwas weiter ist die **Statue eines Tauchers mit Harpune** (1989) zu sehen.

▲ Karte S. 299

Seit 2016 ist im **Palast Kvarner** an der Riva der berühmte **Apoxyomenos** zu sehen, der 1999 vor der Küste Mali Lošinjs aus einer Tiefe von 45 Metern aus dem Meer geborgen wurde. Die 1,92 Meter große Bronzestatue, wahrscheinlich eine römische Kopie aus dem 1. oder 2. Jahrhundert vor Christus, stellt einen griechischen Athleten dar, der nach einem Wettkampf seinen Körper mit einem Schabeisen (Strigilis) reinigt.

Im oberen Teil der Stadt steht neben einem 34 Meter hohen Glockenturm die Barockkirche **Rođenje Marijina**. Innen ist ein Gemälde des venezianischen Renaissancemalers Alvise Vivarini beachtenswert.

In der Vladimira Gortana 35 befinden sich die **Kunstsammlung Andro Vid und Katarina Mihičić** mit fast 90 Werken bedeutender kroatischer Bildhauer und die **Sammlung Piperata** mit Gemälden italienischer, französischer und niederländischer Meister des 17. und 18. Jahrhunderts.

In der Bukovica 6 liegt der **Zaubergarten der Düfte**, in dem Sandra Nikolić seit zehn Jahren um die 1000 Kräuter und Heilpflanzen zieht. Dort kann man auch hausgemachte Fruchtliköre und Kräutertees erwerben (Info-Tel. mobil 098/326519).

Halbinsel Čikat

Südwestlich des Ortskerns erstreckt sich die Halbinsel Čikat mit Aleppokiefern, Pistazien, Myrten, Erdbeerbäumen, Zedern und Olivenbäumen. An der Uferpromenade reihen sich imposante historistische Bauten aneinander wie die **Villa Karolina** oder das **Hotel Alhambra** (1912), das der Grazer Architekt Alfred Keller (1875–1945) entwarf, ein Vertreter der architektonischen Moderne. In der Nähe erinnert ein Denkmal an den Botaniker Ambroz Haračić, der 1886

Die Villa Karolina auf der Halbinsel Čikat

Auf der Halbinsel Čikat

die Halbinsel Čikat mit über 300 000 Kiefern aufforsten ließ.

An der Bucht steht auch die klassizistische Votivkirche **Navještenja Blažene Djevice Marije**, in der sich im 19. Jahrhundert die Seeleute von ihren Familien verabschiedeten. In der Kirche sind die Votivbilder als Dank für die Errettung aus Seenot sehenswert. In der Nähe der Kirche erinnert ein Mahnmal an die Besatzung eines Marineschiffs, das im Zweiten Weltkrieg bei der Insel Susak auf eine Mine auflief.

Veli Lošinj

Auch in der malerischen Altstadt von Veli Lošinj (Groß-Lošinj) gibt es viele spätbarocke und klassizistische Gebäude. Der **venezianische Turm** (1445) schützte den Hafen einst vor Piratenangriffen. Heute befinden sich hier eine Galerie und ein Museum (Tel. 051/233614).

Direkt am **Hafen**, den Restaurants, Cafés und Eisdielen säumen, steht auf einem Felsen über dem Meer die barockisierte Pfarrkirche **Sv. Antun Pustinjak**, für die wohlhabende Schiffseigner, Kapitäne und Kaufleute rund 30 Gemälde italienischer Maler der Renaissance und des Barock gestiftet haben, darunter eine ›Muttergottes mit Kind‹ von Bartolomeo Vivarini (1430–1495) und ein ›Heiliger Franziskus‹ des Barockmalers Bernardo Strozzi. Auf seiner ›Anbetung der heiligen Drei Könige‹ (1809) hat Francesco Hayez (1791–1881) den Stifter Gaspar Craglietto als König Kaspar porträtiert. Die Orgel (1782) stammt von dem venezianischen Orgelbauer Gaetano Callido. Die Stuckarbeiten, die Musikinstrumente darstellen, schuf der Schweizer Meister Clemente Somazzi. Unweit des Hafens steht die 1510 erbaute Kirche **Gospa od Anđela**, die Anfang des 18. Jahrhunderts einen barocken Chorraum erhielt. Innen ist ein Gemälde des spätbarocken italienischen Malers Francesco Fontebasso sehenswert.

Am südlichen Ortsrand erhebt sich hoch über der Stadt die gotische Kirche **Sv. Nikola**. Das älteste Gotteshaus Lošinjs birgt Porträts von Seeleuten in Volkstracht und Votivtafeln aus dem 18. Jahrhundert. In der Nähe liegt der Park **Pod Javori** (Unter den Ahornbäumen), den Erzherzog Karl Stephan von Österreich 1885 mitsamt einem **Kapitänshaus** am Hang über dem Stadthafen kaufte. Das Haus ließ er zur **Villa Wartsee** umbauen. Ein Jahr später ließ er am Südrand von

▲ Karte S. 299

Veli Lošinj ein Palais errichten und einen Garten mit 200 importierten Pflanzen anlegen. Damit gilt er als Begründer des Tourismus in Veli Lošinj. Schon 1887 öffnete die erste Pension der Stadt unter dem Namen ›Erzherzogin Renata‹, und 1893 wurde die Stadt zum Kurort erklärt. Beim Spaziergang durch die Gassen kommt man an vielen ehemaligen historistischen Gästehäusern wie der **Pension Johanneshof** (1889) und der **Villa Geutebrück** (1913) vorbei.

Im **Marine Education Centre** (Kaštel 24) informiert eine multimediale Ausstellung über Flora und Fauna der Adria und über Projekte zum Schutz der Delphine in den Gewässern vor Lošinj (www.blue-world.org).

Den Grundstein für den großen Wellenbrecher **Rovenska** in der gleichnamigen Bucht legte Erzherzog Maximilian von Habsburg 1856. In der Bucht gibt es direkt am Meer zahlreiche gemütliche Fischrestaurants.

Südlich und westlich von Lošinj liegt ein Archipel aus größeren und kleineren Inseln, die man von vielen Häfen aus mit Ausflugsbooten erreicht. Von Mali Lošinj zu den bewohnten Inseln Unije, Vele und Male Srakane, Susak und Ilovik verkehren Fähren.

Insel Unije

Mit 18 Quadratkilometern ist Unije unter den kleineren Inseln des Archipels die größte. Der steinige Norden und Osten der Insel liegen hoch und sind von Macchia und immergrünen Eichen bewachsen. Der niedrige Westen und Süden sind flach, sandig und für Nutzpflanzen geeignet. **Reste eines römischen Landhauses** im östlichen Teil der Bucht Vrulje an der Westseite belegen eine Besiedlung des Eilands in der Antike. Wie Bauklötzchen scheinen die kleinen Häuschen der Siedlung übereinander geschichtet. Fast alle Giebel schauen zum Meer. Die Pfarrkirche **Sv. Andrija** stammt aus dem 15. Jahrhundert, wurde aber 1911 umgebaut.

Unije hat viele Kieselstrände, und einsame Buchten locken Freunde des ›Robinsontourismus‹.

Inseln Vele und Male Srakane

Noch einsamer sind die Inseln Vele und Male (Großes und Kleines) Srakane. Hier gibt es keine Autos und kein Geschäft. Lebensmittel und Wasser muss man selbst mitbringen! Auf dem Berg **Straža** auf Vele Srakane wurden Reste einer bronzezeitlichen Wallburg gefunden. Aus römischer Zeit stammt im Ort

Die Hafenbucht von Veli Lošinj

Die Pfarrkirche Sv. Antun Pustinjak in Veli Lošinj

Vele Srakane, der nur acht Einwohner hat, das Relief des geflügelten Eroten, das als Spolie in die Ecke des Hauses Skrivanić eingemauert wurde.

Insel Susak

Die Insel Susak westlich von Lošinj ist eigentlich eine riesige Sanddüne. Sie ist bekannt für ihre schönen Sandstrände, die originellen Frauentrachten und den Wein. Hier gibt es keine Steine, und so werden die Gärten und Felder mit Schilfrohr eingefriedet. In der romanischen Pfarrkirche Sv. Nikola in **Gornje Selo** befindet sich ein bemaltes byzantinisches Holzkreuz, das wegen seiner Höhe von über vier Metern ›Veli Buoh‹ (Großer Gott) genannt wird. Das Kreuz aus dem 12. Jahrhundert soll von Italien angespült worden sein – wie man es durch die viel zu kleine Tür brachte, bleibt unerklärlich!

Die Einwohner von Susak, die sich einen eigentümlichen altkroatischen Dialekt bewahrt haben, sind dafür bekannt, dass sie gerne originelle Spitznamen vergeben. Den etwas fülligen Marschall Tito in seiner weißen Uniform nannten sie ›Große weiße Möwe‹. Auf der Insel gibt es zahlreiche nette Restaurants und private Zimmervermietung.

Insel Ilovik

Das nur knapp sechs Quadratkilometer große Ilovik (85 Einwohner) vor der Südspitze Lošinjs ist die südlichste der Kvarner Inseln. Wegen ihrer subtropischen Vegetation und vieler bunt blühender Sträucher wird sie auch Blumeninsel genannt. Auf dem wasserreichen Eiland gedeihen sogar Eukalyptusbäume.

Auf dem Berg **Vela Straža** (91 Meter) befinden sich **Reste einer Wallburg** aus der Bronzezeit. Unterhalb davon wurden in einem Weinberg auf der Gewann Sićadrija (Sut Jadrij = heiliger Andreas) die Grundmauern der frühmittelalterlichen Kirche **Sv. Andrija** freigelegt.

Der Friedhof der Gemeinde Ilovik befindet sich auf dem Inselchen **Sv. Petar**. Die Mauern des Gottesackers sind Reste einer Benediktinerabtei des 11. Jahrhunderts.

Am Strand steht noch der viereckige **Turm**, den der venezianische Verwalter Filippo Pasqualigo 1597 zum Schutz der Schifffahrt vor den Überfällen der Piraten bauen ließ.

Lošinj

Vorwahl: +385/51.
Postleitzahl: 51550.
Turistička zajednica, Mali Lošinj, Priko 42, Tel. 231884, www.visitlosinj.hr.

Autofähre Zadar-Ist-Olib-Silba-Premuda-Mali Lošinj; 4-6x tägl.
Personenfähre Mali Lošinj-Srakane Vele-Unije-Susak; 4-5x tägl.
Fahrpläne: www.jadrolinija.hr.
Ganztägige Bootsausflüge zu den Inseln Susak, Oruda, Orjule und Ilovik vom Hafen Veli Lošinj.
Bootsverleih, in Mali Lošinj, in der Čikat-Bucht.

Zračna luka Lošinj, Privlaka 19, p.p. 61, Tel. 231666, www.airportmalilosinj.hr. Kleiner Flughafen 12 km nördlich von Mali Lošinj. Lande- und Unterstellmöglichkeit für Kleinflugzeuge, Panoramaflüge.

Mali Lošinj: **Mare Mare Suites**, Riva Lošinjskih Kapetana 36, Tel. 232010, DZ 100 Euro. Kleines Hotel in guter Lage.
Villa Diana, Čikat bb, Tel. 232055, www.losinj-hotels.com; DZ 100 Euro. Kleineres Hotel in der Čikat-Bucht.
Bed&Breakfast Alaburić, Ulica Stjepana Radića 17, Tel. mobil 098/243405; DZ 50 Euro. In der Stadt, 500 m vom Strand.

Veli Lošinj: **Hotel Villa Elisabeth**, Podjavori 27, Tel. 236111; DZ 85 Euro. Gepflegtes, hübsches Hotel in der ehemaligen Villa Wartsee beim Park Pod Jadvori. Kleine Zimmer.
Villa Mozart, Kaciol 3, Kleines Hotel im Zentrum, nah am Strand; DZ ab 50 Euro.
Youth Hostel Zlatokrila, Kaciol 4, Tel. 236234, www.hfhs.hr, losinj@hfhs.hr; ab 15 Euro Pers./Nacht. Schlicht, im Zentrum. Zimmer (2–5 Betten) mit Dusche/WC auf dem Flur.
Susak: **Barbara**, 51661 Susak, Susak 603, Tel. 239128, www.apartmani.barbara-susak.org; DZ ab 30 Euro. Konoba mit Zimmervermietung.

Čikat, Tel. 231708, www.camp-cikat.com. Größter Campingplatz der Inseln Cres und Lošinj, mit eigenem Strand, 2 km von Mali Lošinj.

Marina Lošinj, Mali Lošinj, Tel. 234081, www.marinalosinj.com.

Mali Lošinj: **Corrado**, Sv. Marije 1. Empfehlenswerte Fischgerichte, höhere Preise.
Za kantuni, Vladimira Gortana 25. Günstige Fleisch- und Fischgerichte.
Kadin, Lošinjskih brodograditelja 59. Am Hafen. Preiswerte Fisch- und Fleischgerichte, kinderfreundliches Personal.
Artatore, Artatore 132. Das preisgekrönte Restaurant, ca. 10 km nördlich des Hafens, bietet hausgemachte Spezialitäten.
Veli Lošinj: **Ribarska Koliba**, Obala Marsala Tita 1. Fisch- und Fleischgerichte direkt am Hafen.
Bora Bar, Rovenska 3. Konoba am Hafen. Spezialität: Papardelle mit Lammfleisch.
Pizzeria Fortuna, Sestavina 3. Am Hafen, günstige Grill- und Fischgerichte und Pizza.
Susak: **Vera**, 51561 Susak, Susak 67, Tel. 239012. In der Konoba sollte man den Inselwein probieren.

▶ Karte S. 262

Nerezine: **Jadran**, 51554 Nerezine, Trg Studenac 19. Eiscafé: leckeres Eis und selbstgemachte Zitronenlimonade.
Express, Nerezinskih Pomoraca 22. Eis und Kuchen.
Mali Lošinj: **Lido**, Riva lošinjskih kapetana 2. Die beste Konditorei an der Riva bietet Pizzen und leckere Kalorienbomben: Torten und Eis!
Moby Dick, V. Gortana 38. Leckeres Eis, Cocktails und Säfte.

Apoxyomenos-Museum, Riva lošinjskih kapetana 13, 51550 Mali Lošinj, Tel. 734260; www.muzejapoksiomena.hr; Di.–So 10–18 Uhr, 6,60/3,30 Eur. Besichtigung nur nach Anmeldung!

Schöne Badebuchten sind **Čikat** und **Sunčana uvala** südlich von Mali Lošinj sowie die **Bucht Valdarke** im Osten der Stadt.
Sandstrände gibt es auf der Insel **Susak**.

Berg Osoršćica: schöne Wanderwege, herrlicher Ausblick vom Gipfel Sv. Nikola. Auch die **Höhle des heiligen Gaudentius** und die **Höhle Vela Jama** sind einen Ausflug wert. Karten bei der Turistička zajednica.
Wanderklub Osoršćica, Tel. mobil 098/403469; 092/2535071.
Berghütte Osoršćica, Tel. mobil 098/1826150.
Excursions Jadranka, Tel. 6611. Bootsausflüge zu den Insel Susak und Ilovik.
ASL Agency, Veli Lošinj, Obala maršala Tita 17, Tel. 236256. Delphin-Exkursionen (4 Std.), 60/120 Euro (max. 12/4 Pers.).

Ultramarin, Veli Lošinj, Obala M. Tita 7, http://ultramarin-art.hr. Dekorative Gegenstände aus Holz und Keramik.

Insel Rab

Ich machte während meines hiesigen Aufenthaltes eine Menge Excursionen, nach allen Theilen der Insel, und fand meine Erwartungen von der Schönheit der Insel noch übertroffen. (...) Die Insel Arbe gehört zwar unter die kleinern Inseln des Golfo di Quarnero (...) aber sie ist unstreitig die schönste und fruchtbarste.
Ernst Friedrich Germar: ›Reise nach Dalmatien‹ (1817)

Kommt man vom Festland auf die östliche Seite der Insel Rab, fühlt man sich wie in einer Mondlandschaft. Von der Fährstelle **Mišnjak** erstreckt sich karges, unbesiedeltes Land – eine Folge der rauen Burawinde. Aber nur der Nordosten der 22 Kilometer langen und 3 bis 11 Kilometer breiten Kvarnerinsel ist arm an Vegetation, im Westen und Südwesten finden sich immergrünes Buschwerk, üppige Steineichenwälder, Zedern, Maulbeerbäume und Föhren. Das von Nord nach Süd verlaufende Karstmassiv **Kamenjak** (408 Meter) wirkt als Windschutz, einen ähnlichen Effekt hat der bewaldete Berg **Kalifront** (97 Meter) im Südwesten. Die Insel erfreut sich eines milden Klimas mit bis zu 2500 Sonnenscheinstunden im Jahr. Südliche Meeresströmung umspült die Insel mit frischem Wasser. Die Wassertemperatur des Meeres erreicht im Sommer angenehme 24 Grad, im Winter noch milde 12 Grad. Auf Rab gibt es sogar Sandstrande. Kein Wunder, dass die etwa 9000 Bewohner der Insel, die schon 1889 zum Ferien- und Kurort erklärt wurde, ganz auf Tourismus eingestellt sind. In der Hauptsaison sollen hier bis zu 13 600 Gäste gleichzeitig Urlaub machen.

Geschichte

Schon in der älteren Steinzeit war die Insel besiedelt. Ihr kroatischer Name Rab leitet sich wahrscheinlich von dem liburnischen Wort ›Arba‹ (Wald, Grün) ab und verweist auf die dichte Bewaldung der Insel. In einer Seeschlacht in den Gewässern zwischen den Inseln Rab und Krk besiegte Dionysius der Jüngere 365 vor Christus mit seiner syrakusischen Flotte die Liburner. Die Griechen errichteten auf Rab an strategisch wichtigen Stellen Festungen zum Schutz ihrer Handelsschiffe. Spuren der Anlagen, die im 3. Jahrhundert vor Christus von Liburnern zerstört wurden, finden sich auf Kap Kaštelina, in der Bucht Kampor und auf der Halbinsel Lopar. 100 Jahre später eroberten die Römer Arba und legten bei der heutigen Stadt Rab einen befestigten Flottenstützpunkt an. Unter Augustus erfolgte der Ausbau der heutigen Hauptstadt zum ›Munizipium‹ mit regelmäßigem Grundriss, Wehrtür-

Kreuzgang im Franziskanerkloster Sv. Eufemije

men und Mauern. Daneben entstanden Sommersitze. Bis zum 3. Jahrhundert erlebte die Insel eine Blütezeit und wurde mit dem Ehrentitel ›Felix Arba‹ bedacht. Nach Völkerwanderung und Untergang des Weströmischen Reichs fiel die Insel 493 unter die Herrschaft des Ostgotenkönigs Theoderich und ab 544 an Byzanz. Damals wurde die Stadt Rab Bischofssitz. Mit dem Erstarken des kroatischen Fürstentums wurde auch Rab tributpflichtig. Vom 9. bis 15. Jahrhundert unterstand die Insel ungarisch-kroatischer Herrschaft. Benediktiner und später die Franziskaner ließen sich nieder und bauten erste Kirchen und Klöster. Danach gehörte Rab von 1409 bis 1797 zur Republik Venedig und war eine wichtige Zwischenstation des venezianischen Levantehandels. Die Hauptstadt wurde als Vorposten gegen die Uskoken-Piraten militärisch befestigt. Die lokale Seidenraupenzucht und -produktion trug zum Wohlstand der Bevölkerung bei. Von 1797 bis 1918 stand die Insel, unterbrochen von einem französischen Intermezzo, unter österreichischer Oberhoheit, geriet 1918 unter italienische Besatzung und wurde nach dem Vertrag von Rapallo (1920) Jugoslawien zugesprochen. 1941 fiel die Insel wieder an die Italiener, die in Kampor ein Konzentrationslager einrichteten. Nach der Kapitulation Italiens marschierten deutschen Truppen ein. Nach 1945 kam Rab an Jugoslawien, seit 1991 gehört es zur Republik Kroatien.

Der Süden von Rab

Im Südosten der Insel liegt die beliebte Badebucht **Pudarica** (Sandstrand) und ihr gegenüber – parallel zur südlichen Küste Rabs – die unbewohnte Insel **Dolin**. Weiter im Südwesten befindet sich **Barbat** mit schönen Kiesstränden. In dem heutigen Urlaubsort gab es vom 11. bis zum 15. Jahrhundert die Benediktinerabtei Sancti Stephani de Postran. Der Mönchsorden kam auf Einladung Fürst Trpimirs nach Kroatien und war wahrscheinlich schon seit 850 auf der Insel Rab ansässig. An der Stelle des Klosters steht seit 1859 die Pffarrkirche, in der ein bemaltes Holzkreuz eines lokalen Meisters sehenswert ist.

Von Barbat führt ein steiler, schmaler Hirtenweg auf den Berg **Sv. Damijan** (223 Meter), wo über dem Ort imposante Ru-

Blick auf die Stadt Rab

▲ Karte S. 262

inen stehen, die als Teile des frühbyzantinischen Festungssystems aus der Zeit Justinians gedeutet werden. Zentrales Gebäude war die einschiffige Kirche Sv. Kuzma i Damijan mit halbkreisförmiger Apsis. Ab Barbat wird die Landschaft deutlich grüner: Wein, Mais und Tomaten werden angebaut. Eine ununterbrochene Besiedlung entlang der Hauptstraße wird sichtbar.

Stadt Rab

›Die wunderschöne mittelalterliche Stadt ähnelt eher einem Denkmal denn der Wirklichkeit‹, schrieb der englische Architekt Thomas G. Jackson 1887 begeistert über die Stadt Rab an der Südseite der gleichnamigen Insel. Rab erinnert an ein Segelschiff mit vier hohen Masten: Vier freistehende Glockentürme reihen sich auf der ins Meer ragenden felsigen Landzunge zwischen der Bucht der heiligen Euphemia und dem Stadthafen. Ihre größte Blüte hatte die ehemalige Bischofsstadt vom 12. bis 14. Jahrhundert, als die wichtigsten Bauten entstanden und sich Rab über den ältesten Bezirk Kaldanac auf der vordersten Spitze der Landzunge ausdehnte. Er wird von mittelalterlichen Mauerresten begrenzt. Als Mitte des 15. Jahrhunderts die Pest wütete, wurde Kaldanac von den Überlebenden verlassen. Noch heute sind hier mehrere Häuser mit vermauerten Türen und Fenstern zu sehen. Die Seuche hatte 1456 die Stadt praktisch entvölkert, und die Ansiedlung von Flüchtlingen vom Festland konnte den Verlust an der Bevölkerung nicht ausgleichen.

Den neueren Stadtteil Varoš mit Mauern und Türmen des 15. Jahrhunderts durchziehen drei parallele Hauptstraßen: An der **Gornja ulica** (Obere Straße) reihen sich die Kirchen und Glockentürme. Die **Srednja ulica** (Mittlere Straße), einst Zentrum der Handwerker und Kaufleute, ist heute von Juwelieren und Boutiquen geprägt. An der **Donja ulica** (Untere Straße) und der **Obala kralja Petra Krešimira** liegen heute die meisten Bars, Restaurants und Eisdielen. In der Gornja ulica – wie in der ganzen Altstadt – befinden sich an vielen Haustüren interessante Wappen und Inschriften.

Mit dem Fall Venedigs 1797 und dem Zusammenbruch des Levantehandels endete Rabs wirtschaftliche Blütezeit, 1828 wurde der Bischofssitz aufgelöst. Erst Anfang des 20. Jahrhunderts erlangt Rab als Luftkurort und Seebad wieder wirtschaftliche Bedeutung.

▶ Karte S. 309

■ Trg Svetog Kristofora

Den Stadtrundgang beginnt man am besten beim Trg Svetog Kristofora, wo der Brunnen **Kalifront und Draga** (1989) des Bildhauers Žarko Violić zwei Figuren aus einem Gedicht des Renaissancedichters Juraj Baraković (1548–1628) verewigt. In den Sommermonaten finden auf dem Platz Konzerte und Aufführungen statt, drängeln sich die Besucher um Verkaufsstände und Imbissbuden. Von hier gelangt man über die Treppengasse Bobotina hinauf zur Tvrđava Galjarda und zur Gornja ulica. Geht man rechts, passiert man die Reste einer Befestigung des Spätmittelalters, die **Tvrđava Kristofor** mit einem Stadtturm, von dessen kleiner Galerie man den schönsten Blick auf alle vier Kirchtürme Rabs hat. Teil der Stadtmauer war die daneben stehende Kirche **Sv. Kristofor** aus dem 14. Jahrhundert, die das städtische **Lapidarium** beherbergt.

Nordwestlich liegt der Park **Komrčar**, dessen Name an das römische Marsfeld (Campus Martius) erinnert. Eine 1974 aufgestellte Büste zeigt Pravdoje Belia, der den Stadtgarten Anfang des 20. Jahrhunderts anlegte. Vorbei an einer Unzahl mediterraner Gewächse kann man zum nordwestlichen Rand des Parks spazieren, wo sich die Überreste des im 19. Jahrhunderts abgerissenen und durch einen Friedhof ersetzten Franziskanerklosters befinden. Erhalten ist die 1491 errichtete **Klosterkirche** mit schönen Renaissancemuscheln an der Fassade. Innen sind die glagolitisch beschriebenen Grabplatten sowie die Wappen am Triumphbogen sehenswert.

■ Kalifront und Draga

Die Hirtenidylle des Renaissancedichters Juraj Baraković (1548–1628) aus Zadar erzählt von dem jungen Hirten Kalifront, der die Schafe seines Vaters hütet. Dieser ist ein Freund Barbats, des Herren des östlichen Teils der Insel Rab. Barbat hat eine Tochter, das Hirtenmädchen Draga. Beim Schafhüten lernen sich Kalifront und Draga kennen, und der Hirte verliebt sich leidenschaftlich in das Mädchen. Draga aber sträubt sich und warnt ihn, ihre Mutter habe sie der Göttin Diana geweiht und sie zur Keuschheit verpflichtet. Draga flieht, und Kalifront verfolgt sie bis zur Höhle Loparska Jamina, wo er sie einholt. Draga schreit und fleht die Göttin Diana um Hilfe an. Diese verwandelt das Hirtenmädchen in eine steinerne Skulptur, und Kalifront wird zu ewiger Unruhe verurteilt. Bis die Quelle in der Höhle – entsprungen aus Dragas Tränen – versiegen würde, sollte er sich von wilden Früchten ernähren und Bäume pflanzen. Der Wald, den Kalifront anpflanzte, wuchs immer üppiger und wurde schließlich so dicht, dass Kalifront vollkommen mit ihm verschmolz. Deshalb trägt der Wald im Osten der Insel noch heute seinen Namen.

Kloster S. Ivana Evanđelista

Geht man weiter durch die Gornja ulica, gelangt man am **Sommertheater** vorbei zum Kloster Sv. Ivana Evanđelista. Von

Chorumgang des Klosters Sv. Ivana Evanđelista

Campanile des Klosters Sv. Ivana Evanđelista

der dreischiffigen Basilika aus dem 6. Jahrhundert ist bis auf wenige Mauern und Säulen mit byzantinischen Merkmalen nur der romanische Campanile aus dem 12. Jahrhundert vollständig erhalten. Der Turm kann bestiegen werden. Gut zu erkennen ist der romanische Chorumgang. Die angrenzende Kirche **Sv. Križ** steht an der Stelle einer früheren Antoniuskapelle aus dem 13. Jahrhundert. Am Hauptaltar aus mehrfarbigem Marmor hängt ein Bild von Giovanni Antonio Pellegrini (1675–1741). An der Decke des Chors finden sich barocke Stuckaturen (1799) mit der Darstellung der heiligen Dreifaltigkeit und Szenen aus dem Leben Christi. Während der ›Raber Musikabende‹ finden hier Konzerte statt.

Sv. Justina

Die Renaissancekirche Sv. Justina gehörte bis 1807 zu einem Benediktinerkloster. Ihr Glockenturm stammt aus dem Barock. Die Kirche des einstigen Nonnenkonvents beherbergt heute ein **Museum sakraler Kunst**, zu dessen Exponaten das romanische Kreuz König Kolomans und der Schrein des heiligen Christophoros aus dem 12. Jahrhundert zählen. Das Kopfreliquiar enthält einen mit Edelsteinen und einer Krone geschmückten Schädel, der von dem legendären frühchristlichen Märtyrer stammen soll, der zum Schutzhelfer der Insel Rab avancierte. Eine lokale Legende erzählt, die Kopfreliquie habe einmal den Angriff feindlicher kroatisch-ungarischer Kriegsschiffe abgewehrt. Beeindruckend ist das Polyptychon (1350) von Paolo Veneziano. Sehenswert sind außerdem das Gemälde ›Tod des heiligen Joseph‹ aus der Schule Tizians und eine Renaissance-Grabplatte von Andrija Aleši.

Sv. Andrija

Vom Trg slobode, den eine mächtige Steineiche beherrscht, die an die Befreiung von Italien erinnert, hat man einen guten Blick auf den Stadtstrand und die gegenüberliegende Halbinsel **Frkanj**, wo im August 1936 der englische Ex-König Edward VIII. und seine Gemahlin Lady Wallis Simpson beim Baden ihre Hüllen fallen ließen und damit auf Rab das FKK-

Steinkopf an einem Haus in Kaldanac

▲ Karte S. 309

Baden populär machten. Weniger bekannt ist, dass bereits zwei Jahre früher bei Lopar offiziell ein FKK-Bad eröffnet wurde! Auf der Südseite des Platzes befindet sich einer der **Paläste der Familie Dominis** mit hübschen Eselsrückenfenstern und wappengeschmücktem Portal. Im Norden am Eingang zur Gornja ulica steht der **Palast Galzigna**, der im Frührenaissancestil erbaut wurde. Ein paar Schritte weiter südöstlich beginnt der älteste Stadtteil, **Kaldanac**, an der Spitze der Halbinsel, erkennbar am unregelmäßigen Gassenmuster.

Bald erreicht man die Kirche Sv. Andrija mit dem 1181 erbauten romanischen **Campanile**. In diesem ältesten Glockenturm Rabs hängt noch eine in Venedig gegossene gotische Glocke (1396). In dem zur Kirche gehörenden Benediktinerinnenkonvikt leben noch acht Nonnen, die begehrte Glückwunschkarten herstellen. Das Kloster hat ein sehenswertes **Renaissanceportal**. In der dreischiffigen vorromanischen **Basilika** ist am linken Seitenaltar eine Kopie eines Polyptychons von Bartolomeo Vivarini sehenswert. Sein Original wurde von einer Äbtissin Ende des 19. Jahrhunderts verkauft und befindet sich jetzt in Boston (USA). Auf einem Seitenaltar hängt in einem Silberrahmen eine italo-kretische Muttergottesikone.

Kathedrale

Obwohl Rab seit 1828 nicht mehr Bischofssitz ist, wird die auf antiken Fundamenten errichtete Kirche **Uznesenja Marijina** Kathedrale genannt. 1177 wurde sie von Papst Alexander III. auf seiner Rückreise von Zadar nach Rom geweiht. Der romanische Kirchenbau wurde später gotisch verändert. Sein freistehender romanischer **Glockenturm** erinnert mit Blendarkaden und Friesen an den lombardischen Stil, der spitze Turmhelm ist eine

Pietá in der Lünette der Kathedrale

Ergänzung des 15. Jahrhunderts. Die rot-weiße Fassade folgt toskanischen Vorbildern: Im unteren Teil schmücken sie zwei Reihen schlichter, flacher Blendarkaden. In der Lünette über dem Renaissance-Hauptportal (1490) steht eine **Pietá** (1514) von Petar Trogiranin, die auf die Spätgotik verweist. Hinter der Kirche wurde 2009 eine zeitgenössische **Bronzestatue des heiligen Christophorus** von Kuzma Kovačić (geb. 1952) aufgestellt. Innen hat die Basilika römische Marmorsäulen mit meist präromanischen Kapitellen. Das im Stil der venezianischen Blumengotik aus Kastanienholz geschnitzte **Chorgestühl** (1445) zeigt die Wappen Raber Patrizierfamilien und die Verkündigung Mariä an der Frontseite. Sechs Marmorsäulen aus dem 12. Jahrhundert mit frühbyzantinischen Kapitellen tragen das sechseckige **Altarziborium**, auf dem altkroatisches Flechtwerkornament erhalten ist, in den Zwickeln seiner Stirnbögen symbolisieren aus einem Kelch trinkende Pfauen die Eucharistie. Das Gemälde **Mariä Himmelfahrt** auf dem Hauptaltar wird dem vermutlich aus Rab stammenden Maler Matej Pončun (Matteo Ponzone, 1583–1663) zugeschrieben. Das barocke **Antependium** am Altar zeigt in einer Intarsie den heiligen Christophorus mit dem Christuskind. Am Altar in der Nordapsis hängt ein Bild der Muttergottes mit Kind des spätgotischen venezianischen Malers Marco di Martino. In die Nordwand ist ein **vorromanisches Marmorrelief** eines thronenden Christus eingelassen, hier befindet sich auch die **Grabplatte des Bischofs Ivan Scaffa** von Andrija Aleši. In der südlichen Apsis ist eine romanische Balustrade sehenswert, in der linken Kapelle des heiligen Peter das oktogonale **Taufbecken** (1497) von Petar Trogiranin.

Sv. Antun Opat

Geht man rechts um die Kathedrale herum, hat man einen herrlichen Blick auf die Bucht und gelangt nach wenigen Schritten zu dem an der Stadtmauer stehenden Franziskanerinnenkloster Sveti Antun Opat mit einer kleinen Kapelle. In die Kirchenfassade ist ein **Relief des heiligen Antonius** (1541) eingelassen. Von der ursprünglichen Kirche ist das gotische Gewölbe erhalten, auf dem Schnitzaltar eines venezianischen Künstlers steht die **Figur des heiligen Antonius** aus der zweiten Hälfte des 15. Jahrhunderts. Beachtenswert sind **Tafelbilder** von Schülern Vivarinis.

Von der Poljanica kneginje Mande Budrišić führt ein Weg hinunter in einen kleinen Park, wo eine **Bronzestatue** (2004) an den **heiligen Marin** erinnert. Das Werk der Autodidaktin Daniella Volpini ist ein Geschenk der Republik San Marino. Laut einer Legende floh der in Lopar auf Rab geborene Steinmetz Marin vor den Christenverfolgungen des 4. Jahrhunderts nach Italien. Aus seiner Einsiedelei am Monte Titano entstand die nach ihm benannte Republik.

■ Fürstenhof

Am 1924 erbauten Jugendstilhotel **Arbiana** (einst ›Bristol‹) vorbei führt die Biskupa Draga zum Trg Municipium Arba, einem Platz aus römischer Zeit, wo sich die **Touristeninformation** befindet. Gegenüber steht der ehemalige Fürstenhof. Dieses älteste weltliche Gebäude Rabs entstand im 15. und 16. Jahrhundert durch den Umbau eines romanischen Wehrturms. Die Fassade schmücken venezianisch-gotische Eselsrückenfenster und ein Balkon, an dessen Konsolen sechs Löwenköpfe an die fast 400 Jahre lange Herrschaft Venedigs über die Insel Rab erinnern. Im Hof des Palasts ist ein kleines **Lapidarium** untergebracht.

■ Paläste

Im Südwesten des Platzes führt eine Gasse zur Srednja ulica und dem **Stadtturm** von 1509, der im 18. Jahrhundert sein heutiges Aussehen erhielt. Seine über 400 Jahre alte, in Venedig hergestellte Uhr ist noch immer in Funktion. Gegenüber steht die **Stadtloggia**, ein schlichter Renaissancebau, in dem einst Gericht gehalten wurde und heute Kellner des Restaurants ›Paradiso‹ Gerichte servieren. Daneben steht die kleine Kirche **Sv. Nikola**, deren Anfänge auf die Spätromanik zurückgehen.

Hinter der Loggia ist in der Stjepana Radića von dem einstigen **Palast der Familie Cernotto** das spätgotische Portal erhalten, das 1456 von Andrija Aleši gemeißelt wurde. Am nordöstlichen Ende der Donja ulica kommt man zu den Resten des **Palasts Nimira**, der im Übergangsstil von Gotik und Renaissance erbaut wurde. Über dem Portal ist eine schöne Balustrade erhalten.

Am Beginn der Srednja ulica erhebt sich der spätgotische **Palast Dominis**, dessen Fensterrahmen im zweiten Stock (Piano Nobile/Belétage) reiche Verzierungen zeigen, die mit unverputzten Natursteinmauern kontrastieren. Das schöne Renaissanceportal wird Meister Petar Trogiranin zugeschrieben. In der Mitte der Fassade befindet sich das Familienwappen, an der Nordseite ist im zweiten Stock ein Jupiterkopf aus römischer Zeit eingemauert. In dem Palast wurde 1560 der berühmteste Sohn der Stadt, der Schriftsteller und Theologe Marcantun de Dominis, geboren. Eine 1994 vor seinem Geburtshaus aufgestellte Bronzebüste (1974) des Bildhauers Kosta Angeli Radovani (1916–2002) erinnert an den Erzbischof, Mathematiker und Physiker, der 1624 in Rom als Gefangener der Inquisition starb. Gegenüber steht die barocke Kapelle **Sv. Antuna** mit reichen Intarsien am Marmoraltar und einem Gemälde venezianischer Schule.

▲ Karte S. 309

Marcantun de Dominis

Der in Rab geborene Naturwissenschaftler Marcantun de Dominis (1560–1624) gilt als ein Vorläufer Newtons. Als Theologe wurde er zu einem scharfen Papstkritiker. 1578 trat de Dominis in den Jesuitenorden ein und studierte Philosophie, Mathematik und Physik. Später wurde er Bischof von Senj und 1602 Erzbischof von Split. Doch bald geriet der streitbare Theologe in Konflikt mit seinem Kapitel und dem Adel, ging nach Venedig und stellte sich auf die Seite der Venezianer gegen den Papst. Auch nach seiner Rückkehr nach Split lebte de Dominis in ständiger Auseinandersetzung mit der römischen Kurie und sollte nach Rom reisen, um sich zu rechtfertigen. Aus Angst vor der Inquisition floh er heimlich nach London.

In Heidelberg erschien 1616 seine erste Proklamation ›Scogli del Cristiano naufragio‹ (Der Felsen des christlichen Schiffbruchs), ein Angriff auf Rom, der wie viele seiner Schriften auf den Index der verbotenen Bücher gesetzt wurde. Ein Jahr später publizierte er in London sein sechsbändiges Hauptwerk ›De republica Ecclesiastica‹ (Über die Kirchenrepublik). Die Streitschrift gegen das Primat des Papstes war so erfolgreich, dass sie 1620 in Frankfurt und 1622 in Hannover nachgedruckt wurde und ihm den Doktortitel einbrachte.

Als sein Lehrer und Freund Alessandro Ludovisi 1621 zum Papst Gregor XV. gewählt wurde, ging de Dominis nach Rom und erlangte 1623 die Freisprechung von der Anklage der Häresie. Aber noch im selben Jahr starb Papst Gregor XV. Sein Nachfolger, Papst Urban VIII. nahm den Inquisitionsprozess wieder auf und setzte de Dominis in der Engelsburg gefangen, wo der Theologe erkrankte und am 8. September 1624 starb. Noch nach seinem Tode wurde de Dominis am 21. November der ›rückfälligen Häresie‹ für schuldig erklärt und sein Leichnam einen Monat später mit seinem Bild und seinen Schriften auf dem Campo di Fiori verbrannt. Sein Hauptwerk vertritt die These, das Primat des Papstes widerspreche dem Gebot einer Vereinigung aller christlichen Kirchen. Nur eine föderal organisierte Kirche entspreche dem originären Christentum.

De Dominis beschäftigte sich auch mit physikalischen Problemen, schrieb über Ebbe und Flut, den Regenbogen und die Lichtbrechung sowie das gerade erfundene Fernglas. Übrigens wurde ein Nachkomme Marcantun de Dominis hawaiianischer Prinz: In der ersten Hälfte des 19. Jahrhunderts wanderte der Kapitän Ivan Dominis mit seiner Familie nach Amerika aus. Sein Sohn, John Owen Dominis (1832–1891), ging nach Hawaii, wurde 1862 nach der Heirat mit der hawaiianischen Prinzessin Lili'uokalani Prinzgemahl und nach deren Thronbesteigung 1891 Gouverneur der Insel Oahu!

Marcantun de Dominis, 1617

Kampor

Nur etwa zweieinhalb Kilometer nördlich von Rab liegt in Kampor in der gleichnamigen Bucht das Kloster **Sv. Eufemije**, das 1446 von Observanten, einem Reformzweig der Franziskaner, gegründet wurde. Das malerisch auf den Klippen über dem Meer gelegene Kloster trägt den Namen eines früheren Gotteshauses, das nach der frühchristlichen Märtyrerin Euphemia benannt war, während die schlichte einschiffige **Predigerkirche** 1466 dem heiligen Bernhardin von Siena, einem Förderer des Reformordens geweiht wurde.

Im rechteckigen Sanktuarium mit Kreuzrippengewölbe soll demnächst wieder das Polyptychon (1458) von Antonio und Bartolomeo Vivarini zu sehen sein, zwei venezianischen Malern, die den byzantinischen Schematismus aufgaben. Der vergoldete Rahmen ist ein Schnitzwerk im Stil venezianischer Blumengotik. In der Kapelle Sv. Križ gibt es ein bemaltes spätgotisches Holzkruzifix, die linke Votivkapelle wurde 1506 für eine byzantinische Muttergottesikone errichtet. Auf der Kassettendecke von 1669

Muttergottesikone im Kloster Sv. Eufemije

▲ Karte S. 262

Selbstporträt des Malers Ambroz Testen

finden sich Szenen aus dem Leben des heiligen Franziskus. Im Kloster beeindruckt der malerische Kreuzgang mit frühchristlichen und vorromanischen Steinfragmenten und einem gotischen Sarkophag.

Die **Klosterbibliothek** umfasst über 7000 Bände, darunter seltene Mess- und Choralbücher sowie Inkunabeln. Einige sind im **Klostermuseum** ausgestellt, das auch kulturgeschichtliche, kunsthandwerkliche, ethnographische Sammlungen und antike Kunstwerke zeigt.

Die renovierte **Kirche Sv. Eufemija** beherbergt eine Ausstellung von Bildern und Zeichnungen des autodidaktischen slowenischen Malermönchs Ambroz Testen (1887–1984), der in expressionistischen Darstellungen Zufallstechniken wie ›Klecksographie‹ nutzte.

Fährt man vom Kloster in Richtung Kampor, verweisen Schilder und eine Steintafel auf einen **Gedenkfriedhof** (Spomen groblje): 1942 hatten hier die italienischen Faschisten das Konzentrationslager Kampor eingerichtet, in dem zwischen 13 000 und 15 000 Slowenen, Kroaten und Juden inhaftiert waren. Wahrscheinlich starben mehr als 4600 Lagerinsassen an Misshandlungen, Hunger und Entkräftung. Nach der Kapitulation Italiens 1943 formierten die befreiten Lagerinsassen die Raber Brigade der Jugoslawischen Volksbefreiungsarmee, zu der das einzige antifaschistische jüdische Bataillon Europas gehörte. Die Gedenkstätte wurde 1953 nach einem Plan des slowenischen Architekten Edvard Ravnikar angelegt - von Häftlingen der jugoslawischen Gefangeneninsel Goli otok! Ein Betongewölbe symbolisiert die Zelte des Lagers, darunter steht eine Mosaikwand des slowenischen Künstlers Marij Pregelj (1913–1967), der ohne das damals sozialistisch-realistische Pathos das Leid der Inhaftierten und ihre Befreiung darstellte.

Sv. Petar

In einer weiten Ebene zu Füßen des Kamenjak steht bei Supetarska draga die Kirche Sv. Petar. Die Basilika mit drei Apsiden ist Relikt eines einst bedeutenden Benediktinerklosters aus der zweiten Hälfte des 11. Jahrhunderts, das 1467 aufgehoben wurde. Ihre frühromanische Fassade hat ein Hauptportal mit halbrunder Lünette, die auf Konsolen in Gestalt von Greifen ruht. Innen beeindrucken fünf Säulenpaare mit vorromanischen Kapitellen, die mit Akanthus- und Palmblättern geschmückt sind, sowie ein schönes bemaltes gotisches Holzkreuz. Vom frühromanischen Campanile ist nur der untere Teil erhalten, dafür hängt hier die wohl älteste Glocke (1290) Kroatiens.

Supetarska draga und Lopar

In **Supetarska draga** sind am Meer eine Mühle aus dem Mittelalter und eine rekonstruierte Tunera, eine Holzleiter zum Beobachten der Thunfischschwärme, erwähnenswert. Ganz im Norden von Rab liegt das Dorf **Lopar** auf einer Halbinsel mit vielen kleinen Buchten und schroffen Kaps, aber auch schönen sandigen Badestränden. In dem Ort soll der Steinmetz Marin, der legendäre Gründer San Marinos, geboren sein. Im Geopark Lopar finden sich 50 gekennzeichnete geologische Sehenswürdigkeiten und eine einzigartige Vegetation (www.lopar.com).

Die Kirche Sv. Petar bei Supetarska draga

Am Kap Kalifront

Insel Rab

Vorwahl: +385/51, **Postleitzahl**: 51280.
Turistička zajednica Rab, Trg Municipium Arba 8, Tel. 724064, www.tzg-rab.hr, tzg-raba@ri.t-com.hr.
Post, Palit 67, Stadt Rab.
FreeWifi am Trg Municipium (Netzwerk Rab FelixArba, Passwort: felixarba); Fährhafen Lopar.

Tankstelle INA (Banjol), Banjol 801.
Tankstelle INA (Rab), Šetalište Kapetana Ivana Dominis, Rab-Küste.
Tankstelle Perductor (Lopar), Lopar 285A.

Mišnjak (Rab)–Štinica; ganzjährig 13–23x/ Tag (18 Min.), Pers. 2, PKW 12–18 Euro.
Stadt Rab–Lun (Pag); Pers. 2 Euro. Rapska Plovidba d.d., Hrvatskih branitelja domovinskog rata 1/2, Tel. 724122, www.rapska-plovidba.hr.
Lopar (Rab)–Valbiska (Krk); Pers. 5, PKW 30 Euro.
Katamaran: **Stadt Rab–Novalja (Pag)**; 6 Euro, **Rab–Rijeka** 11 Euro, **Stadt Rab – Rijeka** 11 Euro. Jadrolinija, Tel. 666125, www.jadrolinija.hr.
Katamaran: **Pesaro–Lošinj–Rab**; Karten: Hotel Imperial, Tel. 667788, www.imperialrab.com.
An vielen Stränden werden **Bootsausflüge** in Badebuchten angeboten; **Ausflüge zu den Inseln Sv. Grgur und Goli otok** von Lopar aus: Info Turistička zajednica Lopar bb, Tel. 775508.

Busverbindungen von der Stadt Rab mit **Autotrans d.d. Rijeka** 2x tägl. nach Rijeka, in der Sommersaison auch nach Zagreb, Info, Karten und Reservierungen: **Busbahnhof** (Mali Palit bb), Stadt Rab, Tel. mobil 060/306080, www.autotrans.hr.

Nächster Flughafen: **Rijeka** auf der Insel Krk (RJK). Transfer mit **Imperial Rab**, Tel. 667788 (Mo–Fr 7–15, Sa 8–13 Uhr), www.imperialrab.com.

Unterkünfte auf Rab: www.rab-visit.com.
Barbat: **Villa Hotel Barbat**, Barbat, Tel. 721858, www.hotel-barbat.com; DZ 150 Euro. Strandhotel mit gutem Restaurant.
Stadt Rab: **Arbiana**, Obala Kralja Petra Krešimira IV., Tel. 725563, DZ 120 Euro. Historisches Hotel in der Altstadt. Hundefreundlich. www.arbianahotel.com
Grand Hotel Imperial, M. Dominisa 9, Tel. 724522, www.imperialrab.com; DZ 100 Euro. Renoviertes, älteres Hotel im Park Komrčar.
Hotel International, Obala Kralja Petra Krešimira IV. 4, Tel. 602000, www.hotelrab.com; DZ 100 Euro. Modernes Hotel direkt am Meer.

Karte S. 262/309

Banjol: **Café-Restaurant Captain's Club**, Banjol 731, Tel. 777907, www.captains-club.net; DZ 60 Euro. Direkt am Meer.
Padova, Banjol 322, Tel. 724544, www.imperial.hr; DZ 70 Euro. Modernes Hotel mit Wellness, Außenpool und Blick auf die Altstadt.
Kampor: **Hotel Carolina**, Kampor 82, Tel. 724133, www.imperial.hr; DZ 90 Euro. Großes Hotel mit Swimmingpool und Terrasse, 20 m zum Strand.
Hotel Eva, Kampor 78, Tel. 724233, www.imperial.hr; DZ 60 Euro. Strandnah, umgeben von Kiefernwald auf der Halbinsel Kalifront.
Lopar: **Epario**, Lopar 456A, Tel. 777500, www.epario.net; DZ 60 Euro. Strandnahes, modernes Hotel mit Kinderspielraum und Fitnessstudio.
Tourist Resort San Marino, Lopar 608, Tel. 775144, www.imperial.hr; DZ 80 Euro. Touristensiedlung am 1,5 km langen Paradiesstrand.
Villa Rio, Lopar 327, Tel. 725639, http://ville-rab.com; DZ 75 Euro. 30 m bis zum Meer, Blick auf die Altstadt.
Ferienwohnungen Dania, Lopar 454, Tel. 775212, www.dania.hr; ab 50 Euro. Ruhige Lage, 300 m zum Paradiesstrand, 3 km zur Altstadt.
Supetarska Draga: **Apartments Melita**, Supetarska Draga 182, Tel. 776181, www.rab-melita.com; DZ 50 Euro. 6 km von der Altstadt Rab.

Lopar: **Camp San Marino**, Lopar 488, Tel. 775133, www.rab-camping.com; Mobilheim ab 70 Euro. Am Paradiesstrand, vom Zentrum Rabs sind es 12 km.
Banjol: **Campingplatz Padova III**, www.rab-camping.com; Mobilheim ab 55 Euro. Im Kiefernwald am 500 m langen Kiesstrand, 2 km zum Zentrum Rabs.

Barbat: **Aco**, Barbat 458, Tel. 721527, www.de.aco-rab.hr. Familienbetrieb. Grillspeisen, Risotto und Brodetto.
Barbat, Barbat 366, Tel. 721858, www.hotel-barbat.com. Spezialitäten des günstigen Hotelrestaurants sind das Lammgericht Štufad und hausgemachtes Eis.
Stadt Rab: **Astoria**, Dinka Dokule 2. Exzellentes Restaurant mit Blick auf Hafen und Altstadt, gekocht wird mit ökologischen Zutaten.
Santa Maria, D. Dokule 6. Das schöne mittelalterliche Ambiente begründet das hohe Preisniveau.
Konoba Rab, Kneza Branimira 3. Gutes, einfaches Essen in gemütlicher Taverne in der Altstadt.
San Marco, Rapske brigade 6. Günstige Pizzeria und italienische Küche im Stadtzentrum.
Maslina, Mundanije 190 A, Tel. 724900. Gutes und günstiges Restaurant inmitten eines Olivenhains. Ölpresse. Verkauf von Olivenöl, 1 l ca. 18 Euro.
Banjol: **Captain's Club**, Banjol 731. Restaurant mit Terrasse am Meer, Fahrradverleih und Zimmervermietung.
Lopar: **Fortuna**, Lopar 573. Bietet günstige Spezialitäten: Fischsuppe, gebackener Tintenfisch mit Kartoffeln.
Supetarska Draga: **Restaurant Melita**, Supetarska Draga 182. Gut und günstig.

Café Bar Astoria, im Erdgeschoss der Residenz, am Hauptplatz der Altstadt Rab.
Caffe Bar Kristofor, P.C. Mali Palit, Tel. 777327, www.rabskatorta.com. Spezialität: Raber Torte.

Stadt Rab: Im Sommer viele Veranstaltungen an der Uferpromenade. Gute Bars liegen in den Gassen der Altstadt.
Diskothek Santo's, Barbat. Direkt am alten Fähranleger von Pudarica am schönen Sandstrand.

Stadtfest; 9. Mai, Stadt Rab, Trg Kristofora. Folkloreauftritte, feierliche Parade und Wettkampf der Bogenschützen.

Rabska Fjera; 25.–27. Juli, Stadt Rab. An den Raber Festtagen wird die Innenstadt zur Freilichtbühne für Vorstellungen traditionellen Kunsthandwerks, Spektakel in historischen Kostümen, Ritterturnier und Volksfest.

Ranch Vanessa, Palit 102, 51280 Kampor, Tel. mobil 099/2155142.

Großer **Vergnügungspark** an der Šetalište kapetana Ivana Dominisa, Stadt Rab.

Die Strände im Westen der Insel sind eher steinig, im Osten gibt es Kieselstrände, im Norden Sandstrände.
Der flache 1,5 Kilometer lange Sandstrand **Rajska plaža** (Paradiesstrand) bei Lopar/San Marino ist für Kinder, Senioren oder Nichtschwimmer geeignet (im Sommer oft überlaufen). Kiefernwald bietet Sonnenschutz, strandnah liegen Konobas und Restaurants. Neben Beachvolleyball-Turnieren gibt es viele Angebote für Sportler: Parasailing, Windsurfing, Jetskifahren, Tauchen und Tret- oder Bananabootfahren. In der Nähe gibt es ein Sportzentrum mit Volleyball-, Tennis- und Fußballplätzen.
Kies- und Sandstrände in Barbat gibt es bei **Mirine, Ravnice** und **Polovine** – speziell für FKK-Urlauber: zwischen Mirine und Vodenca. Die Bucht von Kampor mit Sandstrand **Mel** ist beliebtes Ziel von Schnorchlern und Tauchern.
Schöne Strände erstrecken sich von **Palit** bei Soline bis zur Altstadt Rabs.
Infos zu **Hundestränden**: www.rabvisit.com.

ACI Marina Rab, Šetalište Kap, I. Dominisa 101 (im Stadthafen), Tel. 724023, www.aci-marinas.com.
ACI Marina Supetarska Draga, an der Ostseite der gleichnamigen Bucht, Tel. 776268, www.aci-marinas.com.

Motorbootverleih: UO Val, Barbat 643, Tel. mobil 098/424395, www.rab-val.com.
Phoenix Marine, Barbat 87, Tel. mobil 095/9100030, www.phoenixmarine.hr. Verleih von Sport- und Schlauchbooten.

Rab hat zahlreiche markierte Wander- und Fahrradwege, die durch abwechslungsreiche Landschaften führen. Informationen und Karten bei den lokalen Touristenbüros (www.tzg-rab.hr).
Wanderweg Nr. 3: Von Rab (Uferpromenade) auf den Gipfel des Kamenjak (408 m) mit spektakulärem Blick auf den Velebit und die Inselwelt.
Halbinsel Kalifront: Angenehme Wander- und Fahrradwege auf der reich gegliederten, waldreichen Halbinsel, die für ihre alten immergrünen Steineichen (Quercus ilex) im Dundo-Wald bekannt ist.
Zum Franziskanerkloster Sv. Eufemija: Ein 2,5 km langer Spazierweg führt von der Strandpromenade Rabs zum Kloster oder in entgegengesetzter Richtung nach Banjol und Barbat.

Kron Diving, Tel. 776620. www.krondiving.com.

Vinarija Staničić, Kampor bb, Tel. mobil 098/258508. Weine und Schnaps.

Delicium Arba, Trg Sv. Kristofora bb, www.rabskatorta.com. Empfehlenswerte Delikatessen: Rabska torta (Raber Torte), ein Kuchen aus Mandeln, Zitronenschalen und Kirschlikör, der bereits 1177 Papst Alexander III. bei seinem Besuch in Rab angeboten wurde, Mustaćoni – Plätzchen aus Mandeln, Kakao, Nelken und Zimt – und Rapski baškotini, aromatische Mandelkekse.

Ambulanz, Tel. 776993.

Karte S. 262/309

Glockentürme der Stadt Rab

Der slowenische Teil Istriens bezaubert mit romantischen Küstenstädtchen sowie malerischen Dörfern auf den Hügeln des Hinterlands und an den Steilhängen des Karstrands. Im italienischen Teil überrascht das im Golf von Triest gelegene Muggia mit venezianischem Flair.

SLOWENISCHES UND ITALIENISCHES ISTRIEN

Slowenisches Istrien

Im Norden der Halbinsel liegt der slowenische Teil Istriens. An seiner 46,6 Kilometer langen, meist felsigen Küste reihen sich **Koper** als wirtschaftliches und kulturelles Zentrum der Region, die romantischen Städtchen **Izola** und **Piran** sowie Sloweniens größter Badeort **Portorož** aneinander.

Im Hinterland erstrecken sich die Hügel der **Šavrinija** (Schaurinia) mit Flüssen und Bächen, die in den Flyschboden tiefe Furchen gegraben haben. Auf den Hügeln thronen typisch istrische Dörfer wie **Padna**, **Krkavče**, **Koštabona** und **Pomjan**. Östlich von Koper liegt inmitten hoher Berge **Hrastovlje** mit der für ihre Fresken berühmten Kirche Sv. Trojica. Weiter östlich beginnt das slowenische Karstgebiet mit zahlreichen Höhlen, Quellen, Karstflüssen und Poljen.

Bevölkerung, Sprache, Brauchtum

Die Mehrheit der Bevölkerung Slowenisch-Istriens sind Slowenen, nur etwa 0,11 Prozent sind italienischer Abstammung. Die lange Zugehörigkeit der Primorska-Region zu Venedig beziehungsweise Italien prägte aber Kultur, Brauchtum und Sprache der Region. Rund um Piran wird heute noch die ›Šagra‹ (ital. Sagra) gefeiert, ein Fest mit Musik und Tanz. In ganz Istrien wird ›Pandolo‹ gespielt, eine Vorform des Baseball, dessen Name von ›pane duro‹ (langes Brot) kommt und auf die Form der dabei verwendeten Holzklötzchen verweist.

Geschichte

Das slowenische Küstenland (Primorska) war schon zur Alt- und Jungsteinzeit be-

Blick auf den Tartini-Platz in Piran

▲ Karte S. 325

Der slowenische und italienische Teil Istriens 0 4 8 km

siedelt und wurde 178 vor Christus von Rom kolonisiert. Nach der Zerstörung Aquileias (452) durch die Hunnen und dem Einfall der Ostgoten (490) flohen die römischen Bewohner auf vorgelagerte Inseln oder in befestigte Siedlungen an der Küste. Ende des 6. Jahrhunderts drangen Slawen und Awaren nach Istrien ein und brachten das Grauvieh der östlichen Steppen mit, das als Vorfahre des Boškarin-Rinds gilt. Slawen siedelten sich vermehrt nach der Besetzung Istriens (787) durch die Franken an. 827 erhielt das Patriarchat Aquileia die Gewalt über Istrien und gliederte es mit Friaul in die Mark Aquileia ein, die 952 vom Herzogtum Bayern einverleibt und 976 von Kärnten annektiert wurde.

Um die Feudalherrschaft abzuschütteln, gingen Küstenstädte wie Koper und Piran mit Venedig Handelsverträge ein. Durch einen Wehrbund erlangten beide Städte Ende des 12. Jahrhunderts wieder ihre Autonomie. Gegen Ende des 13. Jahrhunderts aber eroberte Venedig die Küstenstädte Koper, Izola und Piran. Ab 1364 gerieten die slowenischen Teile Inneristriens unter die Herrschaft der Habsburger, das Küstenland blieb bei Venedig. Die Türkeneinfälle Ende des 15. Jahrhunderts tangierten nur das Hinterland. Nach 1797 wurde auch das Küstenland Teil der Habsburger Monarchie. Von 1805 bis 1813 gehörte es zu den ›Illyrischen Provinzen‹ Napoleons, blieb ab 1849 als eigenständiges Kronland bei Österreich und fiel 1918 an das Königreich Italien. Unter den italienischen Faschisten kämpften Slowenen und Kroaten für den Anschluss an das Königreich Jugoslawien. 1945 kamen das slowenische Küstenland und die Karstregion an den Freistaat Triest und 1954 an Jugoslawien und bilden seit der Unabhängigkeit Sloweniens mit dem nördlichen Soča-Tal die Region slowenisches Küstenland (Primorska).

Koper

Koper (Capodistria) hat den einzigen slowenischen Seehafen und ist eine moderne Industriestadt mit 24 700 Einwohnern. Gesichtslose Betonbauten umgeben die charmante Altstadt.

Bereits in der Hochbronzezeit war die einstige Felseninsel besiedelt, und die Griechen erwähnen den Ort bei der Flussmündung als Aegida. Die Römer nannten das Eiland nach den dort weidenden Ziegen ›Insula Capraria‹ (Zieseninsel), bei den Byzantinern hieß es Justinianopolis. Mit der Völkerwanderung siedelten sich Slawen auf dem Festland an, die romanischen Einwohner zogen sich auf die Insel zurück. Die Siedlung wurde zu einem wichtigen Handelsort und weckte die Begehrlichkeit Venedigs, das ihn 932 zu einem ›Freundschaftsvertrag‹ zwang. 1035 erhielt er die Stadtrechte und 1182 das Monopol für den Salzhandel. Ab 1208 wurde die Stadt als ›Caput Histriae‹ (Haupt Istriens) Besitz der Patriarchen von Aquileia. Von 1278 bis 1779 stand sie als ›Capo d'Istria‹ unter Venedig.

Nach Krieg, Hunger und Pestepidemien entstanden Ende des 14. Jahrhunderts mit dem Zuzug florentinischer Handwerker, Kaufleute und Bankiers Wechselstuben und Betriebe. Ab 1386 kamen auch jüdische Händler nach Koper, später (1492) jüdische Flüchtlinge aus Spanien. Ihr Wohnviertel war die Calle delle Ebrei (Triglavska ulica).

Handel und Kultur florierten. Der in Koper geborene Humanist, Mediziner und Jurist Pietro Paolo Vergerio der Äl-

tere (1370–1444) gilt als Vater neuzeitlicher Pädagogik. Fünf Bürgermeister Kopers stiegen zu Dogen Venedigs auf. Der Renaissancemaler Benedetto Carpaccio (1500–1560) lebte und arbeitete in Koper. Aus Koper stammten auch der Bischof Pietro Paolo Vergerio der Jüngere (1498–1565), der später in Tübingen für die Reformation wirkte, sowie der Mediziner Santorio Santorio (1561 - 1636), der als Professor in Padua und Venedig mit Studien zum Stoffwechsel hervortrat.

Nach 1797 wurde die Stadt Teil der Habsburger Monarchie. Ihr Hafen konnte weder mit Triest noch mit Fiume (Rijeka) konkurrieren. Nach dem Bau der Eisenbahnlinie Wien–Triest (1857) wurde sie mehr und mehr zum bäuerlichen Hinterland von Triest. Mit dem Vertrag von Rapallo (1922) fiel Koper wieder an Italien. Nach der Kapitulation Italiens im Zweiten Weltkrieg stand es von 1943 unter deutscher Besatzung und gehörte ab 1945 unter jugoslawischer Militärverwaltung zur Zone B des Freistaats Triest, die 1954 Jugoslawien angegliedert wurde. Die mehrheitlich italienischsprachige Bevölkerung emigrierte nach Italien. Heute sind über 70 Prozent der Einwohner slowenische und zwei Prozent italienische Muttersprachler.

In den 1950er und 60er Jahren prosperierte Koper zum wirtschaftlichen, politischen und kulturellen Zentrum des slowenischen Küstenlands. Der neue Hafen entstand, die Firma ›Tomos‹ produzierte ab 1953 in Koper Motorräder und Außenbordmotoren. Seit der Unabhängigkeit Sloweniens gehört die Stadt, in der Slowenisch und Italienisch offizielle Amtssprachen sind, zur Republik Slowenien. Seit 2003 ist Koper Sitz einiger Fakultäten der Primorska-Universität. Sein Containerhafen macht denen von Triest und Rijeka ernsthafte Konkurrenz.

Stadtrundgang

Kopers Altstadt prägt ein strahlenartig verlaufendes Netz enger Gassen, das zum Hauptplatz Titov trg mit der **Kathedrale** führt. Am Südrand der Altstadt kommt man zur 1515 errichteten **Maut-Tor** (Vrata Muda), wo die Steuer für Handelswaren erhoben wurde. Den Prešernov trg hinter dem Tor dominiert die **Fontana da Ponte** (1666), ein Brunnen, der zur Erinnerung an den Stadtvorsteher Lorenzo da Ponte einer venezianischen Brücke gleicht. Im Osten des Platzes steht die Ende des 16. Jahrhunderts erbaute Kirche **Sv. Basso**, die ein sehenswertes Kruzifix aus der Mitte des 13. Jahrhunderts birgt. Über die Ladengasse Župančičeva kommt man zum barocken **Palazzo Carli**. Links führt eine Treppe zum **Palazzo Almerigogna** mit bemalter Fassade, gotischem Portal und Kielbogenfenstern.

■ Schustergasse

Die Schustergasse ›Calegaria‹ (Čevljarska ulica) ist das alte frühere Handwerker- und Händlerviertel und heute zentrale Einkaufsstraße Kopers mit Boutiquen, Schuhläden, Schmuckgeschäften und Eisdielen. Abstecher führen in die Ulica Osvobodilne fronte zum barocken **Palais Gravisi-Butorai**, dem Sitz der Italienischen Gemeinschaft und in eine Sackgasse, wo der **Palast Barbabianca** (1710) steht. Ihm gegenüber befindet sich der **Orlandini-Palast** aus dem späten 18. Jahrhundert. Links im Durchgang unter dem Prätorenpalast sieht man eine eine **Bocca del leone**, einen venezianischen Briefkasten für anonyme Anzeigen (›Denunce‹).

■ Titov trg

An der alten **Stadtloggia** vorbei geht es zum Hauptplatz (Titov trg). Auf seiner Südseite steht der **Prätorenpalast** aus dem 15. Jahrhundert. Der linke Gebäude-

Der Prätorenpalast in Koper

teil stammt von 1447, die Spitzbogenfenster sind aus der Spätgotik. Die Rundbogenfenster auf der rechten Seite sowie die Inschriften, Büsten und Wappen sind Einbauten aus der Renaissance. Zwischen dem ghibellinischen Zinnenkranz (1664) steht eine Statue der Gerechtigkeit.
An der Westseite des Titov trg schließen sich zwei Gebäude aus dem 15. und 16. Jahrhundert an, die heute die Primorska-Universität beherbergen: die **Foresteria**, das ehemalige Gästehaus des Stadtherrn, und die **Armeria**, das frühere Zeughaus. An seinem Hauptportal hängt eine Medusa, das frühere Wappen Kopers.
Die neue **Loggia** auf der Nordseite des Platzes stammt aus dem 15. Jahrhundert und erhielt 1698 eine weitere Etage. Unter ihren gotischen Arkaden befindet sich ein hübsches **Kaffeehaus**. Über der linken Ecksäule wurde zum Gedenken an die Pest 1554 eine Terrakottaplastik der Madonna mit dem Kind angebracht.
In der Trubarjeva 2 neben der Kathedrale steht der **Palast Del Belli** aus dem 17. Jahrhundert, an dessen Rückseite die Rotunde **Sv. Janez Krstnik** aus dem 11. Jahrhundert lehnt. Nordwestlich stehen die Reste des **Patriarchen-Turms** aus dem 13. Jahrhundert.

Kathedrale

Die **Kathedrale Marijinega vnebovzetja** (Kathedrale der Himmelfahrt der Jungfrau Maria) soll auf Bischof Nazarius zurückgehen, den Gründer der Diözese Koper (524). Die dreischiffige Kirche steht auf den Resten einer romanischen Basilika. Der untere Teil der Fassade (1392) ist im gotisch-venezianischen Stil erhalten, oben wurde sie wie das Portal im Stil lombardischer Renaissance gestaltet, der Elemente aus Gotik und Renaissance verbindet. Der 53 Meter hohe **Glockenturm** wurde 1488 mit der Kirche verbunden. Sein achteckiges Helmdach aquileanischen Typs erhielt er 1660. Im Gestühl hängt eine der ältesten Glocken Sloweniens (1333). Vom Turm hat man einen herrlichen Blick auf die Altstadt und den Hafen.
Innen wurde die Kirche durch den venezianischen Architekten Giorgio Massari (1687–1766) spätbarock gestaltet. An der Südwand hängt eine **Sacra Conversazione** (1516) von Vittore Carpaccio (1465–1526), auf welcher der Stadtheilige Nazarius die älteste Darstellung Kopers in Händen hält. Sein **Sarkophag** hinter dem Bischofsthron wird dem venezianischen Bildhauer Andriolo de Santis (um 1320–1375) zugeschrieben. Im Altarraum hängt das **Bild der Hochzeit zu Kana** (1679), ein Werk des Barockmalers Antonio Zanchi (1679). Sehenswert sind auch das aus Olivenholz geschnitzte **Chorgestühl** (1687) sowie die barocke **Orgel** des venezianischen Meisters Gaetano Callido (1727–1813).

Brolo-Platz

Am Renaissanceportal des einstigen Bischofspalasts vorbei gelangt zum dreieckigen Brolo-Platz, wo sich einst die Stadtzisterne befand, von der noch zwei Brunnenkronen (1485) zeugen. Der spätbarocke **Brutti-Palast** an seiner Nordseite wurde 1714 nach Plänen von Giorgio Massari erbaut. Neben dem Barockpalast **Vissich-Nardi** im Osten steht der 1392 im Stil der venezianischen Gotik errichtete ehemalige Getreidespeicher **Fontico** mit Renaissancefenstern im Erdgeschoss, spätgotischen Fenstern im ersten Stock und zahlreichen Wappen. Die Kirche **Sv. Jakob** rechts daneben wurde im 14. Jahrhundert gotisch umgebaut. Dahinter schließen sich das Franziskanerkloster **Sv. Frančišk** und das Klarissinnenklosters **Sv. Klara** an, die in der zweiten Hälfte des 13. Jahrhunderts erbaut und unter Napoleon aufgehoben

Fassade des Gravisi-Barbabianca-Palasts

und geplündert wurden. Am Südende des Brollo-Platzes steht der barocke **Palast Gravisi-Barbabianca**, der heute die Musikschule beherbergt und ihm gegenüber der **Elio-Palast** (1627).

Östliche Altstadt

Die Cankarjeva ulica führt zu barocken Häusern, die auf die Renaissance zurückgehen. In der Dijaška ulica versteckt sich zwischen Wohnhäusern die Rotunde **Marijino vnebovzetje** (auch Sv. Elija) aus der Karolingerzeit (11. Jahrhundert). Im einstigen Fischerviertel liegt der **Ribiški trg** (Fischerplatz), in den mehrere enge Straßen mit romanischen und venezianisch-gotischen Häusern münden. Die spätgotische **Casa Veneziana** (Ribiški trg 9) erhielt Anfang des 21. Jahrhunderts einen postmodernen Anbau.

Am Destradijev trg steht das Anfang des 16. Jahrhunderts erbaute **Minoritenkloster** mit der Kirche **Sv. Ana** (geöffnet 7 bis 20 Uhr, Eintritt frei), in der ein reich verziertes spätgotisches Chorgestühl zu sehen ist. Südlich der Cankarjeva führt die Goriška in das einstige Armenviertel **Sanpieri**.

Am Giordanov trg stehen die Kirche und das einstige Kapuzinerkloster **Sv. Marta** (1621). Das venezianisch-gotische Haus **A gheffo** (Gramšijev trg 4 und 5) aus dem 14. Jahrhundert beherbergt eine **ethnologische Sammlung** (geöffnet 9 bis 13 und 18 bis 21 Uhr, montags geschlossen).

Im 1683 erbauten Gebäude des **Collegio dei Nobili** am Gimnazijski trg 7 befindet sich das italienische Gymnasium mit einem sehenswerten **Schulmuseum** (Besuch nach Anmeldung, Tel. +386/5/6274616).

Westliche Altstadt

In manieristischen **Palast Belgramoni-Tacco** (Kidričeva 19) befindet sich das **Regionalmuseum** von Koper, zu dessen Kunstsammlung ein Relief der Madonna mit Kind und Heiligen des venezianischen Bildhauers Andriolo de Santis (um 1320–1375) sowie Gemälde von Vittore und Benedetto Carpaccio gehören. An der dunkelroten Fassade des **Palasts Totto Ex Gavardo** (Kidričeva 22) prangt der Markuslöwe des Castel Leone, das bis 1820 am Zugang zur Stadt stand. Renovierungsbedürftig ist auch das gotische **Stadthaus** (Kidričeva 33), dessen vorkragendes hölzernes Obergeschoss rote, gelbe und grüne Würfelmuster schmücken.

Neben der Kapelle **Sv. Trojice** (1735) steht die Kirche **Sv. Nikolaj**, die 1594 für die Bruderschaft der Seefahrer erbaut wurde.

Ein schönes Barockwappen schmückt den **Palast Almerigotti**, der auf den Carpacciov trg schaut, wo eine Säule der heiligen Justina steht, die an die siegreiche Schlacht der Venezianer gegen die Osmanen bei Lepanto (1571) erinnert.

▲ Karte S. 326

Der mächtige einstige Salzspeicher **Taverne** erinnert daran, dass über 700 Jahre in den Salinen von Koper Salz gewonnen wurde. Gegenüber steht das venezianisch-gotische **Carpaccio-Haus**, in dem Benedetto Carpaccio (1500–1560), der Sohn des Renaissancemalers Vittore Carpaccio, lebte und arbeitete.

Das romanisch-gotische **Perkauz-Haus** in der Solinska ulica 2 mit hübschen Biforien galt bei den Einheimischen als Sitz des ›Alten Gerichts‹ (Tribunal Vecchio). Folgt man der Solinska Richtung Südwesten und überquert die Pristaniška ulica, kommt man zur **Markthalle**, an die sich zum Meer hin der **Hlavaty-Park** anschließt, in dem Büsten slowenischer Nationalhelden des Zweiten Weltkriegs stehen und eine Skulptur der Sonne, die das Wappen Kopers ziert.

Die Umgebung von Koper

■ Ankaran

In dem Badeort Ankaran (Ancarano) wurden beim Krankenhaus Reste einer **Villa rustica** gefunden, deren Mosaik im Museum in Koper zu sehen ist. Die Kirche **Sv. Nikolaj** (1594) gehörte zum Anfang des 12. Jahrhunderts gegründeten Benediktinerkloster **San Niccolò d'Oltra**, das nach seiner Aufhebung (1641) Sommerresidenz und französisches Militärkrankenhaus war. Seit 2011 ist es ein Hotel (Convent). Ein Teil der nahen Muggia-Halbinsel – das **Debeli rtič** (Punta Grossa) – ist seit 1991 Naturdenkmal.

■ Kubed

In der 1688 auf einem Felsen über dem Ort erbauten Pfarrkirche **Sv. Florijan** von Kubed (Covedo) ist eine Sacra Conversazione (1598) sehenswert, die dem spätmanieristischen Maler Giorgio (Zorzi) Ventura zugeschrieben wird. Eine Tafel am Glockenturm erinnert an den Tabor (Volksversammlung) am 7. August 1870, bei dem etwa 4000 Istrianer die Vereinigung Sloweniens und die Einführung des Slowenischen als Amtssprache forderten. Im Zweiten Weltkrieg war Kubed ein Stützpunkt der Tito-Partisanen und wurde im Oktober 1943 von deutschen Truppen zerstört.

■ Podpeč

Einige Kilometer östlich von Kubed erhebt sich über Podpeč der runde **Wehrturm** einer von den Venetianern erbauten und von den Osmanen zerstörten Burg. Darunter liegt eine Höhle, die als Versteck diente. Im Ort ist das von den Steinmetzen Andrej und Benko aus Sočerga aufwendig verzierte **Prkič-Haus** (1547) sehenswert. Die Kirche **Sv. Helena** birgt Reste von Fresken (1489) aus der Werkstatt Ivans von Kastav.

Wehrturm in Podpeč

Hrastovlje

Im Flusstal der Rižana liegt Hrastovlje (Cristoglie), wo auf einem Hügel die im 12. und 13. Jahrhundert erbaute Kirche **Sv. Trojica** mit Glockenturm thront. Im 16. Jahrhundert wurde sie zum Schutz vor Uskoken und Osmanen mit einer hohen Mauer befestigt. Innen ist sie mit gotischen Fresken ausgemalt, die 1949 von dem in Hrastovlje geborenen Maler und Bildhauer Jože Pohlen (1926–2005) entdeckt wurden. Dargestellt sind die Schöpfungsgeschichte, das Leben Jesu, die zwölf Apostel sowie personifizierte Bildnisse der zwölf Monate. Berühmt ist der Freskenzyklus des Totentanzes (1490) auf der Südwand, wo Meister Ivan aus Kastav zeigt, wie der Tod Menschen jeden Alters und Standes fortführt. Auf einem Hügel gegenüber steht die **Statue der Šavrinka** von Jože Pohlen, die eine Frau des Hügellandes der Šavrinja darstellt, die in einem Korb (plenjer) Obst und Gemüse auf den Markt nach Triest trug. Im Ort selbst zeigt die **Galerie Pohlen** Werke des Künstlers, der in Ljubljana und Florenz studiert hat. Über dem Tal von Hrastvolje liegt die Friedhofskirche **Sv. Štefana von Zanigrad**.

Die Kirche Sv. Trojica in Hrastovlje

▲ Karte S. 325

Burgruine bei Črni Kal

Sie birgt herrliche Fresken vom Anfang des 15. Jahrhunderts (Schlüssel: Pfarramt Predloka, Tel. + 386/5/6590050.).

Črni Kal

Mit 1056 Metern Länge und 95 Metern Höhe ist der **Viadukt Črni Kal** (2004) die längste und höchste Autobahnbrücke Sloweniens. Das Karstdorf Črni Kal (San Sergio) liegt auf einem Steilhang aus Flysch am Rand eines Karstplateaus. Nördlich des Orts fand man in einer Höhle eine Steinspitze aus dem Mittelpaläolithikum sowie eine Feuerstelle samt Kohle. Auf einem steilen Karstfelsen über Črni Kal erhebt sich die Ruine einer **Burg**, die im 11. Jahrhundert zum Schutz der Handelsstraße erbaut wurde, die vom Rižana-Tal ins Landesinnere führte. Die Felsen, von denen man herrliche Ausblicke auf Koper und die Bucht von Triest hat, sind beliebte Klettergebiete. Im Dorf steht eines der ältesten Bauernhäuser Sloweniens, das **Benko-Haus** (1489) mit Stilmerkmalen aus Spätgo-

Die Burg Strmec

tik und Renaissance. Am Nachbarhaus gibt es zwei Steinplatten mit glagolitischen Inschriften. Im Oktober 1943 wurde Črni Kal von der deutschen Wehrmacht komplett niedergebrannt. Manche Häuser sind Ruinen, weil sich der Flyschboden gesenkt hat. Wegen des nachgebenden Untergrunds hat sich auch der Campanile (1802) der barocken Pfarrkirche **Sv. Valentin** um einen Meter nach Westen geneigt.

Osp

Das Bauerndorf Osp am Südrand eines bis zu 700 Meter hohen Kalkplateaus ist für seine Kalkwände bekannt, die durch den Einsturz einer Karsthöhle entstanden sind. Hier gibt es 90 anspruchsvolle **Kletterrouten**. Unter dem Felsüberhang befindet sich die frei zugängliche **Karsthöhle Grad**, die im Mittelalter mit einer Ringmauer als Burg (Grad) befestigt war.

Socerb

Über Socerb thront die im 13. Jahrhundert errichtete **Burg Strmec** (Castello di San Servolo) auf einer 389 Meter hohen Karstwand, von der man auf den Golf von Triest blickt. Etwa 300 Meter östlich der Burg kommt man in einem Kiefernwäldchen zum Eingang der **Sveta Jama** (Heilige Grotte), wo der Legende nach der heilige Servulus als Zwölfjähriger 21 Monate gelebt hatte, bevor er 284 nach Christus in Triest den Märtyrertod starb.

Koper und Umgebung

Vorwahl: +386/5.
Postleitzahl: 6000.
Turistično informacijski center Koper, Titov trg 3, Tel. 6646403, www.koper.si. Koper Card (Verbilligte Eintritte und Rabatte): 12/9 Euro.
Turistično informacijski center Ankaran, Tel. 56520444.
Post, Koper, Muzejski trg 3.
Unicredit Bank, Koper, Pristaniška ulica 12.
Bankomat Delavska hranilnica, Koper, Gordanov trg 1.

Freies WLAN: www.wificafespots.com/wifi/city/SI–Koper.

Parkplätze in Altstadtnähe: Parkirišče za tržnico (Piranska cesta) sowie Parkhaus Zeleni Park (Zufahrt über Pristaniška ulica). 1. Stunde kostenfrei, jede weitere 1 Euro.
Tankstelle: BD Koper, Šmarska cesta 5f.

Busbahnhof, Kolodvorska cesta 11, Tel. 6625105, info@arriva.si. Buslinien: https://getbybus.com/de/bus-von-koper.

Bahnhof Koper, ca. 2 km außerhalb der Altstadt. Direkte Züge nach Ljubljana und Triest. Fahrpläne: www.slo-zeleznice.si.

Die nächsten Flughäfen sind in **Triest** (22 km, TRS), **Rijeka** (100 km, RJK) und **Ljubljana** (106 km, LJU).

Hafen Koper, Cruise Terminal, Vojkovo nabrežje 38, Tel. 6656100. www.luka-kp.si. Kreuzfahrten zu Mittelmeerhäfen.
Ausflüge nach Venedig mit der ›San Frangisk‹. Start von Koper (Tržnica). Info: www.sloveniaforyou.com/Ferry.htm.

Taxi Srečko, Tel. mobil +386/40/386000.

Koper: Koper, Pristaniška ulica 3, Tel. 6100500; DZ 63–81 Euro. Am Yachthafen.
Aquapark Žusterna, Istrska cesta 67, Tel. 6100300, www.terme-catez.si; DZ ab 77 Euro. Wellnesshotel westlich der Altstadt.
Bio, Vanganelska 2, Tel. 6258884, www.hotel-bio.com; DZ 70 Euro. Zentrumsnah.
Old Town Rooms, Kidričeva ulica 25, Tel. mobil +385/98/244030; DZ 60 Euro.
Hostel Histria, Repičeva ulica 6, Tel. mobil +386/70/133552, www.youth-hostel.si; DZ 44, Schlafsaal ab 17 Euro.

▶ Karte S. 326

Umgebung: **Convent**, Jadranska cesta 25, Ankaran, Tel. 6637300; DZ 88 Euro. Schönes Hotel im einstigen Kloster.
Xaxid, Zazid 16, 6275 Črni Kal, Tel. 639 2006, www.hostelxaxid.si; EZ 28, Schlafsaal 12 Euro, Frühstück 6 Euro. Hostel.

Adria, 6280 Ankaran, Jadranska 25. Tel. 6637350, www.adria-ankaran.si. In Strandnähe auf der Halbinsel Muggia. Meist Dauercamper.

Marina Koper, Kopališko nabrežje 5, Tel. 662/610070, www.marina-koper.si. 70 Liegeplätze im Meer und 30 an Land.

Koper: **Labirint**, Čevljarska 9. Erschwingliche Gerichte (auch vegetarisch).
Umgebung: **Villa Andor**, Vinogradniška 9, Ankaran. Höherpreisig, auch vegetarisch.
Belvedur, Belvedur 1, Gračišče, Tel. 6572 022. Trüffelspezialitäten.
Tonin, Puče 48, Šmarje, Tel. 56567098, www.kmetija-tonin.com. Landgasthof mit Apartments.
Mohoreč, Kubed 66, www.mohorec.si. Hausmannskost. Reservierung ratsam.
Gostilna Švab, Hrastovlje 53. Istrische Küche; gute Apfel- und Quarkstrudel.
Viki burger, Črni Kal 24. Imbiss. Günstige Burger, leckere Salate und prima Eis.
Grad Socerb, Socerb 7, Črni Kal 6275, Tel. 6592303, Gourmetlokal (5-Gänge-Menü: 55 Euro).
Bauernhof VOVK, Osp 20, 6275 Črni kal, Tel. 6590600, www.kmetija-vovk-osp.si. Campingplatz und Gaststätte.

Čajnica Vanilla, Pristaniška 3.
Dehar, Čevljarska 5. Eis (auch vegan), Kuchen, Gebäck (Koperski piškot!)

Planet, Ankaranska 2, Tel. 9734422. Tanz- und Nachtclub.

Kantina Ljubo, Prešernov trg 6. Wein, Schinken und Käse in urigem Ambiente.
Montemoro, Šmarska cesta 30, 6000 Koper; Tel. mobil +341 921 086; www.montemoro.si. Weinkeller.
Vinakoper, Šmarska cesta 1, Tel. 6630 101, www.vinakoper.si. Führungen und Degustation. Größter Weinkeller Slowenisch-Istriens.

Koper; **Prätorenpalast**, Titov trg 3, Tel. 66 464 03, www.koper.si; tägl. 9–17 Uhr, Eintritt frei.
Regionalmuseum Koper, im Palast Belgramonio-Tacco, www.pokrajinskimuzej koper.si/en.
Hrastovlje: Kirche Sv. Trojica, Schlüssel bei Rozana Rihter (Tel. mobil 031/432231); Mi–Mo 9–12 13–17 Uhr, Eintritt 2 Euro.

Theater: **Gledališče Koper**, Verdijeva ulica 3, Tel. 6634388, www.gledalisce-koper.si.
Blumen-, Wein-,Olivenfest; Ende April.
Jeff-Festival, in den Gärten des Regionalmuseums; www.jeff.si; Juli und August. Open-Air-Theater und Konzerte.

Naturreservat Škocjanski zatok, Sermin 50, Tel. 6260370; Eintritt frei. In dem Sumpfgebiet leben insgesamt über 220 Zugvogelarten.
Park autochthoner Pflanzen und Tiere, Hrastovlje 45. Kräuter, Feigen- und Ölbäume, Boškarin-Rinder, Esel, Ziegen.

Bauernhof Trček, Hrastovlje 45 A, Tel. 6592699, trcek.hrastovlje@siol.net.

Schmale Strände an der Küstenstraße in Richtung Izola. Sand und Kiesstrände bei Ankaran.

Diving IPPA, Prešernovo nabrežje 24, Tel. mobil 41/490746, www.ippa.si.

Janko Franc Morgan, Grintovec 1, 6274 Šmarje, Tel. 6560328, www.olje-morgan.si. Biologisches Olivenöl (0,25 Liter 8 Euro) Zitronen- und Orangenöl (0,25 Liter 10 Euro).
Bauernhof Korošec, Socerb 15, 6275 Črni Kal. Tel. 6592176. Schafskäse, Quark, Hüttenkäse.
Bauernhof Trček, Hrastovlje 45 A, Tel. 6592699. Schinken und Wurstwaren.

Ambulanz, Dellavallejeva 3. Tel. 6647100.

Häuser am Carpacciov trg in Koper

Slowenisches Karstland

Der Karst ist eine Landschaft aus Kalk und Wacholder.
Scipio Slataper: Mein Karst, 1912

Das slowenische Karstland prägen steinige und mit Kiefern bewachsene Plateaus. Unterirdisch birgt es spektakuläre Höhlen wie die von Škocjan mit einem in einem Cañon verlaufenden Höhlenfluss. Für Pferdefreunde lohnt ein Abstecher in das Gestüt von Lipica.

Lipica

Die Gegend am Fluss Reka war schon in der Antike für ihre Pferdezüchter berühmt. Lipica (slowenisch: Linde, Lipizza) ist nach dem hier häufig wachsenden Laubbaum benannt. Aber auch Eichen und Ulmen spenden den mit weißen Zäunen umfriedeten Koppeln Schatten. Das Gestüt wurde um 1580 von Erzherzog Karl (Karl II. Franz von Innerösterreich) gegründet. Die schneeweißen Lipizzaner sind Ergebnis einer Kreuzung andalusischer Hengste mit einheimischen Stuten. Gelehrsamkeit und Robustheit brachten die Pferde nach Wien an die Spanische Hofreitschule. Bei Ausbruch des Ersten Weltkriegs brachte man die

Auf dem Gestüt Lipica

Karte S. 325

meisten Pferde ins österreichische Bundesgestüt Piber und in das italienische Staatsgestüt in Monterotondo.
Mittlerweile bietet das Gestüt in Lipica wieder etwa 400 Pferden ein Zuhause. Führungen finden in verschiedenen Sprachen statt. Auch bei einer Kutschfahrt kann das weitläufige Gelände besichtigt werden. Vorführungen der Dressurreitschule zeigen Figuren wie Piroutte, Kapriole und Courbette. Im interaktiv gestalteten **Museum Lipikum** informiert eine kindgerechte Ausstellung über die Geschichte des Gestüts und die Zucht der Lipizzaner.
Eine **Galerie** zeigt etwa 400 avantgardistische und konstruktivistische Werke des slowenischen Malers und Grafikers Avgust Černigoj (1898–1985), der in Lipica seinen Lebensabend verbrachte.

Höhlen von Škocjan

Die elf Höhlen von Škocjan (Škocjanske jame) wurden 1986 in die UNESCO-Liste des Weltnaturerbes aufgenommen.
Der Fluss Reka, den Vergil in seiner ›Aeneis‹ als ›Timavus‹ erwähnt, fließt hier unterirdisch in Stromschnellen und über Wasserfälle durch eine über 100 Meter tiefe Schlucht.
In der Region begann im 19. Jahrhundert die Erforschung des Karsts, der auch das Reka-Tal, die Einsturzdoline Risnik bei Divača und die Höhlen Divaška jama und Kačna jama hervorbrachte.

Divača und Vilenica

Der Škratelj-Hof in **Divača** (Divaccia) aus dem 17. Jahrhundert beherbergt eine Ausstellung über die Schauspielerin Ita Rina (1907–1979) und ein Filmmuseum. Unweit des Orts birgt die Kirche Sv. Helena in **Gradišče pri Divači** mittelalterliche Fresken (1490) von Ivan aus Kastav

Škratelj-Hof in Divača

(Schlüssel bei Ivan Bernetič, Gradišče 1, Tel. + 386/5/7632680). Die 700 Meter lange **Höhle von Divača** (Divaška jama) ist Teil der Gänge, die der Karstfluss Reka in das Gestein grub, der in den Höhlen von Škocjan versickert. Bereits seit 1633 steht die 1,3 Kilometer lange **Höhle Vilenica** (bei Lokev) Besuchern zur Besichtigung offen, die 450 Meter begehen können.

Slowenisches Karstland

Vorwahl: +386/5.

Razvojni centar Divača, Kolodvorska 3A, Tel. 7310930, www.turizem-divaca.si.

Turistički informacijski centar Sežana, Partizanska cesta 63, 6210 Sežana, Tel. 57310128, www.kras-carso.com.

Post in Divača, Kraška cesta 77.

Bank in Divača: **Banka Koper**, Albina Dujca 2.

Tankstellen in **Divača** und **Senožeče**.

Busse von **Divača** nach Koper/Portorož, zu den Höhlen von Škocjan, nach Ljubljana, Triest.

Bahnhof Divača, Trg 15. Aprila, Tel. 2963634. Züge nach Ljubljana, Sežana, Triest, Pula. Fahrpläne: www.slo-zeleznice.si (engl.)

Letališče Divača, Kraška cesta 67, Tel. mobil 041/345521, www.letaliscedivaca.si (slow.). Flughafen für Motor- und Segelflugzeuge. Panoramaflüge (ab 40 Euro): **Janez Let**, Tel. +386/01/5190003; www.janezlet.si.

Tirić Šehrizad, Vojkova ulica 10, 6210 Sežana, Tel. mobil 041/621347.

Vrbin, Kačice Pared 25, Divača, Tel. mobil 041/473 905, www.vrbin.si; DZ ab 60 Euro. Schön gelegen.

Malovec, Kraška cesta 30A, www.hotel-malovec.si; DZ ab 56 Euro. Unterkunft mit Restaurant. Hunde erlaubt.

Rakov, Škocjan 1, 1381 Rakek, Tel. 01/7097 470; DZ 100 Euro. Kleines Hotel; Hunde erlaubt.
Ociski raj. Ocizla 1c; 6240 Kozina, Tel. mobil +386/40/874745, www.hostel-ocizla.si/index.php; 16 Euro/Pers. mit Frühstück. Hostel.

Dujčeva domačija, Škoflje 33, 6217 Vremski Britof, Tel. mobil +386/41597988. www.dujceva.si. 10 Euro/Pers. Schöner Platz am Fluss.

Mahnič, Matavun 12, Divača, Tel. 7632960. Gaststätte mit Brauerei.
Etna, Kolodvorska 3A. Pizzeria. Leckere Speisen und Desserts (Pistazien-Tarte!)
Godina, Kačice Pared 6, Tel. 7630109. Fisch-, und Nudelgerichte zu fairen Preisen.
Pri Mlinu, Dolenja vas 5, Senožeče, Tel. 7656120. Traditionelle Gerichte (Pilzsuppe im Brot!), reservieren!

Vinakras, Sejmiška pot 1a, 6210 Sežana, Tel. 7313450, www.vinakras.si (engl.). Teran, Chardonnay, Grauburgunder.

Höhlen von Škocjan, Škocjan 2, Tel. 7082110, www.park-skocjanske-jame.si; in der Hauptsaison 10–17 Uhr. Tour (Höhlen) 1: 16/7,50 Euro; 1 +2 (Höhlen und Tal): 21/16 Euro. Reservierung: Tel. 7082104.
Höhle von Divača, Tel. mobil 031/522785, http://gcr6xu.xara.hosting; Mai–Sept. So 11 Uhr, Juli/Aug. auch Di, Do, Sa 10.30 Uhr, sonst nach Vereinbarung, 10/Studenten 8/Kinder 5 Euro, Trekkingtour 15 Euro.
Höhle von Vilenica, Jamarsko društvo Sežana, Bazoviška cesta 9, 6210 Sežana, Tel. 7344259, www.vilenica.com; April–Okt. So/Fei 15–17, Nov.–März nur angemeldete Gruppen, 10/5 Euro.
Museum Slowenischer Filmschauspieler, Kolodvorska ulica 3A, 6215 Divača, Tel. 7310941, www.muzejdivaca.si; Mai–Sept. tägl. außer Mo und Do 11–18 Uhr, 4/2,50 Euro.

Theater-Festival, Škocjan; ab Mitte Juni und im Juli.
Internationales Literaturfestival, Vilenica, https://vilenica.si; Anfang Sept.

→ **Hotel Rakov**, Škocjan.
Mathitech Bike Center, Kraška ulica 4, 6210 Sežana, Tel. mobil 073/00444, www.mathitech.it.

Gestüt Lipica (Kobilarna Lipica), Lipica 5, 6210 Sežana, www.lipica.org. Führungen April und Okt. jeden So 15 Uhr, Mai–Sept. jeden Di, Fr und So 15 Uhr, 16/12 Euro, mit Vorführung der klassischen Reitschule 23/12 Euro. Kutschfahrten und Ponyreiten. Individuelle Besucher ohne Reservierung, Informationen für Gruppen: Tel. 7391696.

Angelkarten → Hotel ›Rakov‹, Škocjan.

Bei Divača gibt es zahlreiche Lehrpfade und Wanderwege z. B. auf die **Vremščica** (1027 m). Infos und Downloads unter www.turizem-divaca.si/en/sports_and_recreation/hiking.

Golfplatz Lipica, Lipica 5, Tel. 7391724, www.1golf.eu/club/golf-course-lipica; Greenfee 26–42 Euro. 9-Loch-Platz in idyllischer Lage.

Pršutarna Lokev na krasu, Lokev 9, Tel. 57318120, www.prsutarna-lokev.si. Karstschinken.

Ambulanz und Apotheke, Ulica 1. maja.

▶ Karte S. 325

Izola

Gemüse- und Obstplantagen prägen das Hinterland Izolas (Isola). In den Weingärten werden vor allem der rubinrote Merlot und Weißweine wie der Malvasier angebaut. Die kleinste Küstenstadt Sloweniens (10 000 Einwohner) liegt auf einer einstigen Insel (italienisch Isola). Reste einer illyrischen Wallburg (Kaštelir) über dem Dorf Korte zeugen von früher Besiedlung. In der Simonov-Bucht bauten die Römer die Villa Maritima mit dem kleinen Hafen Haliaetum. Während der Völkerwanderung ließen sich hier Flüchtlinge aus Aquileia nieder. Um 977 fiel der Ort an die Patriarchen von Aquileia. Bis 1253 erlangte er Selbständigkeit, musste sich aber immer wieder gegen die Nachbarstädte Koper und Piran behaupten.

Ab 1280 geriet Izola in Abhängigkeit von Venedig und blieb 288 Jahre Teil der Stadtrepublik. 1499 verfasste der venezianische Kartograph Pietro Coppo (1469 – 1556) in Izola die erste geographische Beschreibung Istriens (Venedig 1540).

Später wurde der Ort zu einem Zentrum für Schmuggler, die in wendigen Booten Öl, Salz und eingelegten Fisch nach Triest verschifften. Abgesehen von einem französischen Intermezzo gehörte Izola von 1797 bis 1918 zur Habsburger Monarchie. Ende des 18. Jahrhunderts rissen die Österreicher die Stadtmauer ab und verbanden die Insel mit dem Festland. Von 1918 bis zum Zweiten Weltkrieg gehörte Izola zu Italien, ab 1945 zur Zone B des Freien Territorium Triest, fiel nach dessen Auflösung 1954 an die jugoslawische Teilrepublik Slowenien und nach 1991 an die selbständige Republik Slowenien.

Bis Ende des 19. Jahrhunderts lebten die meisten Einwohner Izolas vom Fischfang, der Landwirtschaft und dem Wein- oder Gemüseanbau. 2014 verlagerte die letzte

Am Hafen Mandrač

der ehedem drei fischverarbeitenden Fabriken ihre Produktion nach Pivka ins Hinterland. Anfang der 50er Jahre begann die Spielwarenfabrik ›Mehano‹ ihre Produktion in Izola, das heute vorwiegend von seinen Badestränden und der 1994 erbauten Marina mit 700 Liegeplätzen lebt.

Stadtrundgang

Exponiert über dem Ort steht die ursprünglich 1547 erbaute Pfarrkirche **Sv. Maver**. Ihr über 30 Meter hoher Campanile (1585) ist dem des Markusdoms in Venedig nachempfunden und wurde 1905 erneuert. In der Kirche hängt eine ›Sacra Conversazione ‹(1537) von Girolamo da Santacroce, eine ›Grablegung‹ von Palma il Giovane sowie ein ›Heiliger Sebastian‹ aus der Schule Tizians. Über den Arkaden des Hauptschiffs befinden sich barocke Gemälde.

In der Gregorčičeva 76 steht der zwischen 1775 und 1781 von dem Mailänder Architekten Filippo Dongetti errichtete **Palast Besenghi degli Ughi** mit üppig verzierter Rokokofassade. An seiner rechten Ecke ist die romanische Skulptur eines Markuslöwen eingemauert. Der Palast gehörte dem exzentrischen Dichter Pasquale Besenghi degli Ughi (1797 bis 1849).

Rechts neben dem Palast befindet sich das einstige **Oratorium** der Flagellanten (Scuola battuti, (1451), einer Laienbewegung, deren Mitglieder sich als Buße selbst geißelten. Während der Pestepidemien im 15. und 16. Jahrhundert waren die Flagellanten weit verbreitet.

An der Ecke der Gregorčičeva zur Ulica Alme Vivode steht die Kirche **Katerina Aleksandrijska**. Innen schmücken sie Wandbilder (1937) des Triester Malers Luciano Bartoli (1912–2009).

In der Ulica Alme Vivode 4 zeigt das **Parenzana-Museum** eine Ausstellung zur einstigen Schmalspurbahn. Von der Schmalspurbahn Parenzana zeugen in Izola außerdem eine **Dampflokomotive** (1926) unter einem Glaspavillon bei der OMV-Tankstelle in der Prešernova cesta, der Anfang des 20. Jahrhunderts erbaute **ehemalige Bahnhof** (Kraška ulica) sowie im Stadtteil Jagodje der 224 Meter lange Tunnel **Predor Šalet**, wo die Parenzana-Fahrradtrasse die Kreisstraße 111 unterquert.

An der Ostseite des Manziolijev trg steht das venezianisch-gotische **Manzioli-Haus** (1470), das nach Tommaso Manzioli, einem der ersten Bürgermeister Izolas, benannt ist.

Links daneben befindet sich das **Lovisato-Haus** aus dem 16. Jahrhundert mit Fenstern im lombardischen Renaissancestil. Hier kam der Mineraloge Domenico Lovisato (1842–1916) zur Welt, ein früher Vertreter der Theorie der Kontinentaldrift. Gegenüber steht die nach dem antiken Hafen Haliaetum benannte Kirche **Sv. Marije Alietska**, die auf die zweite Hälfte des 11. Jahrhunderts zurückgeht. In der Barockzeit erhielt sie ihren achteckigen Grundriss und ihre Innenausstattung. An ihrem Hochaltar steht die monumentale gotische Statue einer Muttergottes mit Kind.

Hinter der Kirche liegt der **Veliki trg** (Großer Platz), wo auf der barocken Fassade des **ehemaligen Gemeindepalasts** ein 200 Jahre alter Markuslöwe prangt. Der Platz, den pastellfarbene Häuser, Fischrestaurants und kleine Läden umstehen, liegt direkt am kleinen Bootshafen **Mandrač**, in dem geschützt durch Hafenmauer und Mole Fischerboote dümpeln. Vor dem Hotel ›Marina‹ erinnert eine sozialistisch-realistische **Büste** (1979) an den Fischer und Revolutionär **Franc Štoka**.

Südlich der Altstadt steht am Trg Republike die **Villa Ravasini** (1907). Daneben liegt der Park **Pietro Coppo** mit einem Musikpavillon, einem Springbrunnen und der steinernen Istrienkarte Pietro Coppos.

Manzioli- und Lovisato-Haus

Die Umgebung von Izola

Im Westen Izolas liegt am Rand eines Flyschkamms ein **Kiefernwald** mit Hotels, Apartments und einem Campingplatz. Von der Anhöhe (Belvedere) blickt man auf Izola, die Bucht von Triest und die Steilküste von Strunjan. In der **Simonov-Bucht** (Simonov zaliv) wurden Grundmauern und Mosaikfußböden der römischen Villa Maritima aus dem 1. Jahrhundert vor Christus freilegt (Tel. 6401050, tic.izola@izola.si; Juni–Sept. 17–20 Uhr, 2 Euro). Am Meeresgrund westlich der Marina befinden sich die Reste des zur Villa gehörenden Hafens **Haliaetum**.

Die Kirche Sv. Anton Puščavnik in **Korte** (Corte d'Isola) birgt die symbolistisch anmutenden Fresken (geb. 1939) des Tiroler Malers Virgil Pitscheider.

Izola und Umgebung

Vorwahl: +386/5.
Postleitzahl: 6310.
Touristenbüro Izola (TIC), Ljubljanska 17. Tel. 6401050, www.izola.eu.
Post, Izola, Cankarjev drevored 1.
Bank: **Abanka**, Izola, Sončno nabrežje 6.
Free Wi-Fi hotspots Izola: www.wifispc.com/slovenia/izola/izola.html.

Zentrumsnahe Parkplätze: Veliki trg: 1. halbe Stunde 1 Euro, jede weitere: 1 Euro. Parkplatz hinter der Post (Cankarjev drevored): 1. Stunde 50 Cent, jede weitere 1 Euro. **Teilweise kostenlose Parkplätze außerhalb der Altstadt**: beim Friedhof, in der Pittonijeva ulica oder beim Hotel ›Delfin‹. **Touristenzug** (4/2,50 Euro): stündlich vom Hotelresort ›Belvedere‹ zur Altstadt.
Tankstelle OMV, Prešernova cesta.
Taxi: Alen Božič, Taxi 2, Tel. 41706777.

Busbahnhof, bei der Post (Cankarjev drevored 1). Busse nach Koper und Piran unter der Woche ca. alle 30 Min. Auch Fernbusse nach Rovinj, Triest oder Ljubljana fahren hier ab.

San Simon Resort, Morova 6a, Tel. 660 3100, www.bernardingroup.si; DZ 135 Euro. Familienhotel im Stadtteil Jagodje.
Belvedere, Dobrova 1a, Tel. 6605100, www.belvedere.si; DZ ab 100 Euro. Touristensiedlung zwischen Izola und Portorož.
Srednja šola, Prekomorskih brigad 7, Tel. 6621741, www.srednjasolaizola.si (slow.); DZ 36 Euro. Restaurant und Hotel.
Hostel Alieti, Dvoriščna 24, Tel. 1670680, www.hostel-alieti.si; 25 Betten in 5 Zimmern, 23 Euro/Pers.

Jadranka, Polje 8, Tel. 6402300, freetime_izola@-2.net; 2 Pers. 23 Euro. Kleiner Platz am Stadtrand.
Belvedere, Dobrava 1a, Tel. 6605171, www.campingbelvedere.si; 2 Pers. 20 Euro. Schattiger Platz (Kiefernwald) zwischen Izola und Portorož; mit Freibad, Restaurant, Laden.

Izola: **Parangal**, Sončno nabrežje 20. Pizza, Fisch und Fleisch, Vegetarisches.
Pizzeria Napa, Verdijeva 2. Günstige Pizzen.
Ribič, Veliki trg 3, Fischgerichte, Krebse und Muscheln.
Sidro, Sončno nabrežje 24. Grillgerichte.
Korte: **Hiša Torkla**, Korte 44 B, Tel. 620 96 57, www.hisa-torkla.si. Lammfleisch unter der Haube, Kalbshaxen, Tintenfisch.
Gostilna Korte, Korte 44, Tel. 6420 200,www.gostilnakorte.si. Landgasthof mit exzellenter Küche.

Caffè alle porte, Koprska 1. Torten, Joghurtspeisen und Sandwiches.
Gostilna Istra, Trg Republike 1. Tipp: Schokoladen- und Zitroneneis!

▸ Karte S. 340

Manzioli, Manziolijev trg 5, Tel. mobil 041/218 547. Malvasier, Refošk, Merlot.
Vina Božič, Postojnska 7, Tel. mobil. 041/784719, www.vina-bozic.com. Grauburgunder, Malvasier, Muskateller, Refošk und Merlot.
Vinska klet Korenika & Moškon, Korte 115c, Tel. 6420030, www.korenikamoskon.si. Refošk, Cabernet Sauvignon, Merlot und Malvasier.
Weinkeller Steras, Šared 43, 6310 Izola, Tel. 6420085; www.steras.com. Malvasier, Muskateller, Refošk und Grauburgunder.

Svetilnik, Kopališka 14. Loungebar mit Meerblick.
Ambasada Gavioli, Industrijska cesta 10, www.ambasadagavioli.si. Großer Nightclub.

Parenzana-Museum, Alme Vivode 3, Tel. 6417357, www.parenzana.net; Do–Sa 16–19, So 10–12 Uhr, 2/1,50 Euro.
Galerie MLK, Atelier Mira Ličen Krmpotić, Koprska 21, 6310 Izola, Tel. mobil 041/731397, mira.licen@elcatel.si.

Fest der Oliven; Juni.
Filmfestival Kino Otok (Filminsel); Juli.
Music-Festival; August.
Fischerfest; August.

Ritoša, Kajuhova 28, Tel. 6401240, www.ritosa.si.

Bauernhof Medljan, Cetore 29, Tel. 6420081, www.konjeniskiklub-medljan.si.

Marina Izola, Tomažičeva 4a, Tel. 6625400. www.marinaizola.com. Jachthafen mit Urlaubsresort, Hotel, Tennisplätzen, Schwimmbad und Casino.

Delfin II, Tel. mobil 41675781, www.delfin2.si. Panoramafahrten, Fischpicknick.
Zlatoperka, Tel. mobil 41630448, www.zlatoperka.com. Panoramafahrten, Picknick, Schleppnetzfischen.

Angelkarten: **Lax**, Veliki trg 4, Tel. 6414383.

Minigolf Belvedere → Hotel ›Belvedere‹.
Tennisklub → ›San Simon Resort‹.

Im Norden Izolas: Kieselstrand **Plaža Svetilnik** mit Duschen und Spielplatz; Rampen und Bassins für Körperbehinderte.
Im Osten: (unschöner) **Hundestrand.**
Sandstrände in der **Simonov-Bucht**.

Vom Zentrum führt ein Uferweg in die **Simonov-Bucht**. In der **Parile-Schlucht** bei Cetore (Settore) gibt es einen Wasserfall.

Scuba Diving Center Manta, Nazorjeva 8; Tel. 1652868, www.manta-izola.com.
Deprom, Senčna ulica 19, Tel. 6419216, www.deprom.si. Segelkurse.

Obst- und Gemüsemarkt, Trg Etbina Kristana.
Fischhalle, Veliki trg 12.
Delamaris, Ulica ob Stolpu 7. Fischprodukte.
Souvenir lavande, bei der Rezeption des → Hotels ›Belvedere‹. Lavendelprodukte.
Atelier Milan Obradović-Karp, Ljubljanska ulica 28. Ölbilder und Hinterglasmalerei.

Apotheke, Oktobrske revolucije 11.
Krankenhaus, Polje 40. Tel. 6606399, https://sb-izola.si.
Zahnarztpraxis, Prešernova cesta 53.

Piran

Piran (Pirano) liegt auf einer schmalen, weit in das Meer ragenden Landzunge. Der Name der Stadt kommt vielleicht vom keltischen ›bior-dun‹ (Stadt auf dem Hügel), oder er geht auf ein griechisches Leuchtfeuer (pyr) zurück, das auf seinem Kap (Punta) brannte oder auf das feuerfarbige (pyrros) Flyschgestein. Schon in der Bronzezeit dürfte es auf der Landzunge eine Siedlung gegeben haben, die von den Römern übernommen wurde. Um 452 flohen die Bewohner Aquileias vor den Hunnen auf das Kap. Nach byzantinischer und fränkischer Herrschaft kam Piran an das Königreich Italien und das deutsche Kaiserreich. Später gehörte es dem Herzogtum Kärnten und den Patriarchen von Aquileia. Im Verbund mit anderen Küstenstädten bewahrte sich der Ort weitgehende Autonomie, wurde aber 1283 von Venedig erobert. Der Handel mit dem Salz aus den Salinen von Sečovlje (Sicciole) brachte wirtschaftlichen Aufschwung und politisches Gewicht. Im 16. Jahrhundert stieß der Protestantismus bei Wissenschaftlern und Lehrern Pirans auf reges Interesse. Vom Geist des Humanismus und der Renaissance zeugen noch zahlreiche Gebäude, aber auch die Schriften des Piraner Arztes und Historikers Prospero Petrinio (1608–1688), der eine historische Beschreibung Istriens verfasste. Der in Piran geborene Geiger und Komponist Giuseppe Tartini (1692–1770) schuf mehr als 300 Musikwerke.

Anfang des 16. Jahrhundert verlor das Salzmonopol der Serenissima an Bedeutung. Nach dem Fall Venedigs 1797 stand Piran bis 1918 – abgesehen von einer kurzen französischen Herrschaft – unter der Regierung der Habsburger, welche die Salinen wiederbelebten. Der Bau der Schmalspurbahn Parenzana von Triest nach Poreč (1900–1902) beförderte das Wirtschaftswachstum. Durch den Vertrag von Rapallo fiel die Stadt nach dem Ersten Weltkrieg an Italien. Von 1947 bis 1954 war sie Teil der jugoslawisch verwalteten Zone B. Danach kam sie als Teil Sloweniens an Jugoslawien und gehört seit 1991 zur unabhängigen Republik Slowenien. Seit dem Zerfall Jugoslawiens streiten Kroatien und Slowenien um die Grenzziehung in der Bucht von Piran. Dabei geht es auch um Fischereirechte, mögliche Erdgasvorkommen und Standortvorteile der konkurrierenden Häfen Koper und Rijeka. 2010 wurde der in Ghana geborene Peter Bossman zum Bürgermeister Pirans gewählt. Er ist das erste Stadtoberhaupt Sloweniens afrikanischer Herkunft.

▲ Karte S. 345

Stadtrundgang

Die Altstadt ist verkehrsberuhigt. Man muss weit außerhalb auf dem Parkplatz oder im Parkhaus ›Fornače‹ parken, von wo ein kostenloser Shuttlebus ins Städtchen fährt.

Von Süden kommend, erreicht man in der Cankarjevo nabrežje 24 das **Museum der Unterwasseraktivitäten**.

Am Trg bratstva erinnert die dem Pestheiligen Rochus geweihte Barockkirche **Sv. Rok** an die Epidemie im 17. Jahrhundert. Im Norden des Platzes gelangt man durch das mit dem Relief des Markuslöwen geschmückte Renaissancetor **Marčana** (Marciana) in die Ulica Svobode. Über die Goriška ulica kommt man in der Župančičeva zum **Apollonio-Palast** (1693). Am Ende der Straße liegt das Hafenbecken **Mandrač** (ital. Mandracchio), das bis 1894 in den heutigen Tartinijev trg hineinragte.

Im neoklassizistischen **Palast Gabrielli** (Cankarjevo nabrežje 3) ist das **Schiff-**

fahrtsmuseum untergebracht, das archäologische, ethnologische, historische und kunsthistorische Sammlungen zeigt. Gegenüber steht das im Stil der Neorenaissance erbaute **Tartini-Theater** (Kidričevo nabrežje 6), dessen Foyer und Zuschauerraum symbolistische und sezessionistische Fresken des Triester Malers Napoleone Cozzi (1867- 1916) schmücken. Auf der Hafenmauer steht das 2011 von den Belgrader Graphikdesignern Slaviša Savić und Milan Stošić errichtete **Denkmal für den Werbe- und Marketingpionier Dragan Sakan** (1950–2010). In der **Vila Piranesi** (Kidričevo nabrežje 4) befindet sich das **Aquarium**. Im benachbarten Palast Trevisini (1826) betreibt der im Irak geborene Künstler und Kulturaktivist Razzat Jubayer den Kunsthandwerksshop **Galerija Lera**.

Tartini-Platz

Von Westen kommend sieht man auf der Rückseite des neoklassizistischen Gerichtspalasts das barocke **Georgstor** (1660) mit einem Relief des Markuslöwen. Vor dem Palast am Tartiniplatz steht die **Bronzefigur des Prometheus** (2008) des slowenischen Bildhauers Stojan Batič (1925–2015). Die Mitte des

Am Tartini-Platz

Platzes nimmt das 1896 von dem venezianischen Bildhauer Antonio dal Zotto (1841–1918) im neobarocken Stil geschaffene **Denkmal für Giuseppe Tartini** (1692–1770) ein. Der Komponist wurde mit der Sonate ›Teufelstriller‹ berühmt, deren Melodie ihm der Teufel im Traum auf der Geige vorgespielt haben soll. Auf dem Platz stehen zwei Steinpfeiler für Fahnenmasten, einer für die Flagge Venedigs und einer für das Banner der Stadt.

Im Nordwesten befindet sich der im Stil Wiener Repräsentationsbauten errichtete neoklassizistische **Gemeindepalast**. Das Relief des Markuslöwen im zweiten Stock stammt vom einstigen venezianischen Stadtpalast. Rechts daneben steht die **Stadtgalerie** in einem neoklassizistischen Palast, der 2012 vom slowenischen Stararchitekten Boris Podrecca umgebaut wurde, und an der Nordseite des Platzes das rote **Venezianische Haus** (Benečanka), das von der Patrizierfamilie de Bello 1550 im Stil venezianischer Gotik erbaut wurde. Seine reich geschmückte Fassade zieren Spitzbogenfenster, ein Eckbalkon sowie im zweiten Obergeschoss zwei Fenster in reinster venezianischer Blumengotik. Dazwischen hängt ein Wappen mit einem stehenden Löwen, der die italienische Inschrift ›Lassa pur dir‹ (Lass sie doch reden) in seinen Pranken hält. Die Tafel soll ein reicher venezianischer Kaufmann angebracht haben, der als Verheirateter wegen einer Liebesbeziehung ins Gerede kam. Das Antlitz seiner Geliebten findet sich über dem Balkon an der Hausecke. Weiter rechts steht das neoklassizistische **Geburtshaus Tartinis** (Tartinijev trg 8). Im ersten Stock gibt es ein Gedenkzimmer (Eingang von der Rückseite/Kajuhova 12!) mit Tartinis Totenmaske und Amati-Geige sowie einem Brief (1760) an seine Schülerin Maddalena Lombardini (1745–1818), der Angaben zu seiner Bogen- und Grifftechnik enthält.

Denkmal für Giuseppe Tartini

▶ Karte S. 345

Die Kirche Sv. Jurij

Das Relief am Portal der klassizistischen Kirche **Sv. Peter** mit der Darstellung der Schlüsselübergabe Jesu an Petrus schuf der Canova-Schüler Antonio Bosa (1780–1845). Das Altarbild ›Maria Himmelskönigin‹ wird dem italienischen Renaissancemaler Polidoro da Lanciano (1515–1565) zugeschrieben.

Rechts von der Kirche führt die Rozmanova zu zwei gotischen Stadttoren: zum **Ersten Rašpor-Tor** aus der Mitte des 15. Jahrhunderts und zum **Zweiten Rašpor-Tor** (1470) auf dem Hügel. Im Osten des Platzes steht das **Barockhaus** (Tartinijev trg 10) mit geschwungenen Balkongeländern.

Auf dem Weg zur Kirche Sv. Jurij

Links vom Barockhaus führt die enge Bolniška ulica nach wenigen Metern bergan zum 1301 erbauten **Minoritenkloster**, das mit der Klosterkirche Sv. Frančiska im 17. Jahrhundert barockisiert wurde. Die Kirche schmücken Altarblätter venezianischer Maler des 16., 17. und 18. Jahrhunderts. Erwähnenswert sind das barocke Chorgestühl, eine Kanzel mit Stilelementen aus Gotik und Renaissance sowie das barocke Deckengemälde. Im Mittelgang befindet sich eine Grabplatte mit dem Wappen der Familie Tartini. Die Bilder des Kreuzwegs (1995) und das Portrait von Maximilian Kolbe (2001) stammen von der Piraner Malerin Mira Ličen Krmpotić (geb. 1950). Im Kreuzgang aus der Renaissance gibt es eine Pinakothek mit Gemälden meist unbekannter venezianischer Meister.

Die im 17. Jahrhundert barockisierte Kapelle **Sv. Marije Snežne** (Maria Schnee) birgt noch eine gotische ›Kreuzigung‹, die dem lokalen Maler Nicolo di Antonio da Pirano zugeschrieben wird und eine ›Verkündigung‹ eines unbekannten venezianischen Meisters. Im Barock entstand der Zyklus von Ölbildern, die der Motovuner Schnitzer Battista Marangon schuf.

Über die Istrska ulica kommt man in die Ulica IX. korpusa, wo die im 17. Jahrhundert barockisierte Kirche **Marija Tolažnica** (Maria Trösterin) steht. An ihren Seitenwänden hängen vier Bilder mit Szenen aus dem Leben des heiligen Augustinus, die der Schule Giovanni Battista Tiepolos (1696–1770) zugeschrieben werden. Erwähnenswert sind die hölzerne Wandverkleidung, Bänke und das Beichtgestühl mit Intarsien sowie ein barockes Marienbild, das ein aufwendig verzierter Rahmen des venezianischen Holzschnitzers Andrea Brustolon (1662–1732) ziert.

Kirche Sv. Jurij

Über die Ulica IX. korpusa kommt man links in die Adamičeva und hinauf zur Kirche Sv. Jurij. Ihr 1608 erbauter 43 Meter hoher **Kampanile** ist dem von San Marco in Venedig nachempfunden. Die Figur des 3,70 Meter hohen Erzengels Michael auf der Turmspitze dient als Wetterfahne: Weist sein Zeigefinger nach Piran, weht der Jugo (Südwind) und kündet Regen an, kehrt er Piran die Flügel zu, bläst die Bora (Nordwind) und das Wetter wird schön. Neben dem Turm steht das **Baptisterium** (1637), in dem ein römischer Sarkophag als Taufstein dient.

Vom Vorplatz der Kirche hat man einen herrlichen Blick auf die Stadt, die Bucht von Piran bis nach Savudrija und von der Friedhofsmauer (1696) auf die Bucht von Triest. Den nordöstlichen Steilhang stützt eine über 300 Jahre alte Mauer. Die Pfarrkirche Sv. Jurij wurde 1637 im venezianischen Barock errichtet.

Eine erste Kirche stand hier wahrscheinlich schon im 6. Jahrhundert. Die tempelartige Fassade wurde 1514 von Bonfante Torre erbaut. Zwischen den Sockeln der Pilaster erinnern Inschriften an die legendäre Errettung der Stadt vor Unwetter durch den heiligen Georg und die Barockisierung der Kirche im 17. Jahrhundert, die Ende des 19. Jahrhunderts von dem Triester Architekten Giovanni Righetti historistisch gestaltet wurde.

▶ Karte S. 345

Die einschiffige Hallenkirche hat eine halbrunde Apsis mit barockem Chorgestühl. Im Westen befindet sich eine **Sängerkanzel** mit der **Orgel** (1647) des dalmatinischen Orgelbauers Petar Nakić (Pietro Nacchini). Auf den sechs Seitenaltären sieht man Gemälde aus dem 16. bis 19. Jahrhundert. Beachtenswert sind die von dem venezianischen Holzschnitzer Giovanni Maria Gasparini geschaffene **Statue des heiligen Nikolaus** (1640) an der Südwand und die **Figur des heiligen Georg** (1677) an der Nordwand. Das romantisch inspirierte Gemälde ›Das Martyrium des heiligen Georg‹ (1844) an der Nordwand des Presbyteriums stammt von Giovanni Pagliarini aus Ferrara. Über dem Chorgestühl sieht man das in der zweiten Hälfte des 14. Jahrhunderts in einer venezianischen Werkstatt geschnitzte monumentale **Gabelkreuz des Gekreuzigten von Piran**. In die kassettierte Holzdecke sind barocke Ölgemälde (1726) eingelassen. Die **Kreuzwegstationen** (2013) schuf Mira Ličen Krmpotić.

Zu dem Komplex der Kirche gehört auch das **Pfarrmuseum** mit Kirchenschatz, Lapidarium und einer archäologischen Ausgrabung.

Westliche Altstadt

Die Decke der Kirche **Sv. Štefan** schmücken Rokokostukkaturen. Hinter der Kirche befindet sich der **Judenplaz** (Židovski trg), das einstige Viertel der Juden, die bereits in der Antike an der Küste lebten. Nach dem Ende der Reconquista 1492 ließen sich sephardische Juden in Piran nieder und beförderten den Handel und das Bank- und Geldwechselgeschäft. Im 16. Jahrhundert siedelte man sie im Judenviertel (Ghetto) an, das aus drei miteinander verbundenen Innenhöfen bestand und zwei schmale Eingänge mit Eisentoren hatte. 1634

Blick auf die Bucht von der Kirche Sv. Jurij in Piran

eröffnete in Piran eine städtische Bank, und die Juden verloren ihre wichtigste wirtschaftliche Grundlage. 1714 wurde ihre Bewegungsfreiheit eingeschränkt, und Ende des 18. Jahrhunderts verliert sich ihre Spur in Piran.

Der westliche Durchgang des Judenplatzes führt zum **Trg 1. Maja,** dem einstigen Hauptplatz Pirans, den eine barocke **Zisterne** prägt. Zu ihren zwei Brunnenkronen führt eine breite Treppe, die von den Allegorien des Gesetzes und der Gerechtigkeit flankiert wird. Zwei toskanische Säulen mit Putti dienten als Halterung für Regenrohre. An der Ostseite des Platzes steht die in der ersten Hälfte des 14. Jahrhunderts erbaute Kirche **Sv. Donat** mit spätbarocker Fassade. Innen wurde sie durch den slowenischen Architekten Boris Podrecca zu einer Galerie umgebaut.

Vom Trg 1. Maja kommt man über die Gregorčićeva zur Landzunge Punta und durch das **Milje-Tor** zur Uferpromenade Prešernovo nabrežje. Die Kirche **Sv. Marija Zdravja** (Maria della Salute) am westlichen Ende des Kaps **Rt Madona** stammt aus dem 13. Jahrhundert. 1631 wurde sie wegen einer Pestepidemie der heiligen Maria der Gesundheit gewidmet und später barockisiert. Ihr neogotischer Kirchturm (1872) dient als Leuchtturm.

Die Kirche Sv. Marija Zdravja

▲ Karte S. 345

Die Uferpromenade führt zurück zum Hafen, vorbei an Cafés und Restaurants sowie am Hotel **Piran** (1913) mit seiner historistischen und sezessionistischen Fassade.

Von der Stadtmauer stammen das gotische **Dolfintor** (Savudrijska ulica) von 1483 mit den drei Delphinen des Wappens des Piraner Bürgermeisters und Patriziers Dolfin sowie das Haupttor **Osrednja vrata** (Partizanska ulica).

Östlich der Altstadt

Auf der Anhöhe östlich der Altstadt stehen weitere Teile der mittelalterlichen **Stadtmauer** mit sieben Zinnen bewehrten Türmen, von denen einige bestiegen werden können.

Im Stadtteil **Fiesa** gibt es Süßwasserseen, die aus dem Tonabbau entstanden.

Strunjan (Strugnano) liegt in einer Bucht zu Füßen eines 116 Meter hohen Hügels, der zum Norden hin zum höchsten Flyschkliff an der Adriaküste aufsteigt. Das Hochufer und die Lagunen mit den verlassenen Salinen sind Teil eines vier Kilometer und 160 Hektar großen langen Naturreservats. Im Ort steht die Anfang des 13. Jahrhunderts von Benediktinern errichtete Pfarrkirche **Sv. Marija od Prikazanja** (Mariä Erscheinung). Sie verdankt ihre Entstehung einer legendären Marienerscheinung (1515), die auf dem Altarbild dargestellt ist, das Francesco Valerio um 1520 schuf. Die von Tizian und Tintoretto beeinflussten Szenen aus dem Marienleben (1656–1671) malte der Piraner Pfarrer Tomaž Gregolin.

Blick von Strunjan nach Piran

Piran

Vorwahl: +386/5.
Postleitzahl: 6330.
Touristenbüro, Tartinijev trg 2, Tel. 6734440, www.portoroz.si; Stadtführungen (3 Euro).
Post, Cankarjevo nabrežje 5.
Banka Koper, Tartnijev trg 1.
Freies Internet in Piran: http://wifispc.com/slovenia/piran.

Parkgebühren pro Stunde: **Parkhaus Fornače** 1,70 Euro, **Parkplatz Fornače** 6,50 Euro, **Parkhaus Arze** 1,20 Euro. Shuttlebusse alle 15 Minuten zwischen Tartinijev trg und Parkhaus Fornače. Infos: www.portoroz.si.
Tankstelle OMV, Fizine 17; 6–22 Uhr.

Zentraler Busbahnhof (Glavna Avtobusna Postava), Dantejeva ulica, 2 km außerhalb der Altstadt. Lokale Busse zwischen Piran und Koper mehrmals pro Stunde. Informationen über Fernbusse nach Ljubljana und Pula: www.ap-ljubljana.si.

Flughafen Ronchi dei Legionari (Triest, TRS), 80 km nördlich von Piran. Transfer per Direktbus täglich 14.30 Uhr – oder mit der Linie 51 ab Flughafen bis Triest-Busbahnhof (ca. 40 Minuten) und weiter mit der Buslinie SAF nach Piran/Koper (ca. 50 Minuten). Einen Direkttransfer vom Triester Flughafen (ab 12 Euro) bietet der Transportdienst **GoOPti**: www.goopti.com.

Boot von Triest nach Piran (Kidricevo nabrežje 4): **Triestelines**, Ticket office c/o TIC Piran, Tartinijev Trg 2, Tel. 6734440, Fahrpläne und Preise: www.directferries.de.
Top-Line, Lucija, Obala 114, Tel. 6747160, www.portoroz.si. Ausflüge nach Venedig, jeden Samstag, Erwachsene ab 70, Kinder ab 35 Euro.

Taxistände am Tartini-Platz und am Busbahnhof in der Dantejeva ulica.
Taxi Piran, Tel. mobil +386/31/730700.

Piran, Stjenkova 1, Tel. 6667100; DZ 130 Euro. Jugendstilhotel direkt am Meer, mit Wellnessbereich.
Tartini, Tartinijev trg 15, Tel. 6711000; DZ 120 Euro. Am Hauptplatz. Dachterrassen, schöne, zum Teil kleine Zimmer.
Fiesa, Fiesa 57, Tel. 6712200, www.hotelfiesa.com; DZ 90 Euro. Familienhotel direkt am Strand.
Hostels Piran (Vodopivčeva 9) und **Pirano** (Alma Vidova 3), Tel. mobil +386/31627647; +386/40/752660; www.hostelpiran.com; 36–50 Euro/Pers.

Pri Mari, Dantejeva 17, Tel. mobil 041/616488, www.primari-piran.com. Schönes Ambiente. Tipp: Fisch- und Muschelgerichte!
Casa Nostromo, Tomšičeva 24, Tel. mobil 030/200000. Gehobene mediterrane Küche.
Pirat, Župančičeva 26, Tel. mobil +386/41/327654. Gute Küche. Tipp: Hausgemachtes Zitronen-Sorbet.
Tri vdove, Prešernovo nabrežje 4, Tel. 6730291. Feinschmeckerlokal.
Riva, Gregorčičeva ulica 46, Tel. 6732180. Pizzeria. Auf Bestellung Spanferkel und Lamm.
Cantina, Prvomajski trg, Tel. 955732273. Uriges Weinlokal mit rustikaler Speisekarte.
Pavel&Pavel2, Prešernovo nabrežje 2. Gutes Fischlokal mit Meerblick.
Pizzeria Petica, Župančičeva 6. Pizzen und Hausmannskost.
Strunjan: **Primorka**, Strunjan 148. Günstige Fischgerichte, Blick aufs Meer.

Mestna kavarna, Tartinijev trg 3. Kuchen, Mehlspeisen, Eis, Tiramisu.
Karamela Sladoledarna, Dantijeva 6. Eis und Torten.

Žižola Kantina, Tartinijev trg 10. Urige Cafébar.
Da Noi, Prešernovo nabrežje 4. Live-Musik mit Meerblick.

Seefahrtsmuseum, Gabrielli-Palast, Cankarjevo nabrežje 3, Tel. 6710040, www.pomorskimuzej.si; Juli–Aug. Di–So 9–12 und 17–21, Sept.–Juni Di–So 9–17 Uhr, Eintritt 3,50 Euro. Geschichte der Schifffahrt und der Fischerei.
Museum der Unterwasseraktivitäten, Župančičeva 24, Tel. mobil +386/41/685379, www.muzejpodvodnihdejavnosti.si; in der Hauptsaison tägl. 10.30–20 Uhr. Dokumentation über das Tauchen in der Region.
Magische Welt der Muscheln und Schnecken (Čarobni svet školjk in polžev), Tartinijev trg 15, Tel. mobil 40758900, www.svet-skoljk.si/vstopDe. In der Hauptsaison tägl. 10–20 Uhr (Mo geschlossen). Eintritt 4/3 Euro. Rund 3000 Exemplare von Muscheln und Schnecken.
Aquarium, Kidričevo nabrežje 4, Tel. 673 25 72; http://aquariumpiran.si (slow.). Ende März–Mitte Juni tägl. 9–19, Mitte Juni–Ende Aug. 9–20 Uhr. Anfang Nov.–Ende März 9–17 Uhr, Nov.–April montags geschlossen, 5/3 Euro.
Mediadom Pyrhani, Kumarjeva ulica 3, Tel. mobil +386/820 55 273; http://mediadom-piran.si (engl.). Multimediale Ausstellung zu Geschichte und Kultur Pirans.

Tartini-Theater, Kidričevo nabrežje 6, Tel. 6766701. www.culture.si/en/Tartini_Theatre. Ausstellungen, Film-, Theater- und Tanzvorführungen, Konzerte.
Salinenfest; letztes Aprilwochenende. Hier dreht sich alles um die Salzgewinnung.
Internationale Mediterrane Folklorefestival, in den ersten Juliwochen, auf dem Tartini-Platz und dem Trg 1. Maja
Piraner Musikabende für internationale Kammermusik; Juli und August.
Kaki-Festival, Strunjan; November. Gastronomisch und kulturell geht es um die exotische Frucht.

▶ Karte S. 345

Luma šport, Dantejeva 3, 6330 Piran. Tel. mobil +386/41781414; www.lumasport.com.

Fischverein Ordela, Prvomajski trg 10, Tel. mobil +386/31897381.

Gepflegte Strände in **Strunjan** (Blaue Flagge) und **Simonov zaliv** (Sand → S. 342).

Landschaftspark Strunjan, 6320 Portorož, Tel. 820 51880, www.parkstrunjan.si (slow.).

Segelclub, Fornače 33, Tel. 6746919.
Meja, Ivana Regenta 13, Tel. mobil 041/617385, www.brodarstvo-gorjan.si. Panorama- (18 Euro) und Picknikfahrten (ab 32 Euro), Linienverkehr Portorož–Izola (18/12 Euro).

IPPA Diving, Prešernovo nabrežje 24, Tel. mobil 41/590746, www.ippa.si.
Tauchverein, Trinkova 1, Tel. mobil 41/677615.

Hübsche Läden rund um den Trg 1. Maja.
Markt, Zelenjavi trg 2, Gemüse und Fisch.
Tartiniplatz; April–Sept.: an jedem 4. Sa 8–18 Uhr: Antiquitäten- und Hausgewerbemarkt.
Galerie Duka Piran, Partizanska 2, Tel. 67305 01, www.duka.si. Keramik.
Karamela, Dantejeva 4. Salz, Olivenöl, Wein, Aufstriche, Marmelade.

Poliklinik, Cankarjevo nabrežje 9a, Tel. 6207284.

Portorož

Schon 1900 lobte der Wiener Arzt Julius Glax das ›milde Küstenklima‹ und den ›allmählich abfallenden sandigen Strand‹ von ›Portorose‹, wo die Saison ein ›ganzes Jahr‹ dauere. Die Hotels des größten Badeorts Sloweniens sind auch heute ganzjährig geöffnet. Sein italienischer Name ›Rosenhafen‹ geht auf eine Anfang des 13. Jahrhunderts von Benediktinern erbaute Kapelle der Muttergottes vom Rosenkranz zurück, die am Hafen in Nähe des ›Grand Hotels Metropol‹ lag. Bis 1797 stand Portorož unter venezianischer Herrschaft, danach gehörte es – bis auf wenige Jahre unter Napoleon – bis zum Ende des Ersten Weltkriegs zur Habsburger Monarchie. 1830 wurde die Sommerresidenz Villa San Lorenzo erbaut, wo 1865 das erste Strandbad eingerichtet wurde. Ab 1879 nutzte ein Piraner Arzt die Salz-Sole-Vorkommen bei Portorož zur Rheumabehandlung. Nun kamen immer mehr Gäste. Villen und Pensionen wurden gebaut, und 1897 wurde Portorož zum ›Cur-und Seebad‹ erklärt, das neben Grado und Opatija zu einem mondänen Kurort der ›Österreichischen Riviera‹ wurde.

Sehenswürdigkeiten

■ Palace-Hotel

1910 eröffnete das Palace-Hotel, das Stilelemente der Neorenaissance und der Wiener Secession aufweist. Hier übernachteten Prominente wie Erzherzog Franz Ferdinand von Österreich-Este, Josip Tito, Sophia Loren, Pierre Brice und Ivo Pogorelić. Der große **Kristallsaal** erinnert an die Belle Époque.

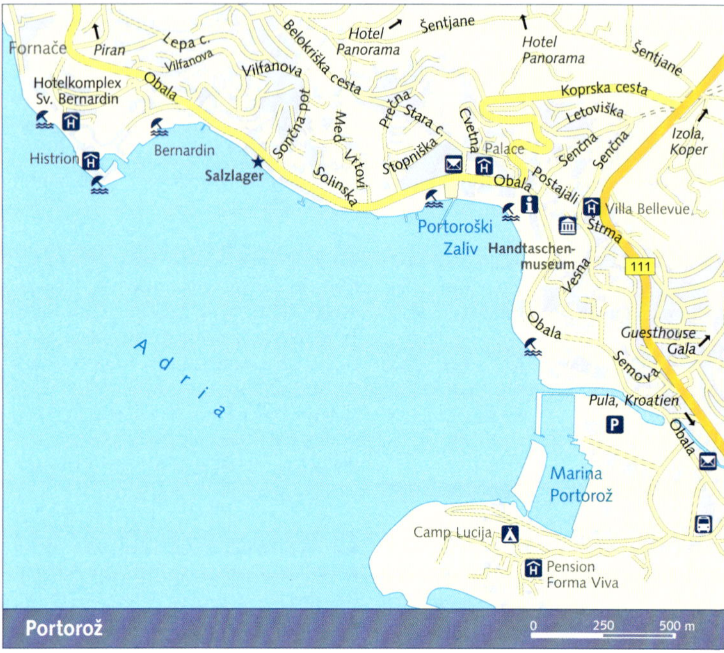

1913 eröffnete in der **Villa San Lorenzo** ein Spielcasino; im selben Jahr besuchten 7000 Gäste Portorož. Ende der 20er Jahre des 20. Jahrhunderts nahm der Flughafen Portorož seinen Betrieb auf und verband den Ort in den 30er Jahren mit Triest, Venedig, Pavia, Brindisi und Marseille. Zwischen den Weltkriegen erlahmte der Fremdenverkehr. Erst in den 1960er Jahren kamen auch wieder Prominente aus Politik und Filmwirtschaft, die im Hotel ›Palace‹ abstiegen. 1990 musste das einstige Nobelhotel schließen, seit seiner Wiedereröffnung 2008 gehört es zur Kempinski-Gruppe.

Uferpromenade

Einige Abschnitte der vorwiegend felsigen Strände sind betoniert oder mit Sand aufgeschüttet. An der Promenade reihen sich Restaurants, Eisdielen und Souvenirläden sowie die Casinos ›Portorož‹ und ›Riviera‹ aneinander. Hotelkomplexe und der Yachthafen in den ehemaligen Salinen von Lucija prägen den Ort, den der slowenische Architekt Edo Mihevc (1911–1985) in den 1960er und 70er Jahren im sozialistisch-nüchternen Stil gestaltete. Vom einstigen k. k. Kurort blieb wenig übrig: unweit des ›Grand Hotels Metropol‹, das Edo Mihevc 1972 baute, blieb das prunkvolle **Portal der Villa San Lorenzo** (1877) erhalten. Oberhalb der Hauptstraße steht die neoklassizistische **Villa San Marco** und beim Hotel ›Marko‹ die historistische **Villa Marija** (1895). An der nördlichen Uferpromenade imponieren die in der ersten Hälfte des 19. Jahrhunderts erbauten Hallen **Monfort** und **Magazen Grando**, in denen das Salz aus den Salinen von Sečovlje gelagert wurde. Hier gibt es einen **Ausstellungsraum** nebst **Kunstgalerie**.

Hotelkomplex Sv. Bernardin

An der Küste Richtung Piran stehen in der Hotelanlage Sv. Bernardin die Reste des 1452 errichteten **Franziskanerklosters**, das 1806 aufgelöst wurde. Nur sein Turm und sein Chor spiegeln sich heute in der Glasfassade des Hotels ›Histrion‹ (1974), das einen kleinen Yachthafen hat und ein Spielcasino beherbergt. Zur touristischen Anlage gehören die fünf Villen des Hotels ›Vile Park‹ (1976) sowie das 2005 an eine Meeresklippe gebaute luxuriöse zwölfstöckige ›Grand Hotel Bernardin‹ mit dem größten Kongresszentrum Sloweniens.

Lucija

Auch das einstige Bauern- und Salinendorf Lucija (Lucia) erhielt nach 1945 durch Edo Mihevc städtischen Charakter. Südwestlich bei den einstigen Salinen liegt einer der größten Jachthäfen der nördlichen Adria. Auf der Halbinsel Seča (Sezza) sind im Freilichtmuseum **Forma Viva** (Eintritt frei) Steinskulpturen ausgestellt.

Das Hinterland von Portorož

Südöstlich von Portorož liegen an der Grenze zu Kroatien die **Salinen von Sečovlje** (Sicciole), die wahrscheinlich auf das 9. Jahrhundert zurückgehen. Heute ist das etwa 6,5 Quadratkilometer große Areal mit Salzfeldern, Kanälen und Erdwällen vor allem Lebensraum für mehr als 200 Vogelarten.

Das Dorf **Padna** (Padena) liegt auf einem steilen Bergrücken, dessen gesamter Südhang mit bis zu 300 Jahre alten Olivenbäumen bewachsen ist. Die einstige italienische Schule neben der Pfarrkirche Sv. Blaž (1867) beherbergt eine Galerie mit expressionistischen, symbolistischen und realistischen Bildern von Božidar Jakac (1899–1989).

Über der Dragonja (Dragogna) liegt auf einem Hügel das Dorf **Nova Vas nad Dragonjo** (Villanova di Pirano) mit typischen istrischen Steinhäusern. Den Kirchturm seiner Pfarrkirche Sv. Marije Rožnovenske aus dem 15. Jahrhundert sollen die Dorfbewohner durch den Verkauf von rotem Knoblauch finanziert

Badegäste vor dem Palace-Hotel in Portorož

Reste des Franziskanerklosters Sv. Bernardin

haben, weshalb hier im Sommer ein Wein- und Knoblauchfest stattfindet. Das Dorfmuseum zeigt Möbel und Geräte aus neuerer Zeit.

Im Haufendorf **Sveti Peter** gibt es in der Tonina hiša (Tonis Haus) eine alte Küche, eine Schlafstube und eine rekonstruierte Ölpresse zu sehen.

Vor dem Dorf **Krkavče** steht an der Straße von Gradišče nach Škrljevac die Replik eines Standbilds, dessen Original vermutlich aus der Keltenzeit stammt. Auf der Vorder- und Rückseite des Monoliths ist je ein nackter Mensch mit ausgebreiteten Armen dargestellt, von dessen Kopf Sonnenstrahlen ausgehen. In Krkavče birgt die Pfarrkirche Sv. Nadangel Michael ein Bild des Tridentinischen Konzils (1776) des venezianischen Malers Bartolomeo Bossi.

Ein besonders schönes Dorf ist **Koštabona** (Costabona), das sich an einen Bergrücken über der Dragonja schmiegt. Es geht auf die römische Festung Castrum bonae zurück, die den Handelsweg im Flusstal schützte. Die im 15. Jahrhundert errichtete Kirche Sv Kozma in Damian (St. Kosmas und Damian) steht vielleicht an der Stelle eines Tempels der römischen Göttin der Heilung Bona Dea. An den Seitenaltären der Kirche hängen sehenswerte Gemälde von Bartolomeo Gianelli (1824–1894). Am 16 Meter hohen Glockenturm steht die Büste des Dichters Alojz Kocjančič (1913–1991), der in Koštabona 28 Jahre lang Gemeindepfarrer war.

Pomjan (Paugnano) ist mit 342 Metern über dem Meeresspiegel der höchstgelegene Ort der Šavrinija. Seine Kirche Sv. Marija birgt Reste gotischer Fresken. Das benachbarte **Marezige** liegt mitten im Hauptanbaugebiet des Rotweins Refošk.

Die Salinen von Sečovlje

Karte S. 354

Portorož und Umgebung

Vorwahl: +386/5.
Postleitzahl: 6320.
Touristikbüro Portorož, Obala 16, Tel. 6742220, www.portoroz.si.
TIT Sečovlje, Parecag 182, Tel. 6722016.
Post, Portorož, K stari cesti 1.
Post, Lucija, Obala 107.
Banken Portorož: **Bankomat Banka Koper**, Obala 2 und Obala 7b.
Nova ljubljanska banka, Obala 112.
Free Wifi: https://wifispc.com/slovenia/piran/portoroz.html.

OMV-Tankstellen: Fizine 17 und Seča 188.

Busbahnhof, Koprska cesta. Busse nach Piran, Izola, Koper, Fernbusse nach Ljubljana und Triest, Pula, Poreč, Zürich und Bellinzona, Wien, Graz, Villach und München. https://getbybus.com.

Aerodrom Portorož, 6333 Sečovlje/Sicciole, Tel. 6175140, www.portoroz-airport.si (engl.). Flughafen für Helikopter, Sportflugzeuge und 50-Sitz-Flugzeuge. Flüge nach Zürich (145 Euro) und Belgrad (70 Euro); Panoramaflüge.

Schiffsverkehr Venedig–Portorož: **Top-Line**, Obala 114, Tel. 6747160, www.benetke.com (slow.).
Venezialines Atlas Express, Obala 55, Tel. 6746772, www.venezialines.com.

Štefan, Tel. 1303100.

Portorož: **Villa Bellevue**, Strma pot 7, Tel. mobil +386/41/638626, http://villa-bellevue.si; DZ 120 Euro. Panoramalage 200 Meter vom Strand.
Guesthouse Gala, Pot k Izviru 21, Tel. mobil +386/41345622, DZ 90 Euro.
Pension Forma Viva, Seča 159, Tel. mobil +386/40/233093, www.formaviva-portoroz.si; DZ 70 Euro.
Panorama, Šentjane 25, Tel. 6747289, www.hostel-portoroz.eu; im Mehrbettzimmer 17–23 Euro/Pers., EZ 19–24, Apartments 21–25 Euro/Pers. Hostel.
Cetore: Medljan, Cetore 29, 6310 Izola, Tel. 6420081, www.medljan.net; Zimmer 40, Apartment 65 Euro. Bauernhof im Hinterland mit Reitschule (20 Euro/Std., Ausritte).

Camp Lucija, Seča 204, Tel. 6906000, www.camp-lucija.si. Vorwiegend für Dauercamper, auf der Seča-Halbinsel.
Kaki Event Plac, Liminjan 8, Tel. mobil +386/40476123, www.adrenaline-check.com; Übernachtung 36 Euro/2 Pers. Uriger Campingplatz mit überdachten Mietzelten, Spielplatz und Hängematten im Wald (Meernähe).

Portorož/Lucija: **Beli Križ**, Belokriška 15. Fleisch- und Fischgerichte.
Rizibizi, Vilfanova 10. Gute Trüffel- und Fischgerichte.
Veduta Bernardin, Bernardinska Reber 5a. Fleisch- und Fischgerichte, Palatschinken.
Ribič, Seča 143, Fischlokal mit Terrasse am Hafen.
Sečovlje: **Hram**, Dragonja 111, 6333 Sečovlje, Tel. 6722300. Landgasthof.
Marezige: **Karjola**, Marezige 24, Tel. 6550168, http://karjola.si. Akzeptable Preise, reiche Auswahl lokaler Weine.
Štok, Marezige 20a, Tel. mobil +386/40/235366, www.kmetija-stok.si. Landgasthof, Weindegustation.
Padna: **Istranova**, Padna 34, Tel. mobil +386/40/467799. Traditionelle Küche, herrlicher Ausblick.

Cacao, Obala 14. Eisdiele, Kaffee, Cocktails und Eisvariationen.

Karamela, Obala 18. Reiche Auswahl an sehr gutem Eis.

Paprika Club, Obala 22a. Exklusive Tages- und Nachtbar.
Club Pergola, Obala 20. Tanz- und Nachtclub.

Sečovlje: **Weinkeller Mahnič**, Dragonja 111, 6333 Sečovlje. Tel. mobil +386/41/642851; mahnig@siol.net.
Marezige: **Rodica**, Truške 1c, 6273 Marezige, Tel. mobil +386/31/759744, www.rodica.si. Ökologischer Weinanbau.

Portorož/Lucija: **Handtaschenmuseum**, Obala 55, Tel. 1356666; Hauptsaison 9–13 und 18–22 Uhr, Familien 10 Euro. Über 500 Handtaschen samt Utensilien.
Biologische Fischzucht Fonda, Seča 142, Tel. 6779044, www.fonda.si; Besichtigung (1–2 Std): 25, Degustation (2–3 Std.) 36 Euro.
Sečovlje: **Salinenmuseum und Landschaftspark Sečovlje**, Seča 115, Tel. 6721330, www.kpss.si; Sommer 8–21 Uhr, Eintritt 6/4 Euro.
Sv. Peter: **Tonina hiša**, Tel. 56710040, www.pomorskimuzej.si; 2,50/1,70 Euro.
Krkavče: **Hiša Vrešje**, Krkavče 68, Tel. 67017. Typisches istrisches Bauernhaus.

Kongresszentrum Avditorij, Sečna pot 10, Tel. 6766710, www.avditorij.si. Tagungen, Kulturveranstaltungen, Filme.
Oliven- und Mangoldfest in Padna; Anfang Mai.
Rosen- und Blumenfestival, in Portorož; Mai. Mit Vorträgen und Seminaren zu Hortikultur, Kunst und Kosmetik.
Internautica; Mai: Internationale Nautikmesse.
Festival des Slowenischen Films (FSF), Portorož, www.fsf.si; September oder Oktober.

Go Portorož Sport & Travel, Trg prekomorskih brigad, 6320 Portorož, Tel. mobil 040/461000, www.goportoroz.si.

Tennisclub Hari, Obala 132, Tel. mobil +386/41/635067.
Tennis club und Mini golf center, Cesta solibnarjev 8, Tel, 6761232.

Bucht von Portorož: Sandstrände, Rasen- und Betonflächen (im Sommer sehr frequentiert).
Die **Strände der Hotelkomplexe** sind kostenpflichtig.
Bei **Lucija** gibt es Betonflächen.

Marina Portorož, Cesta solinarjev 8, Rezeption Tel. 6761100, www.marinap.si. Yachthafen mit über 1000 Liegeplätzen.
Navtika fial, Marina Bernardin, Obala 2, Tel. mobil 040/226116. Bootsverleih und -ausflüge.

Nemo Divers, Obala 4 (Bernardin), Tel. +386/31/899917, www.nemo-divers.si.

Rad- und Wanderwege gibt es im **Dragonja-Tal**.

Solni cvet, Obala 33. Meersalz.
Olium, Obala 114. Olivenöl.
Batega, Obala 134. Wurst, Schinken, Wein, Honig, Brot, Käse.
Portosol, Vojkova 48. Blusen, Jacken, Hüte, Schals.
Oljarna Ternav, Krkavče 97, Tel. 6567007. Olivenöl.

Ambulanz in Lucija, Cesta solinarjev 1, Tel. (für Touristen): 6773322.

▶ Karte S. 354

Der italienische Teil Istriens

Die Gemeinde Muggia in der Provinz Triest ist der einzige Teil Istriens, der nach den Verträgen von Paris (1947) und Osimo (1975) italienisch geblieben ist. Neben dem Italienischen ist hier auch das Slowenische offizielle Amtssprache.

Muggia

Die mittelalterlichen Stadtmauern, enge Gassen, der Dom und die gotischen Pallazi gehören ebenso zum venezianischen Erbe Muggias (slow. Milje, 13277 Einwohner) wie der Karneval von ›Muja‹ – wie die Stadt im venetischen Dialekt heißt.

Bei Santa Barbara und auf dem Monte San Michele fand man bronzezeitlichen Ringwallanlagen. Nach der Eroberung Istriens errichteten die Römer das Castrum Muglae. Nach dem Niedergang Westroms gehörte der Ort zum Ostgotenreich Theoderichs, später hatten hier Langobarden, Awaren und Franken das Sagen. 931 kam Muggia zum Herrschaftsgebiet der Patriarchen von Aquileia. Unterhalb des alten Muggia (Muggia Vecchia) entstand um den Hafen ein neuer Ort (Muggia Nuova), der sich zum Schutz vor Triest ab 1201 in Abhängigkeit von Venedig begab. Von 1420 bis 1797 gehörte Muggia zur Republik Venedig, die den Ort als Bollwerk gegen das habsburgische Triest ausbaute. Wirtschaftlich geriet Muggia ins Hintertreffen, als Triest 1714 Freihafen wurde. Nach 1797 förderten die Österreicher die Werftindustrie, ab 1858 hatte sich die Anlage in Muggia zur größten Werft der Habsburger Monarchie gemausert. Infolge des Ost-West-Konflikts und seiner damaligen Randlage geriet der Schiffbau in Muggia ab der zweiten Hälfte des 20. Jahrhunderts in die Krise. Seit der Aufnahme Sloweniens in die Europäische Union (2004) etabliert sich der Ort zu einem beliebten Tourismus- und Handelszentrum.

Kulinarische Genüsse der Stadt sind gebratene oder gegrillte Sardinen mit Zwiebeln, Aale oder Flunder mit Kohl, Fischsuppen und gekochte Muscheln. Eine süße Spezialität der Region ist der Pres-

Blick auf Triest von Muggia

nitz, eine Blätterteigrolle, die mit leckeren Zutaten wie Walnüssen, Mandeln und Feigen gefüllt wird. Man erzählt, dass er 1832 für einen Wettbewerb bei einem Besuch der jungen Sisi in Triest erfunden wurde und sich der Name von ›Preis der Prinzessin‹ ableitet. Sisi ist aber erst 1837 geboren! Der Name des Gebäcks kommt vom ›presnec‹, einem slowenischen Osterkuchen.

Stadtrundgang

Beim Touristenbüro am Rand des Parkplatzes Piazza Caliterna steht die abstrakte Mamorplastik **Mann und Frau** von Giuseppe Buonocore (geb. 1976). Das Osttor **Portizza**, das ein Markuslöwe ziert, führt über die Via Dante (Contrada Grande) zum Hauptplatz **Piazza Marconi**. An seiner Ostseite steht der 1263 geweihte Dom **SS. Giovanni e Paolo** mit Campanile (1664). Die dreibogige venezianisch-gotische Fassade (1457) schmücken am Portal ein Relief der Heiligen Dreifaltigkeit und in der grazilen gotischen Rosette ein Relief der Muttergottes mit Kind. In der Kirche sind Freskenreste aus dem 14. Jahrhundert sehenswert. An der Nordseite des Platzes steht der **Palazzo Comunale** (13. Jahrhundert), der 1888 seinen Glockenturm erhielt. 1930 wurde das **Rathaus** teilweise neu errichtet. Seine Fassade zieren Wappen und ein Markuslöwe (1444). Im Süden führt ein Durchgang zur Via Dante. Er wird **Losa** (Loggia) genannt - vielleicht weil hier einst Brot verkauft wurde.

Über den Corso G. Puccini kommt man zur kleinen Kirche **del Crocifisso** aus der zweiten Hälfte des 14. Jahrhunderts. Das Templerkreuz am Architrav des Eingangs verweist vielleicht auf die Zugehörigkeit ihres Stifters Raffaele di Ser Steno zu diesem Orden. Die links abzweigende Calle Oberdan säumen **Kaufmannshäuser** im venezianisch-gotischen Stil. Kielbogenfenster hat die Anfang des 15. Jahrhunderts erbaute **Casa Veneta** (Calle Oberdan 14), in der das **Archäologische Museum** untergebracht ist, das Funde aus dem Neolithikum bis zum Mittelalter versammelt, darunter sehenswerten Schmuck und Keramik aus der Wallburg Elleri und der Nekropole di Santa Barbara, wo 34 prähistorische Gräber gefunden wurden. Das **spätgotische Haus** Calle Oberdan 25 hat im Erdgeschoss eine für ein Ladengeschäft typische Fenstertür.

Im Osten mündet die Calle Oberdan in die Calle Giovanni Farra Bombizza, benannt nach einem Haudegen, der 1511 auf eigene Kosten eine Flotte zum Kampf Venedigs gegen Maximilian von Österreich ausrüstete. In der Calle de Bernardis sieht man bei den Hausnummern 12, 14 und 22 an den Fassaden Steinösen, die im Lokaldialekt **Piere coi busi** heißen und wahrscheinlich zum Aufhängen von Sonnensegeln dienten.

Über den Corso Puccini kommt man in die **Calle del Ghetto**, das einstige Viertel der Juden, die 1532 aus Muggia vertrieben wurden. An der linken Hauswand sieht man eine Inschrift von 1429, die rätselhafte Tiersymbole (Tintenfisch, Drache) umgeben.

Der Dom SS. Giovanni e Paolo

Die Salita alla Torre führt zur 1411 erbauten Kirche **San Francesco**, die am Portal eine gotische Skulptur einer Muttergottes mit Kind schmückt. Innen sind eine wahrscheinlich oberrheinische Pietà, das Bild einer ›Madonna lactans‹ aus dem 15. Jahrhundert sowie das Gemälde der ›Seligen Jungfrau mit dem Gürtel‹ des venezianischen Barockmalers Liberti sehenswert. Am Ende der Calle Monte Albano steht an der Ecke zur Via Verdi eine für Nordistrien typische **Casa a gheffo**, ein Haus mit vorkragendem Obergeschoss. Die Calle Monticula verbindet das Hafenbecken mit der **Burg**, deren Bau auf das Ende des 14. Jahrhunderts zurückgeht. Hier unterhält der 1939 in Muggia geborene Bildhauer Villi Bossi ein Künstlerzentrum. Unter der Burg befindet sich am Largo Nazario Sauro das **Nordtor**, dessen Innenseite das Stadtwappen ziert. Daneben kann man an der Largo Amulia im geschützten Binnenhafen **Mandracchio** Fischern bei der Arbeit zusehen. An der kurzen Uferstraße (Via De Amicis 13) steht ein Gebäude mit einem

Balkon, dessen Balustrade die Symbole der Evangelisten Johannes (Adler) und Lukas (Stier) schmücken.

Muggia Vecchia

Mit dem Auto (über die Salita delle Mura) oder mit den Bussen 27 und 50 erreicht man das auf einem Berg westlich des Stadtzentrums liegende Muggia Vecchia (Altes Muggia), von wo man über die Bucht von Muggia zum Golf von Triest blickt. Schautafeln in einem **Archäologischen Park** erläutern die Reste der prähistorischen **Wallburg**, des römischen **Castrum**s und der mittelalterlichen **Siedlung**, deren einzig erhaltenes Gebäude die **Basilica Santa Maria Assunta** ist, die erst im 13. Jahrhundert urkundlich erwähnt wird, aber auf die frühe Romanik zurückgeht. Das belegen die einfachen Arkaden, die mit lombardisch-karolingischen Flechtband verzierten Chorschranken (8. bis 9. Jahrhundert) und das mit archaischen Kapitellen und Köpfen geschmückte Lesepult. Die Freskenreste aus dem 13. Jahrhundert zeigen im Mittelschiff rechts Szenen aus dem Leben Jesu und links aus dem Mariens. Auf den Bogenzwickeln finden sich die Figuren der Evangelisten. Das Fresko des Christophorus im linken Seitenschiff verweist darauf, dass Muggia einst am Schnittpunkt wichtiger Pilgerwege zwischen Ost und West lag. Unterhalb von Muggia Vecchia verbrachte im Dorf **Zindis San Rocco** der österreichische Erzherzog Ludwig Salvator zwischen 1876 bis 1914 viele Sommermonate in der **Villa del Principe** (Strada per Chiampore, Privatbesitz).

An der Küste darunter liegt der Yachthafen **Porto San Rocco** mit Hotel, Apartmentanlage, Cafés, Bars, Geschäften und Stränden.

An der Westküste der Muggia-Halbinsel befindet sich der kleine Hafen **Porto di Lazzaretto**, benannt nach dem unter Kaiser Franz Joseph 1869 errichteten Lazarett San Bartolomeo. Von einem 1769 unter Kaiserin Maria Theresia erbauten Vorgängerbau stammt sein schönes Portal, auf dem Inschriften beide Monarchen erwähnen.

Am Hafen Mandracchio

▲ Karte S. 360

Muggia und Umgebung

Vorwahl: +39/40.
Postleitzahl: 34015.
Info Point IAT, Via Manzoni 2, Tel. 9277115, www.comune.muggia.ts.it.
Post, Via XXV Aprile 2 B.
Banca Popolare di Vicenza, Via Alessandro Manzoni 4.
Banca Antonveneta, Via Tonello Giuseppe 5.
Free Wifi: www.wifisharing.co/italy/free-wifi-muggia.

Parkplatz Piazza Caliterna (1,10 Euro/Std.). In Altstadtnähe an der Via Manzoni, nahe der Touristeninformation.
Tankstellen: **Millo Gianni**, Strada per Lazaretto 2.
Esso, Via Cesare Battisti 5.

Busbahnhof, Piazzale Eugenio Curiel. Nach Muggia Vecchia fahren die Linien 27 und 50, Linie 20 verkehrt nach Triest. www.triestetrasporti.it.

Flughafen Triest (TRS), Via Aquileia 46, www.aeroporto.fvg.it.

Delfino Verde, Tel. 800/016675, www.delfinoverde.it.
Fähre Triest–Muggia; stündlich vom Kai Bersaglieri.
Linie Muggia–Triest; stündlich von der Innenseite des Wellenbrechers.

Taxi Muggia, Piazzale Curiel 4 (beim Busbahnhof), Tel. 040/330060.

Park Hotel, Via die Bonomo 1, Tel. 272266, www.parkhotelmuggia.it; DZ 70 Euro. Familiäres Hotel in ruhiger Lage. Mit Fahrradverleih.
Hotel Dulcinea, Via Battisti 1, Tel. 271266, www.albergodulcinea.com; DZ 80 Euro. In der Innenstadt (beim großen Parkplatz). Mit Fahrradverleih.
Taverna S. Barbara di Cigui Paolo, Via Colarich 92D, Tel. 273363, www.tavernacigui.it; DZ ab 70 Euro. Bed&Breakfast im urigen Bauernhaus.
Ristorante Sole, Strada per Lazzaretto 93, Tel. 273067, www.hotelristorantesole.it (ital.); DZ 80 Euro. Familienhotel mit gutem Fischrestaurant zwischen Muggia und Lazzaretto.

Camping San Bartolomeo, Strada per Lazzaretto 99, www.campeggiosanbartolomeo.it; Ende April. Günstiger, aber leider wenig gepflegter Campingplatz in Lazzaretto. Haustiere erlaubt.

Muggia: **Ittiturismo La Terraza**, Molo Colombo. Ausgezeichnete Küche (fangfrischer Fisch!).
La Risorta, Riva De Amicis 1/a. Direkt am Meer, gute, einfache Küche.
Primavera, Via Gabriele D'Annunzio 52A, Sehr gute Pizzen (auch vegan).
La Patriarca, Corso Giacomo Puccini 12/a. Feines Fischlokal.
Splendor, Via Dante Alighieri 47. Urige Trattoria.
Belvedere, Via Vivoda 2. Beliebtes Lokal (Fischgerichte und Risotti) mit schöner Terrasse.
Lazzaretto: **Al Ristoro de Ciampore**, Località Lazzaretto 8, Tel. 273862. Schöne Aussicht und gute Küche (Hausschlachtung).

Gelateria Jimmy, Largo Amulia 5. Am Bootshafen; viele Eissorten.
Meravigliosa, Riva De Amicis 23. Hausgemachtes Eis und Sorbet.
Caffè al Mandracchio, Riva de Amicis 7/A. Sandwiches, Piadine (Fladenbrote), Frappé. Am Bootshafen.

Antico Caffé Marconi, Piazza Marconi 4. Café und Bar am Hauptplatz.

Wolly & Mamy, Calle Giacomo Puccini 3. Kleine Bar mit Livemusik (im Sommer).

Bruno Lenardon, Pisciolon 37, Tel. 348/6110712.

Giorgio Nicolini, Fontanella 23, Tel. 040/3299249.

Fabiana Scheriani, Darsella S. Bartolomeo 20, Tel. 040/273934.

Vigna sul Mar, Darsella San Bartolomeo 17, Tel. 040/383211.

Archäologisches Museum, Calle Oberdan 14, Tel. 271778; Mo 10–12, Sa 10–12 und 17–19 Uhr, Eintritt frei.

Museo Ugo Carà, Via Roma 9; Di–Fr 17–19, Sa 10–12 und 17–19 Uhr, So, Fei 10–12 Uhr, Eintritt frei. Skulpturen von Ugo Carà (1908–2004).

Sala Comunale d'Arte Giuseppe Negrisin, Piazza Marconi 1. Ausstellungen zeitgenössischer Kunst.

Archäologische Ausgrabungsstätte Castelliere di Elleri (Via di Santa Barbara). Reste der Wallburg Elleri; Infos: Piazza della Repubblica 4, Tel. 3360340.

Burg Muggia, Calle die Lauri, Familie Bossi, Tel. 272772. www.castellodimuggia.wpeople.it. Führungen nach Vereinbarung (ab 15 Personen).

Carneval de Muja, www.carnevaldemuja.com (ital.) Winterkarneval im Februar, Sommerkarneval im August. Seit 1420 verbindet der Karneval venezianische und istrische Traditionen. Am ›Andar a ovi‹ (Rundgang), beim Straßentheater und am Wagenumzug sind bis zu 4000 Personen beteiligt.

Buskers Festival, Ende August. Zirkus und Straßentheater, Piazza Marconi.

Fahrradverleih, bei den Hotels ›Muggia‹ und ›Dulcinea‹.

Download der **Fahrradkarte Halbinsel Muggia**: www.comune.muggia.ts.it.

Fahrradwege um Muggia: Regionalkarte Friaul-Julisch Venetien, Kümmerly+Frey. Blatt 5; Beginn des Parenzana-Fahrradwegs (Traversata Muggesana).

Zahlreiche, im Sommer sehr frequentierte Strände am Küstenstreifen **westlich von Muggia** bis Lazzaretto.

Einen **Hundestrand** findet man beim Fido Lido (Via Trieste 15) an der Mündung des Rio Ospo.

Marina Resort Porto San Rocco, Strada per Lazzaretto 2, Tel. 273090. www.portosanrocco.it. Der Yachthafen hat 546 Liegeplätze für Boote bis 60 Meter Länge.

Marina San Bartolomeo, Strada per Lazzaretto 99. Beim Campingplatz, 118 Liegeplätze.

Muggia liegt am fast 14 Kilometer langen Wanderweg von San Bartolomeo zu den Noghere-Seen.

Wochenmarkt, Piazzale Foschiatti; donnerstags.

Panifcio Elzeri Sas, Calle Giacomo Puccini 9. Pizza, Brot und Gebäck (Presnitz).

Tutto Pepe, Via battisti Cesare 11. ›Despar-‹Supermarkt (auch Spezialitäten der Region).

Piras Egidio, Via die Meccanici 35, Originell-skurille Ölgemälde.

Apotheke, Via Mazzini, 1/A.

Medizinisches Zentrum, Via Battisti Cesare 6, Tel. 271113.

▶ Karte S. 360

Spätgotisches Haus in der Calle Oberdan in Muggia

Reisetipps von A bis Z

Anreise mit dem Auto

Aus Deutschland/Österreich: Die direkte Anreise empfiehlt sich auf der E55 über München und Salzburg entlang der Tauernautobahn nach Villach. Von dort Transit durch Slowenien durch den Karawankentunnel nach Ljubljana, dann entweder über Postojna an die Nordostküste Istriens oder über Rijeka an die Ostküste und in die Kvarner Bucht. Der Weg über Italien (Triest) ist zeitaufwendiger und spart die slowenische Vignettenkosten nur bei Nutzung nicht-mautpflichtiger Straßen.

Aus der Schweiz: Die Straße über die Gotthardt- oder Bernardino-Route vorbei an Chiasso und über die A4 (E65/70) nach Triest.

Straßenbenutzungsgebühren: Vignettenpflicht in **Österreich** (2017: 10 Tage-Vignette: 8,90 Euro für PKW, 5,10 Euro für Motorrad) und in **Slowenien** (2017: 7-Tage-Vignette: 15 Euro für PKW, 7,50 für Motorrad. Bestellung online: www.tolltickets.com. Videomaut (Tauern- und Karawankentunnel), Vignetten (ab 2018 auch digital!): www.asfinag.at. Mautgebühren (Cestarina) in **Kroatien**: A7 Rupa-Rijeka: ca. 1,10 Euro für PKW, 0.70 Euro für Motorrad, Brücke Krk: ca. 4,70 Euro für PKW, 2,80 für Motorrad), Informationen unter www.hac.hr; ›Istrisches Ypsilon‹: Umag-Pula (76 km): 6 Euro für PKW, 3,50 Euro für Motorrad; Učka-Tunnel-Pula (80 km): 7,40 Euro für PKW, 4,40 Euro für Motorrad.

Dokumente: Pflicht sind Führerschein und Fahrzeugschein. Auto- und Motorradfahrer müssen außerhalb geschlossener Ortschaften eine Warnweste dabei haben und sie bei Pannen überziehen. Verstöße werden in Kroatien aber nicht geahndet. Die grüne Versicherungskarte ist nicht zwingend erforderlich, erleichtert aber die Abwicklung eines Schadens. Über die neuen Regelungen zu Bußgeldern und Schadensregulierungen informiert der ADAC, www.adac.de.

Die **Tankstellendichte** ist ausreichend, bezahlt werden kann überwiegend auch per EC-Karte. Achtung: Auf den Inseln ist die Tankstellendichte wesentlich niedriger. Die Verkehrssicherheit hat sich unter anderem aufgrund des Ausbaus von Straßen und Tunnels verbessert. Dennoch war die Anzahl schwerer Verkehrsunfälle mit Todesfolge in Kroatien 2015 im EU-Vergleich unverhältnismäßig hoch. Dies liegt nicht nur an der ›temperamentvollen‹ Fahrweise der Einheimischen: Es gibt viele enge, kurvenreiche und staubige Straßen, die in

Mautpflichtig: die Brücke auf die Insel Krk

heißen Sommern bei Regen zu gefährlichen Rutschbahnen werden.

Tempolimits: Innerhalb von Ortschaften: 50 km/h; außerhalb von Ortschaften: 90 km/h; PKW mit Wohnwagen: 80 km/h; Schnellstraßen: 110 km/h, PKW mit Wohnwagen: 80 km/h; Autobahnen: 130 km/h, PKW mit Wohnwagen: 80 km/h.

Falsches Parken bzw. Überziehen der Parkzeit wird in Kroatien streng geahndet – falsch geparkte PKWs werden mitunter abgeschleppt oder mit einer Parkkralle versehen. Strafbescheide werden auch Jahre später noch verschickt!

Anreise mit dem Bus

Europabusse steuern größere Städte in Istrien (Pula, Rovinj, Poreč) und an der Kvarner Bucht (Rijeka, Crikvenica, Novi Vinodolski, Senj) an. Buchung über das örtliche Reisebüro oder über Eurolines Touring in Deutschland, www.eurolines.de, Eurolines Austria in Österreich, www.eurolines.at, oder Eurolines Schweiz in die Schweiz, www.eurolines.ch. Verbindungen in Kroatien unter www.autobusni-kolodvor.com.

Anreise mit der Bahn

Der Eurocity von München nach Rijeka braucht etwa 10 Stunden. Von Hamburg-Altona nach Villach fährt der Autorreisezug **Urlaubsexpress** (UEX). www.urlaubs-express.de. PKW/2 Personen im Liegewagen: ca. 550 Euro. Ratsam ist, früher als die geforderten sieben Tage zu buchen.

Anreise per Flugzeug

Für Reisen nach Istrien und die Kvarner Bucht bieten sich die Flughäfen in **Rijeka** (auf Krk) und **Pula** (in Istrien) an. Sie werden auch von Billigfliegern angeflogen: TUIfly, www.tuifly.com, Eurowings, www.eurowings.com, Ryanair, www.ryanair.com. Die einheimische Fluglinie ist Croatia Airlines, www.croatiaairlines.com, Tel. +385/1/6676555. Eine Alternative ist die Anreise über den Flughafen Triest (Italien) und Weiterfahrt mit dem Bus (Einfache Fahrt Triest–Pula: ca. 15 Euro).

Apotheke

Ärztliche Versorgung

Ein dichtes Netz von Krankenhäusern, Ambulanzen und Ärzten bietet einen hohen Standard an medizinischer Hilfe. Meist sprechen die Ärzte gut Englisch oder sogar Deutsch.

Rettungsdienst: Tel. 194, vom deutschen Handy +385/1/194.

Akute ärztliche Versorgung und Krankenhausbehandlung ist unter Vorlage der Europäischen Krankenversicherungskarte einer deutschen gesetzlichen Krankenversicherung möglich. Für spezielle Untersuchungen, Behandlungen und Medikamente müssen Zuzahlungen geleistet werden. Neben niedergelassenen Ärzten gibt es zur Akutversorgung Medizinische Zentren (Dom Zdravlja). Die meisten Polikliniken sind private Einrichtungen. Private Ärzte haben oft keinen Vertrag mit der gesetzlichen Krankenversicherung und verlangen Barzahlung. In diesem Fall sollte man sich eine detaillierte Rechnung ausstellen lassen. Empfehlenswert ist eine **Auslandskrankenversicherung**, die auch den Rücktransport im Notfall einschließt.

Automobilclub und Pannenhilfe

Hilfe gibt es beim Kroatischen Automobil Club (HAK): Tel. +385/987, Mobil-Tel. +385/1/987 (ADAC-Schutzbriefschecks werden akzeptiert). Für ADAC-Mitglieder: **ADAC-Notruf für Kroatien in Zagreb**: Tel. +385/1/6611999 (ganzjährig).

ADAC-Notrufzentrale München: Tel. +49/89/222222 (rund um die Uhr).
ADAC-Ambulanzdienst München: Tel. +49/89/76767 (rund um die Uhr).
Österreichischer Automobil-, Motorrad- und Touring-Club ÖAMTC, Schutzbrief-Nothilfe: Tel. +43/1/2512000.
Touring Club Schweiz TSC, zentrale Hilfsstelle: Tel. +41/58/8272220.
Alle Verkehrsunfälle müssen der Polizei gemeldet werden. Um Probleme bei der Ausreise zu vermeiden, sollte man sich bei größeren Schäden stets das Protokoll (*Potvrda*) geben lassen.

Autoverleih

Internationale Leihwagen-Agenturen gibt es in größeren Orten (Pula, Labin, Rovinj, Poreč und Rijeka) und an Flughäfen. Seit September 2014 ermöglicht EuropCar die Einreise nach Kroatien auch mit Leihautos. Ein Preisvergleich lohnt sich. Am günstigsten ist, das Auto per Internet vorzubestellen, vor Ort kostet es bis zu 20 Prozent mehr. Online-Buchungen sind z. B. bei diesen lokalen Anbietern möglich: www.oryx-rent.hr, www.histrica.com, www.willrentacar.com.
Regeln für das Anmieten: Mindestalter 21 Jahre, ein Jahr Führerscheinbesitz, als Sicherheit gilt der Abzug von der Kreditkarte oder eine Kaution. Die Preise sind so hoch wie in westeuropäischen Ländern.

Strand mit Rampe in Malinska auf Krk

Baden

Die kroatische Küste besteht überwiegend aus Stein-, Kiesel- und selten aus Sandstränden. Für das Baden gibt es an öffentlichen Stränden kaum Einschränkungen, die einzige besteht bei FKK-Baden und der Mitnahme von Hunden, beides ist nur an speziell dafür ausgewiesenen Abschnitten erlaubt.
Badeschuhe sind gegen Seeigel hilfreich.
Auch wenn die kroatische Adria in punkto **Wasserqualität** regelmäßig gute Noten erhält, sollte man in der Nähe von Dörfern und Städten eher einen abseits gelegenen Strand aufsuchen, weil die Abwässer vielfach ungeklärt entsorgt werden. Eine ausführliche Liste der momentan 69 Strände und 8 Marinas, die in Istrien und der Kvarner Bucht mit der Blauen Flagge ausgezeichnet wurden, findet sich unter www.blueflag.global.

Banken und Wechselstuben

Geldwechsel ist in Postfilialen, Banken und Wechselstuben (*Mjenjačnica*) möglich, oft auch an Hotelrezeptionen. Offizielles Zahlungsmittel der Republik Kroatien ist die **Kuna** (abgekürzt ›kn‹, international ›HRK‹). Eine Kuna besteht aus 100 Lipa. Es gibt Münzen zu 1,2,5,10,20 und 50 Lipa und zu 1,2, und 5 Kuna sowie Banknoten zu 5, 10, 20, 50, 100, 200, 500 und 1000 Kuna. Da die Kurse variieren und bisweilen bis zu 3% Provision verlangt wird, sollte man die Wechselkurse vergleichen. → auch Geldautomaten, S. 371. Ein Euro liegt bei 7,42 (September 2017).
Vom Urlaub übrig gebliebene Kuna können gegen Vorlage der Quittung vom Umtausch in einem kroatischen Geldinstitut in Euro zurückgetauscht werden.
Banken haben werktags in der Regel von 7 bis 15 Uhr geöffnet, Wechselstuben in den Touristenorten arbeiten oft auch am Sonntag.

Barrierefreier Urlaub

Bisweilen sind kleinere Städte Istriens und der Kvarner Bucht für Rollstuhlfahrer schwer zugänglich. Über barrierefrei ausgestattete

Touristenbähnchen in Rabac

öffentliche Gebäude und Geschäfte informiert eine Broschüre des Tourismusverbands Istriens www.istra.hr (unter Aufenthaltsplanung). Oft können Urlauber mit Behindertenausweis auf den mit gelb markierten **Behindertenparkplätzen** kostengünstiger parken. Einige Hotels bieten rollstuhlgerechte Zimmer an (Tipp: vorher erkundigen, ob das ganze Hotel barrierefrei ist).

Mit **Rollstuhlrampe** ausgestattet sind unter anderem die Strände Polynesia (Umag), Maslinica (Labin, Rabac), Naturist Camping Istra (Funtana), der Strand südlich der Marina von Poreč, sowie Porporela (Stadt Krk) und Rupa (Malinska).

Ausführliche Listen zu barrierefreien Hotels und Stränden finden sich unter www.kroati.de/kroatien-infos/urlaub-in-kroatien-mit-dem-rollstuhl.html.

Botschaften und diplomatische Vertretungen

Deutsche Botschaft
Grada Vukovara 64
10000 Zagreb
Tel. +385/1/63001100
Fax +385/21/6155536
www.zagreb.diplo.de

Österreichische Botschaft
Radnička cesta 80, 9. Stock
10000 Zagreb
Tel. +385/1/4881050
Fax +375/1/4834461
www.bmeia.gv.at/botschaft/agram.html

Schweizerische Botschaft
Bogovićeva 3
10000 Zagreb
Tel. +385/1/4878800
Fax +385/1/4810890
www.eda.admin.ch/zagreb

Konsularische Angelegenheiten werden von Wien aus betreut:

Regionales Konsularcenter Wien
c/o Schweizerische Botschaft in Wien
Kärtner Ring 12
1010 Wien/Österreich
Tel. +43/1/79505
Fax +43/1/7950521

Busverbindungen

Orte bis zu einer bestimmten Größe werden mit dem Bus erreicht, manche Inseln haben gar keinen Busverkehr. Daher ist es ratsam, sich am Busbahnhof zu informieren und die Karten vorher zu kaufen (kein Ticketverkauf im Internet). Fahrplanauskunft: www.autobusni-kolodvor.com.

Elektrizität

Die Netzspannung beträgt 220 Volt und 50 Hertz. Adapter für Steckdosen sind nicht nötig.

Fähren

Es gibt Autofähren (Trajekt) und Schnellboote (Brzi brodovi), Personenfähren, die von der Jadrolinija betrieben werden. Sie fahren oft überpünktlich ab: Bei starkem Verkehrsaufkommen fahren die Schiffe, sobald sie voll sind, der Takt wird erhöht. Rechtzeitiges Erscheinen am Hafen lohnt sich.

Jadrolinija Rijeka
Tel. Zentrale +385/51/666111
Fahrpläne: www.jadrolinija.hr

Feiertage und Ferien

Landesweite Feiertage, Schulferien
1. Januar, Neujahrstag
6. Januar, Heilige Drei Könige
Ostermontag
1. Mai, Tag der Arbeit
Fronleichnam
22. Juni, Tag des antifaschistischen Widerstands
25. Juni, Staatsfeiertag
5. August, Tag des Sieges im Heimatkrieg
15. August, Mariä Himmelfahrt
8. Oktober, Unabhängigkeitstag
1. November, Allerheiligen
25./26. Dezember, Weihnachtsfeiertage

Beliebtes Kletterrevier: das Učka-Gebirge

Feuer

Die Brandgefahr ist gerade im Sommer sehr hoch. Vom 1. Juni bis 31. Oktober ist das Entfachen von offenen Feuern streng verboten und wird bestraft. Werfen Sie keine brennenden oder brennbaren Gegenstände weg, auch kein Glas (Brennglaseffekt!). Wenn Sie ein Feuer bemerken, sollten sie andere Personen in Ihrer Umgebung benachrichtigen und sofort die Tel.-Nr. **93** oder **112** anrufen. Versuchen Sie, das Feuer bis zum Eintreffen der Feuerwehr zu löschen, aber ohne sich oder andere zu gefährden.

FKK

Das Nacktbaden hat in Kroatien seit 1934 Tradition. Sonnenbäder ohne Bikini werden an fast allen Stränden toleriert, dagegen ist FKK nur an bezeichneten Stränden akzeptiert. Schöne FKK-Strände in Istrien sind der 8 km lange FKK-Strand zwischen Savudrija und Umag; die Zelena laguna und Borik (bei Poreč), Koversada (bei Rovinj); auf der Insel Krk Bunculuka (bei Baška), Politin (bei der Stadt Krk), Konobe (bei Punat), der Strand Rajska plaža bei Malinska; auf der Insel Cres Camping Baldarin (beim Kap Kovačine) und auf der Insel Lošinj der Strand bei Privlaka.

Fotografieren und Filmen

Ein Verbot für den Einsatz von Kameras aller Art gibt es bei militärischen Objekten sowie in manchen Kirchen und Museen. Unterwasseraufnahmen sind in manchen Küstenzonen untersagt, das Fotografieren und Filmen archäologisch interessanter Stellen unter Wasser bedarf einer Sondergenehmigung des Kulturministeriums.

Freeclimbing

Extrem- und Sportkletterer finden an den Felsenküsten Istriens viele Routen: im Steinbruch Fantazija im Waldpark Zlatni rt bei Rovinj, beim Thermalbad Istarske Toplice, am Felsabbruch der Raspadalica, am Limski Kanal, in der Bucht Vela draga (Vranjska draga) und bei den Ruinen von Dvigrad. Informationen: www.aozeljeznicar.hr/old/AO/climbing.htm.

Geldautomaten

Mit der deutschen EC-Maestro-Card oder der Kreditkarte kann man fast überall in Kroatien an Geldautomaten Bargeld (Kuna) abheben. **Achtung**: Beim Abheben von Bargeld (in Kuna) aus dem Geldautomaten kann man zwischen 1. Umtausch zum ›garantierten Wechselkurs‹ oder 2. Umtausch zum ›variablen Tageskurs‹ wählen. Da der ›garantierte Wechselkurs‹ in der Regel wesentlich niedriger ist, als der Tageskurs, empfiehlt sich Variante 2!
Viele Geschäfte, Restaurants, Tankstellen und Mautstationen akzeptieren Kreditkarten.

Dame mit Dalmatinern in der Kvarner Bucht

Gesundheit

Impfungen zur Einreise sind nicht vorgeschrieben, empfohlen werden Impfungen gegen Tetanus, Diphtherie und Hepatitis A. Istrien und die Kvarner Bucht gehören nicht zu den FSME-Risikogebieten Kroatiens. Vorsicht beim Trinkwasser, aus manchen Leitungen kommt Zisternenwasser!

Haustiere

Für Haustiere gelten bei der Einreise nach Kroatien die in der Europäischen Union üblichen Bedingungen: Kennzeichnung mit Mikrochip sowie Mitnahme eines gültigen EU-Heimtierausweises mit Impfbestätigung (Tollwutimpfung)
Ausgewiesene **Hundestrände** sind unter anderem Kantrida und Brajdica (bei Rijeka), Punta kolova (bei Opatija) und ›Podvorska‹ (bei Crikvenica); auf der Insel Krk die Strände Dražica und Redagara (bei Krk), Vela plaža (bei Baška), Kijac (bei Njivice) und Mala Krasa (bei Punat); auf Cres: Campingplatz Kovačine, ACI-Marina Cres und beim Wohnviertel Gavza, auf Lošinj Strände zwischen Veli žal und Lanterna. Informationen zur tierärztlichen Versorgung finden sich unter www.veterinarstvo.hr (nur kr.).

Internet

In vielen Hotels, Ferienanlagen Istriens und der Kvarner Bucht gibt es Hotspots. Manche Städte haben Free-Wifi-Zonen, einige Cafés und Restaurants bieten kostenlosen Internetzugang an: www.kvarner.hr/deu/tourismus (unter ›Nützliche Informationen‹). Da die kroatischen Mobilnetzbetreiber über UMTS/HSPA-Netze verfügen, ist fast überall mit entsprechendem USB-Stick eine mobile Internetnutzung möglich. Deutlich preiswerter sind USB-Sticks oder SIM-Karten kroatischer Provider (z.B. von VIPnet), die man an Kiosken, Tankstellen, in Supermärkten, auf der Post und in VIP-Läden erhält. Informationen: www.vipnet.hr/tourist-offer.

Kriminalität

Kroatien gilt als sicheres Reiseland. Nachts kann man sich bedenkenlos auf den Straßen aufhalten, sollte aber dunkle, einsame Ecken meiden. Kleinkriminelle und Taschendiebe gibt es auch in Kroatien. Wie überall ist es ratsam, keine großen Bargeldsummen bei sich zu tragen und bei größeren Menschenansammlungen und Gedränge auf Handtaschen und Geldbörsen achtzugeben.

Mehrwertsteuerrückerstattung

Bei 25 Prozent Mehrwertsteuer (2017) lohnt es bei größeren Anschaffungen, die Rückzahlung der Mehrwertsteuer zu beantragen. Es gelten folgende Bedingungen: Der Warenwert einer Rechnung beträgt über 740 Kuna, der Verkäufer hat ein aus-

Venezianischer ›Briefkasten‹ in Momjan

gefülltes PDV-P Formular ausgestellt, die gekaufte Ware wurde dem Zollamt, das das PDV-P-Formular beglaubigt und das Datum des Grenzübertritts einträgt, zur Einsicht übergeben. Den Antrag auf Steuerrückzahlung muss man innerhalb von drei Monaten ab Rechnungsdatum abgeben.

Minen

In Istrien und der Kvarner Bucht gab es während der Balkankriege keine Kampfhandlungen. Die Außenministerien warnen aber weiterhin vor Minen in einigen Landesteilen Kroatiens, speziell in Ost- und Westslawonien und im Grenzgebiet zu Bosnien und Herzegowina. Im Hinterland (südlich von Karlovac und östlich von Ogulin) und an der Küste zwischen Senj und Split besteht immer noch eine Gefährdung durch Minen oder Blindgänger. Informationen bietet das kroatische Minenräumzentrum **Hrvatski centar za Raziminiranje** (www.hcr.hr, engl.). Straßen und Wege sollten in diesen Gebieten nicht verlassen werden, da Minen oft dicht am Straßenrand verlegt wurden. Minenfelder sind meist durch Schilder oder Pfähle mit Plastikstreifen gekennzeichnet. Trümmergrundstücke und leerstehende Gebäude sollten gemieden werden.

Öffnungszeiten

Öffnungszeiten sind generell frei und werden auch sehr frei angewandt. Je kleiner ein Ort, desto früher sind die Geschäfte geschlossen. In der Regel sind Läden von 7 bis 20 Uhr geöffnet, in kleineren Orten gibt es Pausen von 12 bis 16 Uhr, in größeren Orten kann man auch bis 22 Uhr einkaufen. Auch Museen und Kirchen machen meist längere ›Mittagspausen‹; viele Museen sind montags geschlossen. Wer Kirchen in kleineren Orten besichtigen möchte, sollte beim Pfarramt oder bei Nachbarhäusern nach dem Schlüssel fragen.

Post

Briefmarken erhält man in einem Kiosk (*tisak*), Zeitungsladen oder beim Postamt, das an dem gelben Schild mit der Aufschrift Pošta und einem stilisierten Posthorn zu erkennen ist. Dieses Zeichen tragen auch die kroatischen Briefkästen. Das Netz der Postämter ist dicht. Eine Briefmarke (*poštanska marka*) für Standardbriefe (bis 50 g) nach Deutschland (Njemačka), Österreich (Austrija) und in die Schweiz (Švicarska) kostet derzeit 7,60 Kuna (ca. 1 Euro), für eine Postkarte (*razglednica/dopisnica*) zahlt man 4,60 Kuna (ca. 60 Cent).
Die meisten Postfilialen haben werktags von 7 bis 19 Uhr geöffnet, in größeren Städten und Touristenorten oft auch samstags und sonntags, in kleineren Orten schließen die Ämter werktags bereits um 14 Uhr (www.posta.hr).

Radfahren

Das Radewegenetz in Istrien und der Kvarner Bucht ist im Vergleich zu anderen Regionen Kroatiens sehr gut. Entlang der Küsten und in dem hügeligen Hinterland Istriens gibt es mittlerweile ein Routennetz von über 60 Radwegen mit mehr als 2600 Kilometern Länge. Bisweilen muss man – wie auf manchen Inseln – am Rand der Straße fahren. Ein **Helm** wird dringend empfohlen, für Kinder bis 14 Jahre ist er Pflicht. Wegen der vielen Schotterwege sind robustere Räder (Mountainbike) zu empfehlen.
Radtourkarten sind in vielen Touristenbüros erhältlich.

Radio und Fernsehen, Presse

Während der Sommersaison gibt es jeweils um 20 Uhr auf HR2 Informationen in Englisch und Deutsch (Nordwestkroatien und Küstengebiet: 98,5 MHz, Istrien: 105,3 MHz. Deutschsprachige Berichte senden auch Radio Rovinj (94,8 MHz und Radio Mali Lošinj (92,8 MHz). Wegen der hohen Kosten für die Synchronisation laufen ausländische Spielfilme im kroatischen Fernsehen in der Regel in der Originalsprache. **Internationale Zeitungen** und Zeitschriften findet man an den Kiosken der größeren Touristenorte. In Touristenbüros liegen kostenlose Magazine zu Istrien oder der Kvarner Bucht aus, über aktuelle Termine und Nachrichten informiert die englischsprachige Zeitung Kvarner (www.kvarner.hr).

Rauchen

Seit April 2010 darf nach dem Nichtrauchergesetz in den meisten gastronomischen Betrieben nicht mehr geraucht werden. Ausgenommen sind Lokale, deren Fläche kleiner als 50 Quadratmeter ist. Die Strafe kann für den Raucher und für den Kellner, der nicht darauf hingewiesen hat, bis zu 1000 Kuna betragen. Der Lokalbesitzer muss zwischen 5000 und 15 000 Kuna zahlen. Wer im Lokal rauchen will, sollte also unbedingt erst fragen.

Reisedokumente

Auch nach dem EU-Beitritt ist Kroatien gegenwärtig noch kein Mitgliedstaat des Schengener Abkommens. Daher werden an der slowenisch-kroatischen Grenze weiterhin strikte Grenzkontrollen durchgeführt. Bürger der Europäischen Union benötigen für die Einreise nach Kroatien ein Reisedokument (Pass oder Personalausweis), das für die Dauer des Aufenthalts gültig und mit einem Lichtbild versehen ist. Der österreichische Reisepass darf bis zu fünf Jahre abgelaufen sein, allerdings wird zunehmend von Problemen berichtet. Bei Deutschen wird zwar ein vorläufiger Reisepass anerkannt, aber nicht ein vorläufiger Personalausweis. Für Aufenthalte bis zu 90 Tagen besteht keine Visumpflicht (sofern keine Erwerbstätigkeit ausgeübt wird). **Kinder** benötigen eigene Ausweisdokumente mit Lichtbildern. Reisende, die keine gültigen Dokumente vorweisen können, werden an der Grenze zurückgewiesen. Es wird empfohlen, alleinreisenden Minderjährigen eine formlose Einverständniserklärung der Sorgeberechtigten mitzugeben.

Für die **Einfuhr von Jagd- oder Sportgewehren** besteht für Reisende aller deutschspra-

Rast auf dem Gipfel des Vojak

Ausflugsschiff in der Kvarner Bucht

chigen Länder eine Anmeldepflicht (erfolgt durch Eintragung in das Reisedokument). Wer sein Urlaubsziel erreicht, muss sich innerhalb von 24 Stunden im **Tourismusbüro** melden. Das Kassieren der fälligen Kurtaxe übernehmen in der Regel die Unterkunftsbetreiber.

Reiseveranstalter

Biblische Reisen
Silberburgstr. 121
70176 Stuttgart
Tel. +49/711/619250
www.biblische-reisen.de
Studien- und Gruppenreisen.

CTS Gruppen- und Studienreisen
Herforder Str. 75
32657 Lemgo
Tel. +49/5261/25060
www.cts-reisen.de
Gruppen- und Studienreisen.

DAV Summit Club
Am Perlacher Forst 186
81545 München
Tel. +49/89/642400
www.dav-summit-club.de
Wander- und Moutainbike-Reisen in der Kvarner Bucht.

Erlebnisreisen weltweit
Dorfstr. 19
87616 Marktoberdorf
Tel. +49/8342/919337
www.erlebnisreisen-weltweit.de
Inselhüpfen in der Kvarner Bucht per Rad und Schiff, Wanderreisen.

Eventreisen
Business Village Luzern, D4 Platz 4
CH-6039 Root-Luzern
Tel. +41/041/3757080
www.eventreisen.ch
Wein- und Gourmetreisen durch Istrien.

Guidina
ul. Mira 9
HR-52474 Brtonigla (Verteneglio)
+385/52/725100
www.alternativna-istra.com
Themenreisen für Einzelpersonen und Gruppen (Wein und Gourmet, Rad und Wandern, Agrar, Chor und Musik).

Heideker Reisen
Dottinger Strasse 55
72525 Münsingen
Tel. +49/7381/93950
www.heideker.de
Wander- und Kulturreisen Istrien und Kvarner Bucht.

I.D. Riva Tours
Neuhauser Str. 27
80331 München
Tel. +49/89/2311000
www.idriva.de
Inselhüpfen per Schiff und Rad, Wander-, Bade- oder FKK-Kreuzfahrten.

Ikarus Tours
Am Kaltenborn 49–51
61462 Königstein
Tel. +49/6174/29020
www.ikarus.com
Studien- und Gourmetreisen.

Inselhüpfen.de
Radurlaub Zeitreisen
Maybachstr. 8
78467 Konstanz
Tel. +49/7531/361860
www.inselhuepfen.de
Inselhüpfen per Rad und Schiff, Erlebniskreuzfahrten, Rad- und Hotelreisen.

Paradeast
Bei den Mühlwiesen 8
93149 Nittenau
Tel. +49/9436/9031684

www.paradeast.com
Erlebnisreisen in Istrien.
Pinistria
Wolffsohnstraße 15
50827 Köln
Tel. 0221/17085596
http://reisen-kroatien-istrien.de
Individuelle Reisen.
Studiosus Reisen
Riesstr. 25
80992 München
Tel. +49/89/500600
www.studiosus.com
Eventreisen nach Istrien.

Reiten

Gestüte und Bauernhöfe in Istrien, auf den Inseln der Kvarner Bucht und im Küstenland (Primorje) locken mit Angeboten für Reittourismus. Informationen zu Reiterhöfen gibt es unter www.kroati.de/kroatien-infos/reiten-kroatien.html und beim Tourismusverband in Frankfurt (→ S. 377). Das istrische Barban ist bekannt für seine Reiterspiele (→ S. 213).

Restaurants und Cafés

In Kroatien gibt es verschiedene Kategorien von Gaststätten: Die **Konoba** (Keller), ursprünglich nur ein Weinlokal, ist heute meist ein einfaches Wirtshaus mit landestypischen Gerichten und oft mit rustikal-urigem Ambiente. In der Regel gibt es in Konobas nur ein begrenztes Speisenangebot. Da sich auch manches kostspielige Lokal Konoba nennt, ist der vorherige Blick auf die Speisekarte ratsam. Größere Restaurants heißen üblicherweise **Restoran**.

Eine **Kavana** entspricht einem Café –neben alkoholfreien werden auch alkoholische Getränke serviert. Wenn dort keine Kuchen oder Snacks angeboten werden, darf man sich beim Bäcker oder in einer **Slastičarna** (Konditorei) Gebäck holen und es im Café verzehren.

Vegetarisches und veganes Essen: Fleisch ist traditionell ein fester Bestandteil der kroatischen Küche, viele Restaurants Istriens und der Kvarner Bucht bieten aber auch vegetarische Gerichte an (Nudel-, Spargel- und Pilzgerichte, Pizzen, Gemüsesuppen). Vegan essen kann man zum Beispiel in **Poreč**, im Restaurant ›Artha‹, Jože Šurana 10, Tel. +385/52/435495, in **Pula** in den Restaurants ›Bhumi‹, Maksimilijanova ulica 19, Tel. mobil +385/98/1612782, und ›Fresh sandwiches&salads‹, Anticova 5, Tel. +385/52/418888 sowie in **Tribalj** im Hotel ›Balatura‹, Mali Sušik 2, Tel. +385/51/455340. Vegetarische Gerichte gibt es beispielsweise in **Pula** in den Restaurants ›Oasi‹, Pješčana uvala VII ogranak, Tel. +385/52/397910, www.oasi.hr, und ›Stari Grad‹, Sicplac 3, Tel. +385/52/386808 sowie **bei Buzet** bei ›Agroturizam Mlini‹, Mlini 44, Tel. mobil +385/98/629138, sowie in **Rijeka** im ›Klub Makrovega‹, Matije Gupca 7, Tel. mobil +385/98/1855929.

Segeln

Die Adria mit ihren vielen Inselchen wird zu einem immer beliebteren Segelrevier. Wer auf dem Seeweg einreist, muss auf dem kürzesten Weg den nächstliegenden für den internationalen Verkehr geöffneten Hafen zur **Grenzkontrolle** anlaufen, eine Vignette kaufen sowie im Hafenamt oder dessen Zweigstelle die Crew-Liste beglaubigen lassen. Keine Vignette benöti-

In Punat ist die größte Marina Kroatiens

gen Wasserfahrzeuge unter 3 Meter Länge bzw. mit einer Gesamtantriebsstärke unter 5 KW. Für das Schiff muss unabhängig von der Länge eine **Kurtaxe** entrichtet werden. Bei Charter gilt 1 Euro pro Person und Tag. **Außerdem werden benötigt**: eine beglaubigte Besatzungsliste, ein Nachweis über die Seetüchtigkeit des Schiffes, ein Nachweis über die Haftpflichtversicherung für Schäden gegenüber dritten Personen, ein Eigentumsnachweis und eine informative Seekarte.

Deutsche, österreichische und Schweizer **Sportbootführerscheine** sind auch in Kroatien gültig. Mindestens einer an Bord muss einen haben. Genaue Infos auf www.wmcw.at/service/download/category/4-kroatien oder mit Preisen auf www.mint.hr (Nautik-Info) herunterladbar.

Ganzjährig geöffnete Seegrenzübergänge: Umag, Poreč, Rovinj, Pula, Raša-Bršica, Rijeka, Mali Lošinj, Senj.

Saisonweise geöffnet (1. April–30. Okt.) ist der Seegrenzübergang Novigrad (Istrien).

Für Bojenfelder dürfen in zahlreichen Buchten Gebühren erhoben werden. Informa-tio-nen zur Lage der Bojenfelder unter www.wosamma.at/bojenfelder/map.php. Angaben zu den Gebühren im Blog von Wolfgang Götzinger (www.anchoragesin-croatia.net).

Es ist auch möglich, im Land Jachten zu chartern. Dazu gibt der **Deutsche Segler-Verband Auskunft**, Tel. +49/89/586282, oder der kroatische **Adriatic Croatia International Club** (ACI), **ACI**, Maršala Tita 151, 51410 Opatija, Tel. +385/51/271288, www.aci-marinas.com. Eine große Chartergesellschaft ist die ›Blue Magic Yachtcharter Croatia‹, www.magicyachting.com. Über Gebühren für Boote und Yachten informiert der Gebührenrechner der Seite www.sea-help.eu. Die kostenlose App **Nautical Info Service Croatia** des kroatischen Ministeriums für maritime Angelegenheiten, Vekehr und Infrastruktur (MPPI) bietet eine Notruf-Funktion und Informationen über Navigationsregeln, Wetter, Häfen und Anlegestellen etc.: www.mppi.hr/default.aspx?id=29355.

Informationen zur vorübergehenden Einfuhr von Wasserfahrzeugen durch Personen mit ständigem Wohnsitz in EU-Ländern:www.mint.hr/print.aspx?id=12767.

Souvenirs

Als Souvenirs eignen sich am besten Spezialitäten aus dem Sortiment ›Essen und Trinken‹, zum Beispiel Wein und Hochprozentiges, aber auch haltbare kulinarische Produkte. Mit dem EU-Beitritt Kroatiens zum 1. Juli 2013 gelten die zollrechtlichen Bestimmungen der EU (→ Zoll, S. 379).

Bei lose gekauftem **Wein** und **Schnaps** sollte man die Verschlüsse gut prüfen. Ansonsten lässt sich istrischer **Hartkäse** (Kuh- oder Schafskäse) oder luftgetrockneter **Schinken** (*pršut*) gut transportieren. Überall, auch in den Supermärkten, kann man sich Stücke zum Probieren geben lassen. Auch **Honig** und **Olivenöl** sind schöne Mitbringsel. Dabei sollte man darauf achten, sie dort zu kaufen, wo auch Einheimische kaufen, auf Märkten oder direkt beim Erzeuger. An den Straßenständen ist die Ware qualitativ nicht immer hochwertig. Bei Honig wurde ein Standard eingeführt, deshalb ist bei Gläsern ohne Etikett immer eine Geschmacksprobe ratsam, um zu prüfen, ob Wasser beigemischt wurde.

Gerne gekauft werden auch **Marmelade** und in Schnaps **eingelegte Früchte** sowie **Trüffeln**, **Trüffelprodukte** und **Lavendelöl**. Schöne Andenken sind der handbemalte Tonkrug **Bukaleta**, aus dem man istrischen Wein trinkt oder typischer Schmuck wie die aus Rijeka stammenden **Ohrringe** mit dem Emaillebild eines ›Morčić‹ (Mohrenköpfchen). In einigen Souvenirläden werden auch die traditionellen istrischen **Holzblasinstrumente** (*sopele* und *roženice*) angeboten.

Tauchen

Die Zahl der registrierten und lizensierten Tauchzentren wächst ständig. Die Tauchplätze bieten schroffe Felswände, bizarre Unterwasserriffe und Höhlen sowie eine reiche Flora und Fauna. Daneben gibt es bei

Istrien und in der Kvarner Bucht eine Fülle von Schiffswracks und archäologischer Zonen (eine Liste findet sich auf www.istrien kroatien.de/tauchen-istrien).
Wer sich einer Tauchtour bei lizensierten Tauchschulen oder Tauchvereinen anschließt, muss sich nicht selbst um die Formalitäten kümmern. Wer auf eigene Faust tauchen will, benötigt einen kroatischen **Tauchausweis** (ca. 13 Euro/Jahr), der bei Tauchclubs oder dem Tauchverband erworben werden kann, sowie eine **Tauchgenehmigung** (325 Euro/Jahr), die vom Hafenamt ausgestellt wird. Der Taucherausweis wird nur an Personen ausgegeben, die eine entsprechende internationale Taucherqualifikation besitzen.

Auch beim Schnorcheln gibt es einiges zu sehen

Telefonieren

Eine Gesprächsminute von einem öffentlichen Kartentelefon kostet etwa 0,40 Euro nach Deutschland oder Österreich bzw. 0,47 Euro in die Schweiz. Hotels verlangen in der Regel deutlich mehr. Seit dem 15. Juni 2017 entfallen die Roaming-Gebühren in der EU, womit Telefonieren mit dem eigenen Mobiltelefon wesentlich günstiger wird, jedoch sollte man sich trotzdem beim jeweiligen Anbieter über die genauen entstehenden Kosten informieren.
Internationale Vorwahl Kroatien: +385.
Vorwahl nach Deutschland: +49.
Vorwahl nach Österreich: +43.
Vorwahl in die Schweiz:+41.
Notruf: +385/122, der Anruf wird auch auf deutsch und englisch entgegengenommen (Unfälle, medizinischer Notfall, Brand(-gefahr), Bergnot).
Pannenhilfe: +385/1/987.
Such- und Seenotrettungsdienst: +385/9155.
Allgemeine Auskunft: +385/981.
Inlandsauskunft: +385/11888.
Auslandsauskunft: +385/11802.
Wettervorhersage und Verkehrsservice: +385/18166 oder +385/60/520520.
Automobilclub Kroatien: Tel. +385/62/777777, www.hak.hr (dt.).
Sperrnotruf für Kreditkarten, Handykarten etc.: +49/116116.

Tourismusverbände

Kroatische Zentrale für Tourismus Deutschland
Hochstr. 43
60313 Frankfurt/Main
Tel. +49/69/2385350
www.croatia.hr
Mo–Do 9–18, Fr 9–17 Uhr
Kroatische Zentrale für Tourismus Österreich
Liechtensteinstraße 22a, 1/1/7
1090 Wien
Tel. +43/1/5853884
office@kroatien.at
www.croatia.hr
Mo–Fr 9–17 Uhr
Kroatische Zentrale für Tourismus Schweiz
Seestr. 160
80002 Zürich
Tel. +41/43/3362030
www.croatia.hr
Mo–Fr 9–12 und 13–17 Uhr
Croatian National Tourist Board
Iblerov Trg 10/IV
100000 Zagreb
Tel. +385/1/4699333

www.croatia.hr
Ministry of Tourism
Prisavlje 14
10000 Zagreb
Tel. +385/1/6169111
Tourismusverband Istrien
Pionirska 1
52440 Poreč-Parenzo
Tel. +385/52/452797
www.istra.hr (auch dt.)

Trinkgeld

Wie im deutschsprachigen Raum: Zehn Prozent sind üblich, aber mehr als zwei bis drei Euro werden nicht erwartet.

Unterkunft

Hotels: Die meisten Hotels in Istrien und der Kvarner Bucht haben drei Sterne, aber das Niveau steigt. Preislich liegen sie zwischen 70 und 120 Euro pro Doppelzimmer. Wer frühzeitig bis Mitte März bucht, kann oft Rabatte zwischen 10 und 20 Prozent bekommen. In den Sommermonaten steigen die Preise deutlich an.

Privatunterkünfte: In jedem noch so kleinen Ort finden sich privat vermietete Zimmer und Apartments, die deutlich günstiger sind als Hotels. Auf vielen Internetseiten der Tourismusbüros werden diese vermittelt (auch hier nach Frühbucherrabatten fragen), oft lässt sich auch spontan etwas finden, Schilder mit der Aufschrift ›Sobe‹ oder ›Apartman‹ weisen darauf hin. Das Preis-Leistungs-Verhältnis sollte man sich genau ansehen und eher mal ein Angebot ablehnen. Die meisten Privatleute sind sehr gastfreundlich und versuchen, alles zur Zufriedenheit des Gastes beizutragen, nur wenige sind auf das schnelle Geld aus. Eine Privatunterkunft mit mittlerem Standard kostet zwischen 30 und 50 Euro pro Nacht, Apartments können je nach Größe und Komfort bis zu 110 Euro kosten. Auch wenn keine Hinweisschilder zu finden sind: Gehen Sie auf die Menschen zu und fragen Sie nach Zimmern. Irgendjemand kennt immer jemanden, der Sie unterbringt. Nehmen Sie das als Abenteuer.

Jugendherbergen: Gibt es nicht flächendeckend, aber in allen größeren Städten, Infos unter www.hfhs.hr.

Camping: Bis heute ist Campen in Istrien und der Kvarner Bucht beliebt, allerdings bewegen sich die Preise in ganz Kroatien laut ADAC im oberen Drittel der europäischen Preisskala, so dass eine Privatunterkunft sogar günstiger sein kann. Im Durchschnitt zahlte man 2016 für einen Campingplatz in Kroatien 34 Euro, der teuerste kostete 50 Euro. Die günstigeren, aber auch einfacheren Plätze ab 20 Euro liegen meist im Hinterland. Fast an der ganzen Küste sind Campingplätze zu finden. Viele Plätze haben nur von Mai bis September geöffnet, nur wenige sind ganzjährig offen. Platzsuche auf der Website der Croatian Camping Union, www.camping.hr. Wildes Zelten ist streng verboten.

Veranstaltungen

Die Menschen in Kroatien sind einerseits stolz auf ihre Geschichte und Traditionen, andererseits aufgeschlossen für alle Neuerungen der westlichen Welt. Zahlreiche Volksfeste sind eng mit kirchlichen Festen verbunden. Im Sommer sind die Kalender vielfach mit **Musikfestivals** gefüllt wie zum Beispiel im Amphitheater in Pula und beim Kammermusikfestival von Osor. Eine Besonderheit ist die **> Rapska fjera**, ein mittelalterlicher Markt mit Ritterspielen in der Stadt Rab (25. bis 26. Juli) und die von September bis November stattfindenden **Trüffeltage** in Buzet, Motovun und Livade.

Februar/März: Traditionelle Feiern beginnen alljährlich mit dem **Karneval** (Mesopust oder Fašnik), der in Rijeka und Opatija mit Masken mit Hammelhörnern und Schaffellen begangen wird. Aber auch in Novi Vinodolski wird er ausgelassen gefeiert.

März/April: In Lovran wird beim **Spargelfest** ein Riesenomelette gebacken.

Mai: Die Internationale **Weinausstellung Vinistra** in Poreč präsentiert die besten istrischen Rebensäfte.

Die **Gospa**, die Muttergottes, wird im Marienmonat Mai gefeiert und dann noch einmal zu Maria Himmelfahrt am 15. August.

Juni: Beim **Musiksommer** in Grožnjan treten junge Musiker mit Klassik- und Jazzkonzerten auf.

Juli/August: In vielen Städten an der Küsten Istriens, des Primorje und der Inseln der Kvarner Bucht werden **Fischerfeste** gefeiert. **Filmfestivals** in Pula und Motovun. Höhepunkt des **Mittelalterfestivals Lovrečeva** in Krk ist eine nachgestellte Seeschlacht, und das **Street Art Festival** in Poreč lockt mit Straßenkunst.

September: Njivice feiert das Fest der Geburt Mariens mit Volkstänzen.

Oktober: Der Herbst ist die Zeit der Wein- und Erntefeste wie das **Fest des jungen Weins** in Svetvinčenat, Buje und Momjan, die **Kastanienfeste** in Oprtalj und Lovran oder das **Obstfest** in Motovun.

Anfang Dezember: **Buchmesse** in Pula.

Wohnwagen

Wohnwagen, die nach dem 1. Juli 2013 vorübergehend in die Republik Kroatien eingeführt werden und ordnungsgemäße KFZ-Kennzeichen von EU-Ländern tragen sowie über entsprechende Dokumente verfügen, unterliegen in der Regel nicht der zollamtlichen Überwachung.

Zeitzonen

Wie in Deutschland, Österreich und der Schweiz: MEZ Sommerzeit/Winterzeit.

Zoll

Mit dem EU-Beitritt Kroatiens zum 1. Juli 2013 gelten die zollrechtlichen Bestimmungen der EU. Die Zollkontrollen an den Grenzen innerhalb der EU entfallen. Sie dürfen jedoch von mobilen Einheiten des Zolls auf dem gesamten Staatsgebiet der Republik Kroatien durchgeführt werden. Kroatien ist noch kein Mitgliedstaat des Schengener Abkommens (Wegfall der Grenzkontrollen innerhalb des Schengen-Gebiets): An der slowenisch-kroatischen Grenze werden nach wie vor strikte Grenzkontrollen durchgeführt. Es wird ein gültiges Ausweis-/Reisedokument verlangt. Dies gilt für alle Reisenden, auch Kinder. Sofern kein solches Dokument vorgewiesen werden kann, erfolgt die Zurückweisung an der Grenze. Dann ist keine Einreise nach Kroatien möglich.

Lebens- und Genussmittel für den persönlichen Bedarf darf man abgabenfrei einführen. Bei einigen Erzeugnissen gibt es allerdings Richtmengen. Reisende sind bei der Einreise aus einem Nicht-EU-Land in die Republik Kroatien verpflichtet, eine Anmeldung für alle mitgeführten Waren abzugeben.

Aus Kroatien nach Deutschland oder Österreich zollfrei eingeführt werden dürfen pro Person von Tabakwaren/Kaffee: 300 Zigaretten (seit 31. Juli 2014) oder 400 Zigarillos oder 200 Zigarren oder 1 kg Rauchtabak (Achtung: Beim Kauf von Zigaretten in Kroatien unbedingt darauf achten, dass die Ware über eine ordnungsgemäße Steuerbanderole verfügt!) oder je 10 kg Kaffee und kaffeehaltige Waren; von Alkohol: 10 Liter Spirituosen (über 22%) oder 20 Liter andere alkoholische Getränke (Campari, Port, Sherry...) oder 60 Liter Schaumwein oder 100 Liter Bier oder 10 Liter Alkopops. Reisende unter 17 Jahren sind nicht vom Zoll für Tabakwaren und alkoholische Produkte befreit.

Tage der Antike in Pula

Sprachführer

Buchstaben	Aussprache
c	wie tz in ›Tatze‹
č	wie tsch in ›watschen‹
ć	wie tch in ›kitchen‹
đ	wie dsch in ›Ingenieur‹
h	wie ch in ›Woche‹
š	wie sch in ›wischen‹
z	stimmhaftes s wie in ›seelig‹
ž	stimmhaftes sch wie in ›Garage‹
deutsch	**kroatisch**
Begrüßung/wichtige Worte	
Guten Morgen/Tag/Abend!	dobro jutro/dobar dan/dobra večer!
Gute Nacht!	laku noć!
Auf Wiedersehen!	doviđenja!
ja/nein	da/ne
danke/bitte! (auch nach ›danke‹)	hvala/molim
Nichts zu danken!	Nema na čemu!
Entschuldigung/Verzeihung	Oprostite/Pardon oder Ispričavam se
Mein Name ist ...	Zovem se .../Moje ime je ...
Wie heißen Sie?	Kako se zovete?
Freut mich, Sie kennenzulernen.	Drago mi je.
Sprechen Sie Englisch/Deutsch?	Govorite li engleski/njemački?
Ich spreche kein Kroatisch.	Ne govorim hrvatski.
Ich verstehe./Ich verstehe Sie nicht.	Razumijem./Ne razumijem.
Zahlen/Zeit	
0, 1, 2, 3, 4, 5	nula, jedan, dva, tri, četiri, pet
6, 7, 8, 9, 10	šest, sedam, osam, devet, deset
11, 12, 13, 14, 15	jedanaest, dvanaest, trinaest, četrnaest, petnaest
16, 17, 18, 19, 20	šestnaest, sedamnaest, osamnaest, devetnaest, dvadeset
21, 22	dvadeset jedan, dvadeset dva

deutsch	kroatisch
30, 40, 50	trideset, četrdeset, pedeset
60, 70, 80, 90, 100	šezdeset, sedamdeset, osamdeset, devedeset
100, 1000	sto, tisuća
Montag, Dienstag, Mittwoch, Donnerstag, Freitag	ponedjeljak, utorak, srijeda, četvrtak, petak
Samstag, Sonntag	subota, nedjelja
Januar, Februar, März, April	siječanj, veljača, ožujak, travanj
Mai, Juni, Juli, August	svibanj, lipanj, srpanj, kolovoz
September, Oktober, November, Dezember	rujan, listopad, studeni, prosinac
Wie spät ist es?	Koliko je sati?
Jetzt ist es neun Uhr.	Sada je devet sati.
halb vier	...pola četiri
viertel nach sieben	...sedam i petnaest
fünf vor eins/zwanzig nach fünf	pet do jedan/pet i dvadeset
Mittag/Mitternacht	podne/ponoć
morgens/mittags/nachmittags/abends/nachts	ujutro/u podne/popodne/navečer/noću
heute/morgen/gestern	danas/sutra/jučer
Stunde/Tag	sat/dan
Woche/Wochenende	tjedan/vikend
Monat/Jahr	mjesec/godina
Unterwegs	
Eingang/Ausgang	ulaz/izlaz
offen/geschlossen	otvoreno/zatvoreno
drücken/ziehen	rini/vući
Betreten verboten	zabranjen prolaz
Entschuldigung, wie komme ich nach ...?	Oprostite, kamo se ide u ...?
Wo ist .../wo gibt es ...?	Gdje je ...?
Bank/Wechselstube	banka/mjenjačnica
Ich würde gern 100 Euro wechseln.	Želio bih promijeniti sto eura.

deutsch	kroatisch
Brief/Postkarte	pismo/karta
Briefmarke	poštanska marka
Eine Briefmarke für Deutschland/ Österreich/Schweiz, bitte.	Molim jednu poštansku markicu za Njemačku/Austriju/Švicarsku.
Touristenverband	Turistička zajednica
Bahnhof/Busbahnhof	kolodvor/autobusni kolodvor
Bus/Zug/Autofähre	autobus/vlak/trajekt
Flughafen	zračna luka
Tankstelle/Werkstatt	benzinska stanica/radionica
Wann fährt der Zug nach Rijeka ab?	U koliko sati polazi vlak za Rijeku?
Von welchem Bahnsteig?	S kojega perona?
Wo kann ich eine Fahrkarte kaufen?	Gdje se može kupiti kartu?
Was kostet die einfache Fahrkarte?	Koliko košta jedna smijerna do ...?
Fahrkarte/Fahrkarte hin und zurück	vozna karta/povratna karta
Fahrkartenschalter	blagajna
Ankunft/Abfahrt	dolazak/odlazak
Wie lang ist die Reise nach Rijeka?	Koliko traje putovanje do Rijeke?
Wann kommen wir in Rijeka an?	Kada dolazimo u Rijeku?
Entschuldigen Sie, ist der Platz frei?	Je li ovo mjesto slobodno?
Rauchen verboten/Nichtraucher	zabranjeno pušenje/za nepušače
Erste Klasse/Zweite Klasse	prvi razred/drugi razred
Wo ist die Toilette?	Gdje je WC?
Straße/Platz/Brücke/Überlandstraße	ulica/trg/most/cesta
Stadtrundgang	
rechts/links	pravo/lijevo
Entschuldigung, wo ist die Gundulićeva-Straße?	Oprostite, gdje je Gundulićeva ulica?
Kathedrale/Kirche	katedrala/crkva
Museum/Galerie/Denkmal	muzej/galerija/spomenik
Wo ist das Hotel ›Neptune‹?	Gdje se nalazi Hotel ›Neptune‹?
Gehen Sie geradeaus und dann nach rechts und dann nach links.	Idete ravno i druga ulica na desno i onda lijevo.

deutsch	kroatisch
Welcher Bus führt zum Hauptplatz?	Koji broj autobusa vozi do glavnog trga?
Gesundheit	
Arzt/Zahnarzt	doktor/zubar
Apotheke/Krankenhaus	ljekarna/bolnica
Ich habe hier Schmerzen.	Boli me ovdje.
Ich habe Kopfschmerzen.	Boli me glava.
Krankenwagen	hitna pomoć
Übernachten	
Ich habe reserviert für ...	Imam rezervaciju za...
Haben Sie noch ein Zimmer frei?	Imate li slobodnih soba?
Ich hätte gern ... ein Einzelzimmer/ Doppelzimmer.	Trebao/Trebala bih ...jednokrevetnu sobu/...dvokrevetnu sobu.
Was kostet das Zimmer für eine Nacht?	Koliko košta soba za jednu noć?
Ist das Frühstück inbegriffen?	Je li doručak uključen?
Hat das Hotel eine Klimaanlage?	Je li hotel klimatiziran?
Ich nehme das Zimmer für eine Nacht.	Uzet ću sobu za jednu noć.
Um wie viel Uhr ist das Frühstück?	U koliko sati je doručak?
Aufzug/Stockwerk	lift/kat
Balkon/Dusche/Swimmingpool	balkon/tuš/bazen
Wie weit ist es bis zum Strand?	Koliko je udaljena plaža?
Wie weit ist es zur Innenstadt?	Koliko je udaljen centar grada?
Ich würde gern zahlen.	Želio/Željela bih platiti račun./Molim platiti.
Kann ich mit Kreditkarte zahlen?	Mogu li platiti kreditnom karticom?
Markt	
Wo ist der Markt?	Gdje je tržnica?
Was kostet ...?	Koliko košta ...?
Äpfel	jabuke
Trauben	grožđe
Ein Kilo Trauben bitte.	Molim vas kilogram grožđa.

deutsch	kroatisch
Feigen	smokve
Pfirsiche	breskve
Wassermelone	lubenica
Eine halbe Melone, bitte.	Pola lubenice, molim.
Was ist das für eine Fischart?	Koja je to vrsta ribe?
Kann ich mal davon probieren?	Mogu li molim malo kušati?
Restaurant	
Frühstück/Mittagessen/Abendessen	doručak/ručak/večera
Tee mit Zitrone	čaj s limunom
Kaffee/Espresso/Cappuccino	kava/espreso/kapučino
Milch/Milch für Kaffee/Zucker	mlijeko/vrhnje za kavu/šećer
Ich hätte gern einen Kaffee mit/ ohne Milch und Zucker.	Želio/Željela bih kavu s mlijekom/ bez mlijeka i šećerom/bez šećera
Brötchen/Brot	pecivo/kruh
Butter/Eier	maslac/jaje
Marmelade/Honig	marmelada/med
Sandwich/mit Käse/mit (Koch-) Schinken	Sendvič/sa sirom/sa šunkom
Gibt es etwas Vegetarisches?	Imate li nešto za vegetarijance?
Suppe	juha
Fleisch/Rindfleisch/Schweinefleisch/ Lamm/Huhn	meso/govedina/svinjetina/ janjetina/piletina
Fisch	riba
Stockfisch/Kabeljau	bakalar
Karpfen/Forelle/Lachs	šaran/pastrva/losos
Hummer/Languste	jastog
Tintenfische	lignje
Bohnen/grüne Bohnen/Erbsen	grah/mahune/grašak
Kohl/Pilze	kupus/šampinjoni
Zwiebel/Knoblauch	luk/češnjak oder bijeli luk
Tomaten/Gurke	rajčica (paradajz)/krastavac
Grüner Salat	(zelena) salata

deutsch	kroatisch
Pasta/Reis/Kartoffeln	tjestenina/riža/krumpir
Kuchen	kolač
Eiscreme/mit Vanille/mit Schokolade	sladoled/od vanilije/od čokolade
Was möchten sie trinken?	Što želite popiti?
Wein/Wasser/Bier, bitte.	vino/vodu/pivo, molim.
Weißwein/Rotwein	bijelo vino/crno vino
Fruchtsaft/Apfelsaft	voćni sok/sok od jabuke
Salz/Pfeffer	sol/papar
Öl/Olivenöl/Essig	ulje/maslinovo ulje/ocat
Paprikasauce/scharf/mild	ajvar/ljuti/blagi
gekocht/gegrillt/gebraten	kuhano/na žaru/pečeno
Ausgehen	
Kaffeehaus/Kellerkneipe/Bierkeller	kavana/konoba/pivnica
Traubenschnaps/starker Schnaps	rakija/travarica
Slivovitz/Pflaumenschnaps	šljivovica
Likör/Cognac	liker/konjak
Nachtclub	noćni klub (bar)
Theater	kazalište
Was wird im Kino/Theater gespielt?	Što igra u kazalištu?
Was kostet der Eintritt?	Koliko je ulaznica?
Wo kann ich eine Eintrittskarte kaufen?	Gdje mogu kupiti karte?
Small talk	
Wie geht es Ihnen?	Kako ste?
Heute ist schönes/schlechtes Wetter.	Danas je lijepo/loše vrijeme.
Wie heißt du/heißen Sie?	Kako se zoveš/zovete?
Ich heiße ...	Zovem se ...
Freut mich/angenehm.	Drago mi je.
Woher kommst Du/kommen Sie?	Odakle si ti/ste vi?
Ich komme aus ...	Ja sam iz ...
Wie alt bist du/sind Sie?	Koliko imaš/imate godina?
Ich bin müde, gute Nacht.	Ja sam umoran(m)/umorna (f) sam, laku noć.

Glossar

Antependium Verkleidung von der Altarplatte bis zum Boden aus Stoff, Holz, Edelmetall oder Stein.

Apsis Altarnische im Chorraum.

Architrav Horizontalbalken auf einer Reihe von Stützen (z.B. Säulen).

Baptisterium Eigener Raum in der Kirche oder sogar eigenes Gebäude, in dem das Taufbecken stand, meist neben dem Chorraum. Im Mittelalter durften Ungetaufte die Kirche nicht betreten.

Biforium Zwei durch eine Mittelsäule verbundene Fenster.

Brevier Stundenbuch.

Cella Hauptraum eines römischen Tempels.

Doline Trichter im Kalkstein, der durch Ausschwemmung oder Einbruch eines Hohlraumes entsteht.

Eselsrückenfenster Auch Kielbogen genannt, Bogen mit geschweiften Kanten.

Flechtwerkornamentik In Stein gearbeitete Verzierungsform aus vorromanischer Zeit. In Form eines Reliefs entsteht der Eindruck zweier oder mehrerer geflochtener Bänder, meist auf Steinstürzen oder auch Kapitellen.

Ikonostasis, Ikonostase In der orthodoxen Kirche Wand mit Ikonen, die den Altarraum vom Gebetsraum der Gläubigen als das Allerheiligste abgrenzt.

Imago pietatis Bild des leidenden Christus.

Inkunabel Wiegendruck, der bis zum Jahr 1500 nach dem Verfahren von Johannes Gutenberg hergestellt wurde.

Kapitell Oberer Abschluss einer Säule.

Konoba Keller (-Kneipe).

Kreuzrippengewölbe Schnittstellen von Gewölben sind mit Rippen unterlegt.

Krypta Raum unter dem Chor, Grabstätte oder Aufbewahrungsort für Reliquien.

Lapidarium Sammlung bzw. Ausstellung von Steindenkmälern aller Art.

Lopica Vorhalle bei Kirchen.

Lunette, Lünette (frz.: kleiner Mond) Halbkreis über einer Tür oder einem Fenster.

Majestas Domini (lateinisch: Herrlichkeit des Herrn) Darstellung Christi auf seinem Thron, beliebtes Bildschema im Mittelalter.

Missale Messbuch.

Netzgewölbe Gewölbe mit mehrfach überkreuzten Rippen.

Ostensorium Schau- oder Prozessionsgefäß für Reliquien.

Polyptychon Gemälde, das aus mehr als drei Tafeln besteht.

Sacra Conversazione Darstellung der Madonna mit Jesuskind und Heiligen.

Sakristei Vom Chor einer Kirche abgehender Raum, der als Umkleideraum für Priester und zur Aufbewahrung von Kultgegenständen dient.

Serenissima (ital.: durchlauchtigst) Synonym für Venedig, dessen Doge und seine Räte so bezeichnet wurden.

Spolien Wiederverwendete Reste älterer Bauten.

Stancija (von italienisch ›Stanza‹=Zimmer) Mehrere Gebäude (Gutshaus, Ställe, Scheunen, Kapellen), die von einem Familienverband verwaltet wurden.

Tobruk-Bunker Von den Deutschen im Zweiten Weltkrieg errichtete kleine Bunker.

Transenne Durchbrochene Stein-, Holz- oder Marmorplatte.

Triforium Gang in der Hochwand zwischen Arkaden und Obergaden, vor allem in gotischen Basiliken.

Trockenmauern Mauern, deren Steine nicht mit Wasser und Mörtel verbunden, sondern ›trocken‹ aufeinandergeschichtet sind.

Villa rustica Römisches Landgut.

Ziborium Altaraufbau, auch Bezeichnung für liturgisches Gefäß.

Literaturhinweise

Reisepraktische Literatur

Beständig, K. H., Kroatien. 888 Häfen und Buchten: Küsten- und Hafenführer für Boots- und Yachtsportler. K. H. Beständig 2016/17.

Ferk, Janko/Agnoli, Sandra, Die Parenzana. Gehen. Genießen. RAD fahren. Von Triest bis Poreč. Styria 2013.

Marinić, Jagoda, Gebrauchsanweisung für Kroatien. Piper 2013.

Schönfelder, Ingrid und Peter, Was blüht am Mittelmeer? Kosmos 2014.

Schwärzli, Viktor/Angela Ernst-Schwärzli, Der Skippertipps Törnplaner: Die sicheren Liegeplätze. Kroatien, Slowenien, Montenegro. Skippertipps 2017.

Stöckl, Markus/Stöckl-Pexa, Rosemarie, Istrien mit Kvarner Bucht, Krk, Cres und Lošinj. 50 Touren. Mit GPS-Tracks. Bergverlag Rother 2015.

Istrien/Istra/Istria: Wanderkarte mit Kurzführer, Radtouren und Ortsplänen. Kompass 2017.

Sportbootkarten, Satz 7, Adria 1, Delius Klasing 2017/18. Kartensatz für Nautiker.

Motorradkarten Box Kroatien Slowenien. Touristik-Verlag Vellmar 2015.

Sachbuch/Geschichte

Fučić, Branko/Doris Baričević (Übers.), Vincent von Kastav. Kršćanska sadašnjost, 1992.

Goldschmid, Alfred/Friederike, Ulrike, Istrien. Eine Liebeserklärung an das Land, seine Menschen und seine Kultur. Edition Tandem 2013.

Letzner, Wolfram, Das römische Pula. Bilder einer Stadt in Istrien. Verlag Philipp von Zabern 2005.

ders., Die 40 bekanntesten historischen und archäologischen Stätten in Istrien. Nünnerich-Asmus Verlag & Media 2014.

Mappes-Niedek, Norbert: Kroatien. Das Land hinter der Adria-Kulisse. Links-Verlag 2009.

Rada, Uwe, Die Adria. Wiederentdeckung eines Sehnsuchtsortes. Pantheon Verlag 2014.

Rapp, Christian/Nadia Rapp-Wimberger, Österreichische Riviera: Wien entdeckt das Meer. Czernin 2013.

Rottensteiner, Walter K., Exkursionsflora für Istrien. Naturwissenschaftlicher Verein für Kärnten 2014.

Sachslehner, Johannes, Abbazia: K.u.k. Sehnsuchtsort an der Adria. Styria 2011.

Sievers, Gerd Wolfgang, 100 Orte in Istrien, die man gesehen haben muss. Emons Verlag 2016.

Steindorff, Ludwig, Kroatien. Vom Mittelalter bis zur Gegenwart. Verlag Friedrich Pustet 2007.

Trippolt-Maderbacher, Genießen in Istrien: Die besten Adressen von der Küste bis ins Hinterland. Styria 2016.

Waitzbauer, Harald, Durch Istrien. Mit der Istrianischen Staatsbahn in die k.k. Adriaprovinz. Otto Müller 1996 (antiquarisch).

Waldhuber, Heinz/Kathrin Kruse, Aristokratischer Chic auf der Insel Brioni 1893–1919. Böhlau 2006.

Anthologien

Bremer, Alida (Hg.), Literarisch reisen: Istrien. Drava 2008.

Fischer, Gero/Miloš Okuka, Kvarner erlesen. Wieser 2007.

Klasić, Lidija, Auf nach Istrien. Folio 2011.

Popović, Nenad (Hg.), Kein Gott in Susedgrad. Junge Literatur aus Kroatien. Schöffling2008.

Strutz, Johann (Hg.), Istrien erlesen. Wieser 1997.

Romane

Fabrio, Nedjeljko, Das Haar der Berenice. Wieser 1998.

Ferić, Zoran, Der Tod des Mädchens mit den Schwefelhölzchen. Folio 2013.

Held, Kurt, Die rote Zora und ihre Bande. Fischer 2015.

Hinzmann, Silvija, Die Duft des Oleanders: Prohaskas erster Fall in Istrien. Wieser 2015. Kriminalroman.

dies., Der Wanderer im Karst. Prohaskas zweiter Fall in Istrien. Wieser 2016. Kriminalroman.

Madieri, Marisa, Wassergrün. Eine Kindheit in Istrien. Zsolnay 2012.

Magris, Claudio, Die Welt en gros und en détail. DTV 2004.

Matić, Edi, Grimalda. Leykam 2012.

Pfeiffer, Herrmann, ›Halte Dich dicht an mich und eile! Der Untergang der Baron Gautsch‹. Braumüller 2014.

Swartz, Richard, Ein Haus in Istrien. Hanser 2001.

Tomizza, Fulvio, Die fünfte Jahreszeit. DTV 2005.

ders., Eine bessere Welt. DTV 1992.

ders., Materada. Carl Hanser 1993.

Velikić, Dragan, Via Pula. Wieser 1989.

Verne, Jules, Mathias Sandorf. Wieser 2001.

Istrien und Kvarner Bucht im Internet

Allgemeines

www.croatia.hr
Offizielle Seite der Tourismuszentrale in Kroatien (dt.)

www.istra.hr
Offzielles touristisches Portal Istriens mit vielen Unterkunftsangeboten (dt.)

www.istrien7.com
Umfassende und aktuelle Informationen zu Istrien (Kunst, Kultur, Sport, Wellness, Gastronomie, dt.).

www.istrapedia.hr
Informationen zur Kultur Istriens (engl.).

istra.lzmk.hr
Istrien von A bis Z, leider nur auf kroatisch.

www.coloursofistria.com
Portal für den Nordwesten Istriens, Downloads von Infobroschüren (Veranstaltungskalender, Gourmet, Radsport, Tennis, Wellness, dt.).

www.kvarnerbucht.com
Unterkünfte auf den Inseln und an der Küste der Kvarner Bucht (dt.).

www.faszination-kroatien.de
Umfangreiche Linksammlung.

http://info-kroatien.de
Private Kroatienseite.

www.crodict.com
Deutsch-kroatisches Wörterbuch.

Kulinarisches

www.istria-gourmet.com
Gourmetführer; Konobas und Restaurants (dt.).

Für Nautiker

www.jadroagent.hr
Hafendienstleister (engl.).

www.skippertipps.de
Infos über Adria von Slowenien bis Montenegro (dt.).

www.aci-marinas.com
Adriatic Croatia International Club (ACI), Infos zu nautischen Routen und ACI-Marinas (Online Liegeplatz-Reservierungen, dt.).

Für Radfahrer

www.istria-bike.com
Infos über Routen (Strecken, GPS), Unterkünfte, Radgeschäfte, Fahrradverleih (dt.).

Über den Autor

Matthias Jacob, geboren 1961, hat Slawistik, Germanistik und Kunstgeschichte studiert und arbeitet als Lehrbeauftragter an der Universität Tübingen, Literaturübersetzer und Journalist. Als Reiseleiter bei ›Biblische Reisen‹, Stuttgart, begleitet er seit über zwölf Jahren Studienreisen nach Zagreb, Istrien, Dalmatien, Montenegro und in die Herzegowina.

Matthias Jacob – und Miroslav Krleža

Danksagung

Ohne Unterstützung so vieler wäre dies Buch nicht entstanden. Vor allem danke ich meiner Frau Christiane und meiner Tochter Katharina, die mich auf vielen Recherchereisen begleitet und beraten haben. Dank schulde ich auch meinem Schwager Matthias Koeffler für die Ermunterung zu diesem Projekt und für zahlreiche nützliche Hinweise. Ein herzliches Dankeschön geht an Anjalena und Johannes Galić für langjährige Gastfreundschaft auf der Insel Krk sowie an Ann-Kathrin und Goran Godec vom Hotel Balatura (Tribalj) für zahlreiche Ratschläge und Empfehlungen rund um das Vinodol und die Kvarner Bucht sowie an Prof. Klaus Detlef Olof für Insidertipps in Pula.
Ferner danke ich Pfarrern und Ordensleuten, die mir manche Kirche aufgeschlossen haben und den vielen Mitarbeitern von Museen sowie lokaler Touristenbüros und Agenturen, die durch Interviews zahlreiche Quellen eröffnet haben, hervorzuheben sind: Ankica Dežić, Stadtführerin in Poreč und Reiseleiterin in Istrien, Josipa Dugandžija von der TZ Malinska, Daniela Garapić von der TZ Njivice-Omišalj, Dragana Buza von der TZ Rab, dem Historiker und Fachmann für die Geschichte Rijekas und der Insel Krk Prof. Dr. Petar Strčić sowie Mandalena Sokolić, Mitarbeiterin der TZ Novi Vinodolski.

M

N

T

Kartenregister

Übersichtskarten

Stadtpläne

Bildnachweis

Alle Bilder von Matthias Jacob, außer:
photoflorenzo/Fotolia #26156705: Titelbild
Toffel/Wikimedia Commons: S. 41
László Szalai/Wikimedia: S. 236

TRESCHER VERLAG
MEHR WISSEN. BESSER REISEN.
REISEFÜHRER AUS DEM TRESCHER VERLAG
TRESCHER VERLAG
Susanne Kilimann, Rasso Knoller, Christian Nowak
BERLIN
Sehenswürdigkeiten, Kultur, Szene, Ausflüge, Tipps
»» Herausnehmbare Karte »» 80 Seiten Tipps und Adressen
trescher-verlag.de

TRESCHER VERLAG
Frank Dietze
ALBANIEN
Städte und Landschaften zwischen Mittelmeer und Balkan
TRESCHER VERLAG
Birgitta Gabriela Hannover Moser
BELGRAD
NOVI SAD
Sehenswürdigkeiten, Kultur, Szene, Umland, Reiseinfos
TRESCHER VERLAG
BOSNIEN UND HERZEGOWINA
Unterwegs zwischen Adria und Save
TRESCHER VERLAG
Birgitta Gabriela Hannover Moser
BUKAREST
Die rumänische Hauptstadt und ihre Umgebung
DER BALKAN
IM TRESCHER VERLAG
TRESCHER VERLAG
Matthias Koeffler
DALMATIEN
Mit Adriaküste, Zadar, Šibenik, Split und Dubrovnik
TRESCHER VERLAG
Matthias Jacob
ISTRIEN
KVARNER BUCHT
Mit Piran, Izola und Koper
TRESCHER VERLAG
Martin Bock
KOSOVO
Natur und Kultur zwischen Amselfeld und Albanischen Alpen
TRESCHER VERLAG
Matthias Koeffler, Matthias Jacob
KROATIEN
Unterwegs zwischen Istrien, Slawonien und Dalmatien
TRESCHER VERLAG
Philine von Oppeln
MAZEDONIEN
Unterwegs auf dem südlichen Balkan
TRESCHER VERLAG
Frieder Monzer, Timo Ulrichs
MOLDOVA
Mit Chişinău, ganz Bessarabien und Transdnestrien
TRESCHER VERLAG
Marko Plešnik
MONTENEGRO
Zwischen Adria und Schwarzen Bergen
Trescher Verlag
Birgitta Gabriela Hannover Moser
RUMÄNIEN

TRESCHER VERLAG
MEHR WISSEN. BESSER REISEN.
REISEFÜHRER AUS DEM TRESCHER VERLAG
TRESCHER VERLAG
Marko Plešnik
SARAJEVO
Mit Ilidža, Butmir, Rakitnica-Schlucht und den Wintersportgebieten
TRESCHER VERLAG
Birgitta Gabriela Hannover Moser
SERBIEN
Kultur und Natur zwischen Vojvodina und Balkangebirge
TRESCHER VERLAG
Birgitta Gabriela Hannover Moser
SIEBENBÜRGEN
Rund um Kronstadt, Schäßburg und Hermannstadt
TRESCHER VERLAG
Hinnerk Dreppenstedt
FLUSSKREUZFAHRTEN
DONAU
Zwischen Passau und dem Schwarzen Meer
TRESCHER VERLAG
Klaus Schameitat
SLOWENIEN
Zwischen Alpen, Adria und Pannonischem Tiefland
TRESCHER VERLAG
Uwe Mauch
ZAGREB
Mit Samobor, Naturpark Žumberak, Marija Bistrica und dem Zagorje
trescher-verlag.de

TRESCHER VERLAG
Gunnar Strunz
BRATISLAVA
Mit Donautiefland, Kleinen Karpaten und Záhorie
TRESCHER VERLAG
Uwe Mauch
WIEN
Sehenswürdigkeiten, Kultur, Szene, Umland, Reiseinfos
TRESCHER VERLAG
Gunnar Strunz
NIEDERÖSTERREICH
Mit Wachau, Waldviertel, Weinviertel,
Mostviertel, Wienerwald und Wiener Alpen

Kartenlegende

- Autofähre
- Bahnhof
- Bar
- Burg/Festung
- Busbahnhof
- Café
- Campingplatz
- Fähre
- Flughafen
- Hafen
- Höhle
- Hotel
- Internetcafé
- Kirche
- Kloster
- Krankenhaus
- Leuchtturm
- Markt
- Museum
- Parken
- Post
- Restaurant
- Ruine/Ausgrabungsstätte
- Sehenswürdigkeit
- Strand
- Synagoge
- Theater
- Tor
- Touristeninformation
- Sehenswürdigkeit
- Burg
- Kirche
- Friedhof
- Zeltplatz
- Berggipfel
- Denkmal
- Turm

- Autobahn
- Schnellstraße
- Hauptstraße
- sonstige Straßen
- E 65 Europastraße
- A 65 Autobahn
- 243 Bundesstraße
- Eisenbahn
- Grenzübergang
- Staatsgrenze
- Hauptstadt
- Stadt/Ortschaft

Zeichenlegende

- Allgemeine Informationen, Touristenbüros, Post, Banken, Internet
- Unterkünfte
- Campingplätze
- Marinas
- Restaurants, Konobas
- Nachtleben, Bars, Discotheken
- Weingut, Degustation, Weinverkauf
- Museen, Galerien, Ausstellungen
- Kulturelle Veranstaltungen, Feste
- Strand, Bade- und Wassersportmöglichkeiten
- Fahrradverleih, Radtouren
- Reiterhöfe
- Windsurfen
- Tauchschulen
- Sport und Erholung allgemein
- Golfplätze
- Wander- und Ausflugsmöglichkeiten, Wanderwege, Wanderkarten
- Erste Hilfe, Medizinische Einrichtungen